HISTORIA INCONSTITUCIONAL DE VENEZUELA
(1999-2012)

Asdrúbal Aguiar
Gran Premio Chapultepec 2009

HISTORIA INCONSTITUCIONAL
DE VENEZUELA
(1999-2012)

Colección Estudios Políticos
N° 6

Editorial Jurídica Venezolana
Caracas - Venezuela 2012

©   Asdrúbal Aguiar, 2012
ISBN 978-980-365-183-1
Depósito Legal lf 54020123402041

Editorial Jurídica Venezolana
Av. Francisco Solano, Edif. Torre Oasis, Local 4, P.B., Sabana Grande
Apartado Postal 17.598, Caracas 1015-A, Venezuela
Teléfonos 762.2553/762.3842-Fax 763.5239
Email: fejv@cantv.net
http://www.editorialjuridicavenezolana.com.ve

Diagramación, composición y montaje
Por: Mirna Pinto, en letra
Times New Roman 12, Interlineado 13, mancha 20x13
Primera Edición
La edición, bajo patrocinio de la "Fundación Ricardo Zuloaga",
consta de 1000 ejemplares

Asdrúbal Aguiar Aranguren (Caracas, 1949), abogado y doctor en derecho summa cum laude, con estudios en la Universidad Central de Venezuela, la *Libera Universitá Internazionale degli Studi Sociali* (Roma) y la Universidad Católica Andrés Bello, es miembro de la Academia Internacional de Derecho Comparado de La Haya, Académico de Número de la Academia Científica y de Cultura Iberoamericana, y Académico Correspondiente de las Academias de Ciencias Morales y Políticas y de Derecho y Ciencias Sociales de Buenos Aires. Profesor Titular (Catedrático) de la Universidad Católica Andrés Bello, enseña Responsabilidad internacional del Estado por violaciones de derechos humanos en la Maestría de Magistratura de la Universidad de Buenos Aires y el Doctorado de Derecho de la Universidad del Salvador (Buenos Aires). Miembro de la Junta de Directores de la Sociedad Interamericana de Prensa y del Consejo Editorial del Diario El Universal, Caracas, ha sido Embajador, Juez de la Corte Interamericana de Derechos Humanos, Gobernador de Caracas, Ministro de la Secretaría de la Presidencia y de Relaciones Interiores, Encargado de la Presidencia de la República de Venezuela y Presidente del Consejo Ejecutivo de Unión Latina (Tratado de Madrid, 1954). Sus libros recientes son *Libertades y emancipación en las Cortes de Cádiz de 1812* (Editorial Jurídica Venezolana, 2012), *Los derechos humanos en la Convención Americana* (UCAB, 2010), *La Constitución de Cádiz de 1812: Fuente del derecho europeo y americano* (Obra colectiva, Ayuntamiento de Cádiz, 2009), *La democracia del siglo XXI y el final de los Estados* (Observatorio Iberoamericano de la Democracia, 2009), *De la revolución restauradora a la revolución bolivariana* (Obra colectiva, UCAB/El Universal, 2009), *La libertad de expresión y prensa* (SIP, 2009), *El derecho a la democracia* (Editorial Jurídica Venezolana, 2008).

"De lo que aquí se trata es de averiguar cómo tantos hombres, tantas ciudades y tantas naciones se sujetan a veces al yugo de un solo tirano, que no tiene más poder que el que le quieren dar; que sólo puede molestarles mientras quieran soportarlo; que sólo sabe dañarles cuando prefieren sufrirlo que contradecirle"

Étienne de La Boétie,
Discurso sobre la Servidumbre, 1548

"La imparcialidad de la historia no es la del espejo, que no hace más que reproducir los objetos, sino la del juez que ve, que escucha y que falla... La historia, como la entendían los antiguos, y como yo deseo escribirla, confiando en la ayuda de Dios, para dejar un fragmento de ella a mi patria, es la narración de los sucesos vivificada por la imaginación y juzgada con prudencia"

A. De Lamartine
La Revolución Francesa, 1847

SUMARIO

A manera de Introducción
Prólogo: Allan R. Brewer-Carías

A MANERA DE INTRODUCCIÓN

Sea cuales fueren los rótulos bajo los que califiquemos la circunstancia política actual e institucional de Venezuela –régimen totalitario, dictadura militar, populismo personalista, "demo autocracia"– y al margen del rico debate que suscita la teoría del golpe de Estado al momento de definirlo, un hilo conductor e histórico caracteriza a éste, con independencia de sus móviles, como el acto llevado a cabo por órganos del mismo Estado.

No se reduce el golpe de Estado, como se cree, a un levantamiento o insurrección que la experiencia demuestre ineficaz, y tampoco es una simple acción de la soldadesca sobre el centro del poder constituido, tal y como ocurre entre nosotros el 4 de febrero y el 27 de noviembre de 1992.

La presencia militar en los golpes y en su práctica es algo común. Pero ella ha lugar no solo cuando a propósito de un golpe el estamento militar participa, sino también cuando asume neutralidad o se hace cómplice por omisión del acto golpista ejecutado por un gobernante, el parlamento, o los mismos jueces supremos.

Las obras de Gabriel Naudé (*Consideraciones políticas sobre el Golpe de Estado*, 1639), Curzio Malaparte (*Técnica del Golpe de Estado*, 1931), o la más actual, de Edward Luttwak, con igual título que la de éste (1969), son emblemáticas en cuando a dicho fenómeno fáctico de la política, y también jurídico, pues como lo recuerda el maestro de la dogmática del Derecho Hans Kelsen, ha lugar cuando ocurre la violación de la legalidad del orden existente y su mutación con un claro propósito: el reforzamiento del poder por quien lo ejerce.

La consideración anterior viene al caso por las iniciativas golpistas a nuestra constitucionalidad –léase de nuestros derechos y libertades– deliberadamente impulsadas desde el Palacio de Miraflores por su inquilino de circunstancia, el soldado Hugo Rafael Chávez Frías, desde el año final del siglo pasado y durante la primera década del presente siglo; apoyadas éstas, sin reservas, acompañándolas u omitiendo, por distintos parlamentos, el Ministerio Público, la Defensoría del Pueblo, la Contraloría de la República, el Poder Electoral y el Poder Judicial, cooptados en su totalidad y sin matices por el gendarme Presidente bajo la mirada complacida de la Fuerza Armada.

Tales golpes de Estado o graves rupturas, revisados de conjunto no abrigan otro propósito que reforzar el poder personal del mismo Presidente, a costa de la democracia y su desmantelamiento, por encima de los dictados de la Constitución y su violación sistemática; mediante la manipulación o el desconocimiento ora de las formas del Derecho, ora de la voluntad popular legítima expresada en elecciones o actos de participación política constitucionalmente tutelados.

Al efecto, he aquí lo típico y novedoso de la experiencia golpista venezolana de reciente data, se usan o subvierten por el Presidente y sus aliados en los demás poderes las mencionadas formas del Derecho para consumar sus "golpes de Estado" sucesivos y continuados, pero vaciando de contenido ético y finalista al mismo Derecho: medios en apariencia legítimos con miras a fines ilegítimos y fines supuestamente legítimos a través de medios claramente ilegítimos, con lo cual se trastoca a la ética democrática. En el pasado, durante la primera mitad del siglo XX, instaladas las dictaduras y presentes sus llamados "gendarmes necesarios", cuando menos tienen el pudor de modificar el orden constitucional previamente, para ajustarlo a sus necesidades y afirmar que lo acatan a pie juntillas.

En su intento por reforzar su poder político personal, con arrestos de primitivismo, a precio de las libertades de los venezolanos y de las instituciones republicanas, el ahora llamado Comandante Presidente, luego de golpear aviesamente a la Constitución de 1961 jurando no reconocerla –la llama moribunda al momento de prestar su juramento– y a pesar de ser elegido bajo sus cánones, luego fuerza una mora en la Constitución que la sucede, la de 1999, para favorecer sobre el vacío constitucional inducido el desmantelamiento de los poderes públicos constituidos.

Más tarde, después de horadar y burlar repetidamente el último texto constitucional, obra de sus dictados a la Asamblea Nacional Constituyente y mediante golpes de Estado encubiertos o palmarios –pero judicialmente purificados– se propone reformarlo, situando como elemento central su re-elección *ad perpetuam*.

Todo lo anterior y en lo sucesivo ocurre en el marco de unas relaciones sociales y de poder distintas, que va forjando en los hechos y/o a través de leyes inconstitucionales que dicta mediante decretos el propio mandatario y que le permiten modificar fácticamente la ingeniería constitucional en vigor. Su argumento de oportunidad y oportunista no es otro que la indispensable instalación en el país de un modelo alternativo –distinto del constitucionalizado– que denomina Socialismo del siglo XXI, mero plagio de la Constitución comunista cubana de 1976 ajustada en 1992 y sucedáneo de su engañosa y vendida Revolución Bolivariana.

Ayer como después, cuando impulsa la citada reforma en 2007, usa de un medio legítimo y democrático –el voto referendario– para ponerle coto y amarras a la democracia. Intenta consumar otro golpe de Estado institucional que apenas frustra la rápida y contundente respuesta de los ciudadanos quienes votan en contra, dada la inesperada división en las filas de los militantes quienes lo acompañan, incluidos los militares. Pero a renglón seguido insiste en su cometido y propicia un fraude constitucional.

En complicidad con la Presidenta de la Asamblea Nacional, Cilia Flores, la Presidenta del Tribunal Supremo de Justicia, Luisa Estella Morales, y la Presidenta del Consejo Nacional Electoral, Tibisay Lucena, reparando en el continente y no en el contenido –burlando incluso la prohibición constitucional que rige en la materia– impulsa una enmienda con idéntico motivo al de la frustrada reforma, a saber, sostenerse en el poder; en otras palabras, fortalecerlo por sobre la constitucionalidad y usando de un medio legítimo –otra vez el voto– para un fin ilegítimo. Vuelve a consumar así, a inicios de 2009, otro golpe de Estado.

Pero como los golpes no se agotan en sus objetivos de un solo golpe y sobre sí mismos, pueden adquirir carácter sistemático en la misma medida en que su artífice sigue violando el Estado de Derecho para reforzar su señalado poder. No por azar Kelsen, en su celebérrimo libro sobre *Teoría General del Derecho y del Estado*, recuerda bien que dentro de las dictaduras "las elecciones y los plebiscitos tienen como único objetivo ocultar el hecho de la dictadura". No bastan las elecciones, en consecuencia, para sostener la prédica democrática. Como tampoco basta y se basta el Estado formal de Derecho sin poderes independientes que lo hagan realidad y sin titulares ajenos a las enseñanzas de Maquiavelo y Guicciardini, para quienes –en el siglo XVI– el poder no se puede ejercer según los dictados de la conciencia.

Como testimonio de tal degeneración constitucional que ocurre en Venezuela a lo largo de los últimos trece años y como ejemplo vivo de la desviación moderna denunciada: el avance hacia la dictadura por las vías democráticas y la instauración del comunismo mediante los recursos del capitalismo, están, además, sus ejecutorias más recientes para vaciar de competencias o sobreponer autoridades a los gobernadores y alcaldes de la oposición. Éstos, en medio de la anomia institucional y huérfanos de garantías alcanzan doblegar, no obstante, al poder golpista, con el voto desbordado de la voluntad popular para finales de 2009.

De modo que, al apreciar el mismo Chávez la mengua de significativos espacios sobre los que despliega su acción populista, mediante el ejercicio de su poder personal y centralizador, una vez como sus candidatos pierden los Estados Táchira, Zulia, Carabobo y Miranda como las Alcaldías de Maracaibo y Mayor de Caracas en los comicios: las que de conjunto suman a la mitad del electorado, le ordena a la Asamblea Nacional disponer, en lo inmediato, el dictado de una Ley para reconcentrar en sus manos, como Jefe del Estado, las competencias que aquellos detentan. El caso de la Alcaldía Mayor de Caracas es el más ominoso.

La inhabilitación previa de candidatos opositores y la persecución judicial como el desmantelamiento de las señaladas competencias de los gobernantes locales electos para blindar más su poder ya omnímodo y abusivo, permite así consumar un efectivo golpe a la Constitución o, como lo refiere la doctrina francesa, "una violación deliberada de las formas constitucionales por un gobierno, por una asamblea, o por un grupo de personas que detentan autoridad", para encumbrarse por sobre el Bien Común y la sociedad democrática.

No siéndole suficiente lo acometido, contando para ello con los "jueces del horror" que recrean la experiencia de los jueces y fiscales que le dan su armazón jurídica a la más oprobiosa dictadura del siglo XX, la de Adolf Hitler, el círculo de su avance golpista por etapas y simulando las formas de la democracia lo cierra Chávez, sin burladeros ni disimulos, en 2010. La Sala Constitucional del Tribunal Supremo de Justicia, al efecto, otra vez se desnuda en su rol militante y se dedica a constitucionalizar la inconstitucionalidad, asumiendo ser depositaria de la soberanía popular originaria.

Ya mantiene Chávez para el momento y bajo rejas a un número importante de disidentes, por políticos unos y otros por capitalistas, en tanto que a otros los empuja al ostracismo. De modo que, una vez como pierde de modo manifiesto la mayoría del electorado durante las elecciones parlamentarias, pues la oposición obtiene el 52% de los votos, logra que se le asignen a ésta menos diputados que a su gobierno. Y a renglón seguido le exige a la Asamblea que concluye su mandato lo habiliten para legislar por decreto; lo que cumplen disciplinadamente sus diputados antes de abandonar las curules que pierden, decidiendo más allá del tiempo que les corresponde como mandato constitucional y sustrayéndole parte del tiempo constitucional que, por decisión popular, es propio del nuevo cuerpo parlamentario electo.

El tiempo más reciente, ocurrido lo anterior, es apenas sacramental y justificador de lo injustificable a manos de los escribanos judiciales del régimen, en un tiempo y una hora nona en la que se hace cierta –esta vez sí y como nunca antes– la frase que se atribuye a don José Gil Fortoul, eximio autor de la *Historia Constitucional de Venezuela* (1907): "La Constitución es un librito amarillo que se reforma todos los años y se viola todos los días".

De modo que, al inaugurarse el año judicial de 2011, por voz de uno de sus magistrados quien previamente destaca su lealtad hacia el Comandante Presidente, afirma el Tribunal Supremo que los jueces penales, civiles y administrativos han de perseguir y sancionar a los disidentes del socialismo a la cubana en curso de afirmación. Y el argumento no les llega al rompe, pues se afirma, desde el señalado vértice de la Justicia, que otro tanto ocurre en el pasado cuando son castigados –a la sazón parte de los mismos co-autores del despropósito actual y en curso– quienes atentan contra el Estado de Derecho y las instituciones democráticas liberales a partir de 1960. Y al nomás comenzar el 2012, en circunstancia igual, otro magistrado supremo, en nombre sus pares, aboga por el Estado total, apoyándose en las tesis del arquitecto jurídico del nazismo, Carl Schmitt.

Lo que es más grave y desdoroso, seguidamente el Poder Moral y la Asamblea Nacional –en medio de la reyerta interna que ocurre dentro del Estado y el gobierno, provocada por la enfermedad sobrevenida del Primer Mandatario y la incógnita acerca de su eventual sucesión política– destituyen al hasta entonces Presidente de la Sala Penal del Tribunal Supremo de Justicia, Coronel Eladio Aponte Aponte, cabeza y contralor de la justicia penal venezolana. Éste, desnudando con cinismo inenarrable el colapso moral que sufre la República hacia el mes de abril, confiesa– asumiendo que vivirá momentos aciagos –usar a los jueces bajo su mando para perseguir a los adversarios del gobierno, condenar a inocentes mediante testigos forjados, y perdonar a narcotraficantes vinculados a las más altas esferas oficial y militar. Y revela, además, la colusión semanal y sostenida entre las titulares del Supremo Tribunal y del Ministerio Público con la Vicepresidencia, para ordenar la justicia según el dictado presidencial y atendiendo a las circunstancias políticas.

He compartido con el apreciado y admirado catedrático del Derecho público Allan R. Brewer-Carías –desde su exilio– horas de trabajo para ordenar la sucesión de atropellos constitucionales ocurridos en Venezuela desde el 2 de febrero de 1999. Casi duplican el centenar y tienen como denominador el reforzamiento indebido del poder presidencial. A raíz de ello Brewer escribe una obra jurídica a profundidad que ya logra prestigio internacional: *Dismantling democracy in Venezuela, The Chávez Authoritarian Experiment*, editada en 2010 bajo patrocinio de Cambridge University Press.

Las páginas que siguen y reúno bajo el título de Historia Inconstitucional de Venezuela (1999-2012), con prólogo del mismo Brewer que mucho me honra, cumple un cometido esencialmente divulgativo. Narra las alteraciones constitucionales más graves –no todas– ocurridas a lo largo de cada año y hasta el presente, en un lenguaje coloquial, accesible para todos, como me lo sugiere antes de su prematura muerte un lúcido nonagenario y apóstol de la libertad, Ricardo Zuloaga Pérez-Matos.

El libro lleva dos apéndices, para quienes alberguen interés exigente sobre tales cuestiones, a saber, una relación más exhaustiva –según las normas de la Carta Democrática Interamericana– sobre los golpes sufridos por nuestra Constitución durante el período narrado, y otra, detallada, sobre los atentados a la libertad de expresión y de prensa como columna vertebral de la democracia. De conjunto ambas revelan la pérdida total de los elementos esenciales y componentes fundamentales que demanda de la democracia y su ejercicio, cuya burla por el Presidente Chávez y su gobierno ya es inocultable.

De golpe en golpe cede la democracia en la República Bolivariana, no cabe duda. El propósito que me anima, pues, no es otro que dejar constancia y a grandes trazos de esta historia que deriva en tragedia para la mayoría de los venezolanos y que, paradójicamente, no les marchita su arraigado espíritu libertario. Lo hago a título de memoria para las generaciones del porvenir y como contribución a la forja de otra sociedad en Venezuela, que se funde sobre la verdad y huya despavorida de los mesianismos.

Mayo, 2012

PRÓLOGO

Por: Allan R. Brewer-Carías

o sobre cómo, desde sus inicios, el gobierno de H. Chávez se caracterizó por su política hostil contra la democracia

Asdrúbal Aguiar, uno de los más destacados luchadores en pro de la preservación de los principios democráticos en el país, y defensor sistemático de los derechos humanos, en particular, de la libertad de expresión, me ha pedido que prologue su obra sobre *Historia inconstitucional de Venezuela* (1999-2012).

Honor que me hace, y que acepto gustosamente, en el marco de los trabajos que desde años atrás realizamos en defensa de la democracia en Venezuela y en el Continente.

Esta obra de Aguiar es sobre la historia del gobierno de Hugo Chávez Frías (1999-2012), el gobernante que en toda la historia del país, desde 1811, ha sido el que por más tiempo seguido ha estado en ejercicio de la presidencia de la República, pues ni Antonio Guzmán Blanco, ni Juan Vicente Gómez y menos, Marcos Pérez Jiménez, todos igualmente dictadores o gobernantes autoritarios, ejercieron por tanto tiempo seguido dicho cargo.

Esta historia, al dar cuenta de ese largo gobierno, es además y particularmente, la historia de las violaciones relevantes a la Constitución que Chávez ha cometido desde 1999 hasta 2012, siendo quizás entre las ejecutorias más destacadas que dejará para la historia como gobernante, la destrucción a mansalva de las instituciones republicanas, en particular de la democracia misma, realizada desde dentro, es decir, utilizando los propios instrumentos de la democracia.[1]

Por ello, con razón, Asdrúbal Aguiar ha destacado desde las primeras páginas de su excelente obra, que incluso antes de acceder a la presidencia y durante la misma, Chávez lo que más hizo sistemáticamente fue profundizar "su discurso hostil contra la democracia". Ello fue así desde el inicio de su gobierno, a pesar de que muchos no quisieron verlo, siendo la más certera arma demoledora de lo que a comienzos del siglo XXI era el más importante patrimonio histórico-político-cultural de Venezuela, a saber, sin duda, la democracia como régimen político y como forma de vida, como marco para la garantía de los derechos y libertades públicas, y para el funcionamiento del Estado de Derecho.

En este Prólogo, y como homenaje al autor y a su libro, antes que referirme al contenido del mismo, en el cual Aguiar, año por año, desde 1999 destaca y analiza las diversas, sucesivas y más destacadas violaciones constitucionales cometidas por el gobierno de Chávez, me voy a referir en particular a dichas violaciones y a la situación de la democracia al inicio de su gobierno, es decir, tal como estaba en los primeros meses de 2002, antes de que su Alto mando militar le anunciara al país la renuncia de Chávez a la presidencia de la República ("la cual aceptó") luego de la reacción popular que se manifestó en su contra, y con motivo de la desobediencia militar a sus órdenes represivas que se materializó el día

---

[1] Véase lo que hemos expuesto en Allan R. Brewer-Carías, *Dismantling Democracy. The Chávez Autthoritarian Experiment*, Cambridge University Press, New York 2010; "La demolición del Estado de derecho y la destrucción de la democracia en Venezuela," en *Revista Trimestral de Direito Público (RTDP),* N° 54, Instituto Paulista de Direito Administrativo (IDAP), Malheiros Editores, Sao Paulo, 2011, pp. 5-34; "La situación del derecho público en Venezuela ante la demolición de las bases del Estado de derecho," en *El derecho público en Iberoamérica. Libro Homenaje al Profesor Jaime Vidal Perdomo*, Editorial Temis S.A., Universidad de Medellín, Tomo I, Medellín 2010, pp. 57-99.

11 de abril de 2002. Nuestra intención, es, por tanto, fijar las violaciones a la democracia que precedieron a dicha reacción popular.

En efecto, el régimen democrático que funcionó en el país durante los últimos cuarenta años del siglo pasado, hasta 1999, para cuando Chávez comenzó a gobernar, a pesar de sus deficiencias, había producido importantísimos efectos en el país, el cual había sido hacia mitades del dicho siglo –es bueno recordarlo– el país que en toda América Latina para ese entonces tenía la menor tradición democrática. Cincuenta años después, en contraste, a finales de 1999, con todos sus defectos, Venezuela había pasado a ser el país de América Latina con la democracia más vieja y experimentada, la cual fue precisamente la que destruye Chávez y su gobierno en los años sucesivos.

Para finales de los noventa, por tanto, puede decirse que los venezolanos nos habíamos habituado a la democracia, habiendo sido ese habito el legado más preciado –a pesar de que fue el más vilipendiado por quienes asaltaron el poder bajo el comando de Chávez– que nos dejaron los partidos políticos tradicionales que habían dominado la vida política del país desde 1945, y que al final no entendieron su propia obra. Sin embargo, esa ignorancia sobre los efectos de sus ejecutorias y sobre las exigencias que planteaba su redimensionamiento –que fue lo que los hizo colapsar, como tantas veces lo advertimos–,[2] no significa en absoluto que la democracia no se hubiese arraigado hasta los tuétanos en nuestro pueblo y en nuestras instituciones. Ello condujo también, a pesar de todas las deficiencias del sistema, que los venezolanos se hubiesen habituado a vivir en libertad; no aceptando ni tolerando los autoritarismos, y rechazando la violencia.[3]

---

[2]   Véase Allan R. Brewer-Carías, *Problemas del Estado de partidos*, Editorial Jurídica Venezolana, Caracas 1988

[3]   No es de extrañar, por tanto, que después de los primeros 2 años del fracaso gubernamental y de constante e infructuosa predica del Presidente Hugo Chávez Frías contra la democracia, estigmatizando los 40 años de historia de-

Por otra parte, si la crisis del sistema de Estado de Partidos produjo el vacío político que el país vivió desde comienzos de la década de los noventa, originando el marcado deseo y esperanza de cambio político por el cual precisamente votó la mayoría en 1998; ello no fue para acabar con la democracia y las libertades públicas, sino para perfeccionarla, para hacerla más representativa y más participativa. Por ello, la reacción popular manifestada en el sufragio en 1998, definitivamente no fue contra la democracia representativa en sí misma, como muchos desadaptados comandados por el propio Chávez lo intentaron interpretar, sino contra la autocracia partidista y la ausencia de participación ciudadana.[4] De allí que incluso, en diciembre de 1999, se hubiese sancionado una nueva Constitución que estableció una serie de principios inspirados en una marcada reacción contra el predominio de los partidos políticos, que hubieran podido haber conducido al establecimiento

---

mocrática de finales del siglo pasado, se hubiera comenzado a sentir la reacción popular contra el autoritarismo y a favor de la misma democracia. En particular, después del paro cívico nacional del 10 de diciembre de 2001 y de la merma oficialista en el control de la Asamblea Nacional, lo que originó por primera vez la constitución de un sólo grupo opositor en la Asamblea (*El Universal,* Caracas, 05-01-02, p. 1-2); con ocasión de la celebración aniversaria de 23 de enero de 1958, en enero de 2002 se consolidaron grupos de la sociedad civil a favor de la democracia, por ejemplo, el grupo "Asamblea de Ciudadanos. Rescatemos la República de Venezuela" (*El Nacional,* Caracas, 16-01-02, p.1-6); los grupos de la sociedad civil organizada se manifestaron más abiertamente desde el punto de vista político democrático (por ejemplo, *El Nacional,* Caracas, 20-12-01); los partidos políticos comenzaron a ser revalorizados y se unieron en un fin común; e incluso, tanto la Confederación de Trabajadores de Venezuela, como Fedecámaras, se unieron en la convocatoria de la marcha del 23 de enero de 2002 (*El Nacional,* Caracas, 20-01-02, p. D-2). La marcha se efectuó el 23 de enero de 2002, convocada por la oposición en rechazo del gobierno, en todo caso fue una de las concentraciones populares más importante y multitudinaria que se hubieran realizado en Venezuela (*El Universal,* Caracas, 24-01-02, p. 1-1; *El Nacional,* Caracas, 24-01-02, p. A-1).

[4]   Véase Allan R. Brewer-Carías, *Cinco Siglos de Historia y un país en crisis,* Caracas, 1998; y "Venezuela: Historia y crisis política" en *Derecho y Sociedad. Revista de Estudiantes de Derecho de la Universidad Monteávila,* N° 3, Caracas, Abril 2002, pp. 217-244.

efectivo de esa democracia más representativa y más participativa por la que tanto se había clamado.[5]

Pero nada de esto fue la intención de quienes asaltaron el Poder y el Estado venezolano a partir de 1999, al amparo del vacío político que por su propia culpa dejaron los partidos políticos tradicionales. Los asaltantes no quisieron entender que lo que el pueblo quería era, precisamente, más representación y no sólo de partidos; y más participación política y presencia de la sociedad civil conformada por organizaciones contrapuestas al Estado, para lo cual era indispensable la efectiva descentralización territorial del Poder Público. No quisieron entender que, en definitiva, en un pueblo con una cultura democrática arraigada, el cambio que se quería era para perfeccionar la democracia, no para destruirla; al contrario, era para que se pudiese garantizar el control del poder en rechazo a su ejercicio concentrado y autoritario.

En ese marco de desentendimiento, apenas Chávez comenzó a consolidarse en la presidencia de la República, el 11 de septiembre de 2001, la Organización de Estados Americanos adoptó en Lima la *Carta Democrática Interamericana,* precisamente el mismo día en el cual ocurrieron los atentados terroristas en Nueva York, con el objeto de resumir los principios de la democracia como régimen político en el Continente Americano, a la cual tenían y siguen teniendo derecho los pueblos Iberoamericanos, y en especial, el pueblo de Venezuela, y cuya promoción y defensa se impuso como obligación de los gobiernos (art. 1).

Dicha Carta, sin embargo, incomprensiblemente fue cuestionada por el propio gobierno de Venezuela antes de su firma,[6] y su

---

[5]   Véase Allan R. Brewer-Carías, La Constitución de 1999, Caracas 2000, 3ª Edición, Caracas 2001.

[6]   La Carta fue considerada en la reunión de la Asamblea General de la OEA de junio 2001 celebrada en San José de Costa Rica, donde se manifestó cierta oposición del gobierno de Venezuela, *El Universal,* Caracas, 06-06-01, p. 1-8; y aprobada posteriormente en la Asamblea General de la OEA celebrada en Lima, Perú, el 11-09-01.

texto, en todo caso, fue poco conocido en el país, pues para cuando se firmó, la práctica política del gobierno del Presidente Hugo Chávez, ya lo colocaba al margen de los principios insertos en la misma. Por ello muy poco interés oficial hubo en que la misma se conociera. Asdrúbal Aguiar estudia en este libro, precisamente, todas las violaciones y atentados que sufre la democracia y de suyo nuestra Constitución y dicha Carta, tal como han ocurrido durante la última década y algo más. En este Prólogo, como dije, me voy a enfocar a destacar los inicios de dichas violaciones, particularmente estudiando la situación de la democracia en el país apenas se adoptó la Carta (septiembre de 2001), a comienzos de 2002; tal como lo describí el 28 de enero de ese año, en un documento que quedó inédito y que sólo circuló por Internet. Sin embargo, a pesar de estar al alcance de cualquiera, fue dicho documento buscado afanosamente por la Fiscal del Ministerio Público, acusadora en tantas causas para perseguir a la disidencia política, pensando quizás que allí podía encontrar elementos para perseguir la libertad de opinión y la expresión del pensamiento de quien esto escribe.

Lo que sigue es mi apreciación sobre el marco de las violaciones a la democracia cometidas por el gobierno de Chávez, en aquellos años de comienzos del siglo.

I.   LA DEMOCRACIA REPRESENTATIVA Y SUS DEFORMACIONES A COMIENZOS DE 2002

> *CDI, Artículo 2.* El ejercicio de la democracia representativa es la base del Estado de derecho y los regímenes constitucionales de los Estados Miembros de la Organización de los Estados Americanos...

La Carta Democrática Interamericana comienza señalando que el ejercicio efectivo de la democracia representativa es la base del Estado de derecho y del régimen constitucional (art. 2).

Con esta declaración puede decirse que en el Continente, al adoptarse esa Carta, se buscó revalorizar a la democracia representativa, a pesar de todos los insensatos esfuerzos y sugerencias del propio H. Chávez y de algunos de sus entonces noveles diplomáticos, quienes buscaron más bien la eliminación del calificativo de "representativa" que identifica la democracia, no sólo en el ámbito interno[7] sino en el ámbito internacional.[8]

En realidad, quienes rechazan la representación es porque no confían en ella como sistema para gobernar, y sueñan con un régimen basado en la supuesta relación directa del pueblo con un líder mediático apoyado por las Fuerzas Armadas. Históricamente se trata de la muy trillada relación líder-pueblo-militares que caracterizó la praxis fascista y nacional-socialista de la primera mitad del siglo pasado, y que a partir de la segunda mitad de dicho siglo fue por ejemplo la que se manejó para confiscarles la democracia a los cubanos.

En Venezuela, como dijimos, la democracia representativa, como base del Estado de derecho y del régimen constitucional, sin duda, a comienzos de siglo XXI, tenía que ser perfeccionada para que efectivamente fuera representativa del pueblo, de sus organizaciones, regiones, comunidades y vecindades; y no sólo de unos cuantos partidos políticos que la acapararon. Ese era el gran cambio político que los venezolanos reclamaban; por eso fue que muchos votaron y también fue la razón de la gran abstención electo-

---

[7] Recuérdese que el calificativo histórico del gobierno de la República y sus instituciones como "representativo" ya había sido eliminado del texto de la Constitución en 1999 (art. 4). Véase nuestro voto salvado en esta materia en Allan R. Brewer-Carías, *Debate Constituyente (Aportes a la Asamblea Nacional Constituyente)*, Fundación de Derecho Público, Editorial Jurídica Venezolana, Caracas 1999.

[8] En la Reunión de Jefes de Estado y de Gobierno de las Américas, (Tercera Cumbre de las Américas) celebrada en Québec en 2001 y en la Asamblea General de la OEA, celebrada en San José, Costa Rica, en 2001 donde se discutió la Carta Democrática Interamericana, Chávez y la representación de Venezuela propuso que no se eliminara de la misma la palabra "representativa" para calificar la democracia.

ral, aunada al voto contra los partidos tradicionales, que caracterizó el proceso electoral de 1998,[9] y los siguientes.

No se olvide que en esas elecciones de noviembre y diciembre de 1998, como motor del cambio, se produjo una votación que fue más negativa que positiva, contra la política de la partidocracia precedente. Sin embargo, el ganador en esas elecciones, H. Chávez, se creyó que los votos eran propios, y sólo para él, y que nunca habían sido de más nadie en las elecciones precedentes, como si hubieran provenido de extraterrestres que no habían vivido y votado en el país durante las décadas precedentes. Tan no lo era, que en sólo 3 años al ex golpista Presidente se le comenzó a esfumar la popularidad que creía propia,[10] aún cuando terminó creyéndose, realmente, Presidente por el voto popular. La verdad es que en la víspera de los sucesos de abril de 2002 el presidente Chávez había quedado como un actor, sólo, en el estrado de un desvencijado teatro, con las butacas vacías, porque casi todo el público se le había ido; pero creyendo que estaba lleno de gente y aplaudiéndolo. Simplemente comenzó a estar fuera de la realidad.

---

[9] Recuérdese que en las elecciones presidenciales de diciembre de 1988, la proporción de votos que obtuvieron AD y COPEI fue del 92.75% (AD 52,75% y COPEI 40,08%); en cambio, 10 años después, en 1998, obtuvieron 11,3% (AD 9,1% y COPEI 2,2%). La abstención en las elecciones parlamentarias de noviembre de 1998 fue del 46%. Véase José E. Molina V. y Carmen Pérez Baralt, "Procesos Electorales. Venezuela Abril/Diciembre 1999", en *Boletín Electoral Latinoamericano IIDH/CAPEL*, Vol. XXII, San José Julio-Dic. 1999, pp. 58. La abstención en las elecciones municipales y el referendo sindical del 03-12-00, fue del 77%, *El Universal,* Caracas, 04-12-00, p.1-1; 05-12-00, p. 1-1; 08-12-00, p. 1-1.

[10] En diciembre de 2001-enero 2002, la popularidad del Presidente llegaba al 18%, *El Nacional,* Caracas, 07-12-01, p. D-1; 08-01-02, pp A-1 y D-2; *El Universal,* Caracas, 08-12-01, p. 1-8. En enero de 2002, el 81% de la población no confiaba en el Presidente de la República, *El Nacional,* Caracas, 25-01-02, p. D-2.

Eso era lo que a comienzos de 2002 los venezolanos tenían como Jefe del Estado, pero con una democracia menos representativa que antes, pues Chávez desde el inicio ya entendía que la democracia sólo podía ser "representativa" de él mismo y de su partido de gobierno, no admitiendo cualquier otra representatividad. La verdad es que de una democracia de representación partidista pluralista que existió hasta finales de 1998, se pasó en menos de dos años a una democracia de representación de un solo partido, el cual acaparó la mayoría en los cuerpos representativos; partido que también se creyó que ello era para siempre.

Nunca antes se había visto en Venezuela una autocracia partidista como la que comenzó a ejercer el partido de gobierno en aquellos años entre 1999 y 2002, que no sólo no admitía disidencia alguna, sino que no admitía que la mayoría que había detentado, por ejemplo, en la Asamblea Nacional, pudiera ser cambiada democráticamente por la disidencia de antiguos adeptos. Todavía resuena la grotesca manifestación formal de un diputado del partido de gobierno en la Asamblea Nacional cuando dijo, sin ambages, que si el 5 de enero de 2002 el partido de gobierno llegaba a perder el control de la Asamblea Nacional, eso era el fin de la democracia como sustento del régimen político.[11] No se trató de una expresión

---

[11] El diputado Francisco Ameliach, Secretario de Organización del partido de gobierno, dijo públicamente que "si se pierde la mayoría en el Parlamento, por una traición, se cierra la vía democrática para llegar al fin del proceso". Ello, dijo, no significaba el cierre del Parlamento sino lo siguiente: "A través de la mayoría, el Parlamento puede revocar las leyes, revocar ministros, acusar al Presidente. Si eso se cierra, ¿Estaremos dispuestas algunas personas a echar atrás lo que se ha avanzado en este proceso? ¿El pueblo lo perdonaría? Les digo a esos diputados que tengan mucho cuidado con lo que hacen porque el pueblo se va a manifestar," *El Universal,* Caracas 28-12-01, p. 1-2. Por su parte, la diputada Cilia Flores de la fracción parlamentaria del partido de gobierno, ante la posibilidad de la pérdida de mayoría en la Asamblea Nacional, señaló "El pueblo que decida. Si esto llegara a pasar hay que preguntarle al pueblo qué quiere, porque él ya tomó una decisión con el voto. Ahora, si algunos diputados, por voluntad individual, deciden otra cosa, nosotros responsablemente tenemos que ir a preguntarle al pueblo qué quiere", *El Universal,* Caracas, 29-12-01, p. 1-4.

de dirigentes de gobierno después de una década de ejercicio exclusivo del poder, sino de una expresión que ya, al inicio del gobierno, evidenciaba las intenciones de permanencia que ahora son evidentes.

Es decir, el partido de gobierno sólo concebía y aceptaba la democracia representativa si la misma representaba exclusivamente a dicho partido, pero no cuando pudiera llegar a representar a otras fuerzas y organizaciones políticas. Por ello, la democracia representativa en Venezuela, como base del Estado de derecho y del régimen constitucional, tal y como se anunció formalmente desde comienzos de la década, no iba a tener futuro, salvo que en ella sólo tuviera representatividad única o mayoritaria el partido de gobierno.[12]

El clamor por el cambio en democracia de 1998, basado en la reacción contra la exclusiva representatividad de los partidos políticos tradicionales, la verdad es que fue completamente burlado, y pronto se convirtió en un rugido contra la exclusiva representatividad de un solo partido político, el de gobierno, que además se dio el lujo de violar todas las normas constitucionales que regulaban a los partidos. Así, las elecciones internas de las autoridades del partido de gobierno, que debían ser organizadas por el Consejo Nacional Electoral, fueron ignoradas (art. 297,6) y no ocurrieron;[13] de

---

[12]   La diputada Cilia Flores, de la fracción parlamentaria del partido de gobierno, señaló claramente que "El pueblo eligió este Parlamento en una proporción determinada. Decidió que una minoría importante estuviera compuesta por diputados del MVR que representamos el proyecto de cambio, revolucionario, liderado por Chávez. El diputado que en ese momento se aparte de esa línea estaría traicionando, no al Presidente, sino al pueblo que lo trajo aquí a representarlos a ellos y al proyecto revolucionario". *El Universal,* Caracas, 29-12-01, p. 1-4. En otro periódico declaraba: "Quien se aparte es un traidor ... Que el pueblo diga si quiere cerrar o no a la Asamblea; si avala las actitudes de algunos colegas que parecieran proteger intereses subalternos y no al pueblo", *El Nacional,* Caracas, 29-12-01, p. D-2.
[13]   Véase la información sobre la postergación del proceso interno de elección de autoridades en el MVR, en *El Universal,* Caracas, 28-01-01, p.1-4.

manera que dicho partido no pudo tener renovación interna de su cúpula, pues su Presidente era el Presidente de la República y la dirigencia se componía de los funcionarios del Estado que este había designado.[14] Por otro lado, la prohibición constitucional de que los funcionarios públicos, comenzando por el Presidente, estuviesen exclusivamente al servicio del Estado y no al servicio de parcialidad alguna (art. 145) fue burlada abiertamente, y nunca antes, como desde esos primeros años del siglo XXI, un Presidente comenzó a declarar y actuar tanto y descaradamente más como jefe de un partido político que como jefe de gobierno y del Estado. Además, la prohibición del financiamiento público a los partidos políticos (art. 67), para lo que sirvió fue para ahogar a todos los partidos políticos con excepción del partido de gobierno, pues como este estaba imbricado en el Estado, el financiamiento público del mismo no fue visto como extraño. El mejor testimonio de aquella situación fue el silencio cómplice del Contralor General de la República, quién no encontró en esos años ni siquiera los casos de peculado de uso que fueron confesados por los propios funcionarios.[15]

---

[14] Véase sobre el control y participación del Presidente de la República en el comando técnico del partido de gobierno (Movimiento Quinta República) en *El Universal,* Caracas, 11-03-01, p.1-6 y 27-08-01, p. 1-8; *El Nacional,* Caracas, 27-08-01, pp. A-1 y D-1; 25-09-01, p. D-1; y 01-10-01, p. D-1.

[15] Las denuncias contra el Presidente de la República por peculado de uso fueron frecuentes, durante esos años de su mandato, en particular, por las anormalidades administrativas en el manejo del denominado Plan Bolívar 2000, consistente en recursos presupuestarios destinados a actividades civiles, gerenciados por las guarniciones militares, *El Universal,* Caracas, 20-05-01, p. 1-12. Las denuncias más destacadas son el uso de bienes públicos en las campañas electorales; el uso de las oficinas y servicios presidenciales para organizar los Círculos Bolivarianos al punto de que el Vicepresidente de la Asamblea Nacional señaló que "No pueden usarse recursos y personal del Ministerio de la Secretaría para organizar movimientos con fines políticos, como el MBR-200 y los círculos, porque se incurriría en una violación constitucional y en peculado de uso," *El Nacional,* Caracas, 13-06-01, p. D-1; el uso del Poliedro de Caracas y otros bienes públicos para la proclamación del candidato del gobierno a las

Toda la ideal regulación constitucional del texto de 1999 en la cual se habían eliminado las fracciones parlamentarias, fue sólo para desmantelar las que tenían los partidos políticos tradicionales. A partir de 2000, dichas fracciones se comenzaron a llamar "grupos de opinión," caracterizándose, la del partido de gobierno, por su férrea sujeción a la línea partidista, como antes nunca se había conocido;[16] sujeta a las instrucciones del jefe de la fracción, como

---

elecciones de la Confederación de Trabajadores de Venezuela en 2001, *El Universal*, Caracas, 05-09-01, p. 1-2; 07-09-01, p. 1-2; 09-11-01, p. 1-4; *El Nacional*, Caracas, 07-09-01, p. D-1; y el uso de las instalaciones del Instituto de Estudios Avanzados IDEA para reuniones del partido de gobierno con el Presidente de la República quien era su Presidente, *El Nacional*, Caracas, 01-09-01, p. D-1. En enero de 2002 representantes del Partido Unión introdujeron ante el Fiscal General de la República denuncia por peculado de uso y violación de la Constitución contra el Presidente de la República a cuyo efecto el Fiscal General de la República anunció la designación de 2 fiscales especiales para procesar las denuncias por los siguientes hechos: "1) Colocación del Presidente de la República y la Fuerza Armada al servicio de una parcialidad política, lo que sería violatorio de los artículos 141, 145 y 330 de la Constitución; 2) Presunta utilización de recursos públicos en la campaña presidencial del año 2000, lo que constituiría delito de peculado, según lo establecido en la Ley de Salvaguarda del Patrimonio Público; 3) Financiamiento con recursos públicos del MBR-200 y de los círculos bolivarianos; 4) Utilización de instalaciones militares para actos oficiales de conmemoración del aniversario del alzamiento militar del 4 de febrero; 5) Utilización de los espacios públicos de la Gobernación del estado Mérida y escuelas públicas de Caracas para realización de actos partidistas del MVR; 6) Uso indebido del espacio institucional Aló Presidente, a través de las señales de Venezolana de Televisión y Radio Nacional, para fines político partidistas; 7) Utilización de recursos públicos para la proclamación de Aristóbulo Istúriz como candidato de la Fuerza Bolivariana de Trabajadores", *El Nacional*, Caracas, 21-01-02, p. D-3. El partido MAS también solicitó a la Fiscalía General de la República la tramitación del antejuicio de mérito al Presidente de la República, acusándolo del delito de peculado de uso y de violación reiterada a la Constitución, *El Nacional*, Caracas, 22.01-02, p. D-1.

[16] La diputada Cilia Flores, quien habló como vocera de la fracción parlamentaria del partido de gobierno, ante la disidencia expresada por algunos diputados del mismo, fue clara al expresar que "los diputados emerrevistas no son independientes y se deben a una disciplina. El que se asuma como independiente que ponga el cargo a la orden y se lance como candidato independiente",

antes había ocurrido, y además, a las dictadas por el propio Presidente de la República quién era a la vez el Jefe del partido.

El voto a conciencia del que habla la Constitución de 1999 respecto de los diputados (art. 201), quedó convertido en una necedad, y la disposición que dice que los diputados son sólo representantes del pueblo y no están sujetos a instrucciones ni directrices, fue letra muerta. Al contrario, nunca el país conoció una sujeción tan dura de los diputados del partido de gobierno, a los dictados e instrucciones del Presidente de la República y de dicho partido, lo que lo convirtió, además, materialmente en el propio jefe de la fracción parlamentaria.[17] Eso lo pudieron decir los propios diputados del partido de gobierno a quienes en diciembre de 2001 y enero de 2002, se les había ocurrido la idea de pensar por sí mismos, creyendo que podían tener conciencia propia, a la cual no podían traicionar. A los mismos, lo menos que se les dijo fue que eran traidores, siendo depurados en el más puro estilo estalinista o castrista, como ellos mismos lo expresaron.[18]

El Nacional, Caracas, 27-12-01, p. D-2.

[17] El Presidente de la República ordenó al jefe de la fracción parlamentaria del Partido de Gobierno, Ernesto Alvarenga, la desincorporación de Alejandro Armas de toda responsabilidad legislativa por su actuación al frente de la Comisión Especial para la revisión y estudio de los decretos-leyes habilitados, *El Universal,* Caracas, 15-12-01, p.1-6, *El Nacional,* Caracas, 27-12-01, p. D-2. El incumplimiento de la orden por el Jefe de la Fracción Parlamentaria, Ernesto Alvarenga, originó su exclusión de la jefatura de la misma. Véase *El Universal,* Caracas, 27-12-01, p. 1-1; 1-4 y 2-2. Posteriormente, el Presidente Chávez ordenó disolver la referida Comisión, *El Nacional,* 20-12-01, p. D-21; *El Nacional,* Caracas, 28-12-01, p. D-1

[18] Véase las declaraciones de Ernesto Alvarenga, *El Nacional,* Caracas, 04-01-02, p. D-1, *El Universal,* Caracas, 04-01-02, p. 1-3, 14-01-02, p. 1-4. Además, el diputado Jordán Hernández, del partido de gobierno, quien aceptó la candidatura a la presidencia de la Asamblea Nacional apoyado por la oposición confrontando la línea oficialista, fue expulsado del partido como lo anunció el propio Presidente de la República, *El Nacional,* Caracas, 07-01-01, p. D-1.

En Venezuela a comienzos de 2002, por tanto, puede decirse que ya no había una democracia representativa montada sobre el pluralismo político y sobre la tolerancia, la disidencia, la discusión, el diálogo y el consenso. Lo que había era la deformación de la democracia representativa, exclusivamente ejercida por los partidos de gobierno, que había sido lo que los venezolanos habían querido cambiar en 1998; en manos de quienes habían asaltado el poder a partir de esa fecha, de carácter totalmente excluyente. En la víspera de los sucesos de abril de 2002, puede decirse que en realidad, nada había cambiado para mejor; es decir, todo había cambiado para peor, habiendo desaparecido toda efectividad en el ejercicio de la democracia representativa.

Por todo ello, Venezuela, en este aspecto, en enero de 2002 ya estaba al margen de los mandatos de la Carta Democrática Interamericana.

II. LA DEMOCRACIA PARTICIPATIVA Y EL SECUESTRO DEL DERECHO A LA PARTICIPACIÓN CIUDADANA

> *CDI, Artículo 2...* La democracia representativa se refuerza y profundiza con la participación permanente, ética y responsable de la ciudadanía en el marco de legalidad conforme al respectivo orden constitucional.

Pero la Carta Democrática Interamericana no se quedó en la reafirmación de la necesidad de un ejercicio efectivo de la democracia representativa como base del Estado de derecho y del régimen constitucional, sino que postuló, con razón, que esa democracia representativa se refuerza y profundiza con la participación permanente, ética y responsable de la ciudadanía en un marco de legalidad, conforme al respectivo orden constitucional (art. 2). Agregó la Carta, además, que la participación de la ciudadanía en las decisiones relativas a su propio desarrollo es un derecho y una responsabilidad y, además, condición necesaria para el pleno y efectivo ejercicio de la democracia. Por ello, afirmó el documento, que la promoción y fomento de las diversas formas de participación, fortalece la democracia (art. 6).

El perfeccionamiento de la democracia por el cual había venido clamando el país consistía, por tanto, en hacerla realmente participativa, de manera que la ciudadanía, con base en el derecho a la participación política, pudiera participar en la gestión de los asuntos públicos en forma permanente, y no sólo y exclusivamente a través de los partidos políticos, como había sucedido en las décadas precedentes.

1. *La participación política en la Constitución de 1999*

La Constitución de 1999, sin duda, es un texto que fue imbuido totalmente del concepto de "participación," de manera que no sólo declaró al gobierno de la República y de todas las entidades políticas como participativo (art. 6), sino que consagró formalmente el derecho a la participación política (art. 62) e, incluso, enumeró los diferentes medios de participación en lo político, más allá de la elección de cargos públicos, mediante el referendo, la consulta popular, la revocación del mandato, las iniciativas legislativas, constitucional y constituyente, el cabildo abierto y la asamblea de ciudadanos cuyas decisiones, incluso, dijo la Constitución, debían ser de carácter vinculante (art. 70).

Pero no terminó allí la consolidación constitucional del principio de la participación política, sino que se materializó en la regulación, directamente en el propio texto, de medios específicos de participación política en la gestión pública.

Primero, en el ejercicio de la función legislativa mediante la imposición, a la Asamblea Nacional, de la obligación de consultar a los órganos del Estado, a los ciudadanos y a la sociedad organizada, para oír su opinión sobre los proyectos de leyes (art. 211); y además, mediante la obligación de consultar a los Estados, a través de sus Consejos Legislativos, cuando se legislase en materias relativas a los mismos (art. 206); obligación que sin la menor duda se trasladaba al Presidente de la República cuando se producía una delegación legislativa mediante leyes habilitantes (art. 203), pues de lo contrario, hubiera sido un fraude a la Constitución, el poder legislar por vía ejecutiva para escapar a la obligación de asegurar la participación popular impuesta en la Constitución en el proceso de formación de las leyes.[19]

Segundo, en el proceso de designación, por la Asamblea Nacional, de los titulares de los órganos del Poder Ciudadano (Fiscal General de la República, Contralor General de la República, y Defensor del Pueblo), del Poder Electoral (Rectores del Consejo Nacional Electoral) y del Poder Judicial (Magistrados del Tribunal Supremo de Justicia). En todos esos casos, la Constitución –caso único en el constitucionalismo contemporáneo- estableció expresamente que la postulación ante la Asamblea de los candidatos a dichos cargos, debía corresponder exclusivamente a sendos "Comités de Postulaciones" integrados sólo "por representantes de los diferentes sectores de la sociedad" (arts. 270, 279, 295), y no de cualquier otra forma. Ello implicó que la Asamblea Nacional no podía designar dichos funcionarios si no venían postulados por dichos Comités, integrados como lo exigió la Constitución.

Pero ese carácter participativo del régimen democrático en Venezuela, que derivaba de esas precisas y terminantes normas constitucionales, sin embargo, fue ignorado y violentado por quienes asaltaron el Poder a partir de 1999.

2. *La burla al derecho a la participación en el proceso de formación de las leyes*

La más conspicua violación a la exigencia constitucional respecto de la participación política que se produjo en esos primeros años del gobierno de Chávez, ocurrió en 2001, con motivo de la

---

[19] Véase lo que expusimos en Allan R. Brewer-Carías, "El régimen constitucional de los Decretos Leyes y de los actos de gobierno" en *Bases y Principios del Sistema Constitucional Venezolano (Ponencias del VII Congreso Venezolano de Derecho Constitucional realizado en San Cristóbal del 21 al 23 de noviembre de 2001)*, Asociación Venezolana de Derecho Constitucional, Universidad Católica del Táchira, San Cristóbal, 2002, pp. 25-74.

ejecución de la Ley Habilitante que había sido sancionada en noviembre de 2000. El Presidente de la República en Consejo de Ministros, en efecto, en ese mes dictó 48 Decretos-Leyes sobre materias de primera importancia en el país que le habían sido delegadas, los cuales sin embargo, en forma alguna fueron sometidos a la consulta pública que exigía la Constitución, cuyos efectos, incluso, ya se habían precisado adjetivamente en la Ley Orgánica de la Administración Pública de octubre de 2001, en la cual se sancionó con la nulidad absoluta (art. 137) los textos legales y reglamentarios que emanasen del Ejecutivo Nacional sin seguirse el procedimiento de consulta pública establecido.[20] Pues entre 2000 y 2001, en cambio, el Presidente de la República dictó esos casi 50 decretos leyes en forma inconsulta, los cuales a pesar de haber sido impugnados ante la Sala Constitucional del Tribunal Supremo por esa violación de la Constitución, las acciones nunca fueron siquiera consideradas.[21]

3. *El secuestro al derecho a la participación ciudadana en la designación de los órganos de los Poderes Públicos Nacionales*

Pero antes, el derecho a la participación política de la sociedad a través de sus representantes había sido violentamente vulnerado, precisamente en el proceso de designación, por parte de la Asamblea Nacional, de los titulares de los órganos de los Poderes Ciudadano, Electoral y Judicial, lo que se había regulado expresamente en la Constitución. El texto de la misma fue completamente ig-

---

[20] Véase nuestra opinión en *El Universal,* Caracas, 25-11-01, pp. 1-1 y 1-2; en *Revista Primicia,* N° 206, Caracas 11-12-01, "Informe Especial", 8 pp.; y en *La Nación,* San Cristóbal, 23-11-01 pp. 1-C.

[21] Véanse los motivos de inconstitucionalidad de todos esos decretos leyes en Allan R. Brewer-Carías, "Apreciación general sobre los vicios de inconstitucionalidad que afectan los Decretos Leyes Habilitados" en *Ley Habilitante del 13-11-2000 y sus Decretos Leyes*, Academia de Ciencias Políticas y Sociales, Serie Eventos N° 17, Caracas 2002, pp. 63-103.

norado por la propia Asamblea Nacional al dictar la "Ley Especial para la Ratificación o Designación de los Funcionarios y Funcionarias del Poder Ciudadano y Magistrados y Magistradas del Tribunal Supremo de Justicia para el primer período constitucional de noviembre de 2000.[22]

Mediante esta Ley, en efecto, lo que se creó fue una "Comisión Parlamentaria" integrada con una mayoría de diputados para escoger a los referidos funcionarios, con lo cual se sustituyó a los "Comités de Postulaciones" regulados en la Constitución, que al contrario debían estar exclusivamente integrados "por representantes de los diversos sectores de la sociedad."

La sociedad civil fue así marginada, y los titulares de los órganos de los Poderes Ciudadano y Judicial fueron nombrados por el partido de gobierno que controlaba la Asamblea Nacional y la referida Comisión Parlamentaria, con lo cual se consolidó el control político del Presidente de la República en relación con todos los Poderes Públicos.[23]

4. *La complicidad del Tribunal Supremo de Justicia en el proceso de concentración del poder en violación de la Constitución*

A pesar de que la Defensora del Pueblo, quien había sido designada en diciembre de 1999, impugnó dicha Ley Especial por inconstitucional,[24] el Tribunal Supremo de Justicia nunca se pro-

---

[22] Véase la referencia en Allan R. Brewer-Carías, *Golpe de Estado y Proceso Constituyente en Venezuela,* UNAM, México 2002, pp. 389 y ss.

[23] Véase lo que expusimos en Allan R. Brewer-Carías, "La participación ciudadana en la designación de los titulares de los órganos no electos de los Poderes Públicos en Venezuela y sus vicisitudes políticas", en *Revista Iberoamericana de Derecho Público y Administrativo*, Año 5, N° 5-2005, San José, Costa Rica 2005, pp. 76-95

[24] Véase *El Universal,* Caracas, 15-12-00, p.1-4. La Defensora del Pueblo Dilia Parra había señalado en relación con la Ley Especial que "se estaría cometiendo una falta al sistema democrático, ya que fue secuestrado el derecho a la

nunció sobre la demanda y más bien decidió, en sentencia de 12 de diciembre de 2000,[25] que la Constitución de 1999 no se aplicaba, en cuanto a los requisitos para ser Magistrado, a los propios Magistrados que aspiraban ser "ratificados,"[26] quienes además eran los mismos que estaban sentenciando.

El principio más elemental en la historia del derecho, según el cual nadie puede ser juez y parte en un proceso, es decir, nadie puede decidir en causa propia, fue abiertamente vulnerado por el órgano judicial que estaba llamado, precisamente, a velar por la integridad de la Constitución (art. 335),[27] y todo con fundamento

---

participación ciudadana y no hay posibilidad de ser plural"; *El Universal*, Caracas, 21-11-00, p. 1-4. El Fiscal General de la República Javier Elechiguerra, también impugnó la ley ante el Tribunal Supremo, *El Nacional*, Caracas, 09-11-00, p. D-2; *El Universal*, Caracas, 13-12-00, p.1-2. Dichos funcionarios, ejercieron esos recursos pensando que como titulares de órganos del Poder Público, gozaban de autonomía. Por ello, fueron relevados de sus cargos por la propia Asamblea nacional, cuando aplicó la inconstitucional Ley. La verdad es que el Ministro del Interior, Luis Miquilena, había anunciado que la Asamblea Nacional designaría "a dedo" a los órganos del Poder Ciudadano, *El Nacional*, Caracas, 29-08-00, p. D-1; y antes, el Presidente de la Comisión de Reestructuración del Poder Judicial, Manuel Quijada, había señalado que la Constitución de 1999 en cuanto a la elección de los órganos del Poder Público era "letra muerta" y que la Asamblea Nacional debía hacer la elección "como lo hacía el extinto Congreso"; *El Universal*, Caracas, 28-01-00, p. 1-2. En todo caso, también, la elección irregular de los titulares de los Poderes Públicos mediante la Ley de Designaciones fue justificada por el entonces Vicepresidente Ejecutivo Isaías Rodríguez, luego electo Fiscal General de la República conforme a dicha Ley inconstitucional, *El Nacional*, Caracas, 01-09-00, p. D-3.

[25] Véase Allan R. Brewer-Carías, *Golpe de Estado y Proceso Constituyente en Venezuela, cit.*, pp. 392 y ss.

[26] El Director General de la Defensoría del Pueblo, Sr. Navarrete, había señalado que ello se debía a que "muchos de los Magistrados no responden a los requisitos necesarios para ser ratificados", *El Universal*, Caracas, 14-12-00, p.1-2.

[27] Incluso, la Defensora del Pueblo, Dilia Parra, había pedido la inhibición de los Magistrados, *El Universal*, Caracas, 16-12-00, p. 1-4.

en una pretendida "transitoriedad constitucional" inventada por el Tribunal Supremo para justificar las violaciones a la Constitución que provenían del Poder.[28]

La democracia participativa, a comienzos de 2002, por tanto, también ya había sido enterrada por los órganos del Estado, los cuales, al contrario, eran los llamados a asegurar su ejercicio efectivo. Y ello se agravó con el desmantelamiento de las políticas descentralizadoras del Estado, sustituida al contrario, por una política centralizante del Poder Ejecutivo, que progresivamente fue ahogado y minimizado, de nuevo, a las entidades político territoriales.

III. LA DEMOCRACIA, LOS DERECHOS HUMANOS Y SU IRRESPETO SISTEMÁTICO

> *CDI, Artículo 3.* Son elementos esenciales de la democracia representativa, entre otros, el respeto a los derechos humanos y las libertades fundamentales...

Pero la Carta Democrática Interamericana de septiembre de 2001, además de consagrar el derecho a la democracia y la obligación de los gobiernos de promoverla y defenderla; y definir a la democracia mediante sus contenidos representativos y participativos; para que no hubiera dudas, enumeró los *elementos esenciales* de la democracia representativa (art. 3) indicando, entre otros, los siguientes cinco:

En *primer lugar*, se refirió al respeto a los derechos humanos y las libertades fundamentales. Tan importante es la relación entre la democracia y los derechos constitucionales, que la propia Carta

---

[28] Véase Allan R. Brewer-Carías, *Golpe de Estado y Proceso Constituyente en Venezuela,* pp. 347 y ss. La transitoriedad constitucional fue justificada por el Magistrado J.M. Delgado Ocando al inaugurar el año judicial de 2001, *El Universal,* Caracas, 12-01-01, p. 1-4; lo cual había plasmado como ponente en diversas sentencias del Tribunal Constitucional.

Democrática precisó que aquella es indispensable para el ejercicio efectivo de las libertades fundamentales y los derechos humanos, en su carácter universal, indivisible e interdependiente, consagrados en la Constitución y en los instrumentos interamericanos e internacionales de derechos humanos (art. 7).

Pero en los primeros dos años del gobierno de Chávez, en Venezuela, por la concentración del poder que se había producido y por la ausencia de controles efectivos del poder así como de contrapesos políticos, los derechos humanos sufrieron reveses en su ejercicio y protección, con una acumulación como antes no había ocurrido en el país.[29] La Comisión Interamericana de Derechos Humanos ya para comienzos de 2002 nunca antes había recibido tantas denuncias de violaciones de derechos humanos como las que para entonces le habían llegado.[30] El debido proceso fue quizás el derecho más violado en esos tiempos, habiendo casi desaparecido el valor de la cosa juzgada, como valor fundamental de la sociedad organizada, la cual ya había quedado a la merced de una Sala Constitucional integrada, en su mayoría, por antiguos abogados litigantes, algunos de los cuales comenzaron a decidir a favor de criterios que en otros tiempos habían perdido en estrados:[31] todo ello mediante la extensión indebida de un poder de revisión judicial de constitucionalidad de sentencias, cuyo ejercicio minó el debido proceso.

---

[29] El representante de Human Rights Watch ya en enero de 2002 advertía con razón que "El Presidente Hugo Chávez ha perdido la popularidad que tenía antes y, con una gran concentración de poder, ello puede tentarlo a reprimir a sus opositores…. Nuestro temor es que con esa tremenda concentración de poder, en circunstancias de crisis, especialmente con menores grados de popularidad que ahora tiene, podría perfectamente transformarse en abuso de poder en contra de los que se oponen al gobierno", *El Nacional,* Caracas, 17-01-02, p. D-3.

[30] Véase, por ejemplo, el *Informe* correspondiente a 2000 del Relator para la Libertad de Expresión de la Comisión Interamericana de Derechos Humanos, presentado a la Asamblea General de la OEA de 2001.

[31] Véase, por ejemplo, la referencia sobre un caso concreto en Luis García Mora, "Al límite", *El Nacional,* Caracas, 20-01-02, p. D-2.

Por otra parte, los grupos de exterminio enquistados en las policías regionales en esos años actuaron impunemente,[32] y los ataques contra la libertad de expresión se sucedieron en los últimos meses de 2001, no sólo mediante actos del poder,[33] sino mediante

---

[32] Los grupos de exterminio detectados en la Gobernación del Estado Portuguesa durante 2001, provocaron la intervención militar de la policía estadal y la actuación del Fiscal General de la República, *El Nacional*, Caracas, 26-09-01, p. D-1. Sin embargo, en enero de 2002 todavía actuaban impunemente, *El Universal*, Caracas, 04-01-02, p. 1-6 y 08-01-02, p. 1-6. El representante de Human Rights Watch por ello señaló su preocupación por la aparición de estos grupos de exterminio o escuadrones de la muerte de supuestos delincuentes integrados por policías: "Dada la aparente indiferencia del gobierno, los jueces y la policía del Estado, ante estos acontecimientos, los asesinos comenzaron a actuar a plena luz del día, en patrullas de la policía", *El Universal*, Caracas, 18-01-02, p.1-5.

[33] Véase *El Nacional*, Caracas, 29-06-01, p. D-2 y 02-01-02, p. D-1; *El Universal*, Caracas, 23-07-01, p. 1-4. La Sala Constitucional del Tribunal Supremo de Justicia dictó la famosa sentencia 1.013 de 12-06-01 mediante la cual inconstitucionalmente restringió la libertad de expresión, resucitando las leyes de desacato. Véase los comentarios en *El Universal*, Caracas, 15-06-01, p.1-4; *El Nacional*, Caracas, 15-06-01, p. D-1; 16-06-01, p. D-4; 24-06-01, p. H-1; 23-06-01, P. D-1. Véase en general, Allan R. Brewer-Carías y otros, *La libertad de expresión amenazada. Sentencia 1013*, Instituto Interamericano de Derechos Humanos, Editorial Jurídica Venezolana, Caracas 2001. Véase la reseña de presentación de dicho libro en el diario *2001*, Caracas, 06-10-01, p. 10. Véase la reacción del Relator sobre Libertad de Expresión de la Comisión Interamericana de Derechos Humanos, Santiago Canton, *El Nacional*, Caracas, 21-06-01, p. D-1; y además los comentarios de Pedro Nikken, *El Nacional*, Caracas, 23-06-01, p. D-1; Carlos Ayala Corao, *El Universal*, Caracas, 24-06-01, p. 1-12; Alberto Quirós Corradi, *El Nacional*, Caracas, 24-06-01, p-E-8; y Héctor Faúndez, *El Nacional*, Caracas, 24-06-01, p. D-2, y nuestros comentarios en *El Nacional*, Caracas, 26-06-01, p. D-2. Véase también la opinión de Hermann Escarrá contra la sentencia, *El Nacional*, Caracas, 05-08-01, p. D-1, la cual lo condujo a renunciar a su cargo de agente de Venezuela ante los organismos interamericanos de derechos humanos, presionado entre otros, por el Tribunal Supremo, *El Nacional*, Caracas, 27-07-01, p. D-7; *El Universal*, Caracas, 07-08-01, p. 1-6. Véase en general la condena de la Comisión Interamericana de Derechos Humanos en relación con las denominadas "leyes de desacato" que revivió la sentencia 1013, en *El Universal*, Caracas, 20-01-01, p. 1-4.

la amenaza y el amedrentamiento gubernamental[34] contra periodistas y medios de comunicación, habiéndose llegado al extremo con el asalto efectuado en las instalaciones del diario *El Nacional*, el 7 de enero de 2002[35] y con la protesta igual de los Círculos Bolivarianos ante *El Universal*, el 14 de enero siguiente.

---

[34] Aparte de los ataques y agresiones contra periodistas y reporteros por turbas organizadas por el partido de gobierno, lo que fue objeto de debate ante la Asamblea Nacional, *El Nacional*, Caracas, 18-01-02, p. D-1, también el gobierno coaccionó a los medios de comunicación. El Presidente de la República atacó repetidamente a periodistas, señalándolos con nombre y apellido, por ejemplo, a directores de medios (Andrés Mata, *El Universal*; Alberto Federico Ravell, *Globovisión;* Miguel Enrique Otero, *El Nacional*); y en octubre de 2001, amenazó a la empresa de televisión Globovisión con abrirle un procedimiento administrativo por la forma como cubrió la noticia de las manifestaciones de los taxistas del 29-09-01. Véase lo expuesto por el Presidente de Globovisión, Guillermo Zuloaga, *El Universal*, Caracas, 29-10-01, p-1-6. Véase nuestra opinión en *El Nacional*, Caracas, 06-10-01, p. A-1 y D-2; *El Impulso*, Barquisimeto, 06-10-01, p. A-1 y D-6. Véase lo indicado sobre el procedimiento administrativo en curso por el Director General de CONATEL en *El Universal*, Caracas, 19-01-02, p.2-2. Una nueva amenaza a la libertad de expresión resultó del proyecto de "Ley de Contenidos" que comenzó a elaborar CONATEL. Véase *El Universal*, Caracas, 19-01-02, p. 2-2; *El Nacional*, Caracas, 25-01-02, p. D-6. Véase los comentarios sobre dicho proyecto de Antonio Pascuale, *El Universal*, Caracas, 21-08-02, p. 1-8. Véase los comentarios sobre la Ley de responsabilidad en Asdrúbal Aguiar, Allan R. Brewer-Carías, José Ignacio Hernández, Margarita Escudero, Ana Cristina Núñez Machado, Juan José Raffalli A., Carlos Urdaneta Sandoval, Juan Cristóbal Carmona Borjas, *Ley de Responsabilidad Social de Radio y Televisión (Ley Resorte)*, Editorial Jurídica Venezolana. Caracas 2006.

[35] El 07-01-02, *El Nacional*, fue sitiado por una turba dirigida por integrantes del partido de gobierno. *El Nacional*, Caracas, 08-01-02, p. A-1; hecho grave defendido por el propio Presidente de la República, lo que originó que la Comisión Interamericana de Derechos Humanos hubiera intervenido y adoptado medidas cautelares, ordenando al gobierno la adopción de protección, las cuales incluso fueron desacatadas. Véase los comentarios de Carlos Ayala Corao, *El Nacional*, Caracas, 11-01-02, p. D-2; y Pedro Nikken, *El Universal*, Caracas, 15-01-02, p. 1-5. Por otra parte, la directora de COFAVIC, Liliana Ortega, ante la debilidad de las instituciones encargadas de investigar y sancionar las violaciones de derechos humanos, destacó el desconocimiento de las obligaciones del Estado de dar cumplimiento a las decisiones de la Comisión Interamericana de

En otro campo, el derecho de propiedad de la tierra comenzó a ser progresivamente vulnerado con leyes confiscatorias, como sucedió con algunas de las leyes dictadas mediante los decretos leyes delegados de 2001;[36] y en cuanto a la privacidad de las comunicaciones, la misma fue burlada impunemente por el poder[37].

Derecho Humanos, en particular, las medidas cautelares adoptadas en relación con el diario *El Nacional,* Caracas, 18-01-02, p. D-1. El desacato del gobierno en el cumplimiento de las medidas cautelares fue denunciado por los representantes de *El Nacional* el 22-01-02. Véase *El Nacional,* Caracas, 22-01-02, p. D-4. En enero de 2002 la Comisión Interamericana de Derechos Humanos también dictó medidas cautelares de protección al Director de *El Universal,* Andrés Mata, *El Universal,* Caracas, 25-01-02, p. 1-8; *El Nacional,* Caracas, 25-01-02, p. D-6.

[36] Véase, por ejemplo, lo expuesto en Allan R. Brewer-Carías, "Apreciación general sobre los vicios de inconstitucionalidad que afectan los Decretos Leyes Habilitados" en *Ley Habilitante del 13-11-2000 y sus Decretos Leyes,* Academia de Ciencias Políticas y Sociales, Serie Eventos N° 17, Caracas 2002, pp. 63-103.

[37] El diputado del partido de gobierno, Francisco Ameliach, presentó a los medios de comunicación una grabación de una conversación entre el ex Presidente Carlos Andrés Pérez y el Presidente de la Confederación de Trabajadores de Venezuela, Carlos Ortega, en la cual se refirieron a la lucha por el control político de la Asamblea Nacional, *El Universal*, Caracas, 18-01-02, p. 1-5. Esta conducta no sólo vulneró el derecho a la inviolabilidad de las comunicaciones (art. 48 de la Constitución), sino que se configuró en si misma como un delito penado con prisión en la Ley de Protección a la Privacidad de las Comunicaciones de 1991, la cual castiga a quien revele el contenido de comunicaciones privadas por cualquier medio de comunicación, con prisión de 3 a 5 años (art. 2). La ilícita grabación de la conversación telefónica, por lo demás, si se la pretendiera presentar como "prueba" de alguna supuesta "conspiración" (parece que era la búsqueda de control de la Asamblea), no hubiera tenido valor alguno porque el artículo 49.1 de la Constitución considera "nulas las pruebas obtenidas mediante violación del debido proceso", es decir, en este caso, sin las garantías judiciales que regulaba el artículo 48 de la Constitución y el artículo 7 de la referida Ley de Protección a la Privacidad de las Comunicaciones. Véase las declaraciones del Ministro del Interior y Justicia y del Ministro de la Defensa negando que sus despachos hubieran incurrido en ese delito, *El Universal,* Caracas, 19-02-02, p. 1-6. El Presidente de la República, sin embargo, antes había dicho de la oposición que "los tengo infiltrados hasta los tuétanos", *El Nacional,*

Por otra parte, la violencia física ejercida por grupos de personas quienes actuaban en nombre del partido de gobierno contra manifestantes, contra medios de comunicación y contra la libre actuación de los diputados a la Asamblea Nacional y de los Consejos Legislativos, recuerdan las prácticas fascistas de amedrentamiento, amenaza y destrucción no sólo contra el ejercicio de los derechos constitucionales, sino contra la oposición y contra la propia democracia[38].

Caracas, 30-11-01, p. D-1. La ilegítima grabación en todo caso fue calificada por el Fiscal General de la República como "inmoral", pero fue utilizada por el gobierno como propaganda para convocar a la marcha oficialista del 23-01-02, *El Nacional,* Caracas, 27-01-02, p. H-6.

[38] La táctica del partido de gobierno de amedrentar con turbas callejeras a los opositores y disidentes se multiplicó alarmantemente en esos primeros años del gobierno de Chávez. *Primero* con el asalto al Rectorado de la Universidad Central de Venezuela, con la simpatía pública de la Vicepresidente Ejecutiva de la República y la abstención cómplice del gobierno, *El Universal,* Caracas, 27-04-01, p. 4-1; *El Nacional,* Caracas, 27-04-01, p. C-2; *Segundo,* contra periodistas y reporteros, estigmatizados por el Presidente de la República al punto de que el asunto fue discutido y condenado por la Asamblea Nacional, *El Nacional,* Caracas, 18-01-02, p. D-1. Una agresión importante fue la ocurrida el 20-01-02 contra los reporteros y camarógrafos de *Globovisión* al tratar de cubrir el programa Aló Presidente, *El Nacional,* Caracas, 21-01-02, p. D-2; *Tercero* contra las manifestaciones de grupos de protesta de la sociedad civil y de la oposición en 2001, *El Universal,* Caracas, 09-01-02, 1-4; *Cuarto* con ocasión del paro cívico del 10-12-01, en los alrededores de Fedecámaras, lo que originó la apertura de un procedimiento policial contra el Alcalde del Municipio Libertador quien participó en la manifestación por la Alcaldía Metropolitana; *Quinto* contra los diputados de oposición y los disidentes del partido de gobierno en la instalación de la Asamblea Nacional el 05-01-02, Ernesto Alvarenga denunció que una "turba enardecida y llena de borrachos" los habían humillado, les lanzaron botellas y cerveza, y los insultaron, *El Nacional,* Caracas, 06-01-02, p. D-2. El diputado del partido de gobierno Ismael Burgos, quien era disidente de la línea oficialista señaló: "La presencia de manifestantes fuera de la Asamblea me hizo recordar los hechos de Barinas, ocurridos en 1985, cuando unos enardecidos simpatizantes de la candidatura de Wilfredo Briceño quemaron la sede de Acción Democrática. Eso me hizo reflexionar. No podía permitir que si Jordán ganaba incendiaran el Parlamento", *El Nacional,* Caracas, 09-01-02, p. D-3, lo

El panorama de los derechos humanos en Venezuela, por todo ello, ya a comienzos de 2002, era sombrío y riesgoso.

IV. LA DEMOCRACIA, EL ESTADO DE DERECHO Y EL ILEGÍTIMO ACCESO AL PODER

> *CDI, Artículo 3.* Son elementos esenciales de la democracia representativa, entre otros...el acceso al poder y su ejercicio con sujeción al Estado de derecho...

El *segundo elemento* esencial de la democracia conforme a la Carta Democrática Interamericana es el acceso al poder, y la pre-

---

que originó la adopción de medidas de seguridad en la Asamblea, *El Nacional,* Caracas, 08-01-02, p. 1-2; *Sexto* contra el diario *El Nacional,* con el objeto de lograr su autocensura, mediante una vigilia o sitio en la noche del 07-01-02, *El Nacional,* Caracas, 08-01-02, p. A-1; 09-01-02, p. D-1. En ese caso, las turbas del partido de gobierno contaron con la participación de empleados de la Alcaldía del Municipio Libertador, lo que reconoció el propio Alcalde Bernal, *El Nacional,* Caracas, 10-01-02, p. D-1, a quien se vinculó con la organización de anteriores agresiones callejeras; *Séptimo* contra la instalación del Consejo Legislativo del Estado Trujillo, con mayoría que escapó al control del partido de gobierno en enero 2002. El Diputado José Hernández del Consejo señaló que "Lo que está pasando en Trujillo no es diferente a lo que sucede en el resto del país, incluso se han presentado agresiones físicas a jefes de redacción del diario *Los Andes* y amenazas generales a los medios de comunicación de la región... El Gobernador del Estado promueve hechos de violencia a través de hordas asalariadas para tomar el Poder Legislativo Local y desconocer la nueva directiva para el período 2002-2003, *El Nacional,* Caracas, 17-01-02, p. D-3; *Octavo,* ante el Cabildo Metropolitano de Caracas por la misma razón. El Vicepresidente del Cabildo Metropolitano de Caracas, Wilfredo Rodríguez, disidente del partido de gobierno, denunció el acoso permanente de que es objeto por parte de grupos de militantes del partido de gobierno; luego del cambio de mayoría en el Cabildo, que pasó a ser controlado por la oposición. *El Universal,* Caracas, 19-01-01, p. 4-2. Jorge Olavarría denunció estas tácticas, como fascistas, las cuales comenzaron a aparecer desde el 31-01-99, cuando se instalaron las Cámaras Legislativas del anterior Congreso, negándole su carácter de expresión del pueblo, *El Nacional,* Caracas, 21-01-02, p. D-5. Sobre las "milicias del MVR", véase *El Universal,* Caracas, 25-01-02, p. 1-7.

visión de su ejercicio con sujeción al Estado de derecho. Esto implica que para que haya democracia, el acceso al poder sólo puede realizarse con apoyo en los métodos constitucionales y, además, que el ejercicio del poder se debe hacer con sujeción al Estado de derecho, es decir, de nuevo, respetándose la Constitución y el orden jurídico. No hay democracia, por tanto, donde no hay respeto a la Constitución.

Puede convenirse que en materia de elección de cargos representativos este principio se respetó en Venezuela y en tal sentido, en los primeros años del gobierno de Chávez, se realizaron todas las votaciones imaginables. En cambio, se vulneró abiertamente en cuanto al acceso a los órganos de los Poderes Públicos cuyos titulares no fueron electos popularmente, como los órganos del Poder Ciudadano, del Poder Electoral y del Poder Judicial. La Constitución fue violentada y suspendida en su aplicación con fundamento en una transitoriedad constitucional proteica y maleable, lo que originó la designación de los titulares de esos órganos del Poder Público, como antes indicamos, al margen del texto fundamental, [39] con lo que la democracia fue quebrada por los propios órganos electos del Poder Público.

---

[39] Véase, lo que expresamos en Allan R. Brewer-Carías, "La participación ciudadana en la designación de los titulares de los órganos no electos de los Poderes Públicos en Venezuela y sus vicisitudes políticas", en *Revista Iberoamericana de Derecho Público y Administrativo*, Año 5, N° 5-2005, San José, Costa Rica 2005, pp. 76-95.

V. LA DEMOCRACIA FRACTURADA POR LA DEPENDENCIA DEL PODER ELECTORAL

> *CDI, Artículo 3.* Son elementos esenciales de la democracia representativa, entre otros... la celebración de elecciones periódicas, libres, justas y basadas en el sufragio universal y secreto como expresión de la soberanía del pueblo...

En *tercer lugar*, otro elemento esencial de la democracia conforme a la Carta Democrática Interamericana, es la celebración de elecciones periódicas, libres, justas y basadas en el sufragio universal y secreto, como expresión de la soberanía del pueblo. El régimen electivo, por tanto, es esencial en la democracia representativa para lo cual el órgano de control electoral es también esencial para asegurar su efectividad y el carácter justo de las elecciones.

La Constitución de 1999 erigió al Poder Electoral como un componente del Poder Público con independencia orgánica, autonomía funcional y presupuestaria; despartidización de los organismos electorales, imparcialidad y participación ciudadana; descentralización de la administración electoral; transparencia y celeridad del acto de votación y escrutinio (art. 294). Sin embargo, todos estos maravillosos principios con los que se hubieran podido asegurar elecciones libres y justas, a comienzos de 2002 todavía aguardaban pacientemente por ser implementados en una ley que los desarrollara y actualizara para hacerlos realidad.

Entre tanto, los miembros del Consejo Nacional Electoral encargados de implementar la democracia representativa, en 2000 habían sido designados "transitoriamente" por un órgano legislativo transitorio e inconstitucional, íntegramente dominado por el partido de gobierno y por su presidente que era el Presidente de la República, que fue la llamada "Comisión Legislativa Nacional," la cual hizo los nombramientos sin que se hubiera constituido el Comité de Postulaciones Electorales que establecía el artículo 295 de la Constitución, "integrado por representantes de los diferentes sectores de la sociedad." La transitoriedad constitucional ilegítimamente creada por la Asamblea Nacional Constituyente el 22 de diciembre de 1999, en violación de la propia Constitución aprobada popularmente una semana antes (15-12-1999), lesionó la autonomía del Poder Electoral,[40] lo cual sirvió para debilitar progresivamente la democracia representativa en Venezuela, pues las elecciones las dirigió un órgano en el cual no se podía confiar. La transitoriedad respecto de la integración del Poder Electoral conforme a la Constitución, en todo caso, en vísperas de los sucesos de abril de 2002 y de la renuncia del Presidente a su cargo, se había prorrogado *sine die* por la decisión del partido gobierno de ni siquiera discutir la Ley que debía regular la forma de designación y la integración del Comité de Postulaciones Electorales previsto en la Constitución.[41]

---

[40] El Presidente de la República en enero de 2001 conminó al Poder Electoral a anular las elecciones del Presidente y Directorio de la CTV, a los cuales desconoció como autoridades legítimas del movimiento sindical, *El Nacional,* Caracas, 08-01-2002, p. D-1. El Consejo Nacional Electoral a través de su Vicepresidente Alfredo Avella, sin embargo, le indicó al Presidente su desacuerdo con la intromisión del Ejecutivo en el Poder Electoral, indicando "La majestad y la autonomía del Poder Electoral fueron maltratados, porque cualquier opinión o sugerencia, aunque sea general, puede anticipar la decisión y eso es sumamente inconveniente, pues ya es sabido que si la decisión que tomemos se parece al pronóstico, eso se presta a suspicacias", *El Nacional,* Caracas, 09-01-02, p. D-3. El Presidente de la CTV, Carlos Ortega, dijo en respuesta, que "si el Presidente quiere guerra, la tendrá". *El Nacional,* Caracas, 08-01-02, p. D-1.

[41] Véase *El Nacional*, Caracas, 17-08-01, p. D-1.

VI. LA DEMOCRACIA, EL PARTIDO DE GOBIERNO INBRICADO EN EL ESTADO Y LAS LIMITACIONES AL PLURALISMO

> *CDI, Artículo 3.* Son elementos esenciales de la democracia representativa, entre otros...el régimen plural de partidos y organizaciones políticas...

1. El pluralismo político y sus implicaciones

El *cuarto* de los elementos esenciales de la democracia representativa al cual la Carta Democrática destina otra norma, es el régimen plural de partidos y organizaciones políticas, postulando que el fortalecimiento de los partidos y de otras organizaciones políticas es prioritario para la democracia (art. 5). En definitiva, se trata del principio del pluralismo político, el cual se opone a toda idea de concentración del poder y de organización política de la sociedad promovida por el Estado o desde el Estado.

El régimen democrático plural, en esta forma, siempre se contrapone al super poder del Estado, buscando que los partidos y organizaciones políticas estén siempre fuera de la esfera del Estado y de su influencia, de manera que los individuos y grupos sociales desarrollen libremente su personalidad. El pluralismo, además, es el que puede asegurar elecciones libres, la alternabilidad gubernamental y la participación política y, a través de esta, la descentralización del poder. El régimen plural de partidos y organizaciones políticas, en definitiva, es el antídoto contra el totalitarismo, el cual precisamente se caracteriza por la existencia de una fuente de autoridad única que incluso pretende apropiarse de la soberanía, eliminando toda distinción entre el Estado y la sociedad.

El pluralismo político, por tanto, implica la existencia democrática de una multiplicidad de grupos políticos, partidos y organizaciones que articulen la sociedad, fuera del alcance del Estado. Por eso, incluso, la Constitución de 1999 se refirió en muchas normas a las asociaciones u organizaciones con fines políticos (art. 67), a las organizaciones de la sociedad civil (art. 293,6; 296) y a la sociedad organizada (art. 211). Pero en contraste, la Constitución confirió al Poder Electoral, que es un órgano del Estado, una insólita injerencia en las organizaciones de la sociedad civil, al atribuirle el poder de organizar las elecciones de sindicatos, gremios profesionales y organizaciones con fines políticos (art. 293,6). Si esto, por sí mismo, era un atentado contra el pluralismo político y una estatización inconveniente de las organizaciones sociales, lo era más si el Poder Electoral no gozaba de efectiva independencia respecto del Poder Ejecutivo, como sucedió con el Consejo Nacional Electoral que funcionaba a comienzos de 2002.

En todo caso, los grupos de la sociedad fuera del ámbito del poder del Estado y de su alcance, son los que garantizan el pluralismo político como elemento esencial de la democracia. Por eso, incluso, la Constitución, como se ha dicho, impuso a los funcionarios públicos la obligación de estar "al servicio del Estado y no de parcialidad alguna" (art. 145), para deslindar con claridad la organización política de la sociedad (el Estado) de los grupos organizados de la sociedad (partidos y organizaciones de la sociedad civil), prohibiéndose, incluso, en la Constitución, aún cuando inconvenientemente y contrario a lo establecido en la Carta Democrática (art. 5), el financiamiento de las asociaciones con fines políticos con fondos provenientes del Estado (art. 67).

2. La absurda integración del partido de gobierno al Estado

En Venezuela, en todo caso, el pluralismo político fue progresivamente maltratado por quienes asaltaron el poder a partir de 1999. En primer lugar, el partido de gobierno se había integrado al Estado en una forma nunca antes conocida en la historia política venezolana. Como se dijo, el Presidente de la República era ya el Presidente del partido de gobierno y sus Ministros más cercanos eran los directivos del mismo. El Estado ya estaba al servicio del partido de gobierno, y éste al servicio del Estado. Las otras organizaciones políticas y partidos distintos al partido de gobierno, tendían a ser avasallados por el Poder. El financiamiento público del partido de gobierno resulta de la imbricación de intereses entre el Estado y el partido, y progresivamente sólo conformaron la "nueva" función pública los militantes del partido de gobierno.[42]

En segundo lugar, con la concentración del poder en el Ejecutivo, cuyo jefe era a la vez Presidente del partido de gobierno, este había controlado todas las instancias del poder, y a través de estas, había intentado controlar a las organizaciones de la sociedad civil, como los sindicatos y gremios profesionales, cuyas elecciones comenzaron a ser controladas por un órgano del Estado sometido políticamente, como lo era el Poder Electoral.

3. *La inconveniente injerencia del poder en la organización de la sociedad y la regimentación de la sociedad civil*

Por otra parte, el Estado, desde el Poder Ejecutivo, buscó además organizar políticamente a la propia sociedad, y lo mismo hicieron los gobernadores y alcaldes miembros del partido de gobierno, a través de los denominados "círculos bolivarianos," agrupaciones que constituyeron la antítesis del pluralismo por su íntegra dependencia de los órganos del Poder.[43]

---

[42] Por ello, el jefe del directorio del llamado "Comando Político de la Revolución," Guillermo García Ponce, anunció formalmente la "depuración" de la Administración Pública, para cerrar "la brecha por la cual se han colado trepadores y oportunistas no identificados políticamente con el proceso", *El Nacional,* Caracas, 22-01-02, p. D-1.

[43] Véase lo expuesto sobre los "círculos bolivarianos" por Guillermo García Ponce, *El Universal,* Caracas, 04-06-01, p. 1-4. El vicepresidente de la Asamblea Nacional, Leopoldo Puchi, por ello, señaló: "No es tarea del Estado, del gobierno, crear organizaciones políticas o de coordinar la sociedad. Eso cambia las reglas del juego. En un Estado Democrático, esa responsabilidad corresponde a la sociedad civil, que tiene formas para controlar el poder público, vigilar su desempeño y balancear sus excesos. Cuando el Presidente afirma que el pueblo organizado tiene un único comando con sede en Miraflores, está expresando una filosofía de Estado reñida con los fundamentos democráticos del país y con el mismo texto constitucional. Los partidos que respaldan al Presidente pueden organizarse como lo deseen, en círculos, cuadrados o triángulos.

El Presidente de la República además, intervino abiertamente en las elecciones sindicales, promoviendo al candidato del gobierno a la Confederación de Trabajadores de Venezuela,[44] y el Tribunal Supremo de Justicia, por su parte, y para colmo, se encargó de regimentar y distorsionar a las organizaciones de la sociedad civil, excluyendo de este concepto, por ejemplo, a las eclesiásticas; exigiendo que fueran "representantes" de la sociedad, cuando de lo que se trataba era de instrumentos no estatales de participación; excluyendo del concepto de sociedad civil a las asociaciones, grupos e instituciones que recibieran subsidio externo (los provenientes, por ejemplo, de la solidaridad internacional), a las cuales incluso les quitó el carácter de venezolanas; propugnando, además, que debían ser regimentadas por el Estado, lo que contrariaba su carácter esencialmente libre y fuera del alcance del Estado (sen-

---

Lo que no es ético ni lícito es crear una asociación política desde el gobierno y como componente del aparato del Estado", *El Nacional,* Caracas, 13-06-01, p. D-1.

[44] La intervención del propio Presidente de la República en el proceso interno de elección del Presidente de la Confederación de Trabajadores de Venezuela, fue abierta. El Presidente le dio todo su apoyo, *El Universal,* Caracas, 24-08-01, p. 1-2 y fue quien proclamó al candidato del gobierno, Aristóbulo Istúriz, en un acto en el Poliedro de Caracas el 02-09-01, en el cual participaron Ministros, Gobernadores y Diputados, *El Nacional,* Caracas, 03-09-01, p. D-1. En dicho acto, el Presidente de la República le aseguró al candidato su participación en el Consejo de Ministros, *El Universal,* Caracas, 03-09-01, p. 1-6. El candidato oficialista fracasó pero al final fue nombrado Ministro, pero de Educación, en enero 2002. El Consejo Nacional Electoral exhortó al Presidente de la República a alejarse de la campaña electoral sindical, *El Nacional,* Caracas, 04-09-01, p. D-1; *El Universal,* Caracas, 04-09-01, p. 1-4; y el Fiscal General de la República advirtió que era inconveniente la injerencia del gobierno en la pugna sindical, *El Nacional,* Caracas, 08-09-01, p. D-1. El Presidente de la República desafió a la opinión y a los Poderes Electoral y Ciudadano y ratificó que Istúriz era el candidato de la Revolución, *El Nacional,* Caracas, 08-09-01, p. D-1. En todo caso, la Junta de Conducción Sindical denunció el financiamiento gubernamental indebido al acto de proclamación del "candidato del gobierno" a la presidencia de la CTV, *El Nacional,* Caracas, 07-09-01, p. D-1.

tencias de 30-6-2000 y de 23-8-2000), y pretendiendo que quienes actuasen por las organizaciones sociales debían haber sido "electos por alguien para cumplir tal representación."[45]

El pluralismo político, elemento esencial de la democracia, por tanto, a comienzos de 2002 ya estaba seriamente amenazado desde el Poder del Estado, en nombre de una supuesta revolución, integrándose al mismo organizaciones políticas como el autodenominado Comando Político de la Revolución,[46] y partidos, como el de gobierno, que como se dijo, operaban directamente desde las propias instancias del poder, financiados por sus órganos.

4. *Los ataques del poder contra la Iglesia Católica*

El régimen del patronato eclesiástico que regía en Venezuela desde el Siglo XIX, y que estaba plasmado en la Constitución de 1961 como derecho del Estado (art. 130), fue eliminado en la Constitución de 1999, la cual estableció la garantía de "la independencia y la autonomía de las iglesias y confesiones religiosas, sin más limitaciones que las derivadas de esta Constitución y la ley" (art. 59). En consecuencia, se eliminó de la Constitución toda sujeción de patronato de la Iglesia Católica y se garantizó su autonomía e independencia.

En particular, para comienzos de 2002 el rol de la Iglesia Católica en Venezuela había sido destacado, dando opiniones y alentando acciones respecto de las políticas gubernamentales;[47] sin

---

[45] Véase *El Nacional*, Caracas 24-11-00, p. D-1; *El Universal*, Caracas, 18-09-00, p. 1-4. Véase los comentarios de Liliana Ortega en *El Nacional*, Caracas, 27-11-00, p. D-4; y las referencias a las sentencias en Pedro Nikken, "El Tribunal Supremo de Justicia. ¿Juez o parte?", en Allan R. Brewer-Carías y otros, *Libertad de Expresión Amenazada, cit.*, pp. 130 y ss.

[46] El Comando Político de la Revolución lo constituyó el Presidente Chávez integrando al mismo altos funcionarios del Estado. Véase *El Nacional*, Caracas, 11-11-01, p. D-4 y 20-01-02, p. D-6. y los comentarios de Angela Zago, Felipe Mújica y Pablo Medina, en *El Nacional*, Caracas, 20-01-02, p. H-1.

[47] Véase por ejemplo, *El Universal*, Caracas, 10-01-01, p. 1-4; 13-01-01,

embargo, desde los primeros años del gobierno de Chávez, desde el poder del Estado ya se había comenzado a desarrollar una política de amedrentamiento e injerencia del Estado en los asuntos de la Iglesia, acompañada de ataques personales a sus jerarcas,[48] y de

p. 1-4, 16-05-01, p. 1-2; *El Nacional*, Caracas, 16-05-01, p. 1-2. Véase un resumen de las opiniones de los Arzobispos y Obispos de Venezuela con motivo de la LXXVII Asamblea Plenaria de la Conferencia Episcopal de Enero de 2002 en el suplemento "Iglesia", *El Nacional,* Caracas, 27-01-02, p. 8 pp.

[48] Los ataques del Presidente Chávez contra la Iglesia Católica fueron constantes durante sus primeros años de gobierno, muchos de ellos personalizados en el Presidente de la Conferencia Episcopal, Monseñor Baltasar Porras a quien incluso, el gobernador del Estado Mérida le hizo acusaciones en relación con la administración de fondos públicos. El conflicto con la Iglesia e incluso con la Santa Sede, se agudizó el 24-01-02 con motivo de la salutación presidencial al Cuerpo Diplomático. El Decano de dicho Cuerpo, Monseñor Dupoy, Nunció Apostólico expresó en su discurso preocupación por una radicalización excesiva del proceso político ("sería una verdadera lástima si una radicalización o una politización excesiva del actual proceso de cambio pusiera en segundo plano ... los objetivos humanísticos de la revolución bolivariana", dijo. *El Nacional,* Caracas, 25-01-02, p. A-2), lo que fue respondido violentamente por el Presidente Chávez, como intromisión en los asuntos internos de Venezuela, *El Nacional,* Caracas, 25-01-02, p. A-2, actitud que los ex Cancilleres de Venezuela rechazaron, protestando la réplica del Presidente de la República al Nuncio Apostólico, *El Nacional,* Caracas, 27-01-02, p. A-2; *El Universal,* Caracas, 27-01-02, p. 1-6. El Canciller Luis Dávila, además, trato de descalificar al Nuncio informando que su discurso no reflejaba la opinión del cuerpo diplomático, en cuyo nombre había hablado, *El Nacional,* Caracas, 26-01-02, p. A-2. El mismo día con motivo de las críticas del Cardenal Ignacio Velásquez a la utilización indebida de una misa para apoyar la política del Presidente Chávez, celebrada el mismo día de la marcha del 23-01-02 (misa que los medios de comunicación se vieron obligados a transmitir "en cadena") el Presidente de la República, en una intromisión en los asuntos internos de la Iglesia, respondió que "la Iglesia Católica era uno de los tumores que tiene el país", diciendo que era "uno de los problemas que tiene Venezuela", agregando: "Hoy, con asombro vemos por ahí... un comunicado del Cardenal venezolano, una cosa impresionante condenando a unos sacerdotes a nombre de los católicos, sin consultar a nadie, que democracia ¿no?, *El Nacional,* Caracas, 25-01-02, p. D-4. El párroco responsable de la capilla donde se celebró la cuestionada misa declaró que el gobierno se había aprovechado de la buena voluntad de los sacerdotes, *El Nacional,* Caracas, 25-01-02, p. D-4. Monseñor Roberto Luckert, Arzobispo de Coro, respondió directa-

intento incluso de promoción de división de la propia Iglesia,[49] para intentar debilitar su liderazgo espiritual.[50]

VII. LA DEMOCRACIA Y LA SEPARACIÓN Y CONTROL DEL PODER Y SU DISTORSIÓN

> *CDI, Artículo 3.* Son elementos esenciales de la democracia representativa, entre otros...la separación e independencia de los poderes públicos.

El *quinto* elemento esencial de la democracia representativa conforme a la Carta Democrática Interamericana, es la separación e independencia de los poderes públicos. Se trata, en definitiva, de los instrumentos de control y limitación del poder mediante su distribución y separación, para que sirvan de contrapeso y balance.

Sin control institucional del poder no puede haber democracia, pues en definitiva, todos los elementos esenciales de la misma antes analizados, dependen de este último. Así, sólo controlando al poder es que puede haber respeto a los derechos humanos y a las libertades fundamentales; sólo controlando al poder es que puede haber sujeción al Estado de derecho; sólo controlando el poder es que se pueden realizar elecciones periódicas, libres, justas y basadas en el sufragio universal y secreto como expresión de la sobe-

---

mente al Presidente de la República, *El Nacional,* Caracas, 26-01-02, p. D-1 y el Cardenal Velasco, rechazó los ataques a la Iglesia, señalando que ofenderla era como ofender a Dios, expresando: "Dicen que la Iglesia es el problema. Si eso fuera así, suprímala con un Decreto y se acaban los problemas del país. Eso es una ofensa a la Iglesia", *El Universal,* Caracas, 27-01-02, p. 1-6. De nuevo el Presidente de la República en su programa radial *Alo Presidente* del 27-01-02, atacó al Cardenal Velasco, *El Nacional,* Caracas, 27-01-02, p. D-2.

[49] Véase por ejemplo, del Padre Jesús Gazo, *El Universal,* Caracas, 16-10-00, p. 1-12.

[50] A finales de 2000 y principios de 2002, la Iglesia aparecía en las encuestas de opinión, en el primer lugar de aceptación de los venezolanos.

ranía del pueblo; y sólo controlando al poder es que puede existir un régimen plural de partidos y organizaciones políticas.[51]

Por tanto, sin separación e independencia de los poderes públicos, tanto en sentido vertical como horizontal, no hay ni puede haber verdadera democracia.

La Constitución de 1999, por ello, establece que el Poder Público se distribuye territorialmente entre el Poder Municipal, el Poder Estadal y el Poder Nacional, cada uno con autonomía política; y en cuanto al Poder Nacional, establece su división horizontal en cinco poderes: Legislativo, Ejecutivo, Judicial, Ciudadano y Electoral, cada uno con independencia y autonomía (art. 136).

1. *La contradicción entre el "Estado federal descentralizado" y la política y práctica centralistas*

La distribución vertical del Poder es consecuencia de la forma de Estado descentralizado (art. 4) que consagra la Constitución, cuyo texto erige a la descentralización en una política nacional para, precisamente, profundizar la democracia, acercando al poder a la población y crear las mejores condiciones tanto para el ejercicio de la democracia como para la prestación eficaz y eficiente de los cometidos estatales (art. 158). Como antes se dijo, la descentralización política es esencial para la democracia participativa, pues la participación ciudadana en la gestión de los asuntos públicos sólo es posible acercando el poder al ciudadano y, en consecuencia, multiplicando la organización política primaria que es la municipal[52].

Lamentablemente, después de 10 años de política descentralizadora que con altos y bajos, y retrocesos, se había iniciado a partir de 1989; a partir de 1999 en el país comenzó a sufrir un progre-

---

[51]   Véase Allan R. Brewer-Carías, *Reflexiones sobre el Constitucionalismo en América,* Caracas, 2001, pp. 44 y ss.; y 130 y ss.

[52]   *Idem,* pp. 134 y ss.

sivo proceso de centralización y concentración de poderes, recursos y competencias públicas en el Poder Nacional, en perjuicio de la autonomía de Estados y Municipios. La propia Constitución de 1999, en esta materia, es contradictoria, pues paralelamente a la exaltación de la descentralización, redujo la autonomía de Estados y Municipios y llegó, incluso, a nacionalizar la organización del órgano legislativo estadal (los Consejos Legislativos),[53] los que pasaron de ser regulados en las Constituciones de los Estados, a estar regidos por una Ley nacional que fue dictada en 2001. El proceso de centralismo, además, comenzó a ahogar financieramente a los Estados y, consecuentemente, a los Municipios, nacionalizándose definitivamente el manejo de los Fondos de financiamiento que desde 1993 se habían vinculado al IVA (FIDES) y a los hidrocarburos (Asignaciones Especiales), los cuales pasaron a ser controlados y distribuidos al antojo por los órganos nacionales. La democracia, por tanto, como régimen político, a comienzos de siglo, retrocedió por los embates del centralismo.

2. *El principio de la separación de poderes y su contraste con la política y práctica concentradora del poder en el Ejecutivo*

Pero en el funcionamiento del Estado, el principal y más esencial de los elementos de la democracia es el principio de separación de poderes, de manera de que el poder controle al poder, y exista un balance y contrapeso entre los poderes del Estado, como antídoto a la concentración del poder y al autoritarismo. No existe democracia cuando el ejercicio del Poder Público está concentrado en unas solas manos.

---

[53] Véase Allan R. Brewer-Carías, *Federalismo y Municipalismo en la Constitución de 1999. (Alcance de una reforma insuficiente y regresiva)*, Editorial Jurídica Venezolana, Caracas-San Cristóbal 2001, p. 99.

En este aspecto, en contraste, la democracia en Venezuela a partir de 1999 comenzó a sufrir uno de los más brutales descalabros, por la concentración de la totalidad del Poder Público en las solas manos del Poder Ejecutivo.

Como se ha dicho, la Asamblea Nacional, desde 2000, comenzó a estar dominada y totalmente controlada por el partido de gobierno, cuya fracción parlamentaria dirigió directamente el Presidente de la República, como Presidente de dicho partido. La Asamblea Nacional en Venezuela, en los primeros años del gobierno de Chávez, por tanto, sólo hizo lo que el Presidente le ordenó y deshizo lo que el Presidente le ordenó deshacer; y a los diputados oficialistas a quienes se le ocurrió la peregrina idea de considerarse como "representantes del pueblo" y no del partido de gobierno, como lo dice la Constitución; y de que tenían conciencia y podían votar conforme a la misma, no sujetos a mandatos ni instrucciones como lo manda la Constitución, (art. 201), como antes hemos indicado, fueron execrados como traidores y lanzados al desprecio público. Por otra parte, la Asamblea Nacional, durante esos primeros años del gobierno de Chávez, legisló lo que el Presidente de la República le propuso, como ocurrió con la Ley Habilitante de 13 de noviembre de 2000, sin mayor debate.

Así, el Poder Ejecutivo controló a su antojo al Poder Legislativo, y mediante este control, también controló a su antojo a los otros poderes del Estado, cuyos titulares fueron designados irregularmente por una Asamblea Nacional sometida sin participación de la sociedad civil como lo exigía la Constitución. Por ello, los otros poderes nacionales no fueron capaces de dar signos reales de autonomía e independencia.

3. *La complicidad del Tribunal Supremo en la justificación de la transitoriedad constitucional para avalar la concentración del poder*

En cuanto al Tribunal Supremo de Justicia, la designación inicial de sus Magistrados se había hecho el 22 de diciembre de 1999 por la Asamblea Nacional Constituyente con base en un ilegítimo

"Régimen de Transición del Poder Público" que no fue sometido a voto popular mediante referendo aprobatorio, y al cual, el mismo Tribunal Supremo le reconoció rango constitucional,[54] con la cual los Magistrados, así nombrados, no sólo decidieron en causa propia, sino excluyeron de control judicial a los actos de dicha Asamblea.

Posteriormente, cuando la Asamblea Nacional, en 2000, ya una vez en vigencia la Constitución de 1999, debió nombrar a los Magistrados del Tribunal Supremo, muchos de quienes al estar en ejercicio de sus cargos aspiraban a ser ratificados, entonces, como antes se dijo, de nuevo procedieron a decidir en causa propia y resolvieron que los requisitos que establecía la Constitución para ser Magistrado, no se les aplicaban a ellos mismos.

El Tribunal Supremo de Justicia, por otra parte, en múltiples decisiones convalidó la ilegítima transitoriedad constitucional y decidió en coincidencia con las actuaciones del Ejecutivo.[55] El

---

[54] Véase Allan R. Brewer-Carías, *Golpe de Estado y Proceso Constituyente en Venezuela, cit.*, pp. 351 y ss.

[55] El caso más notorio fue cuando la Sala Constitucional decidió sobre la duración del período presidencial conforme a lo que había públicamente expuesto el Presidente de la República. Véase la sentencia N° 457 de 05-04-2001. Véase sobre está sentencia Allan R. Brewer-Carías, "Formas constitucionales de terminación del mandato del Presidente de la República" en *Revista Primicia*, N° 199, Caracas, 23-10-01, "Informe Especial", p. 2. Sin embargo, el Magistrado Alberto Martini Urdaneta en su discurso inaugural del año judicial en enero de 2002, fue enfático en asegurar que el Tribunal Supremo era independiente y advirtió que sus fallos "serán emitidos con total autonomía y sólo coincidirán cuando tengan que coincidir, con los órganos del Poder Público: Municipal, Estadal, Nacional, Legislativo, Ejecutivo, Judicial, Ciudadano y Electoral". *El Nacional*, Caracas, 11-01-02, p. D-5. La presión del Poder Ejecutivo sobre el Tribunal Supremo, en todo caso, fue constante. Sólo basta recordar la "felicitación" que el Presidente de la República le dio "al Presidente del Tribunal Supremo y a su equipo" por la sentencia relativa a los créditos indexados, *El Nacional,* Caracas, 28-01-02, p. D-2. Tanto las felicitaciones como condenas del Poder Ejecutivo en relación con el Poder Judicial por sus decisiones, son atentados a su independencia y autonomía.

control por excelencia que corresponde ser ejercido por el Poder Judicial respecto de las actuaciones del Poder Ejecutivo, por tanto, y muy lamentablemente, en muchos casos ya había quedado en entredicho.

Adicionalmente, la intervención del Poder Judicial decretada por la Asamblea Nacional Constituyente continuó *sine die*, incluso al margen del propio Tribunal Supremo y con su anuencia, de manera que las normas constitucionales que establecían incluso una jurisdicción disciplinaria (art. 267), a comienzos de 2002 no se habían puesto en vigencia.[56] La provisionalidad de los jueces fue la regla y con ello, lamentablemente, la quiebra de su autonomía e independencia, por la dependencia respecto del poder.[57]

4. *La sujeción del Poder Ciudadano*

En el Poder Ciudadano la situación no era menos dramática. La Contraloría General de la República no actuó como órgano contralor e, incluso, el Contralor General mismo pretendió conver-

---

[56] Fue sólo en 2011, y en forma inconstitucional que se creó la Jurisdic-ción Disciplinaria. Véase Allan r. Brewer-Carías, "Sobre la ausencia de inde-pendencia y autonomía judicial en Venezuela, a los doce años de vigencia de la constitución de 1999 (O sobre la interminable transitoriedad que en fraude con-tinuado a la voluntad popular y a las normas de la Constitución, ha impedido la vigencia de la garantía de la estabilidad de los jueces y el funcionamiento efec-tivo de una "jurisdicción disciplinaria judicial"), en *Independencia Judicial*, Colección Estado de Derecho, Tomo I, Academia de Ciencias Políticas y Socia-les, Acceso a la Justicia, Fundación de Estudios de Derecho Administrativo (Funeda), Universidad Metropolitana (Unimet), Caracas 2012.

[57] En mayo de 2001 el Tribunal Supremo de Justicia reconoció el fracaso de la emergencia judicial, y el hecho de que no habían desaparecido las causas que habían justificado el decreto de la Asamblea Nacional Constituyente de intervención del Poder Judicial, *El Universal*, Caracas, 30-05-01, p. 1-4. En agosto de 2001, se anunciaba que el 90% de los jueces eran provisionales, *El Universal*, Caracas, 15-08-01, p. 1-1; y al mes siguiente el Director Ejecutivo de la Magistratura reconocía que sólo en 6 años el Poder Judicial podía llegar a ser independiente, *El Nacional*, Caracas, 02-09-01, p. D-1.

tirse en una especie de juez, alegando que nada resolvió en los casos más que conocidos y publicitados de corrupción pública, porque no se le presentaron pruebas, aparentemente sin saber que era al propio organismo que dirigía como al órgano de control fiscal, al que correspondía realizar las investigaciones y averiguaciones administrativas correspondientes.[58]

En cuanto al Defensor del Pueblo, nada se supo de su actuación ni siquiera en los casos más sonados de violación de derechos constitucionales, como el referido a los grupos de exterminio policiales, la violación al derecho a la participación política con motivo de la adopción de los decretos leyes delegados en 2001, o los atentados contra la libertad de expresión que, incluso, como se dijo, originaron la adopción de medidas cautelares por parte de la Comisión Interamericana de Derechos Humanos. Lamentablemente, los órganos de control internacional tuvieron que actuar ante la carencia de la actuación del Defensor del Pueblo, a pesar de la amplísima gama de competencias que tiene en la Constitución (art. 281).

En cuanto al Fiscal General de la República, ahogado en el cúmulo de sus actuaciones en el proceso penal, sin embargo, ninguna iniciativa se le conoció, por ejemplo, en cuanto a acciones judiciales para iniciar procesos en materia de salvaguarda del patrimonio público.[59] Se le debió, sin embargo, al Ministerio Público haber planteado la competencia de la jurisdicción ordinaria ante la usurpación de la jurisdicción militar.[60] En todo caso, sería después

---

[58] Véase *El Nacional,* Caracas, 08-01-02, p. D-2; 17-01-02, p. D-4

[59] El caso más patente de ausencia de sanción es el relativo a la empresa CAVENDES que estaba dirigida por Luis Vallenilla, con vínculos políticos estrechos con el Presidente de la República, y la escandalosa disposición de los auxilios financieros que recibió del Estado. El juicio por corrupción se inició en noviembre de 2000. Véase *El Nacional,* Caracas, 25-11-00, p. D-1; *El Nacional,* Caracas, 26-11-00, p.1-1.

[60] El sometimiento a juicio ante la jurisdicción militar del abogado Pablo Aure, por ofensa a las Fuerzas Armadas al haber publicado un artículo con el

de abril 2002 cuando el Ministerio Público comenzaría a ser el brazo ejecutor de las persecuciones políticas del gobierno.

En cuanto al Poder Electoral, el Consejo Nacional Electoral no dio signo alguno de autonomía en sus actuaciones, particularmente en las decisiones de conflictos electorales regionales o sindicales y, al contrario, las decisiones adoptadas fueron complacientes con el Poder.

Por tanto, la sujeción de todos los órganos del Poder Público al Poder Ejecutivo, a través de la Asamblea Nacional que los designó en forma excluyente y conforme a los dictados que provenían del Poder Ejecutivo, en los dos primeros años de gobierno de Chávez provocó una concentración del poder en Venezuela, que, como antes hemos señalado, minó el elemento esencial de la democracia consistente en la separación e independencia de los poderes públicos.

VIII. LA DEMOCRACIA Y LA TRANSPARENCIA GUBER-NAMENTAL Y CONTRASTE CON LA CORRUPCIÓN Y CON EL IRRESPETO A LA LIBERTAD DE EXPRESIÓN

> *CDI, Artículo 4.* Son componentes fundamentales del ejercicio de la democracia la transparencia de las actividades gubernamentales, la probidad, la responsabilidad de los gobiernos en la gestión pública, el respeto por los derechos sociales y la libertad de expresión y de prensa...

La Carta Democrática Interamericana también estableció como componentes fundamentales de la democracia, la transparencia

---

título "Generales en pantaletas" fue emblemático, luego de una insólita detención militar, *El Universal*, Caracas, 10-01-01, p. 1-4; 11-01-01, p. 1-2; 12-01-01, p. 1-12; 13-01-01, p. 1-6. Tanto el Fiscal General de la República, *El Universal*, Caracas, 11-01-01, p. 1-2, como el Defensor del Pueblo, *El Nacional*, Caracas, 14-01-01, pp. D-2, D-8, plantearon la competencia de la jurisdicción penal ordinaria, lo cual al final fue decidido por la Sala de Casación Penal del Tribunal Supremo.

de las actividades gubernamentales, la probidad, la responsabilidad de los gobiernos en la gestión pública, el respeto por los derechos sociales y la libertad de expresión y de prensa (art. 4).

Lamentablemente, estos componentes, para comienzos de 2002, también presentaron en Venezuela un saldo negativo. Sólo fue por los medios de comunicación que el país se enteró de actos de corrupción administrativa en diversos niveles de ejecución de programas gubernamentales, los cuales sin embargo, no fueron sancionados.[61]

La transparencia, por su parte, fue sustituida por el trabajo secreto, oculto y escondido como sucedió con la elaboración de los Decretos Leyes delegados en 2001, cuyo texto, incluso, sólo fue conocido por los propios órganos públicos encargados de su ejecución después de que se publicaron en la *Gaceta Oficial*. Las organizaciones políticas y de la sociedad civil fueron las grandes marginadas en ese proceso, en el cual, como se dijo, no se respetó la exigencia constitucional de participación popular a través de la consulta pública.

La Asamblea Nacional, por otra parte, la cual como órgano de control político de la Administración Pública debió apreciar la responsabilidad de los funcionarios públicos, nada debatió, ni siquiera en los casos de fracasos catastróficos en el manejo de los fondos públicos, que fueron publicitados por el propio Presidente de la República al destituir a altos funcionarios.[62]

---

[61] Véase, por ejemplo, en relación con las denuncias difundidas por los periodistas Ibéyise Pacheco y Patricia Poleo respecto de irregularidades administrativas atribuidas a los generales Cruz Weffer y Melvin López, *El Nacional,* Caracas, 07-12-01 p. D-1, *El Universal,* Caracas, 01-12-01, p. D-2. La periodista Pacheco se refirió a una denuncia introducida contra ella por el Comandante General de la Guardia Nacional, por su información respecto de la conducta de efectivos de esa Fuerza en el "asalto" a El Nacional el 07-01-02, como un intento de amedrentamiento para silenciarla, *El Nacional,* Caracas, 28-01-02, p. D-5.

[62] Incluso, cuando la Comisión de Contraloría de la Asamblea quiso interpelar a funcionarios militares sobre las denuncias de corrupción en el Plan

La libertad de expresión y de prensa, como antes se ha dicho, sufrió atentados severos por parte del Presidente de la República o bajo su incitación; e, incluso, el propio Tribunal Supremo con la famosa sentencia N° 1013 de 2001, limitó dicha libertad al margen de la propia Constitución.[63]

Progresivamente, además, comenzó a consolidarse una abierta violación al derecho ciudadano a la información, por el abuso incontrolado de las llamadas "cadenas" presidenciales, con las cuales el Presidente de la República obligó a todos los medios de comunicación a transmitir sus arengas políticas como jefe de partido y no del Estado o de Gobierno, incluso impidiendo descaradamente que se informase a la ciudadanía sobre otros acontecimientos a los cuales tenía derecho.[64]

Bolívar 2000, los diputados del gobierno rompieron el quórum, *El Nacional,* Caracas, 17-01-02, p. D-1.

[63] Véase sobre dicha sentencia los comentarios en Allan R. Brewer-Carías, Héctor Faúndez Ledesma, Pedro Nikken, Carlos M. Ayala Corao, Rafael Chavero Gazdik, Gustavo Linares Benzo y Jorge Olavaria, *La libertad de expresión amenazada. (Sentencia 1013),* Edición Conjunta Instituto Interamericano de Derechos Humanos y Editorial Jurídica Venezolana, Caracas-San José 2001.

[64] Un caso patético de esta limitación se produjo el 23-01-02 con motivo de la multitudinaria marcha organizada por la oposición en la ciudad de Caracas. La más importante y multitudinaria marcha política que hasta esa fecha se había producido jamás en el país, *El Nacional,* Caracas, 24-01-02, p. A-1; *El Universal,* Caracas, 25-01-02, p. 1-C. Las "cadenas" del Presidente de la República para trasmitir sus actos políticos durante las mismas horas, lesionaron el derecho a informar de los medios y el derecho a ser informados de los ciudadanos. Otra limitación al derecho ciudadano a la información, fue la prohibición gubernamental a los reporteros y periodistas de sobrevuelo a la ciudad de Caracas con ocasión de la marcha convocada por la oposición, el 23-01-02. Sólo sobrevolaron, en helicóptero, funcionarios de inteligencia del Estado. Sin embargo, alguno hizo llegar a los medios de comunicación el video de las marchas realizadas, tanto la convocada por la oposición como por el gobierno, con lo cual quedó en evidencia la desinformación y las falsedades que pretendió difundir el propio Presidente de la República sobre la magnitud de las marchas y la multitudinaria marcha de la oposición. La acción de los funcionarios de inteli-

Por otra parte, en programas gubernamentales de carácter fundamental se irrespetaron los derechos sociales, como ocurrió en el Estado Vargas después de las inundaciones de diciembre de 1999, cuya población quedó abandonada sin que se supiera a donde fueron los ingentes recursos destinados a la reconstrucción del Litoral Central, incluso los recibidos de ayudas internacionales.[65] Los descalabros en la gestión comunitaria de mejoramiento de barrios, como sucedido en Caracas, originaron, incluso, condenas judiciales mediante acciones de amparo, para la provisión de los recursos destinados a tal fin.[66]

IX. LA DEMOCRACIA, LA SUJECIÓN DE LOS MILITARES AL PODER CIVIL Y EL MILITARISMO

> *CDI, Artículo 4...* La subordinación constitucional de todas las instituciones del Estado a la autoridad civil legalmente constituida y el respeto ... son igualmente fundamentales para la democracia.

La Carta Democrática Interamericana precisó, además, que la subordinación constitucional de todas las instituciones del Estado a la autoridad civil legalmente constituida es fundamental para la democracia (art. 4). Esto apunta, ante todo, a la subordinación de la autoridad militar a la autoridad civil.

Sin embargo, en contraste, en Venezuela, desde el inicio del gobierno de Chávez se produjo la militarización progresiva del Estado, como política gubernamental, rompiéndose dicha subordina-

---

gencia podría ser considerada como una acción de resistencia activa frente a una orden policial interna, para garantizar el derecho ciudadano a la información. *El Nacional,* Caracas, 26-01-02, p. D-1.

[65] Véase por ejemplo, *El Universal,* Caracas, 08-08-01, p. 4-1.

[66] Véase el Caso Consorcio San Miguel, La Vega, *El Universal,* Caracas, 21-11-01, p. 4-4 y respecto del Caso *Catuche,* sentencia de la Corte Primera de lo Contencioso Administrativo N° 2001-3246, 13-12-01.

ción,[67] habiendo comenzado a vislumbrarse, desde esos primeros años del siglo XXI el peligro de un partido militar al servicio del Presidente de la República.[68] Basta recordar cómo mediante el llamado "Plan Bolívar 2000," los recursos públicos que debieron ser manejados para actividades de carácter social por los Gobernadores de Estado, pasaron a ser manejados por los Comandantes de Guarniciones militares, con el catastrófico resultado administrativo que fue denunciado en todos los niveles, con grave perjuicio para la propia institución militar.

La militarización del gobierno del Presidente Chávez, por otra parte, se reflejó en los intentos de extensión ilegítima del ámbito de la justicia militar para juzgar delitos o faltas civiles,[69] y en las designaciones que efectuó para casi todos los altos cargos de la Administración Pública, de ex militares de su entorno personal o de militares activos.[70]

---

[67] El militarismo fue denunciado incluso por quienes han estado cerca del Presidente en años anteriores. Pablo Medina, por ejemplo, Secretario General del Partido Patria para Todos, que fue partido de la coalición de gobierno, insistió en que el Presidente pretendía imponer un militarismo autoritario, *El Universal*, Caracas, 23-03-00, p. 1-7; en la militarización del régimen de Chávez, *El Nacional*, Caracas, 12-01-02, p. D-3, en que Chávez busca militarizar el gobierno y disolver la Asamblea, *El Nacional*, Caracas, 15-01-02, p. D-6. Véase el Informe de Consultores 21 para Veneconomía sobre militarización del gobierno, *El Universal*, Caracas, 23-12-01, p.1-10.

[68] Los militares, incluso, como Fuerza Armada hicieron público un comunicado de adhesión al Jefe de Gobierno y a la revolución. *El Nacional*, Caracas, 09-11-01, p. D-1; 08-11-01, p. D-1. Norberto Ceresole lo consideró como un comunicado "legítimo" del "partido militar", *El Nacional*, Caracas, 11-11-01, p. D-4. El Ministro de la Secretaría de la Presidencia afirmó, por la insistencia del Presidente de que su "revolución" es armada, que "las armas que apoyan a Chávez son las de la Fuerza Armada Nacional", *El Nacional*, Caracas, 19-12-01, p. D-2.

[69] Véase, por ejemplo, en el caso del enjuiciamiento de Pablo Aure la opinión de Carlos Ayala Corao, *El Universal*, Caracas, 14-01-01, p. 1-4.

[70] En enero de 2002, así sucedió por ejemplo, con el Vicepresidente Ejecutivo de la República; el Secretario del Presidente; el Ministro, Viceministro y

La militarización, en todo caso, ya a comienzos de 2002, comenzó a producir efectos negativos dentro de la propia Fuerza Armada, cuyos generales activos comenzaron a mostrar preocupación por la politización de la Fuerza Armada.[71]

X. LA DEMOCRACIA Y EL PRECARIO FUNCIONAMIENTO DEL ESTADO DE DERECHO

> *CDI, Artículo 4... y el respeto al Estado de derecho de todas las entidades y sectores de la sociedad son igualmente fundamentales para la democracia.*

Por último, la Carta Democrática Interamericana también precisa que el respeto al Estado de derecho por todas las entidades y sectores de la sociedad, es igualmente fundamental para la democracia. Esta, en definitiva, sólo puede existir en un Estado de derecho. Pero cuando las instituciones públicas y el control sobre las mismas no funcionan por la concentración del Poder en unas ma-

---

Director de Recursos Humanos del Ministerio de Relaciones Exteriores; el Ministro del Interior, el Viceministro de Seguridad Ciudadana, el Director de la Dirección de Inteligencia y el Director de la Dirección de Extranjería, los Directores del Fondo Único Social, de Fontur y del Setra; los Presidentes de Petróleos de Venezuela, de la Corporación Venezolana de Guayana, de Avensa, de Conatel, del Instituto Aeropuerto Internacional Simón Bolívar, de Cadafe. Veáse *El Nacional,* Caracas, 25-01-02, p. D-1 y 27-01-02, p. D-4. Entre tanto más de 100 oficiales no afectos al Presidente están en disponibilidad o en cargos en el exterior, *El Nacional,* Caracas, 27-01-02, p. H-1.

[71] Así en un documento considerado por los generales de la Fuerza Armada, al contrario se indicó: "Tenemos que buscar una proyección y participación apartidista del Ejército en el desarrollo del país... así como evitar el empleo de la imagen de la organización para fortalecer y proyectar una forma o modelo político partidista e ideología personal en particular o como elemento de intimidación o amenaza hacia masas oponentes o a la sociedad civil en general". Véase *Tal Cual,* Caracas, 23-01-02, p. 16. El documento fue elaborado por el General Néstor González (El texto completo puede leerse en *El Nacional,* Caracas, 25-01-02, p. D-6), Comandante de las Escuelas del Ejército, quien posteriormente fue relevado de su cargo.

nos, es difícil dibujar bien un Estado de derecho[72], y la violencia comienza a institucionalizarse.[73]

La democracia, en Venezuela, por tanto, a la luz de la Carta Democrática Interamericana, para comienzos de 2002 estaba en situación precaria; su examen no resistía un detenido análisis y esta situación ya ponía en riesgo las propias libertades públicas. Por ello, la pregunta fundamental que los venezolanos se comenzaban a formular a comienzos de 2002, visto que las instituciones de control no funcionaban para frenar al poder, era de qué otro recurso se podía valer el ciudadano para hacer que su derecho a la democracia se respetase.

1. *El precario control y balance entre los poderes*

Por ejemplo, en la emisión en 2001 de 48 decretos leyes sobre temas de primera importancia para el país, los venezolanos fueron testigos de cómo se violó abiertamente la Constitución.[74] El Presi-

---

[72] La expresión del Presidente de la República de que "El Estado soy yo.. La ley soy yo", *El Universal,* Caracas, 04-12-00, p. 1-1; 2-1, no se le había oído a ningún otro jefe de gobierno en la historia, desde que se le atribuyó a Luis XIV en el Siglo XVII. Véase Allan R. Brewer-Carías, *Reflexiones sobre la Revolución Americana (1776) y la Revolución Francesa (1789) y sus aportes al constitucionalismo moderno,* Caracas 1992, p. 136.

[73] El Presidente de la República, en el acto de juramentación del Ministro de Educación, en enero de 2002, justificó la violencia para defender su "revolución". Antes había dicho que tenía "su fúsil a la mano para defender la "revolución", *El Nacional,* Caracas, 19-11-01, p. D-1. El Secretario de la organización del partido de gobierno Francisco Amiliach, luego señaló que "estoy dispuesto a defender este proceso revolucionario en el escenario que sea, como sea y contra quien sea. El pueblo organizado unido saldrá en defensa de la Patria, el pensamiento del Libertador y la revolución, *El Nacional,* Caracas, 21-11-01, p. D-4. Guillermo García Ponce, desde la cúpula del MBR-200, ya afirmaba que "si nos toca, defenderemos la revolución con las armas", *El Universal,* Caracas, 13-05-01, p. 1-4. Luego fue nombrado Jefe del llamado "Comando Político de la Revolución".

[74] Véase lo que expusimos en *El Universal,* Caracas, 25-11-01, p. 1-2 y en la *Revista Primicia,* N° 206, Caracas, 11-12-01, "Informe Especial", 8 pp.

dente de la República, en efecto, al dictar el conjunto de decretos leyes delegados, primero, violó el derecho constitucional a la participación ciudadana que garantizaban los artículos 62, 70, 206 y 211 de la Constitución, al no haber sometido a consulta pública los proyectos legislativos como lo exigían dichas normas. Además, la entonces recién dictada Ley Orgánica de Administración Pública de 2001, adicionalmente sancionaba con nulidad absoluta los textos legislativos dictados por el Presidente de la República sin consulta pública.

Segundo, buena parte de los mencionados decretos leyes violentaron la garantía constitucional de la reserva legal que consagra la Constitución y la Convención Americana de Derecho Humanos, y que reserva al órgano legislativo compuesto por diputados o representantes *electos*, la regulación y limitación de los derechos humanos, como el derecho de propiedad o la libertad económica, cuyo régimen es indelegable.

Tercero, muchos de los decretos leyes estaban viciados de usurpación de funciones y eran constitucionalmente nulos (art. 138), por haber sido dictados por el Presidente de la República sin haber sido habilitado o sin que hubiera delegación legislativa, violando además el artículo 203 de la Constitución que exige que los decretos leyes delegados se deben someter a las directrices, propósitos y marco de las materias establecidas en la Ley Habilitante, y violando también el artículo 218, que sólo permite que las leyes sean derogadas por otras leyes y nunca por decretos sin habilitación.

Adicionalmente, muchos de los decretos leyes tenían vicios intrínsecos y singulares de inconstitucionalidad, por ejemplo, por ser confiscatorios así fuera de propiedades públicas municipales y estadales, además de privadas, como sucedió con la Ley de Zonas Costeras;[75] o de los atributos de la propiedad rural, como el uso, go-

---

[75] Véase Allan R. Brewer-Carías, "El nuevo régimen de las zonas costeras. Inconstitucionalidades, dominio público, limitaciones a la propiedad priva-

ce y disfrute que la Constitución garantiza, y que fueron violados por la Ley de Tierras y Desarrollo Rural.

En una sociedad democrática regida por un Estado de Derecho, la posibilidad de controlar la constitucionalidad de esos actos de rango legal, si las instituciones funcionaran, estaría garantizada: primero, por el Defensor del Pueblo, actuando en defensa de los derechos constitucionales vulnerados; segundo, por el Tribunal Supremo, conociendo diligentemente de las acciones de inconstitucionalidad; tercero, por el Fiscal General de la República, iniciando acciones para determinar las responsabilidades de los funcionarios que hubieran podido dictar o ejecutar actos violatorios de derechos humanos; y cuarto, por la Asamblea Nacional iniciando una discusión abierta para la revisión de las leyes.

Al contrario, en ese caso, los venezolanos presenciaron el silencio absoluto del Defensor del Pueblo.

En cuanto al Tribunal Supremo, para justificar su decisión de no suspender de efectos los decretos leyes inconstitucionales, en sentencia de 19 de diciembre de 2001 citó una parte de un libro nuestro de 1977,[76] en el que nos referimos a los antecedentes jurisprudenciales sentados por la antigua Corte Suprema de Justicia hacía 40 años, olvidándose de las toneladas de páginas escritas con posterioridad y de sentencias mucho más recientes que admitían la suspensión de efectos de los actos normativos,[77] sobre todo por la

---

da e insuficiencias normativas" en *Ley Habilitante del 13-11-2000 y sus Decretos Leyes*, Academia de Ciencias Políticas y Sociales, Serie Eventos N° 17, Caracas 2002, pp. 245-294.

[76] Véase Allan R. Brewer-Carías, *El control de la constitucionalidad de los actos estatales,* Caracas 1977, pp. 164-166. Véase *El Universal,* Caracas 20-12-01, p. 1-2.

[77] Allan R. Brewer-Carías y Carlos Ayala Corao, *El derecho a la intimidad y a la vida privada y su protección frente a las injerencias abusivas o arbitrarias del Estado*, Caracas 1995, pp. 279 y ss.

vía de la pretensión de amparo y más aún, en casos ejercidos conforme a la Constitución, en representación de intereses difusos y colectivos (art. 26).

Los venezolanos vimos cómo en la Asamblea Nacional, en diciembre 2001, se expulsó del partido de gobierno a los diputados que se atrevieron a instalar una Comisión Especial para el estudio y revisión de los decretos leyes habilitados, considerando que la Asamblea nunca podía revisar los decretos leyes, y que la Comisión, a lo sumo, para lo que podía servir era para justificarlos. Y no se crea que a partir del 15 de enero de 2002, con el "permiso" que el Presidente de la República dio a la Asamblea para reformar los decretos leyes, ello hubiera podido ocurrir. Las palabras del Presidente en su mensaje anual, en realidad, antes que un respeto a la separación de poderes, fue una burla al principio, pues el Presidente no era quien puede dar legitimidad o potestad al legislador para reformar las leyes[78]. Ello está en la Constitución.

2. El papel de la opinión pública

Los venezolanos, por tanto, ya a comienzos de 2002 estaban en presencia de un conjunto muy importante de leyes inconstitucionales, injustas y nocivas para el país. Pero cuando las instituciones del Estado no funcionan para controlar el poder, sin duda, un valioso instrumento de control en una sociedad democrática es la opinión pública formada por la difusión de opiniones, criterios y

---

[78] Aun cuando el Presidente de la República había declarado que las leyes dictadas mediante los decretos leyes en 2001 no estaban sujetas a modificación alguna, en especial, las Leyes de Tierras y de Hidrocarburos, *El Nacional,* Caracas, 21-12-01, p. D-1 y *El Globo,* Caracas 16-12-01, p. 2; luego, en su mensaje anual ante la Asamblea Nacional, aceptó que esta podía reformar dichas leyes, *El Nacional,* Caracas, 16-01-02, pp. A-1 y D-1. Dijo el Presidente "Señores diputados, es importante que si a ustedes les llega la solicitud de algún diputado venezolano o algún sector que decide modificar algunas de las leyes habilitantes, ustedes tienen la legitimidad y potestad para hacerlo", *El Nacional,* Caracas, 16-01-02, p. D-21

argumentos a través de los medios de comunicación. Aquella y estos, por tanto, son un mecanismo invalorable de control del poder cuando el poder no controla al poder.

La opinión pública en aquél entonces, incluso, provocó "reformas" inmediatas a determinadas leyes que fueron criticadas por los disparates que contenían, aún cuando las reformas fueron hechas a través de mecanismos ilegítimos como la "reimpresión" de los textos en la *Gaceta Oficial* por supuesto "error material," como sucedió con la Ley de Zonas Costeras y con la Ley de la Función Pública.[79]

Por supuesto, una de las formas más destacadas de expresión de la opinión pública es a través del ejercicio colectivo del derecho constitucional de manifestar pacíficamente y sin armas (art. 68). En tal sentido, se deben mencionar en relación con la opinión pública de rechazo a las políticas y al gobierno del Presidente Hugo Chávez, el paro cívico nacional efectuado el día 10 de diciembre de 2001,[80] y la marcha de la oposición convocada, de nuevo, por todos los sectores de la sociedad civil organizada, partidos políticos y organizaciones empresariales y de trabajadores para conmemorar el aniversario del día 23 de enero de 1958, fecha que marcó el derrocamiento del régimen militar del General Marcos Pérez Jiménez y el inicio del régimen democrático en Venezuela.[81]

---

[79] En relación con la Ley de Zonas Costeras, véase *El Nacional*, Caracas, 21-12-01, p. D-1 y 22-12-01, p. D-2; *El Universal*, Caracas, 21-12-01, p. 2-1. En relación con la corrección de la Ley del Estatuto de la Función Pública, véase *El Universal*, Caracas, 01-12-01, p.2-4

[80] Apoyada por la Confederación de Trabajadores de Venezuela y todas las organizaciones de la sociedad civil, *El Universal*, Caracas, 11-12-01, p. 1-1. El Presidente de la República quiso contrarrestar los efectos del paro celebrado el día de la Aviación en Caracas, fuera de la sede natural de este componente de la Fuerza Armada (Maracay, y lo que recibió fue un "cacerolazo" muy audible en medio de su discurso militar (*El Nacional*, Caracas, 11-12-01, p. D-1).

[81] La marcha fue calificada por todos los analistas como la más grande que se haya realizado en toda la historia política del país, *El Universal*, Caracas,

Pero si bien la opinión pública como instrumento de control democrático expresada gracias a la libertad de expresión, es un fenomenal medio de control de los gobernantes, ante las leyes no fue suficiente, pues a pesar de que eran injustas, ilegítimas o inconstitucionales, los ciudadanos tenían en principio el deber constitucional de cumplirlas y acatarlas, así como de acatar los demás actos que en ejercicio de sus funciones dicten los órganos del Poder Público (art. 131).

3. *La defensa de la democracia*

Este libro de Asdrúbal Aguiar sobre la *Historia Inconstitucional de Venezuela*, en definitiva, es la historia de las violaciones a la democracia ocurridas en los últimos 13 años y algo más tal como se han producido durante el gobierno del Presidente H. Chávez; cuyo preludio es las que ya habían ocurrido para enero de 2002, como hemos querido reseñarlo en este prólogo. Partiendo de aquellas, sin duda, lo que ha ocurrido es que dichas violaciones se agravaron en los años sucesivos, hasta llegar al cuadro actual de desolación.

El libro, al exponer en forma global lo ocurrido, por supuesto, lo que genera es la angustia de lo urgente que es la necesidad, no sólo de la cruzada que hay que desplegar en defensa de lo que queda de democracia, sino ante la masiva destrucción institucional y violaciones a la democracia que han tenido lugar en esta última década, de la necesidad de tener diseñado el proceso de reconstitución del Estado democrático de derecho.

Todo ello, además, por los momentos plantea la necesidad adicional de que se tome conciencia de que en Venezuela estamos en

---

24-01-02, p. 1-1; *El Nacional,* Caracas, 24-01-02, p. A-1; *Tal Cual,* Caracas, 24-01-02, p. 1. El Presidente de la República, convocó a una "contramarcha" el mismo día, actuando más como jefe de un partido político, que como jefe de Estado, la misma fue escuálida en comparación con la de la oposición, *El Universal,* Caracas, 25-01-02, p. 1-6.

presencia del mismo conflicto democrático, constitucional y ciudadano que teníamos ya en 2002, y que se agudizó en los años subsiguientes, entre por una parte un gobierno y sus leyes ilegítimas, inconstitucionales e injustas que los ciudadanos deben rechazar, y la obligación constitucional que tienen de acatarlas y cumplirlas; con el agravante de que el conflicto está planteado sin que exista garantía alguna de que los órganos del Poder Público llamados a ello puedan ejercer sus funciones constitucionales de balance, contrapeso y control. Este conflicto, ineludiblemente, quiérase o no, conduce a que no se pueda desconocer la inevitable necesidad que surge en muchos casos y para muchos, de que haya resistencia a cumplir y acatar leyes que son ilegítimas, inconstitucionales e injustas, que contraríen los valores principios y garantías democráticos o menoscaben los derechos humanos, lo que se agudiza por la ausencia de mecanismos institucionales efectivos de control. En ese marco, antes y ahora, es inevitable que una y otra vez se nos haga presente el texto del artículo 350 de la Constitución, el cual, aparte de la "interpretación" oficial que pueda haberse hecho del mismo, impone la necesidad de pensar en el ejercicio de un derecho colectivo destinado a demostrar la injusticia, la ilegitimidad o la inconstitucionalidad de la ley, con el fin de inducir al legislador a reformarla.

New York, abril 2012

1999
EL PECADO ORIGINAL

"Después de la decisión histórica de la Corte Suprema de Justicia, se apagaron las voces de los que clamaban todos los días que había que reformar la Constitución y ahora ha cambiado también la dinámica. La decisión de la Corte Suprema de Justicia ha acelerado el proceso y eso habrá que reconocerlo para la historia"

Hugo Chávez Frías

2 de febrero 1999

I. PRELIMINAR

Hugo Chávez Frías, hoy Presidente de Venezuela, una vez que se beneficia de la política de sobreseimiento de las causas de los golpistas quienes participan en la asonada del 4 de febrero de 1992 y que con arraigado talante democrático procuran su propia víctima, Carlos Andrés Pérez, y sus sucesores, Ramón J. Velásquez y Rafael Caldera, ya en libertad profundiza su discurso hostil contra la democracia.

Hacia finales de 1997, medrando en la más absoluta soledad, mantiene a rajatabla su tesis del acceso al poder por vía de las armas, del abstencionismo electoral, y promueve la vigencia de un proyecto de gobernabilidad triangular –que le vende el intelectual argentino fallecido, Norberto Ceresole– cuyos polos excluyentes y promotores de la desinstitucionalización democrática republicana que imagina, los representan el líder, el pueblo, y las Fuerzas Armadas. Lo que representa, en esencia, la idea igual que acerca del orden político –al que extrapola las reglas de la guerra– se hace Simón Bolívar, luego de la caída de la Primera República civil en 1812, a la que aprecia como "república aérea".

No obstante, convencido de lo errático de su rumbo por el antiguo líder comunista Luis Miquilena (Ministro del Interior del chavismo, Presidente de la Asamblea Nacional Constituyente de 1999, y acérrimo adversario actual del régimen que ayuda a surgir) y oyendo los consejos de Fidel Castro, su tutor político postrero, acepta formar un partido político propio (MVR) en alianza con otras fuerzas partidarias de izquierda e incluso algunas empresariales.

A partir de allí nace una candidatura cuya victoria se siembra sobre la ausencia, los errores estratégicos y/o la pérdida de aliento de los partidos tradicionales (Acción Democrática –socialdemócrata– y COPEI –socialcristiano-). De donde dice bien y a tiempo, uno de los constituyentes de 1999, Allan Randolph Brewer-Carías, sobre "la crisis terminal del sistema político constitucional de Estado centralizado de partidos, que se consolidó al amparo de la Constitución del 23 de enero de 1961".[1]

La suerte queda echada. No merma el apoyo del sector del capital y de los medios de comunicación social al candidato militar emergente, y tampoco le falta el ucase sacramental de la Embajada Norteamericana para el proyecto que se propone a largo plazo.

E incluso, una vez como es elegido, la misma Presidenta de la Corte Suprema de Justicia, Cecilia Sosa, afirma ante el país que "es realmente bueno que nos comprometamos con el nuevo gobierno recién electo, que deberá guiar la política interna y externa".

Los capítulos de la historia trágica y de golpes constitucionales repetidos que ocurren desde 1999 hasta el presente se acumulan sin solución de continuidad. Son escritos bajo el dictado férreo de este soldado, quien con el título actual de Comandante Presidente se dice líder de una revolución bolivariana de vocación continental.

II.   EL JURAMENTO FALSO

El día de su toma de posesión (2 de febrero de 1999), al momento de jurar ante el Congreso de la República su deber de cumplir y hacer cumplir la Constitución, Hugo Chávez Frías declara ante el país y en presencia de los mandatarios extranjeros asistentes: "Juro ante esta Constitución moribunda...."; en directa alusión

---

[1]   Del autor, entre sus muchas obras son relevantes para el tema en consideración y de las que hacemos citas entre comillas, las siguientes: *Golpe de Estado y proceso constituyente en Venezuela*, México, Universidad Nacional Autónoma de México, 2002; *Dismantling democracy in Venezuela*, Cambridge University Press, 2010

al texto fundamental de 1961; mismo que le permite incorporarse a la vida democrática y ser electo Presidente, luego de dirigir el golpe de Estado militar del mencionado 4 de febrero.

Su declaración, en apariencia intrascendente o tremendista, fractura en seco y desde entonces el respeto que por la idea todavía débil de la supremacía constitucional y su acatamiento por gobernantes y gobernados prende, no sin dificultades, en la conciencia colectiva de los venezolanos durante los 40 años precedentes.

El tiempo republicano trascurrido desde 1811, salvo durante breves paréntesis, no deja de ser el de los gendarmes y el de las reformas constitucionales que éstos dictan en serie hasta cuando, en 1958, se inicia a la experiencia de gobierno civil de más largo aliento conocida en Venezuela.

Chávez abre su mandato "democrático", pues, incitando al desconocimiento de la Constitución vigente, violando impunemente y de modo particular sus artículos 4 (residencia de la soberanía en el pueblo), 52 (deber de acatamiento de la Constitución), 117 (sujeción de los poderes públicos a la Constitución) y 250 (intangibilidad del orden constitucional).

III. "YO SOY LA SOBERANÍA"

Ya Presidente de Venezuela, sin esperar la iniciativa acordada al respecto por el parlamento recién electo junto a él en diciembre de 1998 y manipulando el contenido de las sentencias de la Sala Político Administrativa de la antigua Corte Suprema de Justicia (Casos *Referendo Consultivo I y II, de 19 de enero de 1999*) relacionadas con la "consulta" al pueblo sobre su opinión acerca de la eventual convocatoria de una Asamblea Nacional Constituyente, dicta su decreto N° 3 (2 de febrero de 1999) convocando, de manera unilateral, la realización del referendo en cuestión pero con carácter decisorio o plebiscitario.

"Después de la decisión histórica de la Corte Suprema de Justicia, se apagaron las voces de los que clamaban todos los días que había que reformar la Constitución y ahora ha cambiado también la dinámica", son las palabras de aquél durante su toma de posesión.[2] Mas lo cierto es que, en sus referidas sentencias, la CSJ no es conteste con lo afirmado por el Presidente e interpretado por la prensa de la época; no obstante que aquélla peca de ambigua con sus decisiones, admite que se puede convocar a un referendo "consultivo" –no decisorio– respecto de "la posible convocatoria" de una Constituyente, e indica, sin resolver al respecto la materia de fondo, que la mencionada consulta puede derivar hacia dos vías hipotéticas: una, que "los órganos *competentes* del Poder Público Nacional diseñen los mecanismos de convocatoria y operatividad de una Asamblea" tal, o, dos, que éstos, previamente, "tomen la iniciativa de enmienda o reforma [constitucional que incluya la figura de una Asamblea de esta naturaleza" en el texto de la Constitución vigente de 1961.

Como lo aprecia con exactitud Brewer-Carías, a tenor de las disposiciones constitucionales en vigor ningún órgano constitucional tiene competencia para convocar a una Constituyente fundada en los resultados de una consulta no vinculante, a cuyo efecto, lo que si podían era proceder a la reforma constitucional necesaria para alcanzar el objetivo mencionado.

Así las cosas Chávez le pide al pueblo, según consta en el indicado acto presidencial dictado el primer día de su mandato, le otorgue –a él– la autoridad para fijar "las bases del proceso comicial" correspondiente, permitiendo que la Asamblea a ser electa, amén de redactar la nueva Constitución, proceda *omnibus totus* a "transformar el Estado y crear un nuevo orden jurídico" fundado en la idea de otro modelo democrático: participativo y directo.

Se consuma, de tal modo y por obra de la "revolución bolivariana" en emergencia un evidente "fraude constitucional". Su conductor le da vida a un instrumento que desconoce las bases consti-

---

[2]   Asdrúbal Aguiar et al. *De la revolución restauradora a la revolución bolivariana.* Universidad Católica Andrés Bello /Diario El Universal, Caracas 2010.

tucionales vigentes sin que tenga lugar, anticipadamente, la sustitución de las mismas por otras nuevas y a través de los medios constitucionales entonces permitidos.

Tal acto del Presidente, de rango sublegal, apoyado únicamente en la vigente Ley Orgánica del Sufragio –no en la Constitución de 1961– e incluso violatorio de aquélla, que sólo establece referendos de consulta y no decisorios, tiene por efecto contrariar abiertamente los mandatos de los artículos 3 (cláusula "pétrea" sobre el carácter democrático y representativo del Gobierno) y 4 (residencia de la soberanía en el pueblo y su ejercicio a través de los poderes públicos constituidos) del señalado Texto Fundamental. Vulnera, asimismo, dada la confiscación que hace del proceso de convocatoria de la Constituyente, el derecho a la participación política, derivado del artículo 50 *ejusdem* y que es "inherente" a la persona humana, según lo hacen constar los propios jueces supremos autores de las sentencias de 19 de enero de 1999 citadas.

En todo caso, mediando las reformulaciones ordenadas por la Corte Suprema de Justicia a propósito del debate que suscitan tanto el decreto presidencial de marras como los actos sucesivos que, para su ejecución, dicta el Consejo Supremo Electoral, el referendo consultivo de la Constituyente se efectúa el 25 de abril de 1999 con una abstención del 62.2 % de los electores.

IV. DICTADURA CONSTITUYENTE Y DE MAYORÍAS

El 25 de julio de 1999 se realiza la elección de los miembros de la Asamblea Nacional Constituyente en una jornada en la que se abstiene el 53.7% de los electores inscritos. Los candidatos, directa, activa y públicamente promovidos por Chávez –contando con el apoyo aproximado de un 65% del voto afirmativo de los electores concurrentes– se hacen del 98% de los escaños de la naciente Asamblea (125 constituyentes oficiales y 6 constituyentes de la oposición).

Queda de lado, por obra de las bases electorales impuestas en tal oportunidad, el principio democrático de representación proporcional de las minorías, consagrado por el artículo 113 de la Constitución de 1961, y antes de que se suceda el siguiente golpe constitucional.

Al aprobar su propio Estatuto el 7 de agosto de 1999, en efecto, –la Asamblea Nacional Constituyente– declara que la totalidad de los organismos del poder público le quedan subordinados y que la Constitución de 1961 mantiene su vigencia en todo cuanto no contraríe sus dictados supra constitucionales.

La Constituyente se sitúa, así, de espaldas a la doctrina que fija la antigua Corte Suprema de Justicia –en medio de la difícil circunstancia política que vive el país y ayudando a su reconducción– para hacer posible el inédito y extra-constitucional "mecanismo constituyente"; doctrina que, de modo terminante, excluye el carácter "originario" de la Constituyente a ser electa y le sujeta al respeto indeclinable de las "garantías democráticas" en vigor (Sentencias del 18 de marzo y del 13 de abril de 1999).

Hace caso omiso la Constituyente, por lo demás, de los iguales límites establecidos por las Bases Comiciales aprobadas por el pueblo durante la referida consulta del 25 de abril de 1999, que le obligan al acatamiento del orden constitucional vigente y de sus garantías democráticas; ello, en términos distintos a los que señala Chávez con su Propuesta que fija las bases de la convocatoria de la Asamblea Nacional Constituyente (*G.O.* N° 36.658 del 10 de marzo de 1999) y que comunica al Consejo Nacional Electoral, a cuyo tenor, *"Una vez instalada la Asamblea Nacional Constituyente, como poder originario que recoge la soberanía popular, deberá dictar sus propios Estatutos…"*. Dicha propuesta, cabe recordarlo, por inaceptable es reformulada –con la eliminación de la frase que indica el pretendido carácter originario y supra constitucional de la Constituyente– por la sentencia antes dicha del 13 abril.

A partir de lo hecho por la Asamblea, en consecuencia, quedan como letra muerta los artículos 3 (carácter invariable de la democracia representativa), 4 (ejercicio de la soberanía por medio de los poderes públicos constituidos) y 250 (inviolabilidad del orden constitucional y preservación de los medios para su derogación) de la Constitución de 1961.

V.   EL PACTO CON LAS FARC

Pasa entonces, bajo la mesa y euforia constituyente, pues la noticia solo se confirma tiempo después, un hecho que marca la naturaleza del régimen naciente en Venezuela y cuyos efectos se prolongan ominosamente hasta el presente. La tragedia que Colombia vive durante casi medio siglo y su violencia intestina vecina encuentran su aliviadero en territorio venezolano, bajo el padrinazgo del nuevo inquilino de Miraflores. El 10 de agosto, el director de inteligencia de la Dirección de los Servicios de Inteligencia y Prevención (DISIP), Capitán de Navío Ramón Rodríguez Chacín, de espaldas a su superior –Comandante Jesús Urdaneta Hernández, otro de los actores fundamentales del 4F– y en desafío de las instituciones colombianas, le hace entrega al Presidente de la República del Plan Frontera acordado con las Fuerzas Armadas Revolucionarias de Colombia (FARC).

A tenor del mismo, constante en el punto de cuenta que el funcionario policial lleva ante el Primer Mandatario, la organización narco-terrorista se obliga a transmitir informaciones a Venezuela sobre el bandolerismo fronterizo, a no conducir operaciones ni desarrollar actividades al margen de la ley dentro del territorio nacional ni hacer trabajos políticos en el mismo, y a no entrenar militantes nacionales sin consentimiento del gobierno. En tanto que el presidente Chávez, en contraprestación, se compromete con las FARC a suministrarle medicinas, venderle petróleo, darle "apoyos especiales", permitirle el registro y contratación de empresas, incluida el área bancaria –Banco de los Pobres– así como darle las facilidades del asilo y el tránsito.

Huelga señalar que el asunto adquiere gravedad suma tanto por constituir una violación abierta y manifiesta del gobierno bolivariano en cierne a los tratados internacionales –Carta de la ONU y Carta de Bogotá que instituye la OEA– que obligan a la República, cuanto a los artículos 1 (Independencia), 51 (deber ciudadano de defensa de la patria y los intereses nacionales), 117 (principio de legalidad de los actos públicos), 120 (nulidad de decisiones de origen subversivo), 128 (aprobación mediante ley de las obligaciones internacionales), 132(obligación de las Fuerzas Armadas de servir y defender a la República, no así a persona o parcialidad política alguna), 136 (competencia del Poder nacional en la defensa de los intereses nacionales y la paz pública y, 190.1 (deber presidencial de acatamiento de la Constitución y las leyes) de la Constitución de 1961 en vigor.

VI. SECUESTRO DE LOS PODERES CONSTITUIDOS Y DE LA SOBERANÍA POPULAR

Cuando la nueva Constitución es apenas un deseo, la Constituyente provoca, de modo sucesivo y en uso de un poder originario que no le atribuyen ni la Corte Suprema de Justicia ni el pueblo, en el referéndum que le da vida, distintos golpes a la constitucionalidad y el Estado de Derecho en vigor.

El 12 de agosto de 1999 la Asamblea Nacional Constituyente dicta un decreto mediante el cual declara la reorganización de todos los poderes del Estado, a cuyo propósito invoca "el poder constituyente otorgado por este [por el poder constituyente o pueblo] mediante referéndum" a la misma Constituyente; si bien funda su disposición en el Estatuto que ella misma dicta para regular sus funciones y en el que se arroga el carácter de "poder constituyente originario". Técnicamente ocurre, como lo advierte Brewer-Carías, un golpe de Estado, que le abre la vía a la misma Constituyente para cargarse el texto de la Constitución de 1961 y que mal puede derogar según las Bases Comiciales que le dan origen a la propia Constituyente.

Con vistas a su decisión, el 25 de agosto de 1999 la Constituyente aprueba otro Decreto mediante el cual se regulan las funciones del Poder Legislativo electo por el pueblo en diciembre de 1998; que reforma luego, el 30 de agosto. Y para hacerlo miente deliberadamente, al afirmar en el encabezamiento de su instrumento normativo aquello de lo que carece: "En nombre y representación del pueblo soberano de Venezuela, *en ejercicio del poder constituyente originario otorgado por éste,...*".

En concreto, la Asamblea Constituyente limita las funciones del Congreso de la República y de hecho lo elimina al imponerle funcionar sólo a través de su Comisión Delegada; su estructura bicameral la hace desaparecer sin que exista todavía una nueva Constitución y le fija un procedimiento constitucional distinto para la formación de las leyes, no contemplado en la Constitución de 1961 vigente para materias precisas que determina la Constituyente y no para todas aquéllas que fija el citado texto constitucional. Y en paralelo, por si fuese poco, toma para sí las funciones legislativas ordinarias que le quita al Congreso y al efecto crea una Comisión Legislativa dentro de su propio seno.

El decreto en cuestión, además, cierra las Asambleas Legislativas de los Estados, les revoca el mandato a los diputados electos, en disposición que luego revierte mediante la reforma del decreto en cuestión antes mencionada. Y reduce, aquí sí, las competencias constitucionales del Municipio, arrogándose la Constituyente, como competencia propia, la evaluación y funcionamiento de las Contralorías Generales tanto de los Estados como de los Municipios de Venezuela.

El 19 de agosto de 1999, sucesivamente, interviene las competencias de la Corte Suprema de Justicia, interviene al Poder Judicial y establece una Comisión de Emergencia Judicial que procede a remover, sin fórmula de juicio y con un menguado derecho a la defensa, a la mayoría de los jueces de la República incorporando en su lugar a jueces provisorios seleccionados por el mismo poder interventor. La justificación o fundamento de la medida no es otro que ella misma, la Constituyente y el poder que progresivamente hace propio y a su medida, arguyendo haberlo recibido del pueblo; afirmando que consta en el Estatuto que ella misma se da y derivado del mismo decreto dictado por dicha Asamblea para la reorganización de todos los poderes del Estado.

Como consecuencia de lo anterior, en decreto posterior que publica la Asamblea el 18 de noviembre de 1999, ésta le confiere a la Comisión de Emergencia Judicial amplias potestades de intervención de la Justicia, para evaluar a los jueces y determinar su permanencia o sustitución; y de suyo ocurre la incorporación al Poder Judicial de una masa de jueces novicios designados sin concurso, provisorios y por ende sujetos a la voluntad omnímoda de quienes los designan por evidentes razones políticas.

No huelga señalar que la Corte Suprema de Justicia, todavía en funciones, opta por incorporarse a la iniciativa mediante un acuerdo sin precedentes –redactado por Hildegard Rondón de Sansó y dictado el 23 de agosto de 1999– en el que previene, por una parte y con "independencia de los vicios" que a primera vista reconoce en el decreto en cuestión, que la Constituyente no nace de un gobierno de facto y, por la otra invita a ésta a respetar en las evaluaciones que se plantea el derecho a la defensa, la racionalidad y proporcionalidad en las decisiones que afecten a los jueces y a su independencia. Entre tanto, los magistrados Héctor Paradisi y Cecilia Sosa Gómez, salvando sus votos, afirman, el primero "las motivaciones altamente políticas" del decreto de la Constituyente, y la segunda, de modo lapidario, declara que la propia Corte Suprema, con su acuerdo "se autodisuelve", "reniega de su propia jurisprudencia que fijó la competencia de la Asamblea Nacional Constituyente, ha mostrado su fragilidad y debilidad ante el Poder Político y, deberá su precaria permanencia al Presidente de la República, que magnánimamente no ha ordenado su disolución".

Una vez más, por consiguiente, se golpea el orden constitucional en Venezuela, en lo particular el de 1961, teóricamente vigente hasta la entrada en vigor de la nueva Constitución; y la Constituyente asume, una vez más, el carácter de "poder constituyente originario" que le es negado por la extinta Corte Suprema de Justicia (Sentencias del 19 de enero, 18 de marzo, y 13 de abril de 1999) y por las bases del referendo consultivo del 24 de abril de 1999. Aquélla y éstas, no huelga repetirlo, preservan –sin mengua de la labor constituyente– el imperio de la Constitución de 1961 y el respeto a las garantías democráticas.

Los contenidos de los artículos 3 (gobierno representativo y democrático), 4 (residencia de la soberanía en el pueblo), 16 (autonomía de los Estados), 19 y 20 (competencias de las Asambleas Legislativas), 25 (autonomía de los Municipios), 68 (derecho a la defensa), 69 (derecho al juez natural), 117 (supremacía constitucional), 119 (ineficacia de la autoridad usurpada), 138 (carácter bicameral del Congreso), 139 (competencias del parlamento), 162 a 167 (procedimiento de formación de las leyes), 205 (autonomía e independencia de los jueces), 207 (carrera judicial), 208 (estabilidad de los jueces) de la Constitución de 1961 en vigor, entre otros, ceden aparatosamente, son golpeados en beneficio del poder constituyente que de forma omnímoda controla el Jefe del Estado.

Todavía más, admitida en hipótesis la no vigencia de la antigua Constitución "puntofijista", los actos de la Constituyente aquí reseñados se muestran abiertamente contrarios, tendencialmente, a los principios y normas que luego cristalizan en la propia Constitución de 1999 que ella dicta, de modo puntual a sus artículos 3 (ejercicio democrático de la voluntad popular); 5 (residencia de la soberanía en el pueblo); 49 (derecho al debido proceso); 62 (participación ciudadana en los asuntos públicos); 162 y 186 (elección de diputados por votación universal); 254 y 255 (autonomía judicial y participación ciudadana en la elección de los jueces); 270, 279 y 295 (mecanismos y procesos para la designación de las autoridades del Tribunal Supremo de Justicia, el Poder Ciudadano, y el Poder Electoral; y comités de postulación con miembros de la sociedad civil).

La Constituyente, en fin, cierra este capítulo sobre el secuestro de los poderes constituidos al decidir, además, secuestrar la soberanía nacional, dictando el decreto de 26 de agosto de 1999 mediante el cual suspende las elecciones de Alcaldes, Concejales y miembros de las Juntas Parroquiales, previstas por ley y fijadas para el 28 de noviembre de 1999. No solo eso, para hacerlo, asume competencias legislativas ordinarias que le son extrañas, y para obviar los procedimientos para la formación de las leyes reforma el contenido del artículo 279 de la Ley Orgánica del Sufragio que dispone lo pertinente.

El fundamento de su decisión no se hace esperar y otra vez arguye la Constituyente su "ejercicio del poder constituyente originario".

VII. LAS CUATRO CONSTITUCIONES BOLIVARIANAS

La Constitución de 1999 es sancionada y firmada por la Asamblea Nacional Constituyente el 19 de noviembre de 1999 y luego aprobada por el pueblo mediante referéndum. Acude el voto afirmativo de un 72% sobre el 42% de los electores asistentes a las urnas. La abstención se sitúa, al momento, en 57.7%. Menos de la mitad de los venezolanos acompaña el acto comicial referendario, a pesar de su significación y pretendido valor como pacto social. Sólo un 30% de éstos, en concreto, saluda con alborozo el orden constitucional naciente, que no hacen propio las mayorías.

El Ministerio de la Secretaría de la Presidencia de la República, a cuyo cargo se encuentra la edición de la *Gaceta Oficial*, seguidamente difiere la publicación del nuevo texto constitucional a objeto de retrasar "estratégicamente" la entrada en vigor de sus disposiciones. Se suscita así, en el país y por obra del mismo Estado, una suerte de paréntesis o de vacío constitucional. Deja de aplicarse la Constitución de 1961 al fenecer –en criterio de los voceros oficiales– su vigencia normativa por obra del referéndum y la novísima Constitución medra inaplicable, a la espera del sacramento de su publicidad.

Así las cosas, el 22 de diciembre de 1999, es decir, una semana antes de la publicación de la nueva Constitución en la *Gaceta Oficial* de 30 de diciembre de 1999 (*G.O.* Nº 36.860) y minada la atención de la opinión pública por la tragedia natural que entonces sufre el Estado Vargas (con aproximadamente 100.000 muertos), la citada Asamblea dicta un decreto sobre el Régimen de Transición del Poder Público, que, según el mismo, viene a completar a la nueva Constitución con unas normas que el pueblo, mediante referendo, nunca aprueba.

Dicho decreto hace cesar definitivamente, en sus funciones – por obra propia de la Constituyente y asumiéndose ésta como poder supra constitucional y detentador de la soberanía popular originaria– al Congreso de la República electo durante la misma jornada quinquenal que, a finales de 1998, escoge a Chávez Frías como Presidente de Venezuela. Otro tanto dispone con las Asambleas Legislativas de todos los Estados y los titulares de los distintos poderes públicos (Corte Suprema de Justicia, Fiscalía y Contraloría Generales de la República, Consejo Nacional Electoral) en ejercicio.

Luego, de espaldas a las Disposiciones Transitorias de la nueva Constitución y arguyendo que no han entrado en vigor por su falta de publicación; mas, obviando a la Constitución precedente bajo el alegato de que ha perdido su fuerza vinculante por obra del referéndum aprobatorio de la Carta Fundamental sucesiva, la Constituyente designa *motu propio* a los titulares provisorios de los poderes públicos viejos y nacientes; de suyo simpatizantes del mandatario en ejercicio.

En defecto del Congreso establece una Comisión Legislativa Nacional integrada por Diputados nombrados a dedo, sin mediar una elección popular; designa a los titulares provisionales del Tribunal Supremo de Justicia y de la Defensoría del Pueblo, creados –tales órganos– por la Constitución de 1999, a pesar del acusado argumento sobre la pendencia de su efectividad. Ocupa, además, con titulares interinos, próximos a Chávez y de su libre escogencia, la Fiscalía y Contraloría de la República y el Consejo Nacional Electoral.

La Constitución de 1999, una vez publicada en la Gaceta Oficial de 30 de diciembre de 1999, es objeto, seguidamente, de correcciones unilaterales –no pocas de fondo, como la relativa a las competencias de la Sala Constitucional– por orden de la Presidencia de la Asamblea Nacional Constituyente. Se alegan, entonces, razones de estilo y supuestos errores de copia. Su texto es reimpreso así el año siguiente, el 24 de marzo de 2000 (*G.O* N° 5453 Extraordinario), añadiéndosele una Exposición de Motivos que no conoce el pueblo durante el referéndum aprobatorio y que aprueba en fecha posterior al referéndum el plenario de la misma Asamblea.

Otro tanto ocurre con anterioridad, tal y como lo demuestra la comparación entre el texto original de la Constitución aprobada por la Asamblea, aquél que se envía al Consejo Nacional Electoral para la consulta popular, y el publicado en 1999 en la Gaceta que dirige la Presidencia de la República. Son emblemáticos, en este orden, los cambios arbitrarios introducidos, cabe repetirlo, en las disposiciones que regulan las atribuciones de la Sala Constitucional del TSJ (artículos 334 y 336).

Sobra observar, por consiguiente, que así son violentados, repetidamente, los artículos 5 (residencia intransferible de la soberanía en el pueblo) y los artículos 340 a 346 (enmienda y reforma) de la Constitución de 1999.

VIII. SALDO CONSTITUCIONAL DEL GOLPE CONSTITU-YENTE

El control pleno que de los poderes públicos alcanza Chávez con su treta constitucional de 1999, es manifiesto e indiscutible. Cuenta con todo el poder y lo incrementa a costa de verdaderos golpes a la constitucionalidad. Ello hace posible, seguidamente y entre otras medidas, que amplíe el ejercicio de su mandato presidencial quinquenal (1999-2004) hasta otro de ocho años, dado el reinicio de la cuenta de los períodos constitucionales por obra de la "relegitimación" de titularidades que manda la novísima Constitución.

El Vicepresidente Ejecutivo de la República, Julián Isaías Rodríguez Díaz, pasa a ocupar la jefatura del Ministerio Público en calidad de Fiscal General de la República, por aplicación una Ley de Postulaciones que dicta la mayoría oficialista de la Asamblea Nacional reconstituida luego de entrar en vigencia la nueva Constitución y violándola, pues se posterga en dicha oportunidad el derecho de participación ciudadana garantizado por la misma Constitución para la designación de los titulares de los poderes públicos.

Por lo demás, por decisión de la misma Asamblea Nacional re-legitimada, los nuevos magistrados del Tribunal Supremo de Justicia, en mayoría determinante son personas igual y notoriamente reconocidas como afectas al Presidente.

En todo caso, el subproducto constituyente es la Constitución hoy en vigor. Ella, en una rápida y transversal lectura de su texto, sin perjuicio del amplio desarrollo y modernización alcanzado –en términos nominales y en parte de su parte dogmática– por el reconocimiento de derechos humanos de distintas generaciones (Título III) –tanto que cubren 117 artículos de los 350 que forman al texto constitucional– le abre, a la vez, espacio generoso a la implantación progresiva de un modelo político e institucional que reduce de modo radical la preminencia de la persona humana y sus derechos en tanto que actor y destinatario de los predicados constitucionales correspondientes. Los subordina, sin reservas, a los dictados de un Estado totalizante y omnipotente, de neta factura militar.

El artículo 3 constitucional es revelador al respecto. En él se afirma que el "Estado tiene como sus fines esenciales [entre otros] el desarrollo de la persona...". A su vez, la norma del artículo 102 reconoce a la educación como derecho humano pero, sucesivamente, ajusta que la educación es, asimismo, un "servicio público" orientado a "desarrollar el potencial creativo de cada ser humano" dentro de una sociedad democrática basada "en la participación activa, consciente y solidaria en los procesos de transformación social consustanciados con los valores de la identidad nacional". Y el artículo 1 *ejusdem*, por su parte, al identificar tales "valores" señala que no son otros que los fundamentados "en la doctrina de Simón Bolívar, el Libertador"; con lo que cede la idea del pluralismo que es sustantiva a la experiencia democrática. Se consagra, en efecto, un régimen de pensamiento único.

Dado el carácter ideológicamente unidireccional de la Constitución de 1999, visto el carácter prolijo y plural de tal doctrina y pensamiento bolivarianos en razón de las mismas circunstancias históricas en las que fragua, se necesita de su reinterpretación *ahistórica* y de su adecuación a la realidad nacional corriente. Mas, no diciéndose por la Constitución quien o que órgano ha de fungir como intérprete de dicho pensamiento o de dicha doctrina, abre la misma un ignoto escenario de estimación subjetiva que arriesga las seguridades del orden propuesto e impulsa sus desviaciones a conveniencia por quien funja en la práctica como supremo repartidor del poder constituido: El Presidente, el partido y sus autoridades, la Asamblea como intérprete de su voluntad política y no la voluntad constitucional formalizada. Tanto es así, que al final de las cuentas y con el pasar del tiempo y de los años, esa tarea la toma para sí la Sala Constitucional del Tribunal Supremo de Justicia, que interpreta y reinterpreta –corrigiéndolo incluso– el ordenamiento constitucional a objeto de adecuarlo a las pretensiones políticas "bolivarianas" del primer mandatario.

No cabe, pues, en el sistema constitucional vigente en Venezuela, la posibilidad de que el hombre procure determinar su personalidad con libertad plena, menos aún que pueda apelar al Estado como "instrumento o recurso subsidiario" para la tutela y el ejercicio de sus derechos humanos.

Lo anterior se hace más evidente al constatarse las hipotecas que sufre el derecho a la libertad de pensamiento y expresión, en lo particular la libertad de prensa que es "columna vertebral de la democracia", en el texto constitucional sancionado. Luego disponer que la expresión no puede censurarse (artículo 57), acto seguido separa de ésta la información para reclamarla veraz (artículo 58) y procurar así los medios para su control estatal necesario. Seguidamente, transforma a los medios de comunicación social, vehículos necesarios para la libre expresión de las personas, en servicios públicos del Estado y obliga a los particulares quienes los gestionan para que se dediquen preferentemente a la difusión de los valores culturales y a la formación ciudadana, según los dictados del Estado a través de la ley (artículos 101 y 108) y conforme a su óptica ideológica. En otra perspectiva, en lo relativo al régimen de garantías de los derechos humanos y la exigencia inexcusable de la separación e independencia de los poderes públicos constituidos, la Constitución de 1999 corre en línea abiertamente contraria a la idea de participación ciudadana que tanto repite en la mayoría de sus artículos, más de 40 veces.

En el ámbito de la organización del Estado y de la sociedad, la Constitución prefigura un modelo formal de corte republicano y de separación de los poderes públicos, pero limita la clásica autonomía entre éstos y lo que es más importante, silencia a los partidos políticos: instrumentos de la relación entre la sociedad civil y la sociedad política, y proscribe a renglón seguido el financiamiento público de las llamadas asociaciones "con fines políticos" (artículo 67).

El texto constitucional, por ende, animado más por la concentración y centralización del poder que por la participación ciudadana y el consiguiente fortalecimiento de la representatividad democrática, le abre las compuertas a las formas plebiscitarias – ejercicio directo de la democracia– postergando el valor estructurador del sufragio (artículo 70); y consagra, además, el establecimiento de "entidades funcionalmente descentralizadas" –de suyo no electas y dependientes del nivel centralizado del poder– para el desempeño de actividades sociales y económicas (artículo 300) propias a la iniciativa de los municipios. Y el Municipio, que de suyo es el primer escalón de realización personal, de integración social y de afirmación en la alteridad por cada ciudadano de su propia identidad, resulta que sólo goza de autonomía dentro de los límites de la "ley" nacional (artículo 168) según la nueva Constitución.

En otro orden, la habilitación del Presidente de la República para que legisle en defecto o sustitución de la Asamblea Nacional, que en la tradición constitucional sólo se admite en estados de emergencia o circunstancias excepcionales, según el artículo 203 in fine de la nueva Constitución –como ocurre repetidamente y a lo largo de la década sucesiva– se permite en todos los ámbitos susceptibles de regulación normativa, incluidos los dogmáticos y los orgánicos y como un hecho ordinario. Además, el Presidente puede disolver a la Asamblea Nacional cuando le censure a su Vicepresidente Ejecutivo de la República (Artículo 236).

La autonomía e independencia del Poder Judicial, que es punto crucial para que el individuo, ante los eventuales desafueros del Ejecutivo o el desbordamiento de los legisladores encuentre el amparo o la tutela efectiva de sus derechos y se beneficie de una administración de justicia oportuna e imparcial, quedan hondamente trastocadas. La Constitución admite que los miembros del Poder Ciudadano –entre éstos el Fiscal General de la República, quien ejerce la vindicta pública y es investigador y acusador a la vez y, de suyo, parte en los procesos penales– califiquen las "faltas graves" de los magistrados del Tribunal Supremo de Justicia (artículo 265) y procuren sus destituciones.

Tal concentración de poderes queda planteada, incluso, en el ámbito de lo militar (artículo 328), a contrapelo de los peligros que la misma envuelve para la democracia y son sabiamente advertidos, antes del Pacto de Punto Fijo que inaugura la democracia, por la Junta de Gobierno que preside el Almirante Larrazábal. Y al efecto dicta su Decreto 288 del 27 de junio de 1958.

El Título VII de la Constitución, al determinar a la Fuerza Armada como elemento "vertebrador" de la Seguridad de la Nación y precisar, a renglón seguido, que los "derechos humanos" y la "satisfacción progresiva de las necesidades individuales y colectivas de los venezolanos" hacen parte de la misma idea de la seguridad nacional; y, al prescribir, igualmente, que ésta es "competencia esencial y responsabilidad del Estado" y de su instrumento militar, promueve la desnaturalización de las relaciones de subsidiariedad entre el individuo, la sociedad y el Estado, a la luz de los estándares sobre respeto y garantía de los derechos humanos en democracia, que le otorgan a la persona su indiscutible preminencia sobre lo público y estatal.

Lo planteado como eje central del modelo revolucionario que se inaugura, así las cosas y según el testimonio del propio Chávez, "es trascender el modelo capitalista". El régimen económico, que se afirma teóricamente –según la Constitución– en la competencia libre y el respeto a la propiedad privada, llega matizado con una apertura hacia el "régimen de propiedad colectiva" –léase estatal– hoy dominante y cubierta tras las ideas de la cogestión, la economía popular, el autoempleo, la creación de nuevos valores de "producción y consumo solidarios", dentro de un contexto de planificación centralizada y de desarrollo endógeno dominantes.

La filosofía de la estrategia, a todo evento y dadas las ambigüedades de la Constitución naciente, es el "por ahora". El puente de la democracia, si copiamos la imagen de Burleigh, no cae por implosión y en lo inmediato. Es desmontado a partir de 1999, tuerca por tuerca, viga por viga, rail y por rail: "El planteamiento comunista, no (...) en este momento sería una locura, quienes se lo plantean no es que estén locos. No es el momento", añade el presidente años después, en 2004, cuando dicta La Nueva Etapa: El Nuevo Mapa Estratégico de la Revolución Bolivariana, para intentar acabar de raíz con el orden constitucional que este mismo año de 1999 califica como el mejor del mundo.

La Constitución de 1999, en suma, llega con el propósito último de proveer a la reorganización geopolítica de Venezuela. Acota, de entrada, las competencias de los Estados (artículo 164) y sujeta como ya se dijo la autonomía municipal (artículo 168), haciéndolas depender de los dictados de la ley nacional. Y como se expresa en la Exposición de Motivos de dicho texto fundamental, el objeto es liquidar de raíz el pacto federal que da origen consensual a nuestra República, empujándola hacia una suerte de "federalismo cooperativo" organizado desde el Gobierno central y por su Consejo Federal, que dirige el Vicepresidente a tenor del artículo 185.

El artículo 128 constitucional, en fin, deja abierta, sin solución de continuidad, la reordenación territorial, diluyéndola dentro de lo medio-ambiental y llevándola más allá de lo urbano o ambiental para asegurar como competencia del Estado central la ordenación del territorio con vista a sus "realidades políticas".

La gente, el territorio y su administración penden, en lo sucesivo, del presidente Chávez, en un modelo sin instituciones cuyo eje de estabilidad es uno solo, la Fuerza Armada Nacional.

No obstante, dicho en términos coloquiales, los efectos de proyecto constitucional subyacente en la Constitución apenas se conocen a mediano plazo y bajo la regla "dos pasos adelante, uno atrás".

A partir del momento en que entra en vigor la Constitución de 1999, en efecto y según los términos de la disposición derogatoria del ordenamiento constitucional de 1961 como de la respectiva disposiciones transitorias, en el *inter regno*, "el resto del ordenamiento jurídico mant[iene] su vigencia en todo lo que no contradiga a [la] Constitución" sancionada. Y hasta tanto se sancione la legislación correspondiente, la señalada transitoriedad abarca de modo igual al régimen sobre las competencias de los Estados.

De igual manera, pendientes como se encuentren de ser dictadas las otras leyes pertinentes, se preserva la autoridad de las leyes orgánicas del Distrito Federal y de Régimen Municipal en cuanto hace al funcionamiento del nuevo Distrito Capital, de las leyes orgánicas del Ministerio Público y de la Contraloría General de la República, y la legislación sobre tierras baldías, y las relacionadas con el ejercicio y la colegiación profesional.

IX. NUESTRA REVISIÓN CRÍTICA

La razón de esta presencia envolvente y "totalizante" de lo orgánico y de lo público por sobre la libertad y los derechos en la Constitución de 1999 es, quizás y más allá de la tradición autoritaria que emerge entre nosotros una vez caída la Primera República en 1812, la derivación de un contra-efecto en la coyuntura; originado en la ausencia u omisión acusadas por el Estado de nuestro tiempo –hacia finales de los años '90– y validadas por la tendencia dominante hacia la globalización y el discurso coetáneo y maniqueo de ésta, que aún predica el rol dominante de las reglas de lo económico por sobre lo político ante la falta o en la espera de las categorías constitucionales que definan al Nuevo Orden.

Los defensores de esta última tesis se afincan, para beneficio de sus argumentos, en la experiencia que a nuestra generación le suministra el agotamiento del modelo marxista real con la caída de la Unión Soviética; cuyos efectos extrañamente abrazan a nuestra lejana e inconfundible realidad local y latinoamericana. Y, en efecto, así como el exceso de Estado hipoteca, desde siempre, el protagonismo individual y social de la persona humana y el carácter socialmente heterónomo de su dignidad inmanente, también la ausencia total de Estado hace posible –como lo demuestra el caso venezolano reciente, hacia 1998– la entronización de la anarquía y la arbitraria sobre-posición de los fuertes por sobre los débiles; fracturándose, lamentablemente, la relación finalista que debe darse y mantenerse entre los principios de la libertad y de la igualdad y sus respectivas traducciones en derechos y en deberes humanos.

La Constitución de 1961 es, desde su perspectiva y a diferencia de la Constitución Bolivariana de 1999, una constitución flexible. Tanto que la suscriben en su momento todas las tendencias incluidos quienes acuden a su liquidación en 1999, como Luis Miquilena, José Vicente Rangel y Guillermo García Ponce. Bajo la autoridad de sus postulados y durante el tiempo de su vigencia el Estado venezolano pasa de su condición de Estado centralizado, interventor, regulador, promotor y gestor fundamental de la vida económica y social del país hacia su situación, cierta y no meramente nominativa de Estado federal descentralizado, para 1998; cuyas competencias son progresivamente desplazadas hacia las manos de la sociedad civil mediante el mecanismo de las privatizaciones o la transferencia o desconcentración de los servicios públicos fundamentales hacia los niveles decrecientes de la pirámide del poder público. Ello determina que la actividad pública y política nacional traslade su centro de acción, durante el curso del decenio anterior a la emergencia de Chávez, desde el nivel gubernamental capitalino y presidencial hacia los estados y los municipios, en otras palabras, desde el Jefe del Ejecutivo Nacional hacia los Gobernadores y los Alcaldes en tanto que Jefes de los Ejecutivos regionales y municipales.

La función económica y sus políticas, de su parte y por efecto pendular, logran moverse desde el modelo clásico regional de economías protegidas hacia otro sustentado en la competencia de los mercados, sujetos éstos a un proceso acelerado de desregulación y de inserción progresiva en los espacios internacionales mundializados.

Lo dicho no atenúa, en todo caso, la inflexibilidad acusada de la Constitución de 1961 en cuanto al funcionamiento del sistema de representación, al hacerlo depender en modo absoluto de la intermediación partidaria. Pero, incluso con este sesgo tan peculiar, el régimen bipartidista que abriga a la vida económica y social de Venezuela durante la vigencia de tal texto por casi 40 años, no logra impedir la generación por vía eleccionaria y popular de una elite política distinta y extrema –la bolivariana– que no alternativa, que se hace del respaldo de las mismas masas populares que antes integran la militancia de los partidos tradicionales: Acción Democrática (social demócrata) y COPEI (social cristiano). Todo ello logra ser posible, incluso, sin necesidad de una enmienda o reforma integral de la Constitución de 1961, antes bien ocurre con acatamiento formal de sus reglas políticas.

Desde un punto de vista sociológico puede sostenerse –pero sólo a manera de hipótesis, lo repetimos– la convergencia en el modelo constitucional de 1999 naciente de una suerte de nominalismo libertario y revolucionario afincado en el valor taumatúrgico del pueblo, en tanto que expresión dominante de lo colectivo, aunado a una renovación y fortalecimiento del Estado como intérprete y cara visible del señalado colectivo popular. En esta perspectiva no es el Estado, como debe serlo, mediador para la realización de la persona humana en lo individual y como parte de un entorno social que le realiza en conjunción a las otras personas, igualmente libres e independientes en voluntad y derechos.

¿Acaso sea este modelo, de alguna manera, la transfiguración de una realidad social subyacente en la venezolanidad y en su mestizaje, por ser como somos colectivistas, abiertos y sedentarios en la vertiente de lo indígena? ¿Por dependientes como grupo colectivizado o comunitario –no simple expresión colectiva de individuos– de una sumisión natural a la paterna y supra ordenada figura de la autoridad social o de clan: el cacique, cuyos arrojos autoritarios son también parte de la herencia ibérica? O ¿por adherentes a tal autoridad unipersonal y caudillista, además, sólo movidos por la fe y no por la razón y dado el carácter cuasi-sobrenatural que consciente o inconscientemente le atribuimos, dentro de la visión mágica y mesiánica que de la vida nos lega del mismo modo la cultura africana? Eso está por verse.

Por lo pronto, revisada de conjunto la normativa constitucional contenida en la Constitución de 1999 a luz de las enseñanzas que a nuestra contemporaneidad llegan de mano de las nociones del Estado de Derecho y del Estado Social de Derecho, o de las otras normas que se le sobreponen por exigencias del Derecho internacional de nuestro tiempo, revela inconsistencias, lagunas y contradicciones difíciles de conciliar al respecto.

En suma, la Constitución Bolivariana aprobada el 15 de diciembre de 1999 predica la libertad, la democracia, la descentralización y la participación social. Y así puede constatarse de la lectura de sus artículos. Empero, a diferencia de la Carta de 1961 le otorga al Estado y no al individuo –ya lo dijimos en los párrafos precedentes– el cometido primordial de su desarrollo en dignidad (Artículo 3); sujeta los poderes públicos a una inconsistente idea de la soberanía popular al mediatizar la autoridad que debe tener la Constitución por sobre el Estado y por sobre todos los individuos y sus opiniones de coyuntura (Artículo 5).

Asimismo, la organización política y territorial de los Estados y la autonomía de los Municipios –fuente primaria de la democracia– dependen, en lo sucesivo, de los dictados de una ley nacional y no de actos legislativos regionales u ordenanzas edilicias (Artículo 16), atenuándose la personalidad de aquellos. Estos aspectos, sin embargo, pueden ser discutibles e incluso rechazados por quienes dentro del espacio plural democrático defienden una concepción dogmática y orgánica constitucional diferente a la que, en lo personal, compartimos.

Lo que sí es grave, pues no admite conciliación dentro de los esquemas del Estado de Derecho y de la necesaria garantía de los derechos de la persona humana, es la ruptura de la Constitución –lo reiteramos– con el régimen de separación efectiva y transparente de los poderes públicos y del equilibrio que han de guardar los unos con relación a los otros para la misma garantía de las libertades en democracia: el llamado "check and balance".

Podemos citar, en lo marginal y en modo de abundar sobre la concentración de poder público explicada con anterioridad, que el

Vicepresidente Ejecutivo, quien es designado sin mediar otra instancia de poder por el Presidente de la República, preside el Consejo Federal de Gobierno (Artículos 185 y 239, numeral 6) –en otras palabras, gobierna a los gobernadores al controlarlos por el lado de los recursos– y preside, juntamente, el Consejo de Estado (Artículo 252). Éste, de manera heterodoxa, es un órgano de consulta del Gobierno para el Gobierno y en donde los consultados – adelantándose así a las posiciones deliberativas y teóricamente autónomas de sus cuerpos– son el Congreso o Asamblea Nacional y la Corte o Tribunal Supremo de Justicia, en sus calidades de integrantes principales del mencionado colegiado.

La Constitución Bolivariana, en cuentas resumidas, como proyecto pudo ser un proyecto interesante, pues tiene y sugiere elementos ricos y diversos para un serio debate constituyente que lamentablemente no se da pues sólo media como ánimo, en la Constituyente y en quien la dirige desde el Palacio de Miraflores, Hugo Chávez Frías, dar un golpe revolucionario de Estado cuidando apenas las formas sacramentales. Tanto que es discutida y aprobada en menos de 30 días.

Es una extraña suma de autoritarismo regresivo y de nominalismo libertario, en otras palabras una síntesis audaz e imaginativa de los paradigmas del Antiguo Régimen con los de la Revolución Francesa. Y quizás olvidan los redactores o el redactor de aquella que el desbordamiento de los privilegios y del centralismo regio es el que motiva y justifica, en 1789, la verdadera eclosión revolucionaria y la consiguiente muerte de la monarquía y de su poder monopólico, luego dividido según la fórmula de Montesquieu para darle nacimiento a la civilización moderna de la libertad. Representa la Constitución, en fin, una vuelta al tiempo anterior al 19 de abril de 1810.

X. OPINA LA COMISIÓN INTERAMERICANA DE DERECHOS HUMANOS

La Comisión Interamericana de Derechos Humanos, en su Informe Preliminar y a propósito de la visita que realiza a Venezuela luego de los sucesos del 11 de abril de 2002, en pocos párrafos ilustra de un modo meridiano el resultado de la tarea de golpismo constituyente que se impone Chávez desde antes y en ejercicio del poder, y cuya primera etapa cristaliza en 1999:

"El engranaje constitucional [en vigencia desde 1999] no prevé, en supuestos importantes, mecanismos de pesos y contrapesos como forma de controlar el ejercicio del poder público y garantizar la vigencia de los derechos humanos. Las principales facultades legislativas fueron derivadas bajo un régimen habilitante al Poder Ejecutivo sin límites definidos para el ejercicio de la misma".

La opinión final del Informe es concluyente:

"La CIDH considera que la falta de independencia del Poder Judicial, las limitaciones a la libertad de expresión, el estado deliberativo en que se encuentran las Fuerzas Armadas, el grado extremo de polarización de la sociedad, el accionar de grupos de exterminio, la poca credibilidad de las instituciones de control debido a la incertidumbre sobre la constitucionalidad de su designación y la parcialidad de sus actuaciones, la falta de coordinación entre las fuerzas de seguridad, representan una clara debilidad de los pilares fundamentales para la existencia del Estado de Derecho en un sistema democrático en los términos de la Convención Americana y de la Carta Democrática Interamericana".

2000
CONSTITUCIÓN Y
JUECES CONSTITUYENTES A DEDO

"Juro delante de esta revolucionaria Constitución que lucharé sin descanso junto a nuestro pueblo para cumplir y hacer cumplir los mandatos de la revolución bolivariana recogida por mandato popular en esta Constitución"

Hugo CHÁVEZ FRÍAS
19 de agosto 2000

En el curso del año 2000 la perspectiva política suscitada por el llamado "golpe constituyente" no se muestra en plenitud. Sólo alcanza ser tal hacia finales de la primera década del siglo XXI. No obstante el presidente Chávez recuerda entonces los orígenes y el fundamento inmediato del proceso que lidera como hijo legítimo de la violencia militar coludida con los náufragos de la violencia civil de los años □60. Refiere la revuelta popular del 27 de febrero de 1989 y el golpe de Estado del 4 de febrero de 1992, en las que él, como lo prueba la posteridad, juega un papel determinante.

Incluso así, su discurso no peca de hostil en lo inmediato para facilitar que las fuerzas subterráneas del proyecto revolucionario hagan su tarea: "Construyamos la sociedad bolivariana de Venezuela, la patria nueva. Yo estoy dispuesto humildemente a apoyar, a aportar, a ceder cuando tenga que ceder. Yo no me siento dueño de la verdad, soy apenas un hombre más y hoy pido ayuda de todos, clamo por la unión de todos para que tengamos patria", afirma al cumplir diez y ocho meses al frente del Poder Ejecutivo. Se prepara para su proclamación por segunda vez dada la relegitimación de poderes que sobreviene por virtud de la novísima Constitución.

I. LA CONSTITUCIÓN MODIFICADA A DEDO

Pero si el año 1999 cabe calificarlo como el del golpe constituyente, el 2000 y, luego de él, el atropello a la Constitución se hace rutina, todavía más, es hijo de anarquía jurídica, léase del desprecio mismo por el contrato social que fija la existencia política de la sociedad venezolana.

El 24 de marzo se reimprime por supuestos "errores de gramática, sintaxis y estilo" la Constitución de 1999, publicada el 30 de diciembre, a la que se le agrega una Exposición de Motivos hasta entonces desconocida, no aprobada por el pueblo durante el referéndum del día 15 del último mes.

El asunto no puede ser menos escabroso. El ex constituyente Ricardo Combellas cuenta la existencia de cuatro versiones del texto constitucional, a saber el firmado solemnemente el 19 de noviembre de 1999, la versión editada para conocimiento público y sujeta a referéndum el 15 de diciembre; la publicada oficialmente el 30 de diciembre, y la mencionada del 24 de marzo. Allan Brewer-Carías, también ex constituyente, constata que entre unas y otras median diferencias que no se reducen a lo formal sino que afectan el contenido de varios artículos constitucionales.

En cuanto a la Exposición de Motivos, que en propiedad implica una suerte de relación e interpretación auténtica de la misma Constitución, lo cierto es que recibe su sanción mediante decreto del 30 de enero, último día de actividad de la Asamblea Nacional Constituyente y encontrándose ya en vigor la misma. Al respecto observa Brewer-Carías que no fue discutida ni aprobada seriamente por la Asamblea ni su texto conocido con anterioridad al decreto en cuestión.

Y en lo relativo a las diferencias textuales acusadas y señaladas como errores de forma, lo cierto es que entre la Constitución publicada en 1999 y la de 2000, a juicio del propio Ministerio Público se observa que "179 artículos sufrieron modificaciones, la mayoría de forma y otras de fondo"; dado lo cual, para el Fiscal General de la República, Javier Elichiguerra, "se irrespeto a la voluntad del soberano". Los cambios de fondo serían 19, hechos al margen de la propia Asamblea.

El ex constituyente Vinicio Romero, responsable del desaguisado y quien no es profesional del Derecho, reconoce que no todas las modificaciones son de ortografía, sintaxis y de estilo. Al efecto afirma que hubo cambios "de aclaración", pues "había cosas que no podían quedarse así porque podían ocasionar disputas públicas, malos entendidos e interpretaciones. No hacía falta que los aprobara el pueblo", concluye; para luego observar que él encuentra 263 errores y pide la autorización de Luis Miquilena, Presidente de la Asamblea, para requerir del Ministro de la Secretaría de la Presidencia de la República la reimpresión respectiva.

La consecuencia no se hace esperar. A juicio del ex constitu-yente y presidente de la Comisión Constitucional, Hermann Es-carrá Malavé, hay tres constituciones y cabe saber cual rige, a sa-ber, la que los constituyentes entregan a la Comisión que éste pre-side, la enviada al Consejo Nacional Electoral para su consulta po-pular, o la publicada en marzo de 2000. El ex constituyente apre-cia, comparando una con otras, la existencia de 278 reformas, de las cuales 25%, 69 artículos, son de fondo.

El entendimiento de la Constitución como una suerte de vesti-do que es remendado a conveniencia, pues, explica la sucesión de golpes que la misma constitucionalidad padece a lo largo del año y para lo sucesivo.

II. LEGITIMACIÓN DE LA DICTADURA CONSTITUYEN-TE

El 26 de enero de 2000, la Sala Constitucional del Tribunal Supremo de Justicia, decidiendo en causa propia declara improce-dente la acción de inconstitucionalidad ejercida contra el acto me-diante el cual la Asamblea Nacional Constituyente nombra, el 23 de diciembre de 1999 y haciendo abstracción del orden constitu-cional, a los Magistrados del Tribunal Supremo de Justicia, a los directivos del Consejo Nacional Electoral y a los miembros del "Congresillo" o Comisión Legislativa Nacional.

Luis Miquilena, presidente de la Constituyente, llegado el momento de las mega-elecciones –o relegitimación de los poderes públicos– que no se realizan en la fecha prevista dado su fracaso que se comenta más adelante, reconoce con sensatez que fue un "error político" la designación provisoria del triunvirato de recto-res electorales decidida por la Constituyente al remover a todos los titulares de los poderes públicos constituidos en 1999.

Sin embargo, el error no es solo político sino jurídico, pues lo cierto es que –como lo refiere Brewer-Carías– "[e]n las disposi-ciones transitorias de la Constitución nada se regulaba sobre la po-sible designación inmediata de los titulares del Poder Electoral, por lo que los [antiguos] miembros del Consejo Nacional Electoral, debían permanecer en sus cargos, hasta tanto la nueva Asamblea Nacional que se eligiese designara sus sustitutos conforme al procedimiento y criterios de trasparencia de la postulación y selección previstos en la nueva Constitución. Nada en contrario se disponía en la Constitución aprobada por el pueblo. En realidad, la única previsión del texto constitucional sobre designación inmediata de algún funcionario público fue la relativa al Defensor del Pueblo, cargo que era creación de la nueva constitución. Por ello fue la única solución constitucional que se previó en las Disposiciones Transitorias (Novena) aprobadas por el pueblo, atribuyéndole expresamente a la Asamblea Nacional Constituyente su nombramiento provisional, hasta tanto la nueva Asamblea Nacional que se eligiese designare definitivamente a dicho funcionario".

Mediante la indicada sentencia de la Sala Constitucional, sin embargo, los magistrados "provisorios" de la Sala Constitucional en estreno predican "la no sujeción de este poder [el de la Asamblea Nacional Constituyente] al texto constitucional vigente para la época", es decir, la Constitución de 1961. Y al hacerlo desvirtúan así, deliberadamente, por razones e intereses personales y subalternos obvios, el claro contenido y los alcances del *dictum* emanado del pleno de la antigua Corte Suprema de Justicia a cuyo tenor la "soberanía popular se convierte, a través de la... Constituyente,..., [en] mecanismo jurídico de producción originaria del nuevo régimen constitucional..." (14 de octubre de 1999), pero nada más.

La Asamblea Nacional Constituyente, antes que productora –como en efecto es lo que es– de un nuevo régimen constitucional que a todo evento debe someterse al pueblo para su aprobación mediante referéndum, como ocurre en 1999, asume para sí y en plenitud –por obra de la referida "justicia provisoria"– el "ser" y la "encarnación" de la soberanía popular y el Estado, y no se limita a resolver sobre los únicos dos puntos que le autorizan, para su resolución, las disposiciones transitorias de la Constitución, a saber, el dictado de la Ley Especial sobre el Régimen del Distrito Capital y el nombramiento provisorio del Defensor del Pueblo.

El episodio, por ende, significa la violencia del orden constitucional en vigor, en lo particular, de sus artículos 4 (residencia de la soberanía en el pueblo y ejercicio por medio de los poderes constituidos), 119 (ineficacia de toda autoridad usurpada y nulidad de sus actos) y 250 (intangibilidad de la Constitución); y también trastoca –ora el acto de la Constituyente, ora la sentencia que lo valida– las Bases Comiciales aprobadas por el pueblo el 25 de abril de 1999 que aseguran, durante la permanencia de la Asamblea Nacional Constituyente, la autoridad de la Constitución de 1961 y la preservación de sus garantías democráticas.

III. MEGA-ELECCIONES TUTELADAS Y FRAUDE A LA CONSTITUCIÓN

El 30 de enero la Asamblea Nacional Constituyente, todavía en ejercicio y encontrándose agotado su cometido, sanciona un Estatuto Electoral del Poder Público y deroga la Ley Orgánica del Sufragio y Participación Política vigente para la época. También fija, por propia iniciativa y sin corresponderle, como fecha de realización de las elecciones nacionales, estadales y municipales, y para representantes ante el Parlamento Andino y el Parlamento Latinoamericano, el 28 de mayo. Las llamadas mega-elecciones son convocadas así –sobre la base de un cronograma que elabora el Consejo Nacional Electoral– a cuatro meses de distancia, para el 28 de mayo, a pesar de la prohibición constitucional que exige un periodo anticipado no menor de seis meses

Ahora bien, con ocasión de sus mencionados decretos, en lo formal, la Constituyente –lo hemos dicho– invade las potestades legislativas reservadas a la Asamblea Nacional según la Constitución de 1999 en vigor y también se abroga las propias del Consejo Nacional Electoral, que incluyen las concernientes a la transitoriedad, como lo disponen las mismas Disposiciones Transitorias constitucionales.

En lo material, deteriora el peso y equilibrio del principio democrático de representación proporcional de las minorías en beneficio dominante de la llamada mayoría electoral. Tanto que, a tenor del señalado Estatuto, las candidaturas se determinan según lo que manden los estatutos de cada partido; limita el período de ejercicio de los concejales a 4 años; fija un sistema de listas cerradas y bloqueadas para la determinación de la representación proporcional de las minorías, postergándose el principio del voto personalizado, entre otras disposiciones.

La Sala Constitucional del Tribunal Supremo de Justicia, no obstante, en sentencia de 28 de marzo de 2000 redactada por el ya mencionado Juez Jesús Eduardo Cabrera Romero declara sin lugar la acción de nulidad y el amparo constitucional ejercidos por algunos constituyentes opositores en contra de los citados decretos de la Asamblea Nacional Constituyente. Y en su *dictum* afirma, literalmente, que ésta se encuentra "detentando todo el poder", en suma, ejerce la dictadura constitucional.

El juez constitucional, en suma, desconoce palmariamente los límites fijados a tal Asamblea por las Bases Comiciales mencionadas y, como cabe repetirlo, la interpretación establecida al respecto por la antigua Corte Suprema de Justicia en Sala Político Administrativa, que le niega el carácter supra constitucional a la Constituyente sin mengua de reconocerle su función "originaria" para la redacción del texto constitucional, tal y como se aprecia en la sentencia que esta dicta el 18 de marzo de 1999.

Son violentados, de tal modo, los artículos constitucionales 63 (personalización del voto y representación proporcional) y 186 (integración de la Asamblea Nacional mediante voto personalizado y representación proporcional); 67 (elección interna y democrática de los candidatos de las asociaciones políticas); 156, ordinal 32 (competencia del poder público para legislar en materia de elecciones); 169, 173 y 175 (reserva legislativa de las competencias municipales y la elección de los concejales); 187, ordinal 1° (competencia de la Asamblea Nacional para legislar en las materias de la competencia nacional); 202 y 203 (definición de la ley y carácter orgánico de las leyes que organizan los poderes públicos o desarrollan derechos constitucionales); 293, ordinal 5 (reserva al poder electoral de la organización de las elecciones a cargos de representación popular); y la disposición transitoria octava de la Constitución, que encomienda al Consejo Nacional Electoral la convocatoria, organización, dirección y supervisión de los procesos electorales hasta tanto se promulguen las leyes electorales previstas por el novísimo texto fundamental.

De igual modo se contraría, en el momento inaugural de la nueva constitucionalidad, la primacía de los tratados internacionales de derechos humanos (artículo 23 *ejusdem*), al desconocer la Constituyente con sus manidos decretos y la sentencia respectiva de la Sala Constitucional las previsiones de los artículos 23 y 30 de la Convención Americana de Derechos Humanos, que reservan sólo a la "ley" la reglamentación del ejercicio de los derechos políticos y, en general, del goce y ejercicio de los derechos y libertades reconocidos por ella.

Las mega-elecciones previstas para el 28 de mayo, cerrado ya el lapso para la postulación de candidatos a los poderes públicos requeridos de su relegitimación (Asamblea Nacional, legislaturas regionales, concejos municipales, juntas parroquiales, presidente de la Republica, gobernadores y alcaldes) son suspendidas en medio de un gran escándalo nacional. Se alega la "incapacidad" del órgano electoral para organizarlas y es destituido el presidente del CNE, Eduardo Semtei, dado lo cual se procede a una partición de los comicios planteados, que se realizan finalmente el 30 de julio y el 6 de diciembre siguientes.

La Comisión Legislativa Nacional o Congresillo de diputados, por su parte y dado el fracaso de la consulta electoral planteada y la consiguiente destitución-renuncia de los miembros del CNE, designa el 5 de junio a las nuevas autoridades electorales. Obvia las exigencias contempladas por la novísima Constitución acerca de la integración previa de un Comité de Postulaciones con participación de la sociedad civil.

El 31 de mayo, la Defensora Provisoria del Pueblo, Dilia Parra, solicita de la Sala Constitucional del Tribunal Supremo de Justicia impida, por vía de amparo, la juramentación de los señalados miembros provisorios del Consejo Nacional Electoral designados por la llamada Comisión Legislativa Nacional o Congresillo.

Dicha Comisión Legislativa ha realizado tales nombramientos fuera de las previsiones de la Constitución de 1999 en vigor, como se indica.

Así las cosas, la Sala Constitucional, en fallo del 30 de junio de 2.000 que redacta, una vez más, el Juez Jesús Eduardo Cabrera Romero, declara que la citada Comisión Legislativa –dado su origen supra constitucional– "no tendría que ceñirse a las disposiciones de la Constitución de la República Bolivariana de Venezuela", siempre y cuando sus designaciones sean "provisionales".

Vuelve por sus fueros, en consecuencia, la acción sistemática de violación de la Constitución de 1999 mediante golpes por el Estado, en particular de sus artículos 62 (derecho a la participación), 70 (medios de participación), 293 en su último aparte (confiabilidad y transparencia del poder electoral), 294 (participación ciudadana en el poder electoral) y 296 (apoliticismo del poder electoral y su postulación por la sociedad civil).

La ausencia de corrección de esta falla institucional originaria, por razones elementales hoy incide en la realización de los mandatos contenidos en el artículo 23 (derechos políticos) de la Convención Americana de Derechos Humanos y en el artículo 3 de la Carta Democrática Interamericana que se dicta el año siguiente (y que habla de elecciones libres y justas como elemento esencial de la democracia), dada la sistemática cooptación del Poder Electoral por los partidarios de la revolución y su puesta al servicio de un modelo político que usa los recursos de la democracia para vaciarlos de contenido y a acabar con la democracia.

Así las cosas, en la primera vuelta electoral con propósitos de relegitimación de los poderes, con una abstención que sube de 36 a 44% vistas las elecciones presidenciales de 1998, Chávez vence en la justa a su contrincante y compañero de aventura golpista –el teniente coronel Francisco Arias Cárdenas– con 59,76% por ciento de los votos. Y su efecto, por lo demás, es inédito para la experiencia constitucional, pues luego de ser electo Presidente para un periodo único de 5 años en 1998, en virtud de la Constitución recién sancionada y de su interpretación favorable al Gobierno por parte de la Sala Constitucional del Tribunal Supremo de Justicia provisorio, los casi dos años de mandato transcurridos en beneficio de aquél se dan por inexistentes. Chávez inicia un nuevo periodo constitucional de 6 años como si fuese el primero y que en la práctica, por lo dicho, extiende su gobierno a 8 años, con lo cual la idea de su permanencia en el poder durante el mayor tiempo posible ya aflora. Y los partidos políticos democráticos, en una hora menguada para la República y al apoyar como alternativa al Comandante Arias, dejan al país sin alternativas inmediatas, que no sean las que propicia dentro su propio seno el arbitraje militar.

Luego, el 6 de diciembre, la abstención electoral llega a 78%, con lo cual el pueblo revela su desinterés por la conformación de los niveles del poder local, revirtiéndose la positiva tendencia que años atrás marca la elección popular, por vez primera, de los gobernadores y alcaldes venezolanos. Le basta al pueblo, en apariencia, la elección que ratifica al inquilino del Palacio de Miraflores, quien no cesa en sus promesas de redención mediante el diálogo. Ha lugar, ahora sí, a la apertura de la llamada V República.

IV. HACIA EL ESTADO POLICÍA

La Comisión Legislativa Nacional aprueba a mediados del año, el 8 de julio, la Ley del Sistema Nacional de Inteligencia elaborado por la DISIP (Dirección de los Servicios de Inteligencia y Prevención), arguyendo ésta que la nueva legislación propone la reconversión de la antigua policía política en un moderno sistema de inteligencia y de contrainteligencia, con despeje de sus funciones represivas y de policía abierta. No obstante, la verdad es que ella fortalece el carácter armado y represivo de la institución amén de burlar las normas constitucionales contenidas en el Título VII de la Constitución.

Esta última, según el predicados de sus artículos 323 y 325, crea el Consejo de Defensa de la Nación como "máximo órgano de consulta para la planificación y asesoramiento del Poder Público en los asuntos relacionados con la defensa integral de la Nación,.." y encargado de establecer el "concepto estratégico de la Nación", a la vez que reserva al Ejecutivo la clasificación y divulgación de aquellos asuntos que guarden relación directa con la planificación y ejecución de las operaciones relacionadas con la seguridad de la Nación, según lo determine la ley.

Así las cosas, el Consejo de Defensa de la Nación, por una parte y, por la otra, las operaciones relacionadas con la seguridad nacional, responden, ciertamente a niveles distintos (planificación y asesoramiento *vs.* operaciones materiales de información) pero que convergen en un mismo propósito: la seguridad de la Nación. El constituyente integra ambos planos en un único capítulo (I. Disposiciones generales) del texto constitucional.

Las normas constitucionales mencionadas, en el fondo no hacen otra cosa que "constitucionalizar" las antiguas disposiciones de la Ley Orgánica de Seguridad y Defensa. De allí que el Consejo de Defensa de la Nación no es una mera reunión de asesores, sin más. Es un verdadero "órgano administrativo" en cuyo seno –siguiéndose el espíritu del precedente Consejo Nacional de Seguridad y Defensa– se articulan o ensamblan los esfuerzos de inteligencia realizados en lo material por los distintos organismos sectoriales (léase subsistemas) que desempeñan tareas de recolección y procesamiento de información en el nivel gubernamental.

La reconversión necesaria del actual organismo de inteligencia política (DISIP), a diferencia de cuanto dispone la ley aprobada, reclama de un orden sucesivo que no puede ser vulnerado bajo pena de que se incurra en severas contradicciones constitucionales en la materia.

Debe dictarse primero –y no lo hace así el Congresillo– la Ley Orgánica del Consejo de Defensa de la Nación y, sucesivamente, se ha de establecer el concepto estratégico de la Nación. Y en orden posterior, el Presidente, debidamente asesorado por el Consejo de Defensa de la Nación y conforme a sus recomendaciones, ha de fijar dispositivamente las necesidades –materiales e instrumentales– en el ámbito de las operaciones de inteligencia y de la contrainteligencia, y disponer, al efecto, la preparación del proyecto de ley ordinaria relacionada con la reserva y clasificación de la información relacionada con tales operaciones (planificación y ejecución de las mismas), es decir, la señalada por el artículo 325 constitucional.

Todo lo anterior, antes bien, es subvertido de manera arbitraria por la ley aprobada. No solo ello. La ley se abroga como objeto establecer los principios y las bases jurídicas para las actividades de inteligencia (Artículo 1) y de suyo olvida que los principios en la materia son los ya establecidos por el Título VII (Capítulos I y II, en especial este último) de la Constitución vigente. La ley rompe con el principio de corresponsabilidad que fija la Constitución en la materia y, lo que es peor todavía, a la par que ratifica dicho principio en su artículo 2, numeral 1, lo trastoca de raíz con el texto de su artículo 3, al reservar al Estado toda la labor de inteligencia.

Según la ley "ninguna persona,......, podrá realizar las actividades de inteligencia a que se refiere la ley". Y ellas, según la misma, no son solo las que tienen que ver con la búsqueda y procesamiento de información criminal, militar o específica de la seguridad de Estado, y de lógica reserva al mismo Estado. Conforme al artículo 2, numeral 3 de la Constitución las acciones de inteligencia "a que se refiere la Ley" comprenden el ámbito económico, político, geográfico, cultural, ambiental, etc. En otras palabras, queda el cuerpo de espionaje del Estado legitimado para incursionar, a contrapelo de la Constitución, en todos los órdenes de la vida civil y cotidianidad. Se intenta forjar un verdadero Estado Policía.

Ahora bien, puesto de lado este tema de orden funcional que toca a la base orgánica y operacional que pre-establece la Constitución en materia de Seguridad de la Nación, cabe reparar en otros elementos de igual raigambre constitucional y que evidencian severas contradicciones e inconsistencias en la ley sancionada.

Ésta, al observar que los órganos de los subsistemas del Sistema Nacional de Inteligencia no pueden ejecutar tareas policiales o represivas, necesitados como estén de ellas han de apoyarse en el Ministerio Público, en la judicatura y en las policías competentes.

Pero tal principio, de hondo arraigo en la filosofía constitucional reciente, termina desvirtuado en virtud de las excepciones abiertas y totalizantes que hace la ley en favor del Servicio Nacional de Seguridad, del subsistema de inteligencia criminal y del subsistema de inteligencia militar, obviando, cuando menos, su natural sujeción a los órganos constitucionales de la Administración de Justicia.

Seguidamente, cuando reserva al Estado y traslada bajo su propiedad los medios técnicos de interceptación (artículo 36), lo hace la ley dentro de un contexto tan amplio –no restringido, por ejemplo a los medios con apoyo en los que puedan realizarse interferencias delictuosas– a un punto tal que caben en la hipótesis de ley, incluso, hasta las antenas de radio y de televisión o los servicios de Internet. Lo que es más, tal disposición no sólo prevé la reserva al Estado de estos instrumentos, sino que, a renglón seguido confisca los de particulares nacionales o extranjeros, violentando –por ausencia de las precisiones pertinentes y señaladas– las previsiones de los artículos 115 y 116 de la Constitución, que aseguran la propiedad y prohíben las confiscaciones.

El intento de la ley de reunir con fines de "rectoría" y no sólo de mera coordinación a los distintos organismos de inteligencia con los que cuenta el Estado, por otra parte, no sólo elimina los necesarios contrapesos con los que prudentemente debe actuarse en esta materia tan sensible. Y al hacer depender a todo el Estado y, sobre todo al Presidente, de la actuación unipersonal del Jefe del Servicio Nacional de Seguridad, se pone en las manos de éste la totalidad del destino público y del ejercicio fáctico del poder en Venezuela; por lo cual ha de responder luego y de manera personal por los delitos en que incurran los funcionarios en el sector, tanto el Presidente como el resto de los titulares de los poderes públicos.

La experiencia demuestra que el órgano de inteligencia y sus directivos no siempre aciertan en sus apreciaciones. No siempre suministran toda la información que reciben o procesan. Por lo tanto, estos llegan a acumular más información que los Ministros de seguridad o de policía y el propio Presidente. No siempre mantiene el Jefe de un servicio de inteligencia lealtad incólume al Estado o, eventualmente, a su conductor. Por consiguiente, en el contrapeso es donde se asegura el balance necesario tanto para la estabilidad de las instituciones democráticas cuanto para la verificación y confirmación indispensable de las informaciones.

El carácter totalizante del modelo, a título de ejemplo, queda revelado en el numeral 3 del artículo 17 de la ley. Este sujeta, en la práctica, el proceso de formulación, ejecución y control de todas las políticas públicas a la información del organismo de inteligencia. Y se trata, por lo demás, de un organismo de inteligencia armado y estructurado bajo el esquema de comandos, con lo cual fragua, cabe repetirlo, un Estado policial y no de Derecho.

V. LOS PRIMEROS GOLPES A LA LIBERTAD DE EXPRESIÓN

El progresivo acorralamiento que sufre para lo sucesivo no solo la libertad de manifestación sino y por sobre todo la libertad de pensamiento y expresión se manifiesta, por vez primera, en el Programa semanal Aló Presidente, del 1° de abril, que transmite desde Zaraza, Estado Guárico, el Jefe del Estado en compañía del Embajador de Cuba en Venezuela, Germán Sánchez Otero. Allí revela aquél que envía agentes de inteligencia a la concentración de venezolanos de la oposición que tiene lugar en la Plaza Brión de Chacaíto, en Caracas, quienes protestan contra el Decreto 1011 sobre la educación bolivariana. Y dirigiéndose al Embajador le manifiesta que "siguen metiéndose con Cuba los oligarcas de Venezuela".

Luego, el 20 de octubre, en cadena nacional de radio y televisión que realiza desde Porlamar, Estado Nueva Esparta, a propósito de una visita de Fidel Castro, ataca con acritud el informe sobre Venezuela elaborado por la Sociedad Interamericana de Prensa. Sus palabras causan hilaridad, pero llegan con la carga ominosa que marca al régimen para lo sucesivo y expone a la prensa al desprecio público revolucionario.

"La Sociedad Interamericana de Prensa –dice el mandatario– ¡qué tal! La inefable Sociedad Interamericana de Prensa. ¡Voy contigo Andrés Mata Osorio! Andrés Mata Osorio,... este caballero que es el caudillo del Diario El Universal. ¡Cómo se manda allí! Si Ud. no está en la línea del Diario, pa' fuera. Bueno, Andrés Mata... A Ud. no le conozco...., incluso su acento extranjero..., a veces cuesta conversar con Ud. por su acento. Ud. se formó por allá afuera, estudio por allá y vino a dirigir una empresa. Uno habla con Andrés Mata y es un acento como... como Tarzán... Es un acento extranjero, no parece venezolano, pero él es venezolano. Yo era candidato cuando ya andaba Andrés Mata haciendo documentos para llevarlos a la SIP..., recogiendo basura... Cómo tiene dinero para pagar, gente que escriba por él....., pidiendo apoyo a esta inefable Sociedad Interamericana de Prensa, porque venía el lobo Chávez... Logró que la SIP se pronunciara contra mí antes de las elecciones... y ha vuelto por sus andanzas. Andan anotando, hacen un libro,... y lo traducen al inglish (*sic*) ... ese es el idioma que hablan los señores de la SIP. Entonces, ahora la SIP redactó un capítulo dedicado a Venezuela... El pueblo merece respeto, señores de la SIP y señor Mata. Ustedes, amigos de Venezuela. Sepan Uds., pueblo de Venezuela, quienes son enemigos de este proceso, los enemigos de este cambio. Señores de la SIP y Andrés Mata: Es una nueva agresión contra un país soberano, gratuita, de la SIP, alentada por el señor Andrés Mata Osorio, del Diario El Universal, a quien delante del país señalo como uno de los que desde hace años va detrás de esta campaña,... para confundir", afirma Chávez en tono irascible.

Dentro de tal contexto, a mediados de año, el Congresillo arguye la potestad que le confiere el Régimen de Transición del Poder Público (*G.O.* N° 36.920 de 28 de marzo de 2000) y a días de asumir la Asamblea Nacional electa en 2000 aprueba, el 1° de junio, la Ley Orgánica de Telecomunicaciones, que reciben con beneplácito los operadores del sector.

A nadie le sorprende, extrañamente, la disposición contenida dentro de ésta y a cuyo tenor cabe el dictado por el Gobierno de "las normas que considere necesarias" para la regulación de contenidos informativos de la radio y televisión, y para que suspenda los programas de estas "cuando lo juzgue conveniente a los intereses de la Nación". Así lo reza el artículo 209, en tanto que, el artículo 208, por su parte, autoriza al Ejecutivo Nacional para que regule los contenidos de transmisiones cursadas a través de los distintos medios de telecomunicación, mediante actos de rango reglamentario.

No se reclama de mayor ejercicio interpretativo para decir y sostener que son violados abiertamente, mediante acto del poder legislativo, los artículos constitucionales 57 (libertad de expresión) y 58 (derecho a la información), en especial el artículo 23 *ejusdem* (primacía de los tratados internacionales sobre derechos humanos), al contrariar dicha ley las disposiciones de los artículos 13, numeral 3 (prohibición de restricciones del derecho a la libertad de expresión mediante el abuso de controles oficiales de frecuencias radioeléctricas), y 30 (reserva legislativa de las restricciones a los derechos y libertades) de la Convención Americana de Derechos Humanos.

VI. CORRUPCIÓN EN LA SALA CONSTITUCIONAL PROVISORIA

Lo esencial del año, en todo caso, por cuanto orada a profundidad al Estado de Derecho y el principio de separación e independencia de los poderes públicos, es la situación del Poder Judicial y su relegitimación.

La Asamblea Nacional dicta el 14 de noviembre una Ley Especial para la Ratificación y Designación de los Funcionarios y Funcionarias del Poder Ciudadano y Magistrados del Tribunal Supremo de Justicia, que pone de lado otra vez las normas sobre participación ciudadana establecidas por la Constitución ya en pleno vigor.

La Defensora del Pueblo, Dilia Parra, al demandar la nulidad por inconstitucionalidad de dicha legislación sitúa en sus extremos la gravedad de tal decisión legislativa y previene al Supremo Tribunal acerca del "riesgo de que se materialice una lesión de carácter definitivo a las instituciones democráticas producto de la de signación de las autoridades que las conforman sin el debido acatamiento y en evidente contravención del procedimiento establecido en nuestra Constitución".

El 12 de diciembre, la Sala Constitucional del TSJ, con ponencia otra vez del Juez Jesús Eduardo Cabrera Romero, admite la demanda para su posterior decisión en cuanto al fondo; lo que no ocurre durante largo tiempo. Sin embargo, en otra decisión paralela del mismo día, que declara sin lugar la solicitud de amparo anexa a la citada demanda de nulidad y cuyo objeto es obtener la suspensión provisoria de los efectos de la indicada Ley Especial, los magistrados "provisorios" de la Sala Constitucional optan por pronunciarse sobre sus propios destinos como jueces. ¡Algo insólito!

Al efecto, avanzan parcialmente sobre el fondo de una materia cuyo conocimiento han postergado, y deciden declarar preliminarmente la no exigencia –para sus "ratificaciones" respectivas como miembros del Tribunal Supremo– de los requisitos constitucionales que deben cumplir quienes aspiren ser magistrados de tan Alto Tribunal.

La ley de marras y el pronunciamiento de Sala Constitucional hacen de lado, de un modo censurable, incluso en el plano de la ética judicial, los mandatos constitucionales contenidos en los artículos 263 (requisitos que deben llenar los magistrados del Tribunal Supremo), 270 y 279 (comités de postulación de la sociedad civil para la designación del Tribunal Supremo, Fiscal, Contralor, Defensor del Pueblo), y hacen posible, de tal forma, la irregular cooptación de los poderes públicos constituidos por parte del sector político gubernamental; siendo la más grave, la que afecta a la emergente Sala Constitucional del TSJ prevista en la Constitución de 1999, pues su cometido es, justamente, garantizar la supremacía y efectividad de las normas y principios superiores de la propia Constitución.

VII. UNA SOCIEDAD CIVIL A LA MEDIDA DEL ESTADO

La Sala Constitucional del Tribunal Supremo de Justicia, con ponencias del Juez Jesús Eduardo Cabrera Romero (Caso *Defensoría del Pueblo vs. Comisión Legislativa Nacional*, N° 656 del 30 de junio de 2000; y Caso *Gobernadores vs. Ministro de Finanzas*, N° 1395 del 21 de noviembre de 2000), decide establecer por vía jurisprudencial el régimen de las llamadas organizaciones de la sociedad civil (ONG's), excluyendo de tal concepto y negándoles su representatividad para los fines del ejercicio del derecho de participación o de representación de intereses difusos o colectivos a las asociaciones integradas por religiosos; a aquéllas formadas por extranjeros; las que reciben subsidios externos o financiamientos directos o indirectos del presupuesto público; las que pueden tener algún fin de tipo político, económico, transnacional o mundial.

Y, a renglón seguido, concluye que son reconocidas como tales ONG's sólo aquellas que prueben su "representatividad", estén reguladas mediante ley, y realicen elecciones de sus autoridades bajo la dirección del Consejo Nacional Electoral.

El derecho humano a la participación, en suma, no pertenece a todos según el criterio jurisprudencial mencionado, se ejerce ante el Estado pero puede desplegarse legítimamente frente a las actividades de los particulares, y sólo corresponde a quienes, según su criterio, determine el mismo Estado mediante la ley.

La sentencia 1395, completa y profundiza los términos de la decisión anterior que se dicta bajo el número 356. En esta, en lo particular, se sostiene que "...la sociedad civil debe ser representada por instituciones transparentes en cuanto a sus objetivos y su permanencia en el tiempo en relación a esos objetivos, impidiéndose tal representación a grupos advenedizos o asociaciones o sociedades civiles que esporádicamente vienen a actuar en la vida con fines muy precisos, como los electorales, así como individualidades que se auto-postulan, ya que al así hacerlo denotan carecer de respaldo colectivo. Los representantes de la sociedad civil son asociaciones, grupos e instituciones venezolanas (sin subsidio externo) que por su objetivo, permanencia, número de miembros o afiliados y actividad continua, han venido trabajando desde diversos ángulos de esa sociedad, para lograr ésta una mejor calidad de vida, desligadas del gobierno y de los partidos políticos".

En aquélla, la del 21 de noviembre, se ajusta que "la sociedad civil es la sociedad civil venezolana", entendiendo el TSJ que el "resultado de ese carácter nacional es que quienes la representan no pueden ser extranjeros, ni organismos dirigidos, afiliados, subsidiados, financiados o sostenidos directa o indirectamente, por Estados, o movimientos o grupos influenciados por esos Estados; ni por asociaciones, grupos o movimientos trasnacionales o mundiales, que persigan fines políticos o económicos, en beneficio propio".

En otras palabras, un fenómeno netamente humano y personal, ajeno a las fracturas geopolíticas y de neta vocación universal y totalizante, que concluye en la idea del género humano o la humanidad, es hipotecado por la sentencia judicial en cuestión, a un punto que la misma señala, seguidamente, que "cuando la Constitución de 1999 sectorializa la sociedad civil, al prever que ella está conformada por diversas organizaciones, reconoce... que cada sector que conforma la sociedad necesita una representación propia y específica, que a veces, además coincide con zonas geográficas..."

Añade la Sala, al respecto, que "esta composición sectorializada de la sociedad civil, permite distinguir sociedades civiles nacionales, regionales, estadales, municipales, vecinales, locales, así como sociedad civil obrera, profesional, etc., ya que a veces un tema concreto es lo importante a los fines de la consulta, o la participación, o el ejercicio del derecho ...tiene que estar integrada por actores sociales conformados en forma democrática,...con un número de miembros que permita elecciones, ...no puede estar representada por individualidades, por más notables que sean, por auto-postulados, por grupúsculos sin personalidad jurídica y organizaciones semejantes".

A manera de *desiderátum*, construyendo una sociedad civil a su medida, la sentencia 1395, concluye sosteniendo con ambigüedad manifiesta y a conveniencia de la revolución que "...sus fines, conforme a la Constitución, son la colaboración con el Estado en una forma distinta, aun no percibida, de la conducción del Estado y de la Política", y que ...la transparencia de estos actores sociales requiere que ellos no...suplanten al ciudadano por el consumidor; o que no persigan adoctrinamientos políticos, religiosos o de cualquier índole".

Un juicio de valor autorizado y ponderado, respecto de tales decisiones, lo expresa Rosa Amelia González de Pacheco en su estudio sobre "Las organizaciones de ciudadanos y la política en Venezuela" (Caracas, IESA, s/f), para quien "en el contenido de las sentencias está implícita la noción de la sociedad civil como un actor unitario y no como un espacio variado, heterogéneo o conflictivo; esto conduce a una concepción de una sociedad civil susceptible de ser "representada" por determinadas organizaciones o personas, lo que contradice su propia naturaleza que no se define en la representación sino en la participación. La pretensión de representar a la sociedad civil no tiene cabida en un ámbito formado por organizaciones independientes", observa.

Por acto del poder judicial, por consiguiente y por obra de las mencionadas sentencias, es violada la Constitución de 1999, en particular los derechos y garantías que en favor de "toda" persona prescriben sus artículos 26 (derecho de acceso a la justicia para la defensa de derechos intereses propios, incluso los colectivos o difusos) y 52 (derecho de asociación), así como todas las normas que aseguran la teleología constitucional y de suyo el derecho de toda persona a la participación (Preámbulo y artículos 6,18, 55, 62, 70, 78, 79, 80, 81, 83, 84, 86, 102, 118, 120, 123, 125, 128, 132, 141, 166, 168, 171, 173, 178, 184, 185, 187, 197, 203, 205, 206, 253, 255, 270, 294, 299).

Huelga mencionar la igual violación que ha lugar del mandato constitucional contenido en el artículo 23 *ejusdem* (primacía de los tratados internacionales de derechos humanos), en tanto y en cuanto las sentencias en cuestión son contrarias a las obligaciones que tiene el Estado por mandato, cuando menos, de los artículos 1 (obligación de respeto y garantía de los derechos humanos sin discriminaciones) y 16 (libertad de asociación) de la Convención Americana de Derechos Humanos.

Ambas sentencias, desde ya, hacen nugatorio y por lo demás, el artículo 2 de la Carta Democrática Interamericana que adoptan los Estados americanos el año siguiente, a cuyo tenor la democracia representativa se refuerza con la participación permanente, ética y responsable de la ciudadanía. Y deja sin efecto, anticipadamente y no obstante el voto afirmativo que le da Venezuela a este instrumento internacional, el artículo 6 del mismo, según cuyo texto "la participación de la ciudadanía en las decisiones relativas a su propio desarrollo es un derecho y una responsabilidad. Es también una condición necesaria para el pleno y efectivo ejercicio de la democracia. Promover y fomentar diversas formas de participación fortalece la democracia", en suma.

VIII. SINDICALISMO DE ESTADO Y COLONIZACIÓN CUBANA

El epilogo del año es otro acto comicial. Un referéndum consultivo promovido por el presidente de la Republica que da pie a la intervención por el Consejo Nacional Electoral en las elecciones de los sindicatos de trabajadores.

El 3 de diciembre se realiza el referéndum nacional convocado por el Presidente a objeto de que el pueblo decida la celebración general o no de elecciones en todos los sindicatos de trabajadores del país, causándose, por ende, la destitución de los dirigentes sindicales ya electos y en ejercicio. El referéndum, en todo caso, concluye con un 80% de abstención electoral.

De manera sucesiva, el Consejo Nacional Electoral, apoyado en la función que le asigna el artículo 293 de la Constitución de 1999 y que contradice previsiones expresas de los tratados internacionales que aseguran el derecho a la libertad sindical, dicta un Estatuto Especial para la renovación de la dirigencia sindical, estableciendo el registro electoral de los trabajadores; y, por su parte, el Contralor General de la República dispone, mediante resolución oficial 01-00-012, la obligación de los dirigentes sindicales de presentar una declaración jurada de sus bienes cual si fuesen funcionarios del Estado.

Luego, el Jefe de Estado interviene activamente en la jornada sindical eleccionaria y promueve una candidatura oficial para la Presidencia de la Confederación de Trabajadores de Venezuela (CTV), a saber la de su Ministro de Educación, Aristóbulo Istúriz. Pero una vez concluidas las elecciones del caso, intima públicamente al indicado Consejo Nacional Electoral para que declare nulas las elecciones realizadas, dada la victoria incuestionable del sindicalista de la oposición, Carlos Ortega.

Lo cierto es, en todo caso, que el Gobierno se niega luego y de forma sistemática al reconocimiento de la legítima representación sindical venezolana, excluyendo a la CTV de todo mecanismo de diálogo o de negociación relacionado con la vida laboral en el sector público e impidiéndole el ejercicio de su derecho a la contratación colectiva. Es contumaz, por ende, en su violación del artículo 95 (libertad sindical y prohibición de injerencias en la misma) de la Constitución de 1999. Irrespeta, en especial, el artículo 23 constitucional, que dispone la primacía de los tratados internacionales sobre derechos humanos en la medida en que sean más favorables para el goce y ejercicio de éstos, visto que el artículo 16 de la Convención Americana asegura la libertad de asociación y sólo admite su restricción mediante ley y sin perjuicio de lo dispuesto en el artículo 29 de la misma Convención, que impide limitar el goce y ejercicio de cualquier derecho o libertad reconocido en otra Convención en que sea parte el Estado.

Media, ciertamente, una violación expresa de los principios de libertad de asociación, libertad sindical y derecho a la negociación colectiva, contenidos en la Declaración de la OIT relativa a los principios y derechos fundamentales en el trabajo, como también el desconocimiento de los Convenios 87 (libertad sindical y protección del derecho de sindicación) y 98 (derecho de sindicación y negociación colectiva) de la Organización Internacional del Trabajo (OIT).

No concluye el año, en fin, sin que el Gobierno firme su primer Convenio Integral de Cooperación con la República de Cuba, el 30 de octubre, que significa liberalidades financieras y petroleras a favor de ésta, que a cambio y desde entonces nutre a Venezuela con su legión de médicos y de maestros. Son 40.000 los misioneros, aproximadamente, a los que luego, según información del funcionario cubano responsable, se agregan 30.000 miembros de los Comités de Defensa de la Revolución. Los primeros llegan antes, en 1998, para apoyar al candidato ahora Presidente. Ellos le ayudan, en lo sucesivo, para la implementación de "sus" programas sociales de contenido revolucionario y el mantenimiento a largo plazo de su poder como gobernante.

Venezuela, en suma, es colonizada pacíficamente y bajo el ucase de un militar venezolano, por quienes durante los años '60 del siglo pasado intentan lograrlo por vía de las armas y no pueden, Fidel Castro y su revolución.

2001
TERROFAGIA DE ESTADO

"Estamos haciendo un esfuerzo sobrehumano para hacer una revolución pacífica, cosa difícil pero no imposible. Pero si ésta fracasa, vendría una revolución por las armas, porque esa es la única salida que tenemos los venezolanos"

Hugo Chávez Frías
9 de mayo 2001

I. PRELIMINAR

El año 2001 es conocido como el de las leyes habilitantes o el avance de la revolución "a paso de vencedores". Ello significa que la iniciativa constitucional de 1999, más allá de las severas reservas que concita y antes que soporte para la recomposición social y política de Venezuela es apenas una escala o estratagema, ni siquiera es un medio, para avanzar hacia un proyecto distinto, de fractura nacional, que apenas se intuye y aprecia en sus líneas gruesas para dicho momento.

Dos hechos caracterizan al período. Uno, la decisión presidencial de sostener la transitoriedad, en otras palabras un régimen de excepción constitucional que impida el despliegue de los poderes públicos constituidos y sus competencias plenas, a lo que contribuye la cooptación que hace de los mismos durante el año 2000; otro, el ejercicio inconstitucional por el Presidente de la República de su habilitación legislativa y el dictado por éste de una ley de tierras, junto a otras muchas, que confisca –en práctica que se hace recurrente– el derecho de propiedad garantizado por la novísima Constitución. Al efecto, progresivamente, crea las condiciones políticas para los demás golpes que sin solución de continuidad le inflige al mismo orden constitucional de cuyo nacimiento es protagonista.

El 15 de enero, durante la presentación de su mensaje anual a la Asamblea Nacional, que es el primero que entrega luego de su asunción como Jefe del Estado en 1999, abre el clima de confrontación que marca a su mandato para siempre. Denuncia, para justificarse, que "se ha desatado una campaña contra el gobierno", que entiende como una campaña "contra el país, y ha hecho algún daño", dice.

El asunto hace relación, exactamente, con dos aspectos. En primer lugar, ocurren las denuncias que desde la época toman cuerpo y más tarde se demuestran en su veracidad, sugiriendo el apoyo del Gobierno a la guerrilla colombiana. "A mí llegó a acusarme un Presidente de Colombia –pero por escrito– ante el Presidente de Venezuela de aquel entonces, en 1995; por escrito, acusándome con nombre y apellido, ¡un presidente!, que yo andaba en la guerrilla colombiana matando gente y que yo había participado en la masacre de Cararabo... Ese fue el presidente Ernesto Samper", expresa Chávez ante la Asamblea.

En segundo lugar, afirma que "en estos últimos meses del año se puso en marcha una estrategia para tratar de aislar a Venezuela, desde aquí desde dentro y desde fuera del país".

Desde entonces, aclara –descubriendo a la par todo cuanto viene y se trae entre manos– que "la revolución venezolana no es amenaza para nadie". No consta tal expresión, como cabe precisarlo, en ninguna parte del texto constitucional naciente. Pero explica y desde ya previene oblicuamente a la comunidad internacional, que "nosotros no somos amenaza para nadie"; a cuyo efecto expresa: "¿Saben, señores embajadores, lo que si sería una amenaza, cómo Venezuela sería una gran amenaza para América entera?: una Venezuela en guerra civil, una Venezuela quebrada en pedazos, los campos petroleros incendiados por una guerra. Eso sí sería peligro para el mundo", finaliza.

El proceso político venezolano, durante el año en cuestión y la posteridad queda amarrado en su decurso a las acciones y reacciones personales, mediáticas e imprevisibles del Presidente de la República, todas teñidas con lenguaje revolucionario, rupturista y divisor de las voluntades. La expectativa de una recomposición institucional y constitucional cede y, en la práctica, según lo dicho, el texto constitucional es apenas una idea fuerza para la cohesión popular, alrededor del predicado líder de la "revolución". El espíritu de la "transitoriedad" no abandona al panorama doméstico, en lo adelante.

II.   LA TRANSITORIEDAD

El 25 de abril, durante la celebración del aniversario del referéndum para la convocatoria de la Constituyente, no escatima el Presidente sugerencias sobre lo imprescindible de sostener el acusado y heterodoxo régimen de transición constitucional (léase, de excepción fáctica); situación ésta que, por lo demás, sugiere una suerte de prórroga arbitraria en el control personal que del poder público ya ejerce en todos los ámbitos, desde el momento mismo en que presta su juramento ante el último Congreso de la IV República declarando "moribunda" a la Constitución de 1961.

"Emergencia social, emergencia legislativa, emergencia política. Medidas extraordinarias hacen falta, en una situación tan difícil como la que enfrentamos no basta con las medidas ordinarias", son sus palabras precisas. "Medidas extraordinarias son necesarias", repite, para preguntarse sobre "¿cuál es el dilema central, más allá de cualquier ejemplo o reflexión?". Y a renglón seguido responde y revela: "El dilema es que tenemos esta Constitución, sí, dondequiera que la abramos conseguimos una maravilla; pero, entre la Constitución y la realidad (hay) un conjunto de leyes que no es que solamente impiden que sé, o no es que solamente dificultan que se aplique la Constitución sino que hacen imposible que se aplique". "¿Cuánto tiempo la Asamblea Nacional necesita para concluir todo el entramado, el nuevo y bien hecho sistema jurídico nacional, la nueva arquitectura, el nuevo edificio de leyes para que esta Constitución sea vigente, cuánto tiempo?", se repregunta y a la vez afirma, antes de validar la final decisión que toma, es decir, asumirse como supremo gobernante legislador de la naciente República Bolivariana.

La publicidad de su propósito, bueno es observarlo, no es, como en otros casos, meramente coloquial o filatera. De hecho, Herman Escarrá Malavé, ex constituyente y para el momento Abogado de la República ante los organismos internacionales de derechos humanos, informa a la prensa que el Presidente Chávez "analiza varios escenarios para asumir poderes extraordinarios, más allá de los otorgados [a él] por el parlamento dentro de la Ley

Habilitante (El Nacional, 8-5-01, Primera página). Y el propio Chávez, por su parte, haciendo buena la táctica política que hace regla durante toda su gestión –dos pasos adelante, uno atrás– confirma el despropósito (El Universal, 30-5-01, p.1-2): "Estoy pensando seriamente en decretar el estado de excepción" (Caracas, 11-5-01); y días después se desdice: "se trata –el estado de excepción– de un alboroto de unos pocos, de especulaciones" (Malasia, 28-5-01); "lo único que podría llevarme a mí a un estado de excepción, sería la pobreza, la miseria ..." (Indonesia, 29-5-01).

III. PRÓRROGA DEL MANDATO PRESIDENCIAL

Electo como es Presidente de la República para el período constitucional 1999-2004, por obra de la transitoriedad y el proceso de relegitimación de poderes que impulsa la nueva Constitución, el período de ejercicio de Hugo Chávez Frías se acorta y muta en otro más largo, un sexenio y algo más, cuyo término cabe contarlo a partir del 19 de agosto de 2000, fecha de su segunda toma de posesión.

El Tribunal Supremo de Justicia en Sala Constitucional, no obstante y dado que, según la novísima Constitución, cada año del período constitucional inicia el día 10 de enero, mediante su sentencia 457 que dicta el 5 de abril, decide –conforme a la tesis previa y públicamente manifestada por el mismo Presidente de la República– alargar el mandato presidencial. Lo extiende desde el 19 de agosto de 2006, fecha de su finalización, hasta el 10 de enero de 2007. Acortarlo, para hacer coincidir las fechas que determinan el momento de la toma de posesión presidencial, el 19 de agosto mencionado, con el día 10 de enero de 2006, señalado por la Constitución, implica, según el magistrado ponente, José Manuel Delgado Ocando, una opción política interesada por parte de los peticionarios, que le resulta inaceptable y poco neutra. De allí el criterio contrario de la Sala.

IV. ANTES Y DESPUÉS DE QUEBEC: REPRESENTANTE DE FIDEL Y COMANDANTE PRESIDENTE

En Quebec, Canadá, a propósito de la realización de la III Cumbre de las Américas, en el mismo mes de abril, Chávez constata su aislamiento ideológico en el Hemisférico. Hace reserva ante sus pares de todo credo que postule la democracia representativa, y discrepa abiertamente de la Declaración unánime que adoptan los demás Jefes de Estado y de Gobierno; tanto como se presenta ante ellos como una suerte de Canciller del Presidente cubano, Fidel Castro. El tiempo del disimulo pasa.

Téngase presente que, luego de dicho revés y al mediar la conocida intemperancia y visión maniquea que de la política tiene el mandatario venezolano, se supone que haya considerado la urgencia de medidas reactivas que le posicionen a tiempo y en "sus" particulares ideas, aun cuando le obliguen a revelar, prematuramente, el rostro oculto de su inconstitucional revolución "bolivariana".

Un primer incidente que matiza al también denominado "proceso", en su prórroga de la "transitoriedad constitucional" y que deriva en el desconocimiento sistemático y sostenido de las normas de la misma Constitución por el Presidente y su Gobierno, es el escándalo de corrupción que ocurre en las Fuerzas Armadas a propósito del llamado Plan Bolívar 2000. Lo diseña el Presidente para que los militares se integren paulatinamente y en solidaridad militante con los estratos de la población civil considerados más pobres; dando lugar ello al binomio cívico-militar que causa tanto debate y escozor durante la Constituyente; y por vía de un mecanismo inicial que justifica en la urgencia de un remedio "expedito" –extraordinario y sin mayores controles administrativos– de los reclamos sociales inmediatos: atención médico-sanitaria, recuperación del hábitat, disminución de la emergencia laboral, mejoramiento de la infraestructura educacional y deportiva, construcción de viviendas populares, suministro de alimentos, etc., saca a los soldados de los cuarteles y los pone al frente de la gestión administrativa del Estado. Éstos, desde entonces, no regresan a sus cuarteles y copan toda la pirámide del Estado para lo sucesivo. En la práctica, la República militar que precede a la República civil de 1959 vuelve por sus fueros, y la historia recorrida hace parte de la amnesia nacional.

Pero coincide lo anterior –las denuncias de corrupción militar– con el serio malestar que igualmente ocasiona en la FF.AA. el incidente de las "pantaletas" –prendas íntimas femeninas– que son enviadas por mujeres opositoras al Alto Mando y a los Generales del Ejército, haciéndoles ver sus deshonrosas debilidades antes los dislates populistas, la intolerancia febril, y las debilidades marxistas del Presidente. Sabedor del riesgo que implica lo anterior para el sostenimiento de su proyecto personal y político, en un movimiento rápido cuanto temerario de manos Chávez sustituye al Ministro de la Defensa –un General activo del Ejército– y designa para tal cargo a un civil, José Vicente Rangel, hasta entonces Canciller de la República. Pone a la FF.AA. tras el telón en el imaginario colectivo, sin que abandonen la escena.

En todo caso, en el *inter regno*, para blindarse ante las FF.AA., en su estilo provocativo (¿dirigiéndose a los militares de viejo cuño?) Chávez anuncia que un millón de reservistas (¿milicia "paralela" o sustitutiva del Ejército?) se incorporan a las faenas del Plan Bolívar 2000 (El Nacional, 1-4-01, Primera página). La fuerza miliciana paralela muestra sus primeros balbuceos. Lo cierto es que aquél no introduce cambios manifiestos en los Comandos de Guarnición, a pesar de encontrarse señaladas, algunas de sus cabezas, del manejo presunto e indebido de dineros públicos asignados al Plan de referencia. La lealtad de los Generales u Oficiales Superiores sujetos a investigación, quienes detentan capacidad de movilización en la eventual ejecución de un golpe de Estado castrense, encuentra precio en lo inmediato.

En tal orden ha lugar a la toma, por la Casa Militar del Presidente y su Guardia de Honor, de las antiguas oficinas del Ministro de la Defensa (Fuerte Tiuna) y que aquél decide utilizar, según su propia declaración, en calidad de Comandante en Jefe de la Fuerza Armada (El Nacional, 5-3-01, Primera página). Es el primer paso simbólico para su mutación en Comandante Presidente.

El hecho tiene su origen, es verdad, en las tensiones que provoca la presencia de Rangel –como civil– en los espacios de Fuerte Tiuna; pero lo importante es lo dicho. Deliberadamente, como lo confirman los años por venir, Chávez escinde simbólicamente desde entonces –más tarde dictará de su mano la ley que lo convalida– la condición unitaria del mando presidencial –Jefe de Estado y Comandante en Jefe de las Fuerzas Armadas– hasta el momento residente en el inquilino del Palacio de Miraflores y sobrepuesta, como autoridad civil que es, a los militares.

Rangel es enviado a despachar como ministro desde el Aeropuerto de La Carlota, sede de la Comandancia General de la Aviación, en cuya sede concentra para sí y por instrucciones presidenciales la administración de los dineros de las Fuerzas, hasta ahora diversificados en su gestión y bajo cuidado directo de cada uno de los Comandantes Generales. Éstos, a su vez, reciben la orden de abandonar sus sedes propias y preparar la mudanza de sus pertrechos hacia la sede del Ejército, en Fuerte Tiuna, aledaña a la que estrena el Comandante en Jefe; todo ello con vistas a realizar la unificación de la estructura militar, que si acaso encuentra tímido asidero en el artículo 328 de la Constitución, implica un regreso al estadio constitucional anterior a 1958, cuando es eliminado el Estado Mayor General y se le otorgan competencias autónomas y separadas a cada fuerza como garantía de la estabilidad democrática y para el aseguramiento de su servicio a la República, que no a los gobernantes de turno. A su regreso de la Cumbre de las Américas Hugo Chávez queda persuadido de no tener otra opción que radicalizar y hacer evidentes sus reales pretensiones autoritarias.

Con el anuncio de que reflota al antiguo MBR-200, núcleo inicial de su acción como golpista, hipotecado con su originaria y dominante visión redentora, militarista, neocomunista y tutelar del país, busca resolver, al menos en teoría, la contradicción que en "doble banda" le obliga a ser cauteloso: es decir, la compleja convivencia de la FF.AA. venezolana, formadas dentro de la cultura democrática tradicional, con los líderes y miembros del espectro marxista y revolucionario que se solidariza con el jefe de la asonada del 4 de febrero de 1992.

No se olvide que Chávez, en hipótesis, mal puede sumar esa estructura militar existente [nacionalista, pre-convencional, bolivariana, pero acusadamente antimarxista] a su alianza política inaugural –más allá de los devaneos diplomáticos– con el triángulo La Habana-Trípoli-Bagdad y los movimientos guerrilleros y de liberación que todavía operan en América Latina; la que emerge a finales de 1998 y adquiere ribetes oficiales desde 1999.

Pero es ésta, a fin de cuentas, la carta que se propone jugar dentro del único contexto en que concibe a la acción política: afirmar de manera real su poder personal y a continuación político mediante el régimen de excepción hacia el que avanza presuroso; en cuyo defecto –según lo intuye– puede sobrevenir una eventual ruptura o inflexión constitucional que le eyecte del poder o le hace presidiario de quienes son sus verdaderos poseedores, los militares. Esto último, es decir, la posibilidad de un corte constitucional sin Chávez indefectiblemente se intuye y así lo aprecian durante el año los analistas políticos, de constatarse inviable la comentada reconversión del estamento castrense y el intento de su ensamblaje dentro del esquema militar-revolucionario.

Hugo Chávez Frías, Presidente de Venezuela, Comandante en Jefe de la Fuerza Armada y líder de revolución bolivariana, en el tránsito de las circunstancias anotadas y aderezándolas, ya declara sin ambages y hacia mediados del año que "la guerrilla colombiana no es enemiga para nosotros..." (El Universal, 2-5-01). No repara, al afirmar esto, en los militares venezolanos muertos a manos de los movimientos revolucionarios del país vecino, en especial los de Cararabo y, menos todavía en los muchos secuestrados en la frontera, miembros o hijos de la clase ganadera o empresarial que ya le cuestiona públicamente.

V.   LA SENTENCIA 1013, PRECEDENTE DE LA LEY MORDAZA

Entre tanto, el 12 de junio de 2001, la Sala Constitucional del Tribunal Supremo de Justicia, una vez como el Presidente de la República vuelve con sus ataques frontales a la prensa y mediando el pedido de réplica que solicita el columnista Elías Santana –éste demanda acudir al mismo programa semanal del gobernante en cuestión, "Alo Presidente" que trasmite la red de emisoras oficiales encadenadas a las emisoras privadas– aprueba por unanimidad un proyecto de sentencia que elabora el magistrado Jesús Eduardo Cabrera. El fallo interpreta de manera restrictiva, con carácter vinculante para todos los jueces de la República, el ejercicio de la libertad de expresión (artículo 57 de la Constitución) y del derecho a la información (artículo 58 *ejusdem*) en Venezuela; hecho que celebran de conjunto y ante la opinión pública tanto el mismo Presidente de la República como el Presidente de la Asamblea Nacional, William Lara.

Los predicados de la sentencia sirven de base luego, tres años después, para la sanción por la misma Asamblea y a pedido del propio presidente Chávez de la Ley de Responsabilidad Social de Radio y Televisión o "ley mordaza", que en la práctica estatiza el espectro radioeléctrico y su uso hasta el día anterior por empresarios y periodistas independientes de radio y de televisión, quienes ahora quedan sujetos al control gubernamental de sus tareas de información a la opinión pública.

La decisión judicial, en lo particular, aparte de disponer la forma en que los periodistas deben redactar o expresar sus conceptos o ideas en modo de no atentar contra la "información veraz" declara, a renglón seguido, que los editores, periodistas y columnistas de los medios de comunicación no gozan del "derecho a réplica" que garantiza la Constitución en favor de toda persona. Y consagra el ejercicio de una acción constitucional colectiva, en modo de que el pueblo obligue a los medios de comunicación social, a sus propietarios y periodistas, al respeto de la pluralidad, veracidad, y el carácter formativo de sus noticias.

Consciente de la reacción que concita en el ámbito interamericano la ley del silencio que se le impone a la prensa independiente, por violatoria de la Convención Americana de Derechos Humanos, la Sala Plena del máximo tribunal, el 25 de julio de 2001, refiriéndose a lo decidido en la Sala Constitucional –que hace propio dicho plenario– declara que sus decisiones no pueden ser objeto de revisión o cuestionamiento ante los órganos del Sistema Interamericano o Internacional de Derechos Humanos, por cuanto sus magistrados las dictan en nombre de la soberanía popular.

Así, mediante acto del Poder Judicial son violados y abiertamente desconocidos los artículos 23 y 31 de la Constitución, que disponen la primacía constitucional de los tratados internacionales y el derecho de toda persona a dirigir peticiones o quejas ante los órganos internacionales correspondientes para el amparo a sus derechos humanos, así como la obligación del Estado de adoptar las medidas necesarias para el cumplimiento de las decisiones emanadas de tales órganos. La libertad de expresión y de prensa, que en criterio de la Corte Interamericana de Derechos Humanos es columna vertebral de la democracia, queda en entredicho y mediatizada. Tanto que, más tarde, en 2003, la Relatoría para la Libertad de Expresión de la OEA, en conocimiento de la mencionada Sentencia 1.013 recomienda al Estado de Venezuela "respetar escrupulosamente los estándares del sistema interamericano de protección de la libertad de expresión tanto en la posible sanción de nuevas leyes como en los procedimientos administrativos o judiciales que se sentencian". Y le exige, asimismo, "adecuar su legislación interna conforme a los parámetros establecidos en la Convención Americana sobre Derechos Humanos y dar pleno cumplimiento a lo dispuesto por el artículo IV de la Declaración Americana de los Derechos y Deberes del Hombre y la Declaración de Principios sobre Libertad de Expresión de la CIDH especialmente con referencia a la exigencia establecida en el artículo 58 de la Constitución venezolana sobre información veraz, imparcial y objetiva".

VI. EL SEGUNDO CASTRO LATINOAMERICANO

El año 2001 fija asimismo un parte aguas en las relaciones hasta entonces cordiales entre Venezuela y el Gobierno de Estados Unidos de América. Un primer amago del deterioro en los vínculos diplomáticos entre Caracas y la Casa Blanca tiene lugar en diciembre de 1999, cuando Chávez desautoriza a su ministro de la Defensa, general Raúl Salazar Rodríguez, a pedido de los cubanos, por haber requerido −luego de ser autorizado por el mismo

Chávez– auxilio a los norteamericanos para mitigar la tragedia natural que ocurre en el estado Vargas y en la que pierden la vida unas veinte mil víctimas.

El 9 de mayo de 2001, Hugo Chávez anuncia la posible expulsión del Gobierno del Movimiento al Socialismo (MAS), partido de centro izquierda democrática que alcanza traspasar los muros desde la IV hasta la V República. Advierte, en todo caso, que la decisión le corresponde a un inédito "Comando Político de la Revolución"; pero nadie sabe, a ciencia cierta, qué es o qué será o quiénes integran este cenáculo o troika en cierne: ni siquiera los dirigentes del MVR y tampoco los del re-estrenado MBR-200 (Movimiento Revolucionario Bolivariano 200). Y tres días después, acicateado por su traspiés quebequense, siguiendo la ruta iniciada cuatro días antes por su mentor político, Fidel Castro, hacia Irán, Malasia y Argelia, naciones simpatizantes de la Revolución Cubana (El Nacional, 13-5-01), el presidente venezolano hace otro tanto vía Rusia para continuar hacia Irán, India, China, Malasia e Indonesia.

Desde Moscú, su primera escala, asume sin ambages ser "la llave estratégica de Rusia en América Latina" (El Nacional, 15 y 16-5-01). Con su Gobierno firma un Acuerdo de Cooperación Técnico-Militar y proclama una alianza estratégica para enfrentar a la unipolaridad americana, a fin de coincidir seguidamente en la necesidad de transitar "caminos conjuntos de diálogo y cooperación" con la isla caribeña. Allí declara, junto a Putin, que "cree en la democracia –"su" democracia– pero no en las formas de democracia que nos imponen". Y en Irán, luego de ratificar su igual alianza y coincidencias estratégicas con el régimen shiíta, el Gobierno anfitrión le hace saber al ilustre visitante venezolano que bien puede beneficiarse de la experiencia militar iraní (El Nacional, 22-5-01).

Sabedor de ser solitario en Occidente luego de Quebec, dice desde el Oriente y en su periplo internacional: "soy el segundo Castro latinoamericano". Las conclusiones caen por su propio peso y muestran con crudeza el rostro, hasta ahora oculto, de la revolución bolivariana. La condición y vocación de país pacífico que proclama nuestra Constitución, queda en entredicho. A Chávez apenas le interesa conservar y acrecentar su poder político personal, y nada más.

Ocurren luego los trágicos atentados terroristas del 11 de septiembre de 2001 contra las Torres Gemelas de Nueva York y el Pentágono en Washington, fecha cuando la Organización de Estados Americanos aprueba la Carta Democrática Interamericana y Chávez sorprende al país con su declaración ambigua acerca de la acción criminal ejecutada. Expresa su pésame por los miles de muertos habidos pero hace patente su desacuerdo con cualquier acción militar de respuesta por parte de la Casa Blanca. Al mes siguiente, en defensa oblicua de la acción terrorista, anuncia la donación de un millón de dólares al pueblo de Afganistán, víctima del ataque que sufre esa nación por fuerzas norteamericanas al ser reducto y aliviadero del terrorismo internacional deslocalizado.

Luego, en viaje a Europa, hacia el mes de octubre, que le resulta fructífero –pues los franceses anuncian que han de invertir 4 mil millones de dólares en Venezuela– decide desviar su curso hacia Libia y sostener un encuentro con Muammar el-Gadafi, bajo protesta y reserva del Departamento de Estado norteamericano.

Ya Chávez, para entonces, presenta ante la Asamblea Nacional las Líneas Generales del Plan de Desarrollo Económico y Social (2001-2007), que no es un plan de gobierno sino su estrategia para sostener la revolución a largo plazo. Se trata, en efecto y como el mismo lo confiesa, de un primer esfuerzo de transición al que está obligado por el carácter pacífico de la revolución emprendida, pero en una perspectiva que no olvida sus antecedentes, a saber: el Plan de Operaciones Ezequiel Zamora, concebido en 1991 para el golpe de Estado de 4F en sus primeros decretos; el documento "Como salir del laberinto", elaborado por aquél y sus compañeros en la cárcel, a la luz de la crisis política de 1992; y, finalmente, la Agenda Alternativa Bolivariana, que presenta como respuesta a la agenda de Rafael Caldera de 1996 –Agenda Venezuela– y que le sirve de base para su programa de gobierno de 1998, titulado "La propuesta de Hugo Chávez para transformar a Venezuela".

El año 2001, por ende, viene marcado como el año en que Chávez desnuda a su revolución, hasta el momento disimulada tras el velo de la iniciativa constituyente. Es el año en que hace uso arbitrario y desbordado de la que llama "ley de leyes" –su habilitación legislativa– en directa alusión a la inspiración constitucional cubana de ésta y a fin de impulsar la revolución, a la par que generar los momentos de mayor conflictividad social y política conocidos desde su elección al poder, en diciembre de 1998.

Las encuestas muestran por vez primera una suerte de país que si acaso es uno durante el siglo XX y luego, en sus finales, el rompecabezas que señala el hoy fallecido ex presidente Caldera, esta vez y en lo sucesivo, por obra del mismo discurso presidencial, queda en lo adelante fracturado en dos mitades que no se reconocen, la una a la otra, como integrantes de un proyecto común de ciudadanía. Nada valen los predicados constitucionales de 1999 y menos todavía los valores superiores de solidaridad, pluralismo político y No discriminación que estos consagran (artículos 2 y 19).

El Parlamento, a su turno, debate acerca de la censura política pedida por los opositores y rechazada por la mayoría oficialista de diputados, contra el ministro de la Defensa, José Vicente Rangel, el ministro del Interior, Luis Miquilena, el canciller, Luis Alfonso Dávila, y el diputado Pedro Carreño, acusados de proteger dentro del territorio nacional al ex jefe de la policía política del ex presidente peruano Alberto Fujimori, Vladimiro Montesinos. Busca canalizar el otro escándalo surgido por la liberación en Venezuela del guerrillero José María Ballestas, miembro del ELN colombiano y acusado del secuestro de un avión de Avianca. Pero desdorosos y ardorosos son los debates que tienen lugar en la Asamblea Nacional por el descubrimiento de "grupos de exterminio" o ajusticiamiento integrado por policías estatales, autores de 239 homicidios en el país y la tibia o nula reacción al respecto del defensor del Pueblo, Germán Mundaraín. La impunidad y la falta de garantía del derecho a la vida, consagrado por el artículo 43 constitucional, ceden bajo la primacía de la lógica destructiva de la revolución.

VII. EL PARTIDO MILITAR, O "LA LEY SOY YO"

Dentro de tal *tour de forcé*, en una suerte de mecha encendida sobre pólvora, al inaugurar ese mismo mes el Congreso Internacional de Derecho Agrario, Hugo Chávez Frías, sin inmutarse afirma que "La ley soy yo, el Estado soy yo". Queda claro su entendimiento acerca de los alcances de la Constitución de 1999 y sobre las competencias de los poderes públicos constituidos, en lo adelante secuestradas por el Palacio de Miraflores, en contradicción con las normas de ésta que consagran el principio de la supremacía constitucional (artículos 137 y 350).

Pocos días antes, el 8 de noviembre de 2001, los Generales y Almirantes integrantes del Alto Mando Militar –exceptuado el Comandante del Ejército para el momento– hacen público su apoyo a la "revolución" liderada por el Teniente Coronel y Presidente de la República; al que sigue la inmediata apreciación de uno de los ideólogos del régimen, el argentino Norberto Ceresole, quien considera absolutamente "legítimo" el comunicado del "partido militar" (11 de noviembre de 2001). La acción deliberante de la Fuerza Armada tiene lugar, paradójicamente, un mes antes de la realización del paro nacional convocado por la Confederación de Trabajadores de Venezuela (CTV), cuando la asociación empresarial FEDECAMARAS, los partidos políticos, la sociedad civil en general, deciden protestar y ejercer resistencia colectiva, entre otras razones, contra las 49 leyes sancionadas mediante decreto y sin consulta por el Jefe del Estado en uso de la habilitación que le otorga la Asamblea Nacional.

En el caso de la Fuerza Armada es evidente la violación por su Alto Mando del mandato contenido en el artículo 328 de la Constitución, a cuyo tenor aquélla es profesional y sin militancia política, y está al servicio exclusivo de la Nación y no de persona o parcialidad política alguna. El liderazgo castrense hace caso omiso, incluso, de la previsión del artículo 4 de la Carta Democrática Interamericana, adoptada el 11 de septiembre anterior por la OEA, contando incluso con el voto de Venezuela, a cuyo tenor "la subordinación constitucional de todas las instituciones del Estado a la autoridad civil legalmente constituida y el respeto al estado de derecho de todas las entidades y sectores de la sociedad son igualmente fundamentales para la democracia".

VIII. EL GOLPE HABILITANTE

Los días 12 y 13 de noviembre de 2001 avanza y profundiza en su desafío el Presidente de la República. Sanciona 27 decretos-leyes que hacen parte de los 49 decretos-leyes que dicta desde el 28 de febrero del año mencionado; con fundamento en la habilitación –la segunda durante su corto mandato– que le acuerda la Asamblea Nacional controlada por sus partidarios el 11 de noviembre de 2000. Ha lugar al desempeño unilateral por el Jefe del Poder Ejecutivo de funciones legislativas sobre materias ordinarias y también sujetas a leyes orgánicas, que se concreta en casi un centenar de leyes si se le agregan a la cifra las que igualmente aprueba el Teniente Coronel desde los inicios de su gestión presidencial.

Los ámbitos afectados por la "acción legiferante" son, en la práctica, casi todos los que integran las competencias naturales del parlamento (organización administrativa del Estado, seguridad pública, derechos humanos y garantías, desarrollo económico y social, legislación civil y punitiva, ordenación del territorio, actividades financieras, medio ambiente, asuntos estadales y municipales, etc.). Lo grave y relevante es que el Jefe de Estado, para ello, omite como legislador *ad hoc* los principios constitucionales de participación ciudadana en el debate de las leyes; de consulta a los Estados en las materias que le son propias o de su interés directo; y olvida el señalado carácter orgánico que deben tener las leyes que desarrollan o limitan derechos fundamentales, y la consulta previa que de tales leyes, antes de su sanción, debe realizar ante la Sala Constitucional del Tribunal Supremo de Justicia, constantes en los artículos 203, 206 y 211 constitucionales.

La lista de leyes sancionadas mediante decreto es más que decidora: 1. Ley de Tierras y Desarrollo Rural; 2. Ley Orgánica de Espacios Acuáticos e Insulares; 3. Ley General de Puertos; 4. Ley

Especial de Asociaciones Cooperativas; 5. Ley Orgánica de Hidrocarburos; 6. Ley de Creación, Estímulo, Promoción y Desarrollo del Sistema Micro-financiero; 7. Ley de Aviación Civil; 8. Ley de Transformación del Sector Bancario; 9. Ley de Mensajes de Datos y Firmas Electrónicas; 10. Ley Orgánica de Ciencia, Tecnología e Innovación; 11. Ley de Transformación del Fondo de Inversiones de Venezuela en el Banco de Desarrollo Económico y Social de Venezuela; 12. Reforma de la Ley de Función Pública de la Estadística; 13. Ley de Zonas Especiales de Desarrollo Sustentable (ZEDES); 14. Ley del Sistema de Transporte Ferroviario Nacional; 15. Ley de Reforma Parcial de la Ley de FONDAFA; 16. Ley Orgánica de Identificación; 17. Ley de Coordinación de la Seguridad Ciudadana; 18. Ley de Reforma Parcial a la Ley del Banco de Comercio Exterior; 19. Ley de Zonas Costeras; 20. Ley de Fondos y Sociedades de Capital de Riesgo; 21. Ley de Armonización y Coordinación de competencias de los Poderes Públicos Municipal y Nacional para la prestación de los servicios de distribución de gas con fines domésticos y de electricidad; 22. Ley de Reforma de la Ley de Créditos para el Sector Agrícola; 23. Ley de Comercio Marítimo; 24. Ley General de Marina y Actividades Conexas; 25. Ley de Cajas de Ahorro y Fondos de Ahorro; 26. Ley del Cuerpo de Investigaciones Científicas, Penales y Criminalísticas; 27. Ley de Contrato de Seguros; 28. Ley del Fondo Único Social; 29. Ley de Seguros y Reaseguros; 30. Ley de Tránsito y Transporte Terrestre; 31. Ley para la promoción y Desarrollo de la Pequeña y Mediana Industria; 32. Ley de Fortalecimiento del Sector Asegurador; 33. Ley Orgánica del Turismo; 34. Ley Orgánica de Planificación; 35. Ley de Pesca y Acuicultura; 36. Ley de la Procuraduría General de la República; 37. Ley de Reforma Parcial de la Ley General de Bancos y otras Instituciones Financieras; 38. Ley de Bomberos y Bomberas; 39. Ley del Fondo de Crédito Industrial; 40. Ley de Reforma Parcial a la Ley del Impuesto Sobre la Renta (Reformada luego en la AN); 41. Ley de Registro Público y del Notariado; 42. Ley del Estatuto de la Función Pública; 43. Ley de la Organización Nacional de Protección Civil y Administración de Desastres; 44. Ley que crea el Fondo de Inversión para la Estabilización Macroeconómica; 45. Reforma Parcial del Estatuto Orgánico del Desarrollo de Guayana; 46. Ley de Procedimiento Marítimo; 47. Ley de Licitaciones; 48. Reforma a la Ley sobre Adscripción de Institutos Autónomos, Fundaciones y Asociaciones a los Órganos de la Administración Central; 49. Ley Estímulo para el Fortalecimiento Patrimonial y la Racionalización de los Gastos de Transformación en el Sector Bancario.

El constitucionalista patrio Allan R. Brewer-Carías, a propósito de los decretos leyes en cuestión y en su libro *La crisis de la democracia venezolana, la Carta Democrática Interamericana y los sucesos de abril de 2002* (Caracas, Los Libros de El Nacional, 2002) recuerda, en lo particular, que "la transparencia ha sido sustituida por el trabajo secreto, oculto y escondido", pues los textos de aquellos sólo son "conocidos por los propios órganos públicos encargados de su ejecución, después de que se publicaron en la *Gaceta Oficial*. Las organizaciones políticas y de la sociedad fueron las grandes marginadas en ese proceso, en el cual, como se dijo, no se respetó la exigencia constitucional de la consulta pública", agrega.

La ausencia de consulta de los decretos, por lo demás, viola juntamente a las normas constitucionales implicadas la propia exigencia que fija al respecto la Ley Orgánica de la Administración Pública, paradójicamente dictada durante el mes anterior y que sanciona de nulidad absoluta (artículo 137) los textos legales y reglamentarios que emanen del Ejecutivo Nacional sin seguir el procedimiento de consulta pública establecido.

IX. CONFISCACIÓN DE LOS FUNDOS AGRÍCOLAS Y PECUARIOS

Al margen de la consideración negativa que merecen las leyes habilitantes tal y como son concebidas por la Constitución de 1999, y dado que contrarían el principio sacramental de la separación de los poderes públicos, el Estado de Derecho, y el desempeño transparente de la democracia, lo cierto es que el caso de la polémica Ley de tierras y desarrollo agrario, dictada como parte del respectivo paquete de decretos legislativos del Presidente de la

República - autorizando en la práctica la confiscación administrativa y *fast track* de los fundos de propiedad privada cuyas actividades agrícolas o pecuarias no se ajusten a las políticas gubernamentales - ilustra de manera dramática todo lo anterior.

Cabe observar que sus defensores arguyen en su defensa lo siguiente: "Uno de esos decretos del actual paquete de medidas es la Ley de Tierras y Desarrollo Agrícola, que pretende poner fin a la concentración de la propiedad territorial, donde el 10% de los propietarios es dueño del 70% de la tierra cultivable, lo cual hace que Venezuela tenga que importar alimentos. Se trata de una reforma agraria al estilo de Napoleón Bonaparte o Lázaro o Cárdenas, que deja intangible la propiedad privada de la tierra pero pretende, según dice la propia norma, distribuir la riqueza eliminando el latifundio como sistema contrario a la paz social en el campo". Y ajustan, a renglón seguido, que "esta medida no sólo ha encolerizado a los terratenientes. La banca advierte que la amenaza de expropiación ha provocado que pocos agricultores quieran atarse a un nuevo crédito, y dado que, según esta ley, los fundos dejan de ser garantía para las instituciones bancarias, se crea una incertidumbre en la actual cartera crediticia, imposibilitando otorgar nuevos créditos sin respaldo concreto", concluyen.

Lo cierto es que en la evolución de la propiedad de la tierra en Venezuela se constata lo contrario, sin mengua de sus niveles de concentración y de la creciente capacidad del país en la producción interna de sus alimentos hasta 1998.

La reforma agraria nacional que toma cuerpo a partir de 1940 y se intensifica luego de 1961, muestra que durante 40 años el Estado –propietario dominante de las tierras desde los tiempos de la Independencia y repartidor gracioso de las mismas por órdenes de Simón Bolívar– distribuye 11.500.000 hectáreas de tierra entre 230.000 familias. Las explotaciones agrícolas medias crecen –las de 200 a 1000 Hs. pasan de 8.949 en 1961 hasta 21.614 en 1998, y las de 50-200 Hs. pasan de 18.899 a 35.883 durante el mismo período– en tanto que las explotaciones mayores –1.000 Hs. o más– si bien mantienen estabilidad relativa, pues el número de sus explotaciones aumenta desde 4.123 a 4.945, en otro orden disminuyen desde 18.000.000 de Hs. hasta 13.966.744 Hs. Y lo constatable es que a la luz de las cifras del PIB, la producción agropecuaria nacional mantiene su crecimiento entre 1991 y 1998, en tanto que cae o se estanca en los años sucesivos en una tendencia hacia el crecimiento ilimitado de las importaciones.

Lo esencial, en todo caso, más allá de los propósitos loables que puedan asignársele a la ley en cuestión, es que en toda democracia y su apego al Estado de Derecho los fines legítimos reclaman de medios igualmente legítimos. Y aquélla, en varias de sus disposiciones (artículos 25, 40, 43, 82, 84, 89 y 90), para horadar el derecho a la propiedad privada sobre las tierras agrarias deja también de lado los derechos a la defensa y al debido proceso de los afectados y pospone el principio de separación e independencia de los poderes públicos en la materia.

El artículo 25 permite a la autoridad administrativa desconocer la constitución de sociedades, la celebración de contratos y, en general, la adopción de formas y procedimientos jurídicos mediante los cuales, en su criterio, se considere que tienen lugar para un fraude a los propósitos de la ley; omitiéndose que la validez o no de los contratos corresponde a los órganos jurisdiccionales. Todavía más, autoriza a la administración para desconocer, asimismo, el valor jurídico, probatorio, inclusive, de documentos públicos auténticos o privados y se extiende a los públicos administrativos, emanados estos últimos del mismo órgano en el pasado; y vulnera, adicionalmente, el principio de la irretroactividad de la ley, por cuanto señala que dichos actos pueden ser desconocidos por la administración incluso habiéndose celebrado con anterioridad a la vigencia de la misma.

El artículo 40 del Decreto legislativo en cuestión, para la declaratoria administrativa de tierras ociosas o incultas y su ocupación, omite el emplazamiento personal del propietario de dichas tierras o del interesado, menguándosele su derecho a la defensa. El artículo 43 determina que el acto administrativo que declara la tierra como ociosa o inculta y agota la vía administrativa, se notifique al propietario o el interesado mediante cartel que se publica en la *Gaceta Oficial Agraria*. Lo cual se agrava de considerarse que, según los artículos 82 y 84, que fijan plazos perentorios para las pruebas e informes y determinan la fatalidad de la sentencia o decisión administrativa, la Administración puede decidir, incluso, en ausencia del mismo afectado, sin disponerse la designación de un defensor *ad litem* que garantice su defensa debida y asistencia jurídica durante el proceso.

El artículo 89 dispone que iniciado el procedimiento la Administración puede intervenir las tierras objeto de rescate y al efecto señala que cuando la ley declara que ésta puede declarar el carácter inculto u ocioso de la tierra, a la par le faculta para dictar una medida cautelar en sede administrativa sin ningún parámetro de prueba para tomar tal posición; con lo cual no se le coloca a la administración en la necesidad de comprobar el estado del bien ya que su sola voluntad es suficiente y queda facultada para dictar una medida cautelar administrativa en una causa donde a la vez es parte y asume el rol de juzgador.

Tal atribución, por limitante manifiesta del derecho de propiedad, debe ser el producto de la materialización de un proceso judicial, que conduzca al juzgador a tal concepto, garantizándosele al afectado sus derechos fundamentales a la igualdad, a la defensa e imparcialidad de la Justicia. Finalmente, el artículo 90 del Decreto, que dispone que los ocupantes ilegales de las tierras susceptibles de rescate no pueden reclamar indemnización, obvia los derechos sobre las bienhechurías del ocupante, provocándose en la práctica una confiscación, en contravención del artículo 116 constitucional; todavía más cuanto que, la ley impugnada reputa como lícita la ocupación de tierras baldías.

Sea lo que fuere, la Constitución, en su artículo 203, dice que el desarrollo legislativo de sus partes dogmática y orgánica no puede realizarse sino mediante leyes orgánicas, previamente consultadas con el Tribunal Supremo y antes de la respectiva promulgación.

Nada de lo anterior ocurre con la Ley de Tierras, con mengua del criterio a cuyo tenor mal se pueden afectar los cimientos de un acto que es producto de la soberanía popular sino mediante otro acto de rango equivalente. De allí que el simple desarrollo legislativo relacionado con los derechos humanos o con la organización del poder público sea exigente.

La propia Corte Interamericana de Derechos Humanos dice, sin ambages, que la reglamentación de los derechos fundamentales sólo es posible mediante ley; y que, a tal efecto, sólo se considera ley la que emana directamente de un órgano legislativo democrático, plural y electo por el pueblo.

Así que, la circunstancia misma de que el Presidente decide afectar de modo general y por móviles ideológicos el derecho humano a la propiedad, legislando como lo hace y haciéndolo, por lo demás, mediante un decreto ley ordinario no consultado con el Tribunal Supremo, revela la gravedad de su iniciativa, su carácter inconstitucional extremo y, en suma, la ilegitimidad democrática de su postura. En consecuencia, ocurre un golpe del Presidente de la República a los artículos constitucionales 62, 70, 187 numeral 4, y 211 (sobre participación de los ciudadanos en los asuntos públicos y en el debate de las leyes); 115 y 116 (sobre proscripción de las confiscaciones); 206 (sobre consulta a los Estados) y 203 (sobre leyes orgánicas); y asimismo, al principio de reserva legal que consagra el artículo 30 (leyes restrictivas) de la Convención Americana de Derechos Humanos; todo ello para concentrar poder en manos del Estado, que él dice encarna: "La ley soy yo", son sus palabras.

La utilización en exceso de la práctica de la delegación legislativa, por ende, más tarde y a raíz de la crisis constitucional que sobreviene en abril del año siguiente, da motivo a una declaración particular del Secretario General de la OEA, César Gaviria, ante la Asamblea General y con ocasión de su visita a Venezuela: "Llamaron la atención sobre el uso de los mecanismos de la ley habilitante. Esta es una vieja disposición en las Constituciones de Venezuela que da al ejecutivo un gran poder legislativo. El gobierno del Presidente Chávez hizo uso amplio de tales facultades, y ello ha demostrado la gran resistencia que genera la aprobación de normas sin el proceso de transacciones que se da en el debate parlamentario y sin la discusión pública que se daría en la Asamblea".

X. RESISTENCIA CIVIL Y PARO NACIONAL

El 10 de diciembre de 2001 ocurre así el primer paro nacional durante el mandato de Chávez Frías. Es convocado por Pedro Carmona Estanga, presidente de la patronal FEDECAMARAS y se suma al mismo el sector sindical de los trabajadores, representado por la CTV. Ambos sectores, representativos de sectores distintos y hasta antagónicos, se sienten vejados y ofendidos por el Presidente; y ésta, en lo particular, pues luego de las elecciones que pierde el oficialismo dentro de la referida central laboral, el propio Presidente de la República y hasta el Consejo Supremo Electoral intentan mediatizarlas y al final desconocerlas.

La Iglesia católica se incorpora a la protesta cívica, victima como es de iguales agravios hacia su jerarquía por el jefe de Estado y consciente de su compromiso con el credo de la convivencia, sin exclusiones odiosas. Y los medios de comunicación, por su parte, ya golpeados en el ejercicio libre de sus actividades y ahora sujetos a mordaza por decisión del máximo tribunal de la República, vocean la realidad de una reacción en cadena que toma cuerpo en todo el país y que se dirige unánimemente contra el Presidente.

Pero este, en actos públicos paralelos: uno militar, en el Aeropuerto de La Carlota –donde es abucheado por quienes transitan cerca– y otro en la Plaza Caracas, en horas de la tarde de ese mismo día, junto a sus seguidores, responde con un discurso en el que califica la circunstancia como un enfrentamiento necesario de los indios y los negros con la oligarquía. No deja de advertir que las armas de la Republica son las armas del pueblo "en revolución" y que con apoyo en la organización popular su gobierno entra en una fase más exigente. Sus palabras quedan para la memoria: ¿dónde están los indios, nosotros los indios? ¿Dónde estamos nosotros los negros? ¿Dónde estamos nosotros los alzaos?, se pregunta.

Antes y luego, desdibujando su rol de Jefe del Estado, obviando sus deberes constitucionales, y asumiéndose como miembro de la milicia, amenaza a la Nación: "Como soldado, y entre soldados responsables de gerenciar y manejar las armas de la República, que son las armas del pueblo, lo vuelvo a repetir para los que pretenden chantajear a este Gobierno… La revolución va a entrar en una fase mucho más exigente y difícil. Dije: vamos a apretarnos los cinturones y a amarrarnos las botas de combate porque vamos a entrar en una situación más profunda y llamé aquél día a la organización popular y llamé aquél día y lancé como meta para finales de año el relanzamiento del Movimiento Bolivariano Revolucionario 200 que es el pueblo en revolución, organizado por todas partes".

Tratándose, pues, de la palabra del Jefe del Estado, en acto oficial y luego en acto popular transmitido por las emisoras del Estado y en "cadena nacional", sus afirmaciones pierden todo carácter coloquial, modelan conductas sociales y violentan mandatos constitucionales expresos, a saber: el Preámbulo (carácter multiétnico y pluricultural de Venezuela) y los artículos 2 (pluralismo político); 3 (construcción de una sociedad amante de la paz); 21, numeral 1 (prohibición de las discriminaciones de trato); 23 (primacía de los tratados internacionales de derechos humanos); 145 (obligación de los funcionarios públicos de servir a los ciudadanos y no a parcialidades políticas); 324 (monopolio de las armas por el Estado); y 325 (obligación de la Fuerza Armada de estar al servicio exclusivo de la Nación y no de persona o parcialidad política alguna) de la Constitución de 1999. Se ha consumado, en síntesis, otro golpe de Estado por el mismo Estado.

2002
LA MASACRE DE MIRAFLORES Y
EL SAINETE DE LOS MICRÓFONOS

"Aquí tenemos un Regimiento de la Guardia de Honor, aquí hay más de mil soldados, aquí en este Palacio, soldados de la Guardia de Honor, de la Guardia Presidencial, y además hay más de mil entre Guardias Nacionales y policías y cuerpos de seguridad"

Hugo CHÁVEZ FRÍAS
11 de abril 2002

El entorno de Chávez y él denominan el tiempo que sigue como de "resistencia anti imperialista". En lo sucesivo no hay en el país otro lenguaje que el de los extremos, y el de la racionalidad sólo llega en tanto que sirve a la causa política propia pero no a la ajena; y cada parte del país se fija como objetivo la destrucción de la otra. Es el resultado inevitable de la prédica revolucionaria, ajena al espíritu pactista de la República de partidos que fenece en 1999 y toma aliento bajo la Constitución de 1961.

No obstante o por ello mismo las calles vuelven a llenarse de pueblo opositor hasta niveles nunca antes conocidos, ni siquiera próximos al ambiente inaugural democrático, en 1958. Y lo hace esta vez, en 2002, para celebrar el 23 de enero, otro aniversario de la caída de la penúltima dictadura militar. Entre tanto los dos grandes diarios de la capital, *El Nacional* y *El Universal*, acuden a la Comisión Interamericana de Derechos Humanos en búsqueda de protección para sus periodistas. Los Círculos Bolivarianos – asesorados por el gobierno libio y que organiza en Caracas el ex policía Freddy Bernal– toman en esos días las puertas de dichos rotativos en tónica violenta, acusándolos de contrarrevolucionarios y contando para ello con la aquiescencia presidencial, que omite deliberadamente sus deberes de protección dispuestos en el artículo 332 constitucional.

I.   LA ANTESALA DEL 11 DE ABRIL

En ese mes de enero, quien esto escribe deja constancia, sin presciencia y apenas observando el curso de los acontecimientos, del trágico porvenir que en lo inmediato le espera a Venezuela.

Se dan "condiciones objetivas" tanto externas como internas, sociológicas y políticas, que para el momento ora son determinantes ora son la evidencia de la aceleración de un proceso inexcusable de quiebre constitucional. El mismo se orienta hacia la final y necesaria definición de roles entre el viejo Estado gendarme y la ya madura sociedad civil venezolana: aquél, bajo la conducción del Teniente Coronel (Ejército) Hugo Chávez Frías, Presidente de la República, vuelve por los fueros que pierde a raíz del 23 de enero de 1958; ésta, al despertar por esfuerzo propio y descubrirse huérfana de partidos y de líderes civiles cuya tutela recibe hasta el pasado reciente, reacciona firme pero instintivamente para impedir los propósitos que buscan aniquilarla en sus libertades o neutralizarla políticamente.

A la sazón, afirmo entonces que:

"...con el anuncio de que reinstala al antiguo MBR-200, núcleo inicial de su acción como golpista, hipotecado con su originaria y dominante visión redentora, militarista, neocomunista, y tutelar del país, es evidente que Chávez no busca otra cosa que resolver a tiempo, al menos en teoría, la contradicción que en "doble banda" le obliga ser bastante cauteloso hasta el presente: la compleja y difícil convivencia entre la FF.AA..., formada dentro de la cultura democrática tradicional, y los líderes y miembros del espectro marxista y revolucionario que se solidariza con él durante el 4 de febrero de 1992. Y la señalada solución a tal antagonismo es, a fin de cuentas, la carta que se propone jugar ahora dentro del único contexto en que concibe la acción política: la afirmación estructural de su poder personal y a continuación político –sin alternativas y a tiempo– mediante un régimen de excepción al que avanza presuroso; y, para ello, el desiderátum es la reconversión definitiva del estamento castrense. De lo contrario, dada su mentalidad pre-convencional y el mismo antagonismo que hace imposible la coexistencia –a mediano plazo– entre los distintos actores presentes en su gobierno, puede tomar cuerpo la hipótesis de una eventual ruptura o inflexión constitucional con o sin Chávez. Esto último, o sea, la posibilidad de un corte constitucional militar sin Chávez, creemos –así lo escribo– puede sobrevenir de constatarse inviable la comentada reconversión castrense y el intento de su ensamblaje dentro del esquema militar-revolucionario".

La pregunta lanzada al aire y que me hago antes del 11 de abril, *mutatis mutandi*, refleja mi duda:

¿Acaso puede hacerlo, perturbados como se encuentran sus planes de un modo provisorio o en el mediano plazo a raíz del escándalo suscitado por el Affaire Montesinos, que involucra negativamente al ex militar golpista Eliecer Otaiza, jefe de la policía política, y a otros miembros del Alto Gobierno, y dada la prevalencia que incidentalmente toma para la solución satisfactoria de este asunto enojoso la misma Fuerza Armada: única garante de su estabilidad real como Presidente?

Varios supuestos que vienen desde atrás, sin embargo, aderezan el panorama hacia la crisis constitucional que toma cuerpo acelerado.

A. *El 11 de septiembre del 2001*

La acción y consecuencias de los ataques terroristas sobre New York y Washington desprenden una corriente de reordenación geopolítica internacional que bien podemos llamar el "efecto Bin-Laden", al que no es extraña Venezuela.

El mismo saca de su prolongada transitoriedad e indefinición al orden mundial en cierne desde 1989, nacido con el fin de la bipolaridad Este-Oeste. En lo adelante, quiérase o no, tal Nuevo Orden u orden nuevo en fragua, por atado como se encuentra a las reglas inéditas de la Era de la Inteligencia Artificial naciente y la mundialización de las telecomunicaciones junto a sus secuelas sobre las relaciones económicas y comerciales, políticas, sociales y culturales, mal da cabida a los paradigmas de la modernidad conocida y de la inmediata y progresivamente superada Era de la Industrialización. Menos acepta las regresiones medievales del poder, que no sean las expresadas en la fragmentación de los colectivos nacionales –vuelta a las cavernas o nichos de interés local, cultural o religioso– propios a la globalización y en espera de su estabilidad constitucional.

La sobre posición internacional de los Estados, de la razón de Estado o del criterio de la soberanía absoluta dentro de un régimen multilateral de simple coexistencia; los modelos políticos, sociales y de desarrollo fijados a partir del tradicional equilibrio e interacción entre los factores dominantes de la producción: tierra, capital y trabajo; las prácticas consuetudinarias, anclajes culturales, hábitos y creencias o tradiciones populares domésticas incidentes en la configuración tanto de los modelos nacionales de Estado y de Sociedad como de las formas concretas de subsistencia o de satisfacción de las expectativas de bienestar por parte de cada pueblo y de acuerdo a sus particulares circunstancias, comienzan a ser cosas del pasado, piezas arqueológicas.

Los espacios de tolerancia o de indiferencia ideológica o de solidaridad externa, pasiva o encubierta, encontrados por Chávez – en algunos países de Europa Occidental o en otros del mundo árabe– desde su ascenso al poder hasta sucederse la acción terrorista de Usama Bin-Laden –que aquél no protesta con claridad– se reducen en lo sucesivo. Estado centralizado, capitalismo de Estado bajo tutela militar, tendencia autocrática personal; sustitución del modelo de democracia representativa por una relación directa caudillo-pueblo sin mediación sustantiva de instituciones democráticas; intervención pública en la economía; libertades públicas subsidiarias del proceso de transformación económico-política propuesto; reedición de la pugnacidad histórica marxismo-capitalismo y/o Norte-Sur y liberación de los llamados lazos de "dependencia"; rescate del valor de la asistencia pública y la repartición de la tierra, en su versión de minifundios, como bases del desarrollo económico y social, derivan, ahora sí, en malas palabras para la comunidad internacional.

B. *El 10 de diciembre de 2001*

En lo interno y por obra del mismo "efecto Bin-Laden" se revierte la convicción presente en los distintos actores de la sociedad venezolana (empresarios, medios de comunicación social, Iglesia, Ong´s, sociedad civil en general] y, asimismo, en los miembros de la oposición partidaria al régimen que sobrevive, en cuanto a que resulta imposible avanzar a contra corriente de la predicada "revolución bolivariana".

El indiscutible y abrumador respaldo popular que recibe Chávez en su elección de diciembre de 1998, representando incluso una vuelta atrás y al caudillismo decimonónico, así lo hace creer.

Además, el respaldo inicial y la discreta postura asumida respecto de éste –y de sus cotidianas provocaciones– por la Casa Blanca y la Secretaría de Estado de los Estados Unidos de Norteamérica, ceden. Y la espasmódica pero latente conciencia nacional acerca de la involución paulatina experimentada por el país en materia de libertades y en cuanto a su afirmada tradición democrática, adquiere, con el "paro nacional" convocado el 10 de diciembre de 2001 por el empresariado, los trabajadores y la sociedad civil en general, una cohesión y corporeidad inéditas para la experiencia democrática conocida (1959-1999).

Aflora hacia la superficie, de modo masivo y contundente, la protesta social tanto a la acción legislativa extraordinaria e inconsulta ejecutada por el Presidente en los días anteriores (con apoyo en la modalidad de Ley Habilitante) como a sus agresiones constantes contra la Iglesia Católica y los medios de comunicación social. Y ese estado de rebeldía colectiva desprendido y de descubrimiento por la misma sociedad civil de su existencial real y su capacidad de reacción autónoma, lo estimula en parte el efecto psicológico global que suscitan los hechos del 11 de septiembre. El poder deja de estar en manos del Estado moderno y regresa, como siempre y en cada momento de ruptura histórica, a manos de su verdadero titular, el pueblo invertebrado. Ha lugar, de suyo y en nuestro caso, a la sinergia entre tales hechos y el despertar en el ámbito interno de fuerzas sociales subterráneas caracterizadas por la anomia. Nadie puede atribuirse, en lo personal, como sector o institución, la paternidad de este fenómeno.

Una investigación que realiza Alfredo Keller (*Análisis del entorno social y político venezolano*) y hace pública en diciembre de 2001, revela como antesala del año 2002 una caída neta de 68 puntos en el agrado popular que concita Chávez (el agrado baja de 68 % en enero a 33 % en diciembre, y el desagrado se incrementa, en el mismo período, de 25% a 58%). Lo que es aún más importante, da cuenta de la crisis "terminal" y de legitimidad sobrevenidas que provocan, prematuramente, sobre el modelo político "bolivariano" de reciente instalación, las acciones de intolerancia e involución autoritaria del Presidente. Tanto que, a pesar del referendo consultivo que aprueba la Constitución de 1999 –con una abstención del 50% del electorado– un 75% de la gente pide otra vez una Asamblea Constituyente, en tanto que la rechaza apenas un 20% de la población.

C. *La crisis dentro de la Asamblea Nacional*

En otro orden, el efecto provocado en el seno de la Asamblea por el "paro nacional" del 10 de diciembre es igualmente sintomático. Aun cuando la emisión por el Presidente de las 49 leyes que dan lugar a este acontecimiento se inscribe en una facultad que la propia Asamblea Nacional confiere al Jefe del Estado y tiene su asidero –mediante un laxa interpretación– en la Constitución de 1999, a la sociedad civil se le revela autoritaria y contraria a los fundamentos de la democracia; todavía más cuanto que, con ello, el propio Presidente hace inviable su manido discurso sobre la democracia participativa y protagónica. Parte de los miembros de la Asamblea, militantes del "chavismo", comparten el mensaje y en rebeldía anuncian estar dispuestos a la reforma de las leyes aprobadas mediante Decreto Ejecutivo por el ocupante de Miraflores.

La reacción presidencial no se hace esperar. Amenazados por Chávez, parte de sus propios parlamentarios hacen valiente causa con una oposición hasta entonces fragmentada en el seno de la Asamblea y que descubre, para sorpresa del país, el peso que puede ejercer dentro de un colegiado la acción concertada y en sintonía con las exigencias reales de la sociedad venezolana. Pero el ala radical del gobierno gana la elección de la nueva directiva parlamentaria, huérfana, eso sí, de la mayoría dócil y aplastante de la que hace gala hasta el pasado reciente. Y la crisis y fragmentación dentro del MVR, partido de la revolución, tampoco esperan. Queda en el ambiente la idea de una eventual intervención o clausura de la Asamblea por el Presidente.

D. *La estampida en el Gobierno y el dilema militar*

La convergencia "militares bolivarianos, civiles de izquierda democrática, y radicales de origen marxista", que dan su textura multipolar al movimiento que hace posible la victoria democrática de Chávez el 6 de diciembre de 1998, pierde para la fecha todo su aliento. Y por obra de la dinámica desprendida avanza, desde el último cuatrimestre de 2001, hacia una fragmentación o estampida riesgosa. Las piezas de este rompecabezas, en una hora de definiciones como la planteada, mal pueden calzar dadas las diferencias conceptuales y de oportunidad que las separan.

Si la crisis de dicha convergencia y su viabilidad son predecibles como hipótesis, luego de la ruptura con el gobierno de los "otros" comandantes golpistas del 4 de febrero de 1992: Arias Cárdenas, Urdaneta, y Acosta Chirinos; y dada la incapacidad e indisposición de la propia V República para recrear una alternativa de oposición funcional que le asegure en su "unidad" interior, esta vez, en enero de 2002, el retiro de Luis Miquilena del Ministerio del Interior y de Justicia, padre indiscutible del "proyecto político" que sustituye –por exigencias de la realidad– al "proyecto original" [personal, de raigambre antidemocrática, y militarista de izquierda] de Chávez", se muestra como tesis irrebatible. Ello ocurre apenas derrotada el ala moderada o "light" del chavismo –afecta a este dirigente– durante la elección citada de las autoridades parlamentarias, y ha lugar a la igual renuncia posterior del Embajador en Washington, Ignacio Arcaya, pieza de aquél dentro del gobierno.

La designación subsiguiente de Diosdado Cabello, ex teniente de las Fuerzas Armadas y participante en el golpe de Estado del 4 de febrero, como Vicepresidente Ejecutivo de la República (El Universal, 14-1-02), no deja lugar para las dudas en cuanto a lo dicho. Dice sobre el camino de autoritarismo militar e intolerancia revolucionaria concebido originariamente por el MBR-200 y sus aliados de la extrema izquierda subversiva, y que ahora transita Chávez obligado por las circunstancias complejas y adversas sobrevenidas y detalladas con antelación. La separación de Adina

Bastidas de la Vicepresidencia, quien es miembro del sector garibaldino y manifiesta militante del ala radical marxista presente en el Gobierno y su sustitución por el hasta ahora Ministro de la Secretaría de la Presidencia, no sugiere la mengua o reducción del poder de este sector en el centro de influencia del régimen, pues al fin y al cabo su conductor y quien recomienda a la señora Bastidas para dicho destino es el Ministro de Planificación, Jorge Giordani, quien se mantiene al lado del Presidente.

Pero el ascenso de Cabello indica lo ya dicho. La crisis interior del gobierno y la fuerte conflictividad social que se anuncia para lo inmediato, le exige a Chávez resolver, como prioridad, el problema de su control todavía deficiente sobre la FF.AA. Cabello, no se olvide, hace parte del grupo de militares que participan en la asonada del 4F y hasta el momento es un "subalterno leal".

¡Y es que la pugna subalterna entre los disimiles actores llamados a ocupar los puestos de comando en el Gobierno de la "revolución" y característica del período 1999-2001 llega a su final, a pesar de verse encubierta y atenuada tal pugna por el papel dominante que juega la personalidad carismática de Chávez!

Reunificadas transitoriamente (¿?) por impulso de las elecciones del 6 de diciembre de 1998 y el carácter democrático –aun cuando discutido– del subsiguiente proceso constituyente, lo cierto es que los militares viven en ascuas. Coexisten forzadamente varios centenares de oficiales y sub oficiales profesionales quienes, con sus causas perdonadas por el propio presidente Carlos Andrés Pérez antes y por sus sucesores después, se alzan junto a Chávez el 4F, y quienes lo confrontan por su afrenta a la democracia y las instituciones fraguadas bajo el molde constitucional de 1961. Se trata, a pesar de su tradicional disciplina, de una convivencia complicada, pero aún más compleja dada la metástasis política provocada por el mismo Presidente de la República y Comandante en Jefe dentro de su seno.

Los síntomas de la ebullición castrense se acumulan sin solución de continuidad.

Como cabe recordarlo, el General en Jefe (Ejército) de la FF.AA., Lucas Rincón, expresa su apoyo a los Estados Unidos de América con motivo de la incursión en Afganistán –en línea diferente a la dada por el presidente Chávez– y no tanto por iniciativa propia sino por imposición de sus compañeros de armas; lo que hace evidente el propósito del sector castrense de no dejarse ganar espacios por los "talibanes" del régimen: los de la izquierda irredenta movidos por convicciones y los ex compañeros de armas del mandatario, tocados por la obsecuencia. Tal situación de beligerancia, presente y latente en el seno militar, adquiere énfasis posterior con la remoción del Comandante General del Ejército, General Víctor Cruz Weffer, hombre de confianza de Chávez y que ocurre en diciembre de 2001, al ser acusado públicamente de hechos graves de corrupción" que se extienden a su compañero, Jefe del Estado Mayor, General Melvin López Hidalgo.

Entre tanto, designado como su sucesor el General Efraín Vásquez Velasco, hacia marzo de 2002 afirma públicamente –mostrando cómo la procesión va por dentro– que "no somos [los militares] tontos útiles, no somos instrumentos del poder civil para dar golpes. No estamos llamados a resolverle los problemas a los civiles", concluye. Pero a la sazón circula un comunicado atribuido a oficiales, en el que la milicia cuestiona directamente al Presidente por los indicios claros de "cubanización" del país y el talante autocrático de su conducta como gobernante.

En suma, de darse la confrontación planteada entre el Estado gendarme que auspicia el chavismo radical dominante dentro de la escena del Gobierno por una parte, y por la otra, la sociedad civil que despierta de su letargo el 10 de diciembre anterior; y, además, si tal confrontación toma la calle en medio de una violencia predecible e incontrolable, Cabello, como ex miembro de la milicia, es el garante de los intereses de su sector en el Gobierno: el MBR-200 originario. Pero es, asimismo y como lo cree Chávez, un conveniente puente con aquellos de sus compañeros quienes permanecen activos y leales a la "revolución" en caso de ser necesario utilizarlos para la defensa del régimen y en contra de sus opositores, entre estos los otros miembros "institucionalistas" de la Fuerza

Armada; ya que los últimos, según lo sugiere el comunicado citado supra, pueden verse obligados a hacer uso de su capacidad bélica para sostener y hacer valer la estabilidad de la democracia.

Es este y no otro, en fin, el contexto previo al 11 de abril.

II. MEDIA LA IGLESIA CATÓLICA

No obstante lo anterior o por obra de lo anterior se hace presente dentro del ambiente de ebullición nacional la acción facilitadora y de reconciliación de la Iglesia Católica, representada por el rector de la Universidad Católica Andrés Bello, el sacerdote jesuita Luis Ugalde. Procura, con urgencia, iniciativas de largo aliento que fuera del marco de la señalada conflictividad presente buscan hacer posible un acuerdo para la superación del tema más agobiante, cauterizar la pobreza en el término de una década. El diálogo corre por los pasillos del sector empresarial y laboral –encabezados por Pedro Carmona Estanga y Carlos Ortega, respectivamente– y en el mismo ambiente parlamentario. Hasta el ministro del interior, Capitán de Navío Ramón Rodríguez Chacín, es conversado al respecto.

Surge, así, el llamado documento "Bases para un Acuerdo Democrático" que el gobierno ataca por considerarlo inspirado en el "puntofijismo", pero es firmado el 6 de marzo de 2002 por el resto de los actores nacionales en la Quinta La Esmeralda, sita en Caracas. Y al mismo se incorporan los medios de comunicación social, en especial el Canal 33, Globovisión.

El hecho es asumido por la opinión y el mismo Gobierno como una declaratoria de guerra al presidente Chávez, lo que es extraño al contenido exacto de la propuesta en cuestión. Para la oposición de calle, que a falta de los partidos y dado su deterioro hacen de la radio y de la televisión sus medios de expresión política, tal documento representa un programa de gobierno para cuando Chávez se encuentre fuera del poder; en tanto que para éste y sus aliados es un amago golpista y sólo eso.

Lo que viene es grueso, dados los antecedentes anotados.

El gobierno tensa la cuerda, a cuyo efecto designa a Gastón Parra Luzardo, ficha política de la revolución, como cabeza de la emblemática industria petrolera venezolana (PDVSA), símbolo de la estabilidad nacional y además emblema del Mito de El Dorado, que subyace en la conciencia de todo venezolano desde temprana edad; lo cual da origen a un paro inédito de actividades por parte de la gerencia o nómina mayor y ejecutiva, llamada "meritocrática". Se denuncia la "politización" inaceptable de la industria y el presidente, silbato en mano y por televisión, el día 7 de abril, destituye uno a uno a los gerentes insubordinados. Su discurso, como es de esperarse, manifiesta desprecio profundo por la calidad profesional y el mérito indiscutible de los trabajadores petroleros, a cuyo efecto el propio Chávez acuña no estar dispuesto a continuar con una industria que se considera un Estado dentro del Estado.

En lo sucesivo, sus dineros los pone al servicio de su causa política interna y sobre todo exterior, conforme se lo propone desde 1998 a la luz del acuerdo que pacta –mediando Fidel Castro– con dirigentes libios e iraquíes quienes lo apoyan como candidato y les interesa confrontar a los Estados Unidas.

III. LA MASACRE DE MIRAFLORES Y EL GOLPE DE MI- CRÓFONOS

La CTV, a la sazón, convoca un paro general indefinido a partir del día 9 de abril, para lo que cuenta con el respaldo de FEDE- CAMARAS en retribución al apoyó que aquélla le brinda a ésta durante la huelga del 10 de diciembre último. Luego, el día 11, las instituciones abanderadas del paro y toda la oposición llaman al pueblo para que marche desde el Parque del Este hasta el edificio de PDVSA, situado en la Urbanización Chuao de Caracas. Y así ocurre. La zona se llena de gente y a medida que llegan los marchantes no bastan las áreas aledañas y la multitud drena como río sin madre por las autopistas vecinas. Jamás Venezuela ve tanta multitud reunida. Son cientos de miles de todos los estratos sociales y la concentración alcanza al millón de almas.

El gobierno, a todas éstas, desde el día anterior y a buen seguro desde meses atrás –dados los antecedentes reseñados– se prepara para la hora nona. Sabe del malestar en la FF.AA. Hacia el 4 de febrero circula dentro de los cuarteles el manifiesto ya mencionado –"Fuerza Armada Nacional, por su Dignidad e Integridad"– y al que adhieren centenares de oficiales y suboficiales escandalizados por el obsequio de un fusil a Castro por Chávez y por los devaneos belicistas de éste en yunta con la izquierda internacional:

"La Fuerza Armada Nacional no es parte de su proyecto político. Los militares no tenemos porqué adherirnos a ninguna idea revolucionaria ajena a nuestros ideales de pueblo libre y soberano. La FAN no es un feudo del mandatario de turno; es una institución de la nación...Usted [señor Presidente] destaca como figura y guía de su (*sic*) revolución bolivariana, y solo Usted, aparentemente, conoce las razones ocultas de este incierto proyecto; usted nos arrastra a ella, pero no habla con la verdad. ¿Acaso los venezolanos no tenemos derecho a conocer si su proyecto de revolución es o no es más fidelista que bolivariana? ...Los militares conocemos...las diferencias existentes entre la libertad y la opresión, y también sabemos cuál es nuestro deber ante la iniquidad y el atropello que puedan sufrir nuestros compatriotas, como consecuencia de los autoritarios actos de sus gobernantes...", reza el documento en cuestión (El Nacional, 13-1-02).

Unos generales en actividad piensan, ante la urgencia, hacer reflexionar al Primer Mandatario. Imaginan darle un ultimátum para que corrija de rumbo, en tanto que otros en disponibilidad, molestos en sus casas y quienes pierden la confianza del gobernante, no reparan sino en el ajuste de las cuentas. Todos a uno, sin embargo, no tienen clara y a mano la oportunidad, que les llega a ambos grupos de sopetón, sin estar preparados y concordes, el trágico 11 de abril de 2002.

La visión dominante en el Presidente es la de resistir, por su mismo desiderátum: se trata de una lucha –según él– contra el imperialismo yanqui. De modo que, desde las primeras horas de la mañana, quien más tarde es electo Alcalde Mayor de Caracas, el diputado Juan Barreto, antes que ayudar o sugerirle al gobierno proveer a las medidas de sostenimiento del orden público necesarias y disuasivas, arenga a los Círculos Bolivarianos –militantes oficialistas de calle, formados como tales en la Embajada de Libia en Caracas– y a los sectores afectos al Presidente para que salgan y defiendan con su presencia el Palacio de Miraflores. Las emisoras al servicio del Estado cumplen el cometido. José Vicente Rangel, ministro de la defensa, hace otro tanto y hasta se cierra a la recomendación de diálogo que le plantea desde Madrid su antecesor en el cargo, general de División Raúl Salazar Rodríguez, quien intuye lo peor.

La mesa de la "guerra entre civiles" la sirve el propio Presidente, quien posterga su primer deber constitucional como Jefe de Estado y de Gobierno: "Cumplir y hacer cumplir esta Constitución y la ley" (artículo 236,1 de la Constitución).

Desde Chuao, el Alcalde Alfredo Peña y los funcionarios de la Policía Metropolitana protegen la concentración de los opositores y prodigan esfuerzos para contenerla en el sitio e impedir su desplazamiento, pero les es materialmente imposible. La gente quiere marchar hacia Miraflores y pedirle a Chávez que se vaya. Y algunos líderes de la oposición, como el ex gobernador Andrés Velásquez, la animan: ¡Ni un paso atrás! es la consigna.

No obstante lo anterior, ambas bandas de la autopista del este hacia el centro de la ciudad se nutren de caminantes quienes son presa de cantos de alegría y el batir de los banderines. Es un movimiento de civismo incontenible, irreconocible, dada la misma circunstancia de pugnacidad nacional; pero ello es así hasta cuando, desplazándose ya la multitud hacia la avenida Baralt y la Plaza O'leary –sitio de reunión habitual del pueblo a inicios de la República de partidos– topa con los disparos que provienen desde Puente Llaguno. El sitio lo ocupan los militantes revolucionarios, armas en mano como lo registran las cámaras de televisión. Y la sangre corre y una veintena de muertos y más de un centenar de heridos de bala quedan a la vera del camino. Es el saldo de la emboscada, en la que se escuchan también las armas de la Guardia Nacional, inhibiendo la acción protectora de la Policía Metropolitana, que viene cuidando de la manifestación opositora.

El presidente Chávez, desde su sede en Miraflores le habla al país y dice acerca de la normalidad de la situación, y anuncia el fracaso de la protesta opositora. Pero las plantas de Tv deciden dividir sus pantallas y le muestran al país otra realidad: la masacre en curso de los marchantes, dado lo cual la respuesta gubernamental no se hace esperar. Son tumbadas por funcionarios al servicio del Estado las señales de transmisión de los medios privados de televisión, quedando hecho añicos las previsiones constitucionales sobre libertad de expresión e información veraz y oportuna.

Horas más tarde, conmovida la nación y reinando la confusión general, no todos los actores oficiales deciden jugársela al lado de Chávez. En una sucesión de actos de desobediencia y de pronunciamientos desarmados televisados –"golpes de micrófonos"– sobreviene el desacato de los militares a quienes el propio mandatario les exige implementar el Plan Ávila, en suma, la utilización de las armas de guerra para contener y reprimir la manifestación opositora, en abierta contradicción con las normas constitucionales (artículos 19, 23, 25 y 332) y las normas internacionales sobre derechos humanos.

Se producen en cascada declaraciones individuales y renuncias públicas de distintos altos oficiales de la Fuerza Armada. ¿Esperados por el mismo gobierno? ¿Fríamente preparados por los líderes castrenses molestos con régimen? ¿Estimulados por Chávez para dejar al descubierto las deslealtades que bullen en el seno de sus compañeros de armas? Todo cabe, tanto como la hipótesis de que es imprevisible para algunos sectores de la oposición el desenlace fatal de la jornada y de la tesis que indica, verazmente, que el Jefe del Estado, sabiendo y conociendo con anterioridad de la circunstancia y acontecimientos en evolución, omite dictar las medidas que le ordena la democracia y el Estado de Derecho. Prefiere y opta por la confrontación, como un lugarteniente más dentro de una refriega popular y al margen de la Constitución y la ley.

El general Luis Alberto Camacho Kairuz, viceministro del Interior, ocurridos los hechos es quien abre la espita ante las cámaras: "Le he sido leal hasta hoy Presidente, pero no puedo avalar estos crímenes". Los periodistas, a su vez, dan cuenta de un foco militar muy organizado y supuestamente preparado desde antes del trágico desenlace, que no alcanza a transmitir su mensaje de desobediencia, preparado con antelación y dada la huelga petrolera en curso. Abandonan su "concha" conspirativa una vez como son descubiertos por la Inteligencia Militar.

No cabe duda en cuanto a que, de lado y lado, cada actor político y cada aspirante de circunstancia –ora en el Gobierno, ora en la oposición– hace sus apuestas en el devenir del diabólico juego de neto corte castrense. De allí que las reuniones "conspirativas" civiles y de cafetín –suerte de deporte nacional– están a la orden del día, desde antes de la Masacre de Miraflores.

IV. RENUNCIA DE CHÁVEZ, "LA CUAL ACEPTÓ" Y LA OMISIÓN DEL TSJ

Chávez, a la sazón y en diálogo con los miembros de su Alto Mando Militar, encabezados por el general en jefe Lucas Rincón, presentes los generales Manuel Rosendo, Francisco Usón (Ministro de Hacienda) y Jorge Luis García Carneiro, luego de que el vicealmirante Bernabé Carrero, Rosendo y Usón le presentan sus renuncias, decide a la vez renunciar y en sana paz. Irse al extranjero con su familia. Fidel lo llama sugiriéndole no inmolarse, a cuyo efecto le ofrece La Habana como destino transitorio y para la preparación de la reconquista del poder.

La alternativa del viaje se la garantizan los emisarios de los oficiales disidentes –generales Rafael Damiani Bustillos, Camacho Cairuz y Barráez Herrera– ya congregados en Fuerte Tiuna. A ella se opone ardorosamente José Vicente Rangel, ministro de la defensa, quien pide luchar hasta los límites e inmolarse. Los tanques de los Batallones Ayala y Bolívar, entre tanto, resguardan las cercanías de la casona de Misia Jacinta.

Lucas Rincón, actual embajador en Portugal y antiguo Secretario del Presidente Chávez, acompañado de los comandantes de Fuerzas -excepción hecha del Comandante del Ejército, general de división Efraín Vásquez Velasco, quien decide sumarse a la desobediencia- se dirige al país en cadena de radio y televisión y en tránsito hacia el día 12 siguiente para dar cuenta de la novedad palaciega: "Se le solicitó al señor Presidente de la República la renuncia de su cargo, la cual aceptó", son sus palabras precisas.

A partir de entonces Chávez endosa su uniforme de camuflaje como Teniente Coronel y en compañía del general Ismael Hurtado Sucre, su ministro, y del general Rosendo, y del Jefe de la Casa Militar, general Vietri Vietri, cambia la idea de dirigirse a la estación televisora Televen, desde donde piensa renunciar ante el país y, tras haber solicitado la presencia de monseñor Baltazar Porras, Presidente de la Conferencia Episcopal Venezolana y Arzobispo de Mérida, decide, en cambio, trasladarse a Fuerte Tiuna. Busca negociar con los oficiales "insurrectos" sobre su destino y el de sus allegados: el citado viaje al exterior. Pero el diálogo entre compañeros de armas, que ya cuenta con la presencia de monseñor Porras y del Secretario de la Conferencia Episcopal, Monseñor José Luis Azuaje, se torna agrio y al final priva, por encima de la voz del Comandante del Ejército, la exigencia del vicealmirante Ramírez Pérez, seguido por los generales más radicales presentes y sin mando: Enrique Medina Gómez, Néstor González González, Rommel Fuenmayor y Henry Lugo Peña, quienes arguyen que la "sociedad civil" reclama que el mandatario sea juzgado como responsable de los crímenes ocurridos el día 11. Chávez, así las cosas, desiste de formalizar su renuncia y se entrega en manos de sus ahora carceleros.

Pedro Carmona Estanga, cabeza del empresariado, es llamado por los altos oficiales reunidos en Fuerte Tiuna para que conduzca la transición. Toman en cuenta la serena opinión del Cardenal Arzobispo de Caracas, Monseñor Ignacio Velasco, quien considera a Carmona el personaje más equilibrado y de mayor prestigio, quien puede ayudar al país a sortear su grave crisis institucional.

Entre tanto Chávez es enviado, en primer término, a la Base Naval de Turiamo y luego al Apostadero Naval de la isla La Orchila. Luego, en horas de la tarde del día 13 se traslada hasta allí su compañero de la Academia Militar, el abogado y coronel Julio Rodríguez Salas y con éste, en la soledad del sitio en donde se encuentra –al que también viaja el Cardenal Velasco y ante quien el mandatario pide perdón por sus errores– hace un ejercicio manuscrito de renuncia a su condición presidencial y a la par depone a su vicepresidente, Diosdado Cabello. El documento, empero, queda como papel para la curiosidad de los historiadores y es publicado por el diario *El Nacional* al apenas voltearse el curso de los acontecimientos.

La crisis militar sobrepuesta a la protesta ciudadana y eyectada por la masacre del 11 de abril no tiene, sin embargo, destino. Una razón elemental, que desborda la circunstancia de Carmona Estanga, escogido a última hora y sobre la marcha para dirigir una transición cuyo propósito –anunciado ante los venezolanos– es convocar a elecciones generales para una relegitimación de los poderes públicos, se impone. A falta del presidente Chávez y de su vicepresidente –si acaso caben los argumentos de quienes sostienen el llamado "vacío de poder"– el Tribunal Supremo de Justicia, conducido por el magistrado Iván Rincón, quien tiene el deber de proveer constitucionalmente sobre la omisión o ausencia de los titulares del Poder Ejecutivo y de resolverla con su decisión junto a sus pares (artículos 335 y 336,9 constitucionales), prefiere colocarse de lado. Pone su cargo a la orden del gobierno provisional de facto y en formación.

De modo que, el destino de todo queda en manos de los hechos y no del Derecho, y los hechos tienen tesitura y neta factura militar. Para nada cuentan los civiles y sus muertos, menos los líderes de una oposición para entonces hecha rompecabezas, con partidos transformados en franquicias.

Ocurre luego lo inaudito. Los generales con mando cierto en la coyuntura, como Vásquez Velasco, cabeza del Ejército, no hacen valer su peso –son presa de las debilidades y de la insidia que estimulan los oficiales leales a Chávez allí presentes– y el espacio lo ocupan, aceleradamente, los generales con soles pero sin soldados a quienes mandar. En otras palabras, los integrantes de la logia conducida por el vicealmirante Ramírez Pérez deciden por su cuenta hacer a su vez igual presa del mismo Presidente de facto en cierne.

En sus breves horas como inquilino del Palacio de Miraflores, rodeado de marinos sin fusiles –su secretario, su jefe de la casa militar, y el ministro de la defensa prevenido– y por coherente con su conocido espíritu de hombre conciliador, Carmona Estanga abre diálogo con todos los sectores del país como si estuviese al mando de una república suiza, en condiciones de normalidad institucional. Se conduce extraño a la lógica diabólica del poder real dominante cuando toma las riendas de la política; poder que reside –aun dividido y en caos– en Fuerte Tiuna y en ninguna otra parte más.

Comprendiendo tardíamente la circunstancia, hace lo necesario para identificar al líder militar quien, como eventual titular de la cartera de la Defensa y bajo su autoridad, puede someter a los grupos castrenses en pugna: el general Navarro Chacón, Contralor General de la Fuerza Armada y el más antiguo de todos. Pero es tarde, para bien y para mal de la Republica.

Al mal sabor que deja en la opinión el decreto que disuelve los poderes públicos, erróneamente y de mala fe atribuido en su redacción al afamado jurista y ex constituyente Allan Brewer-Carías y que le sirve a Carmona para asumir el mando mediante acto propio y evidentemente extraño a un orden constitucional que cede en plenitud, queda en evidencia que no cuenta con el respaldo de las armas de la República. ¡Y es que los militares aún no resuelven sobre lo que les importa, sus cuotas de poder, y Carmona tampoco se las asegura! El gobierno provisional, sin haber nacido ni dictado providencia alguna, encuentra al rompe y por lo demás sus detractores en la calle, los editores Rafael Poleo y Teodoro Petkoff.

V. DE VUELTA AL PALACIO, POR ORDEN DE LOS MILITARES

Así que, a pocas horas del "golpe de micrófonos" habido en Venezuela: que eso es en esencia el desenlace del 11 de abril, mediando un choque de ambiciones netamente "cuartelarias" unos protestan el decreto de Carmona que redacta la logia militar que lo secuestra, otros arguyen que Chávez nunca renuncia. Y al final de las cuentas, los militares animados por algunos opositores quienes deshojan la margarita, deciden devolverle a Chávez la silla presidencial. Luego llega, pero más luego y como siempre, la narrativa épica y de ocasión que elabora todo vencedor a su conveniencia, afirmando que es el pueblo soberano e insurgente quien rescata y salva a su líder del ostracismo.

A partir del sábado 13, en horas de la tarde, hecho preso Pedro Carmona, los Círculos Bolivarianos conducidos por el Alcalde de Caracas, Freddy Bernal y el ex jefe de la policía política, Eliécer Otaiza, emprenden acciones de violencia indiscriminada junto a activistas del G2 cubano sobre los comercios de la ciudad y las estaciones televisoras, en particular contra Radio Caracas Televisión y Globovisión. Los saqueos otra vez se hacen presentes el 14 de abril, una vez como se hace efectivo el retorno de Chávez al poder y como prenda de guerra que le ofrecen sus seguidores

Chávez, pues, vuelve al mando, que recibe de manos de su vicepresidente, Diosdado Cabello. Éste, desaparecido hasta entonces y de vuelta a palacio a bordo de una ambulancia, asume la Presidencia por falta del primero y es irregularmente juramentado – pues suple al Jefe del Estado en su ausencia sin fórmulas constitucionales– por el Presidente de la Asamblea Nacional, William Lara. El acto cuenta con la presencia de los jefes de los demás poderes públicos quienes se encuentran igualmente "enconchados" y reaparecen a la caída de Carmona. Allí están el Fiscal General de la República y ex vicepresidente, Isaías Rodríguez, quien es protestado horas antes por un centenar de sus fiscales subalternos, y el mismo Defensor del Pueblo, Germán Mundaraín, quien nada dice sobre los muertos de la masacre y levanta eufórico sus manos para vitorear al jefe de la Revolución.

Crucifijo en mano Chávez le pide al país perdón por sus faltas, ofrece rectificar en lo que haya que rectificar, y llama al diálogo. Es este el año de batallas y de victorias que él mismo califica de tal y al que, desde antes de la Masacre de Miraflores, presenta como "el año de profundización y consolidación de la revolución bolivariana". Mas el diálogo, que conduce en lo sucesivo José Vicente Rangel, ahora vicepresidente en sustitución de Diosdado Cabello, quien ya no es útil, tiene como interlocutores sólo a los escogidos por el gobierno. Ninguno es actor o espectador de los sucesos del 11 de abril. El gobierno, pues, no cede en su parcialidad intransigente.

VI. CARTER Y GAVIRIA, BUENOS OFICIANTES

Por invitación del mismo Rangel, con propósitos de observación y eventual mediación, el Centro Carter realiza una gira a Venezuela luego de que el mismo gobierno manifiesta su rechazo a una igual iniciativa por parte de la OEA y su Secretario General, César Gaviria. El ex presidente norteamericano y sus colaboradores, al partir, dan cuenta sobre la realidad de un país extremadamente polarizado, al borde de un desenlace violento y cuya oposición, según éstos, se encuentra negada al diálogo con el régimen.

La oposición, en verdad, recibe con cautela a los visitantes del Centro Carter, prevenida como está de la igual visita que realizan éstos a La Habana, en días anteriores y por requerimiento del gobernante cubano. Sin embargo, aquélla le hace saber a los emisarios de dicho Centro de la falsedad que anima la convocatoria a diálogo formulada por el presidente venezolano; para lo que alegan un dato objetivo: el gobierno no incorpora a la mesas de diálogo a los sectores institucionales de la oposición y las individualidades que participan al inicio, en particular directivos de los medios de comunicación, optan por retirarse durante su desarrollo.

El Centro Carter, vistas las circunstancias, convence al presidente Chávez, su anfitrión, acerca de la necesidad de una acción cooperativa concertada con la OEA y con el Programa de las Naciones Unidas para el Desarrollo (PNUD), pues la gravedad de la situación venezolana, según se lo hacen saber, desborda. La crisis constitucional y su solución pasa a manos de la comunidad internacional.

En otro orden, la respuesta a los dichos y argumentos del emisario diplomático del chavismo, Roy Chaderton Matos, quien acusa a la oposición civil y democrática de golpista, no se hacen esperar y la oposición, en distintos comunicados y declaraciones a la prensa, le recuerda a éste que es golpe de Estado –concertado y armado– el que ejecuta Chávez Frías contra Carlos Andrés Pérez el 4 de febrero de 1992. Y que si bien el empresario Carmona, a quien la Fuerza Armada le encomienda guiar al país –dado el vacío de poder en cuestión– durante los días necesarios para el restablecimiento de la institucionalidad y la convocatoria inmediata de unas elecciones generales, ordena el cierre de los poderes públicos constituidos, es notorio que a las pocas horas reforma su decreto por exigencia de la misma Fuerza Armada y minutos después presenta su renuncia formal y pública al interinato presidencial.

La oposición no se ahorra palabras para recordarle a Chaderton –añejo Embajador de los gobiernos de la democracia– que los militares del 11 de abril desobedecen al Presidente cumpliendo el mandato del artículo 350 de la Constitución, que les impone "desconocer cualquier régimen, legislación o autoridad que contraríe los valores, principios y garantías democráticos o menoscabe los derechos humanos". E insiste que es Chávez quien, en 1999, amenaza públicamente con clausurar el Congreso de la República sino le autoriza una constituyente, olvidando que la representación popular plural residente en aquél es electa por el mismo pueblo y en la misma jornada constitucional en la que resulta electo el primero para la Jefatura del Estado.

En sus declaraciones y comunicados de referencia ajusta la oposición que es el mismo Chávez, durante la madrugada del 14 de abril y luego de regresar al Palacio de Miraflores, quien sostiene ante el país y los corresponsales extranjeros que el 11 de abril él se traslada desde el Palacio hasta Fuerte Tiuna por sus propios medios, sin que nadie lo obligue, y que, detenido como es durante los dos días siguientes, lo tratan con amistad, afecto y solidaridad los miembros de la Fuerza Armada que le custodian. De modo que el intento de magnicidio que luego arguyen sus seguidores es parte de las fantasías habituales del Presidente o el hábil recurso a la falacia, común en los populistas, quienes aumentan su apuesta cuando la circunstancia política no les ayuda.

VII. LAS VÍCTIMAS DE ABRIL Y LA COMISIÓN INTER-AMERICANA

Los representantes de las víctimas del 11 de abril denuncian, seguidamente, ante la Comisión Interamericana de Derechos Humanos, ser iguales víctimas de atentados e intimidaciones de origen gubernamental y, adicionalmente, accionan contra el presidente Chávez por los mencionados crímenes ante la Audiencia Nacional de España; jurisdicción ésta que conoce de otra causa contra el Presidente, que reposa en manos del Juez Garzón, por el manejo irregular de los recursos financieros que le suministra el Grupo Bilbao-Vizcaya durante la campaña electoral de 1998.

Chávez y su Vicepresidente, José Vicente Rangel, ahora esgrimen, como parte de la diatriba planteada y con apoyo en unas grabaciones realizadas por un ex periodista de CNN, que los Generales y Almirantes del 11 abril preparan su golpe antes de la masacre; lo cual, según el dicho gubernamental, libera de toda responsabilidad a Chávez por las denuncias que le preparan como autor de "crímenes de lesa humanidad".

Quedan para la memoria, en todo caso, los avances y retrocesos tácticos provocados por el mismo Chávez en su intento por diluir las denuncias referidas y que se agregan a las otras 36 causas judiciales que obran en su contra ante el Tribunal Supremo de Justicia. Ante la evidencia registrada por la televisión y que da cuenta del momento en que los pistoleros de Puente Llaguno (miembros de los Círculos Bolivarianos y funcionarios al servicio del Alcalde chavista Freddy Bernal) ejecutan su acción criminal –a pocos metros del Palacio de Miraflores– sobre los marchantes de la oposición, aquél declara ante el país que los imputados han actuado en legítima defensa. Luego, el Vicepresidente Rangel intenta inculpar a miembros de la Policía Metropolitana que dirige el antichavista Alcalde Mayor de Caracas, Alfredo Peña, como responsables de algunas de las muertes ocurridas el día 11.

Lo cierto es que, en medio de tales avances y retrocesos argumentales, el General de División (GN) Rafael Damiani Bustillos denuncia por televisión y ante el país, con 24 horas de anticipación a los sucesos del 11 de abril, la acción de represalia que prepara el Gobierno contra la marcha de la oposición. A la vez, el Embajador de Venezuela en España, General de División (Ej.) y ex Ministro de la Defensa del chavismo, Raúl Salazar, dimite a su cargo diplomático una vez como sabe de la ejecución de los crímenes de Miraflores y por haber conocido, en las horas previas, la disposición de los miembros del Gobierno, entre éstos el Vicepresidente, de impedir, al costo que fuese, el avance de la marcha opositora hacia las cercanías del Palacio.

Sobre la marcha de los acontecimientos, pues, la Comisión Interamericana de Derechos Humanos hace presencia en Venezuela, y concluye su misión de observación hacia mediados de mayo.

Luego de su visita a Venezuela, prevista desde 1999 pero realizada bajo la presión de los sucesos de abril, la Comisión Interamericana deja sus observaciones y recomendaciones preliminares. Estas se refieren, como lo exige toda investigación *in loco*, a la situación general en que se encuentran la garantía y el respeto a los derechos humanos y, de suyo, el funcionamiento de la democracia y la vigencia del Estado de Derecho en nuestro país.

Las recomendaciones, como es natural, están dirigidas al Estado. A él le corresponde asegurar el clima y las condiciones para que la dignidad humana y su reconocimiento sirvan de valor superior al orden jurídico, y como razón y límite del poder público. Pero, en este caso, lo que es inédito en la experiencia del Sistema Interamericano, tales observaciones y recomendaciones sobre la crítica realidad venezolana las transforma la CIDH en una directa invitación "a las distintas expresiones de la sociedad civil" para que las analicen de manera constructiva.

Este llamado a la atención de los venezolanos no es ocioso. La Comisión lo considera indispensable al juzgar que, si bien la interrupción del orden constitucional acaecida luego de la Masacre de Miraflores es grave y puede configurar unos de los supuestos de violación de la Carta Democrática Interamericana, tan desgraciados hechos no se suceden en el vacío o por un accidente: hacen relación directa con el evidente debilitamiento de nuestra experiencia democrática y el relajamiento de sus instituciones. En otras palabras, el riesgo de circunstancias mucho peores queda latente y preocupan a la Comisión, de no asumirse como tarea, de todos, el diálogo y el fortalecimiento del Estado de Derecho.

En criterio de la Comisión, la crisis venezolana parte de un pecado original: una Constitución que en su ámbito dogmático postula innovaciones en el ámbito de los derechos humanos, pero cuya expresión orgánica "no prevé, [para] supuestos importantes, mecanismos de pesos y contrapesos como forma de controlar el ejercicio del poder público y garantizar la vigencia de los derechos humanos". Y, por si fuese poco, como lo advierte crudamente la misma CIDH, "la transitoriedad... incluyó directrices de contenido legislativo que escapan a la naturaleza del régimen transitorio". En otras palabras, la Asamblea Nacional Constituyente ha actuado de manera dictatorial, invadiendo esferas que son propias de los poderes constituidos y creados por la Constitución que aprueba el pueblo mediante referéndum.

Luego de apreciar los comentarios del Presidente Chávez acerca de la existencia de una nueva República, que incluso modifica su nombre para significar el cambio político sustantivo y profundo que toca a la sociedad venezolana, la Comisión no evita prevenir en su informe acerca de asuntos concretos que "pueden dificultar la vigencia efectiva del Estado de Derecho" en Venezuela. Y recuerda, a manera de emblema, la existencia de un Poder Ciudadano cuya novedad queda opacada por la manera en que se designan a sus titulares y según una Ley Especial para la Ratificación y Designación de éstos que violenta en su momento el mandato constitucional de la participación.

Observan los Comisionados de la OEA, por lo mismo, no solo una falta de vigencia plena de la Constitución en Venezuela, sino que, aprecian de inadmisibles y nada consistentes con la idea del Estado de Derecho la existencia de diversos textos oficiales de la Carta Magna; amén de otro elemento que se les revela aún más grave, por estructural para la vigencia del Estado de Derecho: "Las principales facultades legislativas fueron derivadas bajo un régimen habilitante al Poder Ejecutivo sin límites...". Y expresan su preocupación por tal "falta de independencia y de autonomía [de los demás Poderes] respecto al Poder Ejecutivo, pues indicarían que el equilibrio de poderes y la posibilidad de controlar los abusos de poder ...estaría seriamente debilitado".

Así las cosas, la CIDH lleva a la reflexión, tanto del Estado como de la sociedad civil venezolanos, lo que es preceptivo dentro de la Carta Democrática Interamericana: "La principal fuente de legitimación democrática es la otorgada por la voluntad popular... [pero], las elecciones por sí mismas no constituyen elementos suficientes para asegurar una plena vigencia de la democracia".

La democracia, lo reitera la Comisión en su Informe y a la luz de la Carta Democrática, exige para ser tal y para que su régimen de Gobierno sea considerado como tal, además de elecciones, entre otros elementos y componentes, los siguientes: respeto a los derechos humanos; acceso al poder con sujeción al Estado de Derecho; régimen plural de partidos; separación e independencia de los poderes públicos; transparencia, probidad y responsabilidad del Gobierno; respeto por los derechos sociales; libertad de expresión y de prensa; subordinación de las instituciones del Estado al poder civil".

En suma, la ruptura institucional que se sucede el 12 de abril en Venezuela vulnera un mandato de la Carta Democrática según el Informe de la CIDH; pero, para ésta, la existencia y el prestigio de la democracia en el país no queda bien parada y deja mucho que desear.

El informe en cuestión, entre otros muchos asuntos a los que se refiere, destaca otros factores que ponen en entredicho la vigencia de la democracia y el Estado de Derecho bajo el mandato del presidente Chávez, a saber, la deliberancia política de la Fuerza Armada, promovida por el mismo Jefe del Estado y autorizada por la Constitución, pero que es abiertamente violatoria de la Carta Democrática Interamericana; la realización que se hace de un referéndum popular, a instancias del propio Gobierno, para obligar la realización de elecciones sindicales, y la intervención en éstas del Estado y de su Poder Electoral, en contravención, todo ello, del derecho a la libertad sindical y de los tratados internacionales que la protegen; finalmente, la existencia de los Círculos Bolivarianos, que al derivar en grupos de apoyo al Gobierno, patrocinados y financiados por el mismo, marcan un trato privilegiado en favor de un sector y en detrimento del deber del Estado de "garantizar el ejercicio efectivo de los derechos [de participación] de todos los venezolanos".

La CIDH, en fin, invita a los venezolanos a una seria tarea de reflexión sobre la grave crisis que aqueja a su democracia y al Estado de Derecho, y al prevenir a los órganos del Estado sobre sus responsabilidades ineludibles al respecto, no deja de apuntar hacia dos circunstancias que, en lo inmediato, pueden trastornar la paz social de no ser atendidas con urgencia: Una, la relativa a la investigación y prevención de los hechos de violencia atribuidos a los Círculos Bolivarianos, dado que "es indispensable que el monopolio de la fuerza sea mantenido exclusivamente por la fuerza de la seguridad pública, [asegurándose] el más completo desarme de cualquier grupo de civiles".

El mensaje admonitorio respectivo, dirigido al Gobierno de Chávez, es claro: "La Comisión recuerda al Gobierno que... el Estado compromete su responsabilidad internacional si grupos de civiles actúan libremente violando derechos, con apoyo o la aquiescencia del Gobierno". Y también lo intima para que "cumpla de manera integral con las decisiones y recomendaciones que adoptan los órganos del sistema interamericano, en sus decisiones en casos individuales, en sus sentencias y en particular, en las solicitudes de medidas cautelares dictadas para proteger a las personas en situaciones de grave riesgo...".

La Comisión Interamericana de Derechos Humanos, al despedirse de Venezuela, ofrece su colaboración para "contribuir al fortalecimiento de la defensa y protección de los derechos humanos en un contexto democrático y de legalidad institucional"; no sin antes recordar que una Comisión de la Verdad, "integrada por personas de alta credibilidad y experiencia en derechos humanos..., con pleno acceso a las pericias científicas y otras piezas de la investigación penal...; con plazo razonable para que agote todas las líneas de la investigación; [y basada] en un compromiso político serio de aceptación de sus conclusiones..." sobre la realidad de la Masacre de Miraflores y sus responsabilidades "puede realizar una contribución muy importante para la democracia venezolana".

Los temores y algo de escepticismo, sin embargo, quedan sembrados en la mente de los Comisionados en su regreso al exterior. Por ello prometen volver y seguir observando muy de cerca la situación venezolana. Y no es para menos. Ella reconoce el avance sustantivo que representa la convocatoria a un diálogo nacional hecha por el Presidente Chávez, pero constata, efectivamente, que "no incluye aún todos los sectores sociales y políticos". El diálogo, en su criterio, sólo es posible si, en un primer paso, "la oposición y el gobierno acordaran condiciones mínimas" para tal propósito.

La "desconfianza hacia las autoridades encargadas de realizar las investigaciones judiciales" por los sucesos de abril, "debido a que habría una falta de acción investigativa seria y transparente", es también constatada. Pero, lo que más le angustia a la CIDH, ciertamente, es la "extrema polarización [que encuentra en] la sociedad venezolana [y] que tuvo su más trágica y grave expresión en los hechos de los días 10, 11, 12, 13 y 14" del señalado mes.

La fractura del país, según se infiere de ese informe que la CIDH deja para la reflexión de todos los venezolanos, tiene una clara y comprobable explicación: "El Presidente Hugo Chávez efectuó ciertas expresiones que podrían considerarse amedrentadoras a los medios de comunicación y periodistas", en una actitud que pudo "contribuir a crear un ambiente de intimidación hacia la prensa que no facilita el diálogo público e intercambio de opiniones e ideas, necesarios para la convivencia en democracia".

Una apreciación, realizada por el Secretario Ejecutivo de la CIDH antes de los sucesos de abril y luego de concluida su visita a Caracas, preparatoria de la que realiza el pleno de la Comisión Interamericana y da lugar al informe referido, es premonitoria e ilustrativa sobre ángulo crítico del que ahora pende la estabilidad democrática de Venezuela y que es golpeado severamente por la pugnacidad del Presidente Chávez: "La libertad de expresión —lo dice Cantón en su Informe Preliminar– consolida el resto de las libertades fundamentales ...; permite que los conflictos inherentes a toda sociedad se debatan y resuelvan sin destruir el tejido social, manteniendo el equilibrio entre la estabilidad y el cambio, elemento fundamental para el desarrollo democrático". Cantón, en esa oportunidad, advierte "al Estado venezolano sobre la existencia de expresiones por parte de altos funcionarios públicos,... contra medios de comunicación;... [señalándole] que los actos de hostigamiento y desprestigio contra periodistas, y medios de comunicación tienen un grave efecto multiplicador sobre las violaciones de derechos humanos de toda la población".

VIII. LIBERTAD PARA LOS PISTOLEROS DE PUENTE LLAGUNO Y ATAQUES AL TRIBUNAL SUPREMO

Actores de la oposición, quienes se declaran extraños a los partidos y solidarios con la acción cumplida por los militares en desobediencia durante el 11 de abril, deciden realizar una nueva marcha con destino al Palacio de Miraflores, el día 11 de julio; misma que intenta impedir el día 8, mediante solicitud de amparo constitucional ante el TSJ, la llamada Asamblea Popular Revolucionaria. Dado lo cual, el día 9, la Sala Constitucional se limita a negar la protección que a la par piden tales opositores para su acción de protesta contra el Presidente de la República y a cuyo efecto el magistrado ponente Jesús Eduardo Cabrera, arguye que los peticionarios del amparo no pueden arrogarse para su petición la representación de los intereses difusos o colectivos. No obstante ello, el presidente Carter provoca una reunión de emergencia suya con Chávez y el gobierno acepta conversar con los grupos quienes organizan la manifestación, que ocurre finalmente sin los resultados catastróficos del 11 de abril y tiene como destino la Base Aérea La Carlota, donde los representantes de aquélla hacen entrega de un documento a los comandantes de la instalación militar, expresándoles desconocer al gobierno y apoyados en el artículo 350 constitucional.

El día precedente, no obstante, Chávez, desde el mismo Teatro Municipal de Caracas y reunido como se encuentra en un Foro Internacional que le organiza el alabardero mayor de la violencia terrorista en el mundo: Ignacio Ramonet, no hace otra cosa que llamar a sus seguidores a que continúen en sus prácticas de intolerancia y de exclusión. Y señala, con sonrisa cínica, que en Venezuela la oposición la integran los blancos, en tanto que la revolución cuenta con los indios y con los negros. Ramonet (*Le Monde Diplomatic*), desde el reingreso de Chávez al poder, por cuenta de éste pone en marcha una estrategia comunicacional sino diferente al menos complementaria de la corriente. Ahora y en lo sucesivo intenta el gobierno, con la asesoría de éste, derrotar a los medios de comunicación social privados dividiendo las voluntades de los medios y confrontando a los periodistas con los editores, en el país y en el extranjero. Espera que éstos cedan, en todo caso, por obra de la implosión y en el marco de las restricciones económicas y de publicidad que les impone el mismo gobierno. Entre tanto, la "revolución", luego de la experiencia del 11A, avanza aceleradamente hacia el establecimiento de emisoras populares "alternativas", con financiamiento oficial, amén de crear, con propósitos de articulación de sus despropósitos, un Ministerio de Comunicación e Información. La garantía constitucional de la libertad de prensa, contenida en los artículos 57 y 58 se ve de nuevo severamente vulnerada.

Y el mismo día de la marcha, para colmo y como provocación oficial que otra vez puede desatar los demonios, llega la decisión de la Juez de Control Norma Sandoval, ordenando liberar a los pistoleros de Puente Llaguno y justo cuando el país opositor protesta por la Masacre de Miraflores. Se prueba lo que es una máxima de la experiencia, que corrobora luego la Comisión Interamericana de Derechos Humanos al sostener la ausencia de autonomía e independencia que afecta a los jueces en Venezuela y su evidente servidumbre al gobierno.

La Juez Sandoval funda su dictado en las razones formales que aducen los investigados: las fallas de instrucción del Ministerio Público. Media, entonces, una grave omisión por parte del Fiscal General de la República, Julián Isaías Rodríguez Díaz –aliado del presidente Chávez y antes su Vicepresidente– y que mal puede admitírsele inocentemente. Hasta ahora, por lo demás, éste se resiste a inhibirse en los asuntos judiciales que comprometen al régimen. Y al país y a los observadores internacionales les dice, antes bien, que tiene un equipo muy calificado e integrado por funcionarios sin rostro, para asegurar el buen curso de las investigaciones de la mencionada Masacre.

En cuanto a la Juez, su decisión no puede aceptarse como transparente o imparcial. El ejercicio de la Administración de Justicia no es mera labor de carpintería de normas. Todo Juez reclama sabiduría y prudencia. El haber decidido cuanto decide, el mismo día 11, cuando se sabe de la marcha nacional hacia Miraflores, es una provocación irresponsable que bien pudo dejar otro baño de sangre sobre las calles de Caracas.

Lo anterior sólo se entiende, pues, dentro del marco del interés gubernamental por alcanzar el escenario de la confrontación final y social en la calle, que catapulta y no realiza a plenitud el 11 de abril. Y eso responde, de manera meridiana, a la personalidad moral pre-convencional, cabe repetirlo, del Presidente. Esa es su forma de entender el quehacer político y sus antecedentes mucho abonan al respecto. El discurso pacificador es extraño a su condición de soldado subalterno.

Así las cosas, el 14 de agosto siguiente, una vez como el Tribunal Supremo de Justicia, en Sala Plena y por mayoría ajustada decide que, habiendo ocurrido un vacío de poder y por ausencia de acción militar armada, no cabe acordar el antejuicio de mérito por delito de rebelión en contra de los militares alzados y según los términos pedidos por el Fiscal Rodríguez, Chávez profiere insultos y ofensas de todo tenor contra los magistrados supremos. Los califica con frases escatológicas y les envía a sus Círculos Bolivarianos hasta las puertas del máximo Tribunal, para hacerles sentir, según él, el repudio popular. Y en su programa "Aló Presidente", al expresarse de manera desenfadada, le advierte al TSJ que el pueblo –léase sus milicias de calle– y los militares que le apoyan no se "calarán" a dicho Tribunal con sus sentencias y menos alguna que, incluso, pretenda juzgarlo a él mismo por crímenes de lesa humanidad dada la masacre ocurrida.

Hugo Chávez, así, acusa públicamente de corruptos y de violadores de la Constitución a los magistrados de la mayoría en el TSJ que decide no juzgar a los oficiales del caso, llegando al extremo de solicitarle a sus seguidores en la Asamblea Nacional la investigación y destitución de los mismos. La unidad judicial y a su alrededor, lograda por este en 1999, queda también fracturada.

Dada la decisión del Tribunal Supremo, que declara sin lugar el enjuiciamiento de los Generales y Almirantes del 11 de abril y que al paso abre las puertas para el juicio de los actores gubernamentales responsables por las muertes de la luctuosa jornada de ese día, el Canciller venezolano Roy Chaderton acude de emergencia ante el Consejo Permanente de la OEA y allí expone, en nombre y por cuenta de su mandante, el Teniente Coronel (Ej.) Chavez Frías, que es propio del "realismo mágico" pretender afirmar –como lo hacen los jueces supremos de su país– que el 11 de abril no hubo "un asalto de las instituciones democráticas" en Venezuela ni la disolución de la Asamblea Nacional por orden del brevísimo "dictador" Pedro Carmona.

Chaderton, en su exposición, criticada por no pocos de los Embajadores presentes en el Consejo dada su tónica, agrega que no siéndole suficiente a los golpistas su censurable acción antidemocrática del 11 de abril, también han "secuestrado, incomunicado, paseado por guarniciones, bases e islas del Caribe venezolano, bajo una latente amenaza de muerte..." al mismo Presidente Chávez. De allí nace la manida tesis del intento de magnicidio que ahora esgrime el Gobierno para fortalecer su crítica a la decisión mayoritaria del Tribunal Supremo. El efecto intimidatorio, sensiblemente, logra su efecto como se constata más adelante, pero a la par revela que el establecimiento institucional monolítico, civil y militar, que instala y sujeta bajo su férrea mano el Presidente desde el tiempo de la relegitimación de poderes, en el año 2000, también se fractura como el país.

En la opinión pública, no obstante, existe reserva acerca de la actuación del TSJ por otras razones de mayor peso y no la aprecian como un testimonio de reivindicación de su autonomía por parte de nuestra malograda Administración de Justicia.

El origen espurio de sus Magistrados, al margen de las calificaciones que adornan a los pocos, sigue pesando sobre la credibilidad del Alto Tribunal. La idea, a cuyo tenor la razón política priva en sus sentencias, no logra despejarse. Y decir esto no es vano, menos el testimonio de una opinión parcializada. La hipótesis de la ilegitimidad de origen del Tribunal Supremo –organizado según los dictados del actual Jefe del Poder Ejecutivo– es como juicio de valor para la Comisión Interamericana de Derechos Humanos, en su Informe Preliminar sobre el país, máxima irrefutable de la experiencia.

Los magistrados de la mayoría, ciertamente, no pueden acusar a los Generales y Almirantes del 11 de abril de un delito que, de acuerdo al Derecho, no cometen. A diferencia de los actores del 4 de febrero de 1992, entre éstos el mismo presidente Chávez, los oficiales de ahora no han concertado su actuación ni empuñan las armas, como bien se sabe; menos las usan y, antes bien, impiden su uso eventual por el mismo Jefe del Estado contra el propio pueblo. No pueden aquéllos llegar al extremo de consagrar con sus firmas lo que es, más que un dislate, una estupidez: Cambiar la tipicidad clásica de la rebelión militar para complacer al mismo gobierno que les designa en 1999.

El Fiscal General, Julián Isaías Rodríguez, a su vez, le cuida las espaldas a su antiguo jefe y afirma, públicamente, que los hechos del 11 de abril no son constitutivos de crímenes de lesa humanidad. "Hubo violación de derechos humanos", pero no se comete un "crimen de lesa humanidad", son sus palabras precisas para la fecha. Y, a fin de sustentar su tesis, que no tiene otro propósito que disminuir la gravedad de los asesinatos y de las lesiones provocadas contra la población civil marchante por los seguidores del Gobierno, con la aprobación u omisión dolosa o negligente de su máximo conductor, alega que el "delito (*sic*) de lesa humanidad... está previsto en el artículo 7 del Estatuto de Roma e implica, en primer lugar, una conducta permanente y sistemática de agresión por parte de los funcionarios del Estado a un grupo social, étnico o religioso, ...".

IX. ZONAS MILITARES PARA SOMETER LA PROTESTA DEMOCRÁTICA

El Presidente del Perú, Alejandro Toledo, preocupado por la situación reclama de la OEA asumir con responsabilidad el debate sobre la crisis democrática venezolana y propiciar una salida constitucional a la misma. Y la OEA, a su vez, acogiendo un pedido de diálogo del gobierno de Chávez –que le sugiere a éste el ex presidente norteamericano Jimmy Carter, su amigo personal– y avenida al respecto la Coordinadora Democrática de la oposición, que conduce el gobernador del Estado Miranda, Enrique Mendoza, expresa su disposición para favorecerlo mediante la Resolución 821 del 14 de agosto de 2002.

Chávez, empero, dicta el 8 de septiembre ocho decretos transformando en zonas militares las áreas del este de la capital donde de ordinario protestan sus opositores y la Corte Contencioso Administrativa ordena a la Fuerza Armada, mediante amparo constitucional, levantar dicha medida. Pero el comandante de la Guarnición de Caracas, general Jorge Luis García Carneiro, declara que no acata otra autoridad que la del Presidente de la República. No contento con ello y bajo instrucción presidencial allana a la Policía Metropolitana, secuestrándole todas sus armas de reglamento y equipos de movilización, lo que suscita una queja del Alcalde Mayor, Alfredo Peña, ante la Sala Constitucional del Supremo Tribunal, que decide ampararlo.

El anuncio del establecimiento de franjas de seguridad alrededor de distintas áreas geográficas de la capital para impedir el tránsito civil y el desarrollo de las manifestaciones públicas es de suyo, junto al desacato de lo judicial, otro golpe más que el Presidente le da a la constitucionalidad y al régimen de libertades a que tienen derecho los venezolanos, en lo particular a los derechos de libre tránsito, de reunión y de manifestación, consagrados en los artículos 50, 53 y 61 constitucionales.

La antigua y todavía vigente Ley Orgánica de Seguridad y Defensa, en su artículo 15, da al Ejecutivo la potestad de fijar, previa consulta con el Consejo Nacional de Seguridad y Defensa, zonas de seguridad alrededor de las instalaciones militares y las industrias básicas, es verdad. Pero omite el Gobierno, en la realización de este nuevo atropello a la Constitución, algunas circunstancias jurídicas elementales. Antes que nada, el Consejo Nacional de Seguridad y Defensa –que debe ser consultado al respecto– deja de existir una vez como entra en vigencia la Constitución de 1999. A su vez, el nuevo texto fundamental, al tratar sobre la materia de seguridad y defensa, sólo prevé las llamadas zonas de seguridad fronteriza. Hasta la fecha no se dictan las leyes regulatorias en ninguna estas materias. Y es principio elemental del Derecho público que el Estado, en sus actos, debe ajustarse al principio de la legalidad.

Todavía más, aun admitiendo –con todo esto– la posibilidad de que el Gobierno pueda fijar zonas de seguridad en el territorio nacional, restringiendo el libre tránsito civil por los ciudadanos, tal restricción sólo es admisible, de acuerdo a la Constitución y conforme al Pacto de San José de Costa Rica, mediante el dictado de una ley. Mal se puede limitar el derecho al tránsito por un acto de rango sub-legal, como el que sanciona el Gobierno de Chávez, menos como forma que encubre o cubre bajo formas legales fines ilegítimos.

Los derechos humanos nunca puede ser limitados, dado el mandato del artículo 29 del citado Pacto o Convención Americana de Derechos Humanos, por leyes o reglamentos cuya razón abierta o encubierta sea excluir o impedir el ejercicio de derechos y de garantías propios al desempeño democrático. Y el derecho de reunión y de manifestación es, por excelencia, uno de éstos derechos.

Para nadie es un secreto que la razón y explicación de las medidas gubernamentales en cuestión no es otra que frenar las manifestaciones de la oposición, que se realizan, justamente, en los espacios que le clausura el Gobierno a la democracia, mediante un acto inconstitucional y típicamente totalitario.

En suma, el decreto de marras es nulo por violatorio de disposiciones contenidas en la Constitución de 1999; por atentado directo de normas expresas de la Convención Americana de Derechos

Humanos; y por responder a una clara desviación de poder, que acarrea, según lo prescriben los artículos 139 y 140 de la misma Constitución, la responsabilidad individual y patrimonial de su autor y sus ejecutores.

X. LA DESTITUCIÓN DEL MAGISTRADO ARRIECHE Y LA VISITA DE GAVIRIA

Seguidamente, la Asamblea Nacional, entre tanto, con la mayoría simple de los diputados oficialistas destituye sin fórmula de juicio al magistrado supremo ponente de la sentencia sobre el 11 de abril, Franklin Arrieche Gutiérrez, a la par que la Superintendencia de Bancos le revela a la policía política los datos y cuentas de todos los líderes de la oposición. Y el nuevo ministro del interior, Diosdado Cabello, coronando el año y repitiendo lo que se hace rutina, previo anuncio que hace público, le pide a los Círculos Bolivarianos tomar las puertas de las radios y televisoras privadas, donde causan destrozos y ejercen su violencia sin contención alguna.

El 26 de octubre numerosos oficiales y suboficiales de la Fuerza Armada en rebeldía contumaz y dados tales sucesos, pero a la manera cívica de los políticos, toman la Plaza Altamira como trinchera de presión sobre la opinión pública y la declaran "zona liberada"; luego de lo cual, dos días después, llega a Caracas el ex presidente colombiano César Gaviria, Secretario General de la OEA, quien se hace acompañar de la embajadora Margarita Escobar, Presidenta del Consejo Permanente de la organización hemisférica para actuar, a título de buenos oficiantes, y promover las salidas constitucionales reclamadas a Venezuela por el hemisferio y hacer cesar el clima de golpes y desconocimiento sostenido y sistemático que sufre la Constitución durante el año en curso.

Para el gobierno, la llegada del visitante es un respiro, una postergación por ahora de su renuncia o de su esperada caída: obra propia que no ajena. Y en la opinión de los escépticos, le abona un espacio más al régimen para que continúe armando a sus "círculos" del terror.

La oposición, en su vertiente conciliadora pero igualmente desconfiada, cree que no hay peor diligencia que la que no se hace. Y todavía peor la que no se hace en función de la paz. Pero los más intransigentes –a quienes les sobran tantas razones como a Estrella Castellanos– víctima de los pistoleros de Puente Llaguno –acusan a Gaviria– de prestarse como Carter a una maniobra del gobierno, que busca ponerle sordina a la protesta opositora y democrática.

Gaviria, en todo caso, declara que no viene atendiendo la invitación que le hace el presidente Chávez, antes bien preocupado por la gravedad del caso venezolano. Viene como facilitador, pero sin un mandato expreso del organismo hemisférico.

De entrada, la expresión de Gaviria es grave y lacónica: "Estamos trancados en el fondo". Todavía no conoce, dada su distancia y a pesar de los informes que le llegan a Washington, el tenor del régimen o proceso que toma cuerpo en Venezuela bajo la inédita forma de demo-autocracia. Y los opositores a la vez se preguntan y le preguntan al Secretario de la OEA lo que *ab inicio* no entiende, pues en su criterio Chávez es militar pero gobernante electo con apego a la Constitución y las reglas de la democracia: "Si en la democracia los gobiernos cambian y deben cambiar mediante las reglas de la democracia, ¿cómo se cambian con las reglas democráticas a los gobiernos que derivan en dictatoriales?".

Por lo demás, al Secretario de la OEA e incluso al Embajador norteamericano en Caracas, les incomoda la situación de la ahora llamada Plaza de La Libertad, lo que complace al fariseísmo gubernamental. A uno le preocupa la "simbología" o el mal ejemplo que puede dar esa suerte de maridaje protestatario entre civiles y militares que ocurre. Y al otro, simplemente le "choca", le resulta contrario al sentido común democrático y que, cuando menos, reconoce se pierde en Venezuela desde el 4 de febrero de 1992.

Pero el asunto no es gratuito, pues tiene su origen y es la consecuencia "simbólica" del modelo constitucional cívico-militar que fragua en 1999 a manos del propio Chávez.

Los marchantes de la Plaza Francia o Altamira, en suma, confrontan al régimen chavista desde la calle y en unión de los militares, no por obra del manido 350 constitucional: que autoriza el desconocimiento de toda autoridad que se ponga al margen de la Constitución, sino por exigencia misma del artículo 326 constitucional. El "principio de corresponsabilidad" entre el Estado y la sociedad civil y como parte de los principios de la seguridad nacional, para sostener la democracia, la libertad, la afirmación de los derechos humanos, se ejerce, incluso, sobre el ámbito militar. Y ello es un dogma que mal podrán poner de lado, por ahora, el Gobierno, la Coordinadora Democrática, y las mesas de diálogo promovidas desde la OEA.

Gaviria no se toma a la ligera su misión. Antes bien y en lo sucesivo incide con su verbo sobre nuestra diatriba local. Llama "a todas las fuerzas de oposición..., para que en esta precisa circunstancia utilicen solo los medios democráticos, pacíficos y constitucionales para tramitar sus diferencias con el gobierno...". Pero nunca antes como ahora sus palabras resultan tan irritantes para los venezolanos, dada la fractura emocional vigente.

Y es que Gaviria reacciona ante el comunicado leído a través de la televisión por distintos Generales y Almirantes de la Fuerza Armada, quienes huérfanos de todo comando y desnudos de armas o de tanques piden la renuncia del Presidente y el adelanto de las elecciones. Gaviria es extraño a la "ecología" inconstitucional de Venezuela y se comporta como debe ser, a la luz de los estándares democráticos que predica la OEA.

Al cuestionar a los militares del "comunicado" acusándolos de insurrectos, y al llamar a la sensatez de la oposición, no sólo simplifica la realidad doméstica; antes bien, señala de cómplice de la supuesta rebeldía castrense a la oposición democrática, horadando su función facilitadora. Olvida que es la conducta procaz y antidemocrática de Chávez la responsable de la severa crisis de gobernabilidad que muestra la República.

Con el paso del tiempo Gaviria comprende que en la Constitución que se hace Chávez a su medida, los militares no solo adquieren el derecho al voto sino que pasan a ser una suerte de "árbitros" del destino nacional y deliberantes, bajo la señalada tetrarquía líder-Fuerza Armada-pueblo. Y si a Chávez le incomoda esto en la circunstancia es porque pierde luego lo que cree tener: la subordinación personal e incondicional de la milicia.

La renuncia del Presidente y el ejercicio de la "democracia directa" mediante referéndum consultivo, son figuras propias de la democracia protagónica y participativa establecida por la "V República". Es la Constitución de 1999, asimismo, la que consagra la "desobediencia civil" (artículo 350) y la que ordena a todo ciudadano investido o no de autoridad, colaborar en el restablecimiento de la "efectiva" vigencia del orden constitucional (artículo 333): Chávez, quizá no lo sabe Gaviria, da 23 golpes constitucionales desde cuanto se inaugura como Presidente.

De modo que, apenas pasan las horas Gaviria se ve obligado a morigerar su discurso, para situarse en el justo medio de la crisis constitucional que vive el país. Casi finaliza el mes de octubre.

El cambio entre el primero y el segundo de sus comunicados es evidente: Se refiere esta vez al manifiesto de los militares alzados con "micrófonos" y apoyados de "cacerolas" sin mencionarlos, como "acontecimientos... [que] ponen de relieve la profunda polarización" que existe en el país.

Le recuerda a Chávez todo aquello que ya le dice antes la Comisión Interamericana de Derechos Humanos: Tiene como Presidente legitimidad democrática de origen; no así de desempeño. Y los motivos para el Secretario de la OEA huelgan: la retórica divisiva, las amenazas y hostigamientos oficiales a la prensa, la participación militar en el debate político, la inadecuada separación de poderes y, en fin, la falta de contrapesos institucionales idóneos.

¡Y es que en los mentideros de Washington se cuenta que es Chávez quien llama a Gaviria para comentarle sobre el magnicidio del que "casi" es víctima y para prevenirlo sobre un "imaginario" golpe de Estado en curso. El supuesto AT-4 que le dispararían (¿?) y el manifiesto castrense de marras le vienen como anillo al dedo.

Pero los militares de la Plaza Francia, sin arredrarse, le escriben a Gaviria y le hacen saber lo ya dicho: que en la Constitución de 1999 ellos adquieren el derecho al voto y pasan a ser una suerte de parte solidaria y no indiferente frente al destino venezolano. Y le explican acerca del ejercicio de la "democracia directa" y en cuanto a la validez constitucional de los referenda consultivos, incluso para pedirle al pueblo que decida anticipadamente sobre la permanencia o no de Chávez en el poder.

XI.   LA MESA DE NEGOCIACIÓN Y ACUERDOS

La agenda para el diálogo se hace, pues, imprescindible, para la resolución del entuerto. Las elecciones, la investigación de la "masacre de Miraflores", y el desarme de los Círculos Bolivarianos, son, por lo pronto, la prueba de fuego para Chávez ante la OEA. Su predicado talante de demócrata se encuentra severamente menguado.

El 31 de octubre, Mohamed Merhi, padre una de las víctimas fatales del 11 de abril, se declara en huelga de hambre ante las puertas del Tribunal Supremo, reclamando justicia. De modo que, el diálogo con mediación internacional entre las partes o las dos mitades del país no impide que los opositores y oficialistas apelen en las calles al "lenguaje de las pedradas", tal y como lo reseña el diario valenciano Noti-Tarde; y el 4 de noviembre la Coordinadora Democrática de oposición –bajo la guía del gobernador Enrique Mendoza y con apoyo de la Organización No Gubernamental SUMATE, que lidera María Corina Machado– recolecta 2 millones de firmas en 350 libros que entrega al día siguiente al Poder Electoral, requiriéndole realizar un referendo consultivo sobre el gobierno de Hugo Chávez.

El 8 de noviembre y corriendo por sobre los hechos anteriores, con la mediación de la misma OEA, de la ONU a través del Programa de las Naciones Unidas para el Desarrollo (PNUD) y del Centro Carter, finalmente se instala una Mesa de Negociación y Acuerdos entre el Gobierno y la Coordinadora Democrática, como nuevo eje de referencia de los partidos políticos y de la sociedad civil organizada opositores al primero. Y el 4 de octubre las partes se avienen sobre una Declaración de Principios por la Paz y la Democracia en Venezuela, que reafirma la fuerza del orden constitucional para la solución de los conflictos planteados y la necesidad de buscar caminos por la vía constitucional, pacífica, democrática y electoral a objeto de superarlos.

Como es de esperarse, el gobierno no baja la guardia y hace lo imposible para quitarle soporte a la Mesa de Negociación. A la vez, el día 2 de diciembre, la industria petrolera estatal, PDVSA y sus filiales, se lanzan a un paro nacional, ahora sin límite de tiempo, que acompaña la Confederación de Trabajadores de Venezuela. Durará dos meses, hasta su extenuación.

La grave crisis que afecta al orden democrático y constitucional venezolano a lo largo del año representa, sin lugar a dudas, la primera y más crucial prueba de fuego para los postulados de la novísima Carta Democrática Interamericana: calificada por el Presidente peruano Alejandro Toledo como la "nueva biblia del hemisferio".

El síntoma revelador de esta circunstancia no lo es lo que a su vez resulta inédito y sin precedentes: la distribución por millares del texto de la Carta Democrática entre los habitantes de Venezuela. El Gobierno, por su parte, insiste en la clásica defensa de la intangibilidad del ejercicio del poder que detenta Hugo Chávez Frías, por ser su mandato el producto de una elección popular ajustada al ordenamiento constitucional. E invoca la asistencia y protección de la OEA apelando por igual a los mismos términos de la Carta en cuestión y alegando la existencia de riesgos –léase supuestas conspiraciones "golpistas" de la oposición– que buscan afectar el "legítimo ejercicio del poder" (artículo 17 de la Carta) del señalado gobernante.

Y, por si fuese poco, reitera que dicho ejercicio se ajusta a las reglas constitucionales internas y tiene su fundamento en "elecciones... basadas en el sufragio universal y secreto como expresión de la soberanía del pueblo" (artículo 3).

198

La Coordinadora Democrática y, de manera amplia, la oposición al régimen, sostiene lo que juzga esencial en todo gobierno y a la luz de la misma Carta Democrática Interamericana invocada: No basta, incluso siendo necesaria e indispensable, la legitimidad de origen de los gobiernos. Es esencial y sobreviniente, a la luz de las novísimas reglas hemisféricas, la legitimidad de desempeño de los gobernantes a objeto de que se afirme o no el carácter democrático representativo de los mismos. En consecuencia, al reclamar el cese anticipado del mandato de Chávez Frías mediante las formas de interrupción anticipadas del poder –realización de referendas o elecciones– previstas en la Constitución de 1999, que es lo que ésta propone en la Mesa de Negociaciones –cuestionando al paso la alternativa ocurrida el 11 de abril– lo hace observando que el Presidente venezolano violenta abierta y sistemáticamente todos los elementos esenciales y los componentes fundamentales de la democracia representativa (artículos 3 y 4 de la Carta): respeto a los derechos humanos y las libertades fundamentales; acceso al poder y su ejercicio con sujeción al Estado de Derecho; celebración de elecciones periódicas como expresión de la soberanía del pueblo; régimen plural de partidos; separación e independencia de los poderes públicos; transparencia, probidad y responsabilidad de la gestión pública; respeto por los derechos sociales; y libertad de expresión y de prensa.

Lo cierto es que la OEA y sus órganos, así como no pueden, como se dice en los considerandos de la Carta y por derivación del Compromiso de Santiago y la Resolución 1080 de la Asamblea General, permitir "una interrupción abrupta o irregular del proceso político institucional democrático o del ejercicio legítimo del poder por un gobierno democráticamente electo en cualquiera de los Estados Miembros", tampoco puede ser indiferente a las llamadas "alteraciones" constitucionales graves que impiden u obstaculizan el "ejercicio efectivo" de la democracia representativa y por hecho del mismo Gobierno, en el caso, el de Chávez.

La tarea de facilitación de las negociaciones entre el Gobierno y la Coordinadora Democrática, que cumple en Caracas y que, hacia el 15 de diciembre, lleva a cabo desde hace casi seis (6) semanas y de modo ininterrumpido el Secretario de la OEA, César Gaviria, no tiene precedentes en la historia del Sistema Interamericano. De hecho, Gaviria se transforma en el gran árbitro de una crisis nacional y constitucional signada por la polarización social y política, lo cual preocupa a los demás Gobiernos de los Estados Miembros de la Organización.

Nunca antes la máxima autoridad de la OEA permanece tanto tiempo fuera de su sede y, menos, reside de manera regular en la capital de algún país miembro que hubiese estado sujeto a severas convulsiones en su desempeño democrático. Y la circunstancia de que la Mesa de Negociaciones y Acuerdos, presidida por Gaviria en Caracas, no llegue a avanzar según lo previsto, hace creer a algunos de los diplomáticos sitos en Washington que de fracasar tal iniciativa el mismo prestigio tanto del órgano regional como de su Secretario quedan severamente comprometidos. Así que, no pocos piensan que la actuación de Gaviria no puede continuar aislada de la participación o sin contar con un respaldo más comprometido del Consejo Permanente de la Organización.

En este orden se inscribe, sin lugar a dudas, la propuesta que realiza el Gobierno del Presidente Toledo del Perú: apelar formalmente a los mecanismos de la Carta Democrática Interamericana, instando al Consejo Permanente de la OEA a realizar una apreciación colectiva de la crisis venezolana y adoptar, seguidamente, las decisiones que sean pertinentes para alcanzar sea la preservación y el fortalecimiento de la democracia en dicho país, sea la normalización de su institucionalidad democrática. En el caso, se trata de una implícita invocación, bien del artículo 18, bien del artículo 20 de la Carta Democrática Interamericana, que obligan a la actuación de oficio del Secretario General, del Consejo Permanente e incluso de la propia Asamblea General, según los casos, en "situaciones que pudieran afectar el desarrollo del proceso político institucional democrático o el ejercicio legítimo del poder" (artículo 18) o dada "una alteración del orden constitucional que afecte gravemente [el] orden democrático" (artículo 20) de cualquier Estado Miembro de la OEA.

Así las cosas, Chávez y su Gobierno, preocupados por la iniciativa peruana y la posibilidad de un incremento en la acción internacional que pueda elevar la presión sobre ellos, dada su poca voluntad de contribuir con el éxito de las negociaciones que conduce Gaviria, se adelantan a la circunstancia y requieren del Presidente del Consejo Permanente –de manera directa y alegando una situación de emergencia– la realización inmediata de una Sesión Extraordinaria de dicho órgano.

El objetivo o razón del señalado pedido nada hace con la razón de fondo, la perspectiva bilateral y consensual y el objetivo que da origen a la Mesa de Negociaciones y Acuerdos. Antes bien, el Gobierno alega esta vez tener que informar "sobre el plan para derrocar al Gobierno del Presidente Constitucional de Venezuela, Hugo Chávez Frías"; lo cual hace en nota que dirige al Embajador Davis Antoine, Representante Permanente de Grenada, el Embajador Jorge Valero, Representante Permanente de Venezuela y que firma en Washington el 11 de diciembre de 2002.

Busca del Consejo, mediante una virtual invocación del artículo 17 de la Carta Democrática, tal y como lo señala el proyecto de resolución consignado por la Embajada venezolana en la OEA: "respaldar en forma plena y absoluta al Gobierno Constitucionalmente Electo de la República Bolivariana de Venezuela, que preside Hugo Chávez Frías". El texto de la norma en cuestión, en efecto, prescribe el derecho de todo Gobierno de recurrir a la asistencia del Secretario General o del mismo Consejo Permanente cuando "considere que está en riesgo su proceso político institucional democrático o su legítimo ejercicio del poder". Y así las cosas, mediante una acusación que en nombre de Venezuela formula el embajador del Brasil ante el Consejo Permanente de la OEA, Walter Pecly Moreira, quien años más tarde funge de observador internacional del referendo revocatorio, tacha a la oposición y los medios de comunicación social venezolanos de golpistas.

El Consejo de la OEA, en una tensa y dividida consideración de las circunstancias, y moderado por el lobby que la oposición alcanza realizar dentro del mismo y en forma oficiosa, opta por darle fuerza y respaldo al Secretario General en su gestión y a su iniciativa mediadora en la Mesa de Negociaciones. Al efecto sanciona la resolución 833 el 16 de diciembre de 2002, que rescata la autoridad de Gaviria y rechaza la maniobra gubernamental venezolana.

XII. LLEGA OTRA MASACRE Y LA DICTADURA POR DECRETO

Dentro de tal contexto, no obstante, Chávez ordena a los mandos militares regulares no acatar ninguna orden judicial que pueda contrariar sus órdenes como Comandante en Jefe. Se comporta como un verdadero dictador. Asume que es el Estado y la misma ley, lo que le hace posible detener, sin fórmula de juicio, al general Carlos Alfonso Martínez, antiguo Comandante de la Guardia Nacional, quien a pesar de verse beneficiado seguidamente por un amparo judicial no alcanza la libertad. La medida judicial la desconoce otra vez el jefe de la Guarnición, general Jorge Luis García Carneiro, quien por instrucciones presidenciales se carga los contenidos del artículo 44 constitucional sobre la libertad personal.

Y el 6 de diciembre, en una acción cuya autoría intelectual no se dilucida en el tiempo, es atacada a tiros una reunión de ciudadanos quienes les brindan su apoyo a los militares atrincherados en Altamira. Mueren 3 personas y ha lugar a 20 heridos de bala más, que se suman a los del 11 de abril.

El presidente Chávez, a su vez, dicta el 8 de diciembre su decreto 2172, ordenando la movilización militar y dejando sin efecto algunas garantías constitucionales, pero obviando la fórmula del Estado de Emergencia; para lo cual, paradójicamente, encuentra el respaldo de la Sala Constitucional del Tribunal Supremo; la que le autoriza para adoptar las medidas que fueren necesarias para retomar el control de la industria petrolera paralizada y obligar coactivamente a sus trabajadores al reinicio de actividades.

La protesta de los más importantes juristas del país no se hace esperar, por la evidente inconstitucionalidad de la iniciativa. No obstante ello, el mismo Presidente al apenas comenzar el año nuevo ordena la destitución de 20.000 trabajadores petroleros, incluida su plana gerencial y poco a poco, con apoyo de técnicos petroleros árabes y chinos, restablece el funcionamiento relativo de la industria del oro negro. La producción petrolera, empero, cae desde 3,3 millones de barriles diarios a 1,89 millones para el año 2002, que se revierte en los años sucesivos, pero sin alcanzar su punto de partida. Los precios, empero, serán más altos y rendidores paulatinamente, compensando el deterioro que alcanza la industria principal del país.

El golpe constitucional del caso, bajo cuidado de las formas, no es inocuo. Marca una pauta que se hace regla abierta para lo sucesivo. Tanto que la Sala Constitucional se encarga de purificar constitucionalmente los golpes de Estado que inflige a la Constitución el Presidente de la República, derivando aquélla en un verdadero poder constituyente y reformador, por vía judicial, de los preceptos constitucionales.

La medida cautelar que adopta la mencionada Sala Constitucional a solicitud del gobierno y dirigida a "lograr la puesta en funcionamiento de la industria petrolera" afectada por el paro de sus trabajadores, revela errores y omisiones tan graves y manifiestos que difícilmente, más allá de la valoración política de los hechos que la motiva, pueden ocultarse y antes bien revelan el ánimo político que domina en el juicio de los jueces supremos.

El fallo peca de incoherente y violenta los precedentes jurisprudenciales; respalda el fraude que le hace Chávez a la Constitución con su mencionado Decreto 2.172. Suspende las garantías "sibilínamente", dejando de lado las exigencias de nuestro orden fundamental y el predicado que acerca de la emergencia constitucional fijan los tratados internacionales sobre derechos humanos, a fin de ordenar la movilización militar. La primera discordancia que salta a la vista luego de la lectura de la decisión cautelar aprobada por la Sala Constitucional el 19 de diciembre, tiene que ver con su peticionario y con la dual representación que se arroga y que el TSJ le reconoce indebidamente.

En ella consta, en efecto, que quien solicita el amparo del máximo tribunal lo hace en nombre de una empresa del Estado: PDVSA, asumiendo sus intereses colectivos. Pero dicho peticionario señala actuar, además, por cuenta de los derechos e intereses difusos del pueblo venezolano, sin que tal contradicción concite rubor alguno en los magistrados de la respectiva Sala.

Admite el TSJ, así, una suerte de desdoblamiento que conduce a lo absurdo y fija un mal precedente en el ámbito de los derechos humanos. Olvida, al convalidar tal despropósito, que al Estado le corresponde respetar y garantizar los derechos ciudadanos e individuales y al pueblo y sus integrantes reclamar del primero dicho respeto y sus garantías.

Lo que es peor, para disimular la señalada e inaceptable confusión que hace el agente de PDVSA de los intereses del Estado con los del pueblo, el TSJ omite toda referencia a cuanto dice de un modo distinto, en Sala Constitucional, el 21 de noviembre de 2000. En esa fecha niega su amparo a Enrique Mendoza, Gobernador del Estado Miranda, por pretender la representación de los intereses difusos de la población que le elige, arguyendo al respecto que "las acciones ...por derechos e intereses difusos o colectivos pueden ser intentadas por cualquier persona..., que mediante el ejercicio de esta acción, acceda a la justicia" y acotando, a renglón seguido, que "el Estado venezolano, como tal, carece de ella, ya que tiene mecanismos y otras vías para lograr el cese de las lesiones a esos derechos e intereses, sobre todo por la vía administrativa".

En suma y en defecto de una acción de los particulares que mal puede sustituir el Estado, cualquier tutela de derechos e interés colectivos o difusos sólo puede requerirla, según el tenor del último *dictum*, el Defensor del Pueblo, quien opta una vez más hacerse el desentendido.

El Decreto 2.172, protegido por la medida cautelar de la Sala Constitucional del TSJ, proclama de hecho y manipulando las formas del Derecho un Estado de Excepción. De allí que Chávez no lo someta a la consideración y aprobación, como es lo constitucionalmente correcto, de la Asamblea Nacional ni de la misma Sala Constitucional, ni notificado de su contenido a la OEA y la ONU.

Empero, siendo un decreto que restringe garantías: como aquella de la propiedad y que ordena la invasión de derechos ciudadanos por la Fuerza Armada y los Ministros del régimen, sorprende sí que no haya concitado sobresalto o prevención alguna en la Sala Constitucional. Por el contrario, sus jueces lo dan por visto y presumen, sin más, su conformidad con las normas supremas, a pesar de que violenta los artículos constitucionales 115 (derecho de propiedad), 116 (prohibición de confiscaciones), 139 (responsabilidad por desviación de poder), 337 (estado de excepción) y 339 (control parlamentario y judicial del estado de excepción), así como el artículo 27 del Pacto de San José y el artículo 4 del Pacto Internacional de Derechos Civiles y Políticos.

Los considerandos del Decreto de marras no dejan lugar para las dudas. En ellos el Presidente reconoce, a propósito del paro petrolero, que "se hacen ineficaces e insuficientes los mecanismos y medios ordinarios disponibles y aplicados"; y, seguidamente, en su parte dispositiva, instruye a los Ministros del ramo implementar "las acciones requeridas para la utilización de los bienes muebles e inmuebles" necesarios para asegurar la continuidad del servicio público de hidrocarburos y sus derivados, sin discernir entre la propiedad pública o privada de los mismos. De allí que, con todo género de liberalidad, la Fuerza Armada agrede sin solución de continuidad, luego de la medida cautelar del TSJ, a personas y asalta vehículos de transporte y establecimientos particulares relacionados no sólo con la actividad petrolera sino también con la alimentación.

Chávez olvida, dado su reconocido desprecio por las reglas del Estado de Derecho, lo que dispone, textualmente, el artículo 337 de la Constitución al hablar de los Estados de Excepción y explicar su fundamento: ellos proceden, según los términos analógicos que recrea su Decreto *in comento*, cuando "resultan insuficientes las facultades de las cuales se disponen para hacer frente" a circunstancias de orden social, económico, político, natural o ecológico, que afecten gravemente la seguridad de la Nación, de las instituciones y de los ciudadanos y ciudadanas". De modo que, al decidir la Sala Constitucional cuanto decide y cerrando sus ojos ante el manido Decreto, una vez más voltea sus espaldas al ordenamiento fundamental que debe servir. Y prefiere, tomando el sendero de lo oblicuo, hacerse cómplice de otro golpe de Estado: que no otra cosa puede representar su apoyo cautelar "determinado" a un Decreto indeterminado y arbitrario, que sin fraguar un verdadero Estado de Excepción constitucional apenas muestra la vulgaridad de un decreto dictatorial emanado del inquilino de Miraflores.

2003
GENOCIDIO PETROLERO Y DISCRIMINACIÓN POLÍTICA

"No sólo se trata de impedir que a través de cualquier movimiento desestabilizador —ahora vestido de careta democrática— está oligarquía vuelva a adueñarse del país como estuvo durante mucho tiempo. Se los digo sobre todo a los soldados... y ustedes soldados tendrían entonces que tomar una decisión, que pudiera llevar al país a escenarios inconfesables de guerras internas, de confrontaciones armadas intestinas"

Hugo CHÁVEZ FRÍAS
29 de agosto 2003

I. EL PRIMER GOLPE DEL AÑO: UNA ASAMBLEA A LA MEDIDA DEL RÉGIMEN

Llegado el 2003, que Hugo Chávez Frías titula como el de la "contraofensiva revolucionaria y la victoria anti imperialista", el 2 de enero se publica en la *Gaceta Oficial* una Reforma Parcial del Reglamento Interior y de Debates de la Asamblea Nacional. Aprobado en la Sesión Extraordinaria de 19 de diciembre precedente y mediante la incorporación irregular –para los fines de la formación del *quórum*– de suplentes, en defecto de diputados principales cuya separación no la autoriza la mayoría calificada del parlamento, tal y como lo manda el artículo 187 constitucional, inciso 20, dicha reforma autoriza, en detrimento de los principios democráticos de pluralismo político y representación de las minorías (artículos 2 y 63 de la Constitución), que la mayoría simple de los diputados pueda revocar en lo sucesivo, por "errores materiales o de forma no esenciales", los actos de la propia Asamblea; incluidos esos que, de ordinario, solo pueden quedar sin efecto mediante el voto de la mayoría calificada de sus miembros.

La reforma, además, vulnera el mandato de transparencia que fija el texto constitucional en su artículo 141 y declara reservada las declaraciones juradas de patrimonio de los parlamentarios; y, entre otras providencias, autoriza la incorporación de suplentes de los diputados por simple decisión del Presidente y previa comunicación a la Secretaría. El irrespeto por la Constitución, con el propósito de reducir la presencia de la oposición en el parlamento, es más que palmaria.

El origen de tal iniciativa inconstitucional es la pérdida de la mayoría calificada que sufre el Gobierno por los sucesos del año 2002, que determinan su ruptura con el Movimiento al Socialismo y la deserción de cinco miembros del MVR. Y la reforma del caso, dado que la oposición alcanza ahora a 79 votos frente a los 86 que controla el Presidente, busca resolver, junto a la citada restricción de la participación parlamentaria de la oposición, la aprobación legislativa de varios instrumentos cruciales para al avance hacia la reconquista del control total del poder en Venezuela, a saber la reforma del Tribunal Supremo de Justicia y el control de los contenidos de la información que trasmiten los medios de comunicación social, entre otras.

II. LA CONFESIÓN DEL PRESIDENTE

El Presidente, a su turno, no cambia de percepción acerca de la realidad nacional y de las enseñanzas que marcan al año precedente. Señala que "no se trata, pero para nada, de que aquí se vaya, repito, a colocar a Venezuela como un escenario donde están confrontándose dos fuerzas de igual legitimidad o de igual magnitud. Con el golpismo, con el terrorismo y con el fascismo ni se dialoga ni se negocia, se les derrota" es su criterio.

Pero le abre juego desafiante, sin comprometerse, a alguna fórmula eventual de enmienda constitucional o de referéndum sobre el recorte o no de su mandato, tal y como lo confiesa ante la Asamblea el 17 de enero de 2003. Dice, no obstante, que eso le corresponde impulsarlo a la oposición y a él el derecho de evitarlo, pero que al final "es un pueblo –que no él– el que va a decir: Sí o No". Y acoge, a su vez, la idea de Lula Da Silva sobre la citada conformación de un Grupo de Amigos que ayude a Venezuela, pero sin vocación de procónsules como lo advierte y sin que intenten "darle legitimidad" a quienes tacha de fascistas, terroristas y golpistas, agrega nuevamente. Espera, en suma, de amigos que respalden a su gobierno.

No obstante, de su discurso ante la misma Asamblea desnuda su evidente y manifiesta responsabilidad en la Masacre de Miraflores ocurrida el 11 de abril anterior; siendo que obvia, en el trágico momento cuando menos, el mandato que le fija el artículo 232 constitucional, a cuyo tenor "está obligado… a procurar la garantía de los derechos y libertades de [todos] los venezolanos…", incluso durante los estados de excepción.

"Hay que comenzar reconociendo –son sus palabras precisas– que en Venezuela hay un proceso de cambios estructurales profundos; que en Venezuela estamos en el medio de una crisis, sí; pero esa crisis no comenzó en diciembre del año 2002, esa crisis no comenzó el 11 de abril de 2002, esa crisis comenzó yo no sé cuándo, hace muchísimo tiempo, y esa crisis ha tenido suficientes evidencias objetivas para el que quiera reconocerla como el Caracazo, y centenares de hechos que han llenado de tragedia, de dolor y de sangre los caminos de Venezuela..." [lo que afirma el mandatario luego de confesar la razón de fondo]: "Nosotros ni hemos querido ni hemos buscado esta confrontación. Es la necesidad de hacer justicia y la urgencia de redistribuir la riqueza nacional la que nos hace rechazar un esquema económico generador de exclusión y nos hace enfrentar a quienes lo defienden, los grupos privilegiados, y pretenden restaurarlo a cualquier precio y a costa de nuestra soberanía, porque es la mejor forma de restaurar su excluyente sistema de intereses, prebendas y privilegios", concluye.

El gobierno venezolano, dentro de tal orden de cosas, no se frena e intenta meter en cintura, además y como parte fundamental de ese sector que considera necesario enfrentar incluso con la violencia, a los medios de comunicación social. Los juzga factores esenciales del golpe militar ocurrido y de la consiguiente desestabilización política que vive el país. Dado lo cual el Presidente le ordena a su Ministro de Infraestructura disponer –lo que este hace el día 20 de enero– la apertura de procedimientos administrativos sancionatorios contra Radio Caracas Televisión (Canal 2), Venevisión (Canal 4) y Globovisión (Canal 33). Les imputa transmitir noticias contra el Presidente y otras que considera falsas, engañosas o tendenciosas o irrespetuosas de las instituciones y autoridades legítimas, a cuyo efecto y en la práctica son rehabilitadas las "leyes de desacato" propias de las dictaduras y contrarias a cuanto dispone el artículo 13 de la Convención Americana de Derechos Humanos, que es de rango constitucional.

Y llegado el día 23 envía a la Asamblea el proyecto de Ley para la regulación de los contenidos informativos, denominada Ley de Responsabilidad Social de Radio y Televisión o Ley Resorte.

De nada valen las quejas de la OEA, de la Comisión Interamericana de Derechos Humanos por violar la acción represora y la propuesta legislativa el derecho a la libertad de expresión que consagra la mencionada norma de la Convención Americana o Pacto de San José.

III. EL GOLPE DEL TRIBUNAL SUPREMO A LA PARTICIPACIÓN CIUDADANA

Al paso, el pedido popular de referéndum consultivo sobre la gestión presidencial anunciado para el día 2 de febrero, dado el pedido que realiza la oposición con el apoyo de la ONG Súmate y lo acordado favorablemente por el Consejo Nacional Electoral el 3 de diciembre anterior, es anulado en su convocatoria por una Sala Electoral Accidental del Tribunal Supremo de Justicia, luego de haberlo cuestionado el Gobierno. El mismo Presidente de la República manifiesta que no dispondrá de recursos presupuestarios para el mismo, pues solo tiene dinero para el pago de los funcionarios públicos.

Dada la presión oficial, el petitorio que presentan distintos diputados oficialistas, y la renuencia de la Sala Electoral ordinaria del Tribunal Supremo de Justicia para aceptarlos, ocurren, dentro de la misma Sala, distintas e irregulares recusaciones e inhibiciones de sus magistrados titulares y es elaborada una lista de conjueces quienes a la vez son sustituidos o se inhiben hasta el momento en que logra forjarse la mayoría que necesita el Gobierno para un dictamen a su favor. Lo que es peor, por tal vía son incorporados jueces *ad hoc* de conveniencia –no naturales como lo demandan los artículos 26 y 49 de la Constitución– y quienes no conocen de los hechos con anterioridad. Así, la Sala Electoral accidental constituida, mediante su decisión 3 del 22 de enero le ordena al CNE "abstenerse de iniciar la organización de procesos electorales, referendarios, u otros mecanismos de participación ciudadana". No solo eso. Se le prohíbe a los Rectores del CNE ejercer actos que desborden la mera administración ordinaria del cuerpo electoral, le impide a uno de sus miembros acudir a las sesiones, y sugiere la designación de otras autoridades electorales. Los hechos no pueden ser más ominosos, por el desprecio que implican para la Constitución, a la autonomía funcional del Poder Electoral y la vigencia del Estado de Derecho y la burla, por lo demás, de las disposiciones constitucionales contenidas en los artículos 70 y 71, garantistas del derecho a la participación *in comento*.

Ante la arbitrariedad, e incluso dado el desconocimiento que hace la Sala Electoral Accidental de las autoridades del CNE, ordenando además el nombramiento de una nueva directiva, el 2 de febrero la oposición convoca para un evento que llama El Firmazo, en el que recolecta 3.236.320 firmas en apoyo de una petición que solicite la revocatoria del mandato presidencial, conforme al artículo 72 de la Constitución y el artículo 183 de la Ley Orgánica del Sufragio y Participación Política. Depurado El Firmazo, el número alcanza a la cifra de 2.789.385 rúbricas válidas, que superan el 20% del Registro Electoral Permanente actualizado y constante de 11.996.066 venezolanos inscritos.

IV. HACIA LA SALIDA CONSTITUCIONAL: DOS PASOS ADELANTE, UNO ATRÁS

Llegado el día 18, no obstante, el gobierno y la oposición democrática firman en la Mesa de Negociación y Acuerdos que facilitan la OEA y el Centro Carter una Declaración contra la Violencia, la Paz y la Democracia. Ambas partes se obligan a la moderación verbal, rechazar la intolerancia recíproca, respetar la libertad de expresión y, en espera de encontrar las vías constitucionales apropiadas para superar el clima adverso dominante, invitan a la Asamblea Nacional a que constituya una Comisión de la Verdad imparcial que dictamine sobre los sucesos de abril del pasado año y al gobierno para que impulse una política de desarme general de la población. Los homicidios llegan para finales del pasado año a la cifra de 11.342, en un salto exponencial y de escalera si se considera que la cifra promedio anual de homicidios entre 1994 y 1998 es de 4.590, manteniéndose estable. El deber estatal de proteger y garantizar el derecho a la vida, conforme al artículo 43 de la Constitución, cede inequívocamente.

Nada de lo previsto en la citada Declaración logra cristalizar y el 23 de mayo ha lugar a la adopción por las partes del llamado Acuerdo entre la Representación del Gobierno de la República Bolivariana de Venezuela y los factores políticos y sociales que lo apoyan y la Coordinadora Democrática y las organizaciones políticas y de la sociedad civil que la conforman, conocidos como los Acuerdos de Mayo. Pero anunciados por el Secretario de la OEA, César Gaviria, los mismos son protestados acremente por el propio presidente Chávez, mas finalmente lo firman sus emisarios el día 29 siguiente una vez como la oposición hace pública su igual decisión por voz de los juristas Asdrúbal Aguiar y Juan Manuel Raffalli. El acuerdo de base indica que "ambas partes coinciden en que la manera de resolver la crisis del país por la vía electoral puede lograrse con la aplicación de las disposiciones de la Constitución venezolana que prevén la realización de referendos revocatorios del mandato de los funcionarios electos que han llegado a la mitad de su período".

A la luz de lo ocurrido, el día 1° de junio, el Presidente, en su Programa Aló Presidente, anuncia que evitará a toda costa el referéndum revocatorio presidencial previsto en los Acuerdos. Y señala que únicamente tendrán lugar los referenda revocatorios de gobernadores y alcaldes; en tesis abiertamente inconstitucional – por contraria al artículo 72 de la Constitución– y que hacen luego suya tanto el Vicepresidente Ejecutivo (15-6-03) como el Ministro de Infraestructura (Programa *"Diálogo con"*, Canal 10, 15-6-03); quienes ajustan que, en todo caso los venezolanos deberán esperar por las elecciones generales del año 2006.

La Asamblea Nacional, a su turno, decide no atender el mandato de los Acuerdos que pide la integración por éste de un Consejo Nacional Electoral titular e imparcial para la realización de los distintos referenda planteados como solución constitucional y pacífica a la fractura que aqueja al país. Los mismos partidos de la oposición le impiden a Asdrúbal Aguiar y Timoteo Zambrano, sus representantes en el Mecanismo de Enlace con la OEA y el Centro Carter, avanzar sobre la materia.

Enterada de que el Tribunal Supremo tiene la disposición de solventar la señalada omisión constitucional por propia iniciativa, la Asamblea, por voz de Cilia Flores y Nicolás Maduro, amenaza a los magistrados supremos, indicándoles que los destituirán de ser el caso. Ello ocurre entre los días 4 y 10, luego de lo cual, siguiendo la línea trazada –probable y calculada estrategia oficial para que la oposición caiga en las redes de la Sala Constitucional del mismo Supremo Tribunal– la diputada oficialista Iris Varela propone el día 12 la enmienda de los artículos 265 y 296 de la Constitución. Lo hace aduciendo que la Asamblea puede así, por mayoría simple, destituir a los magistrados del Tribunal Supremo de Justicia y también nombrar, con igual mayoría simple, a los miembros del Consejo Nacional Electoral. En todo caso, la separación e independencia de poderes una vez más se muestra como una caricatura.

Durante la primera semana de junio, por consiguiente, el Gobierno adopta distintas líneas de acción manifiestamente inconstitucionales para frenar el avance de la oposición. El Vicepresidente Rangel, de concierto con la Procuradora General de la República, anuncia severas regulaciones al derecho de manifestación pública –consagrado en el artículo 68 constitucional– "en zonas polémicas" –como las llaman y según el proyecto de ley que prepara al efecto el Ejecutivo– amén de indicar, de cara a la oposición política, que el ejercicio de dicho derecho no es irrestricto en Venezuela.

Seguidamente, los diputados del oficialismo, el día 6, en una sesión realizada en la vía pública –El Calvario– para impedir la presencia de los diputados de oposición y reformar el Reglamento Interior y de Debates de la Asamblea Nacional, despojando de sus funciones a la Comisión Ordinaria de Legislación y en contra del principio de pluralismo político, aprueban distintos proyectos de leyes gubernamentales orientados a limitar la libertad de expresión, controlar al máximo tribunal de la República, y 'criminalizar' la disidencia política. Se trata de las leyes sobre contenidos de la información, del Tribunal Supremo de Justicia, y antiterrorismo (Reforma del Código Penal). Y al efecto, el propio Presidente de la

República, el día 8, exige de sus diputados solicitar antejuicios de mérito en contra de los parlamentarios de oposición que obstaculicen la sanción de tales leyes, burlándose de la previsión constitucional que asegura la libertad de conciencia y no sujeción a instrucciones de los diputados (artículo 201).

Dentro de la acelerada estrategia oficial de presión sobre los sectores opositores y de creación de miedos inducidos para impedir el desarrollo del proceso que conduce hacia el referendo revocatorio presidencial, en paralelo a los hechos de El Calvario el Canciller de la República, Roy Chaderton Matos, pronuncia ante la Asamblea General de la OEA que se celebra en Santiago de Chile, un discurso promotor de la discriminación religiosa y denigratorio del credo cristiano, aparte de contentivo de expresiones de intolerancia y agresiones a la oposición política; y, faltando a la verdad alega supuesta discriminación racial por parte de los medios de comunicación social radioeléctricos. Arguyen que éstos no incorporan dentro de sus programas a personas de raza negra o india. Se trata de una práctica discriminatoria que realiza con total impunidad el representante del Régimen, pues ella orada por mampuesto los contenidos de los artículos constitucionales 19 (Deber estatal de garantía de los derechos), 21.1 (Prohibición de trato discriminatorio) y 59 (Libertad de culto), amén de representar expresiones que constituyen apología del odio por motivos raciales y religiosos, proscrito por el artículo 13 de la Convención Americana de Derechos Humanos y el artículo 57 de la Constitución.

V.   LA ESTRATEGIA DE VIOLENCIA CONTRA LOS OPOSITORES

A su turno, hacia el día 12, Ronald Blanco La Cruz, Gobernador del Estado Táchira y militante chavista, le pide a un juez provisorio ordenar la detención de 9 dirigentes opositores por supuesto delito de rebelión y mantener en curso una investigación penal contra otros, en número de 80, entre quienes se cuentan 9 diputados al Consejo Legislativo Estadal. Les acusa de haber protestado y exigido su renuncia, ante su residencia, durante los sucesos de abril de 2002.

El 13, el Vicepresidente Rangel, en unión de su hijo del mismo nombre, Alcalde del Municipio Sucre del Estado Miranda, se hace presente en una manifestación pacífica celebrada por la oposición; y con apoyo de la Guardia Nacional –componente de la Fuerza Armada– cohonesta los actos de violencia desproporcionada que se ejercen contra aquélla y le da protección a los Círculos Bolivarianos, militantes de calle armados y afectos al gobierno, quienes causan destrozos en las instalaciones de la Policía Metropolitana y en la sede política promotora del acto (Partido Social Cristiano COPEI); todo en uso ilegítimo del poder y en abierta actitud de intolerancia política contra una manifestación pacífica. La focalización de los ataques oficiales violentos contra la citada institución policial, que depende de la Alcaldía Mayor Metropolitana cuyo titular, Alfredo Peña, se separa del oficialismo y acompaña a la oposición durante la marcha del 11 de abril, tiene un claro propósito que se descubre seguidamente, como lo es implicarla en la Masacre de Miraflores y distanciar de la misma las responsabilidades agravadas que pesan sobre el propio Presidente de la República. Tanto que, el 18 de agosto el Ejército, contraviniendo un mandato de la Sala Constitucional del Tribunal Supremo de Justicia, vuelve a tomar la sede de la Policía Metropolitana, para reforzar el ilegal e inconstitucional allanamiento que da lugar a la actuación de la Justicia.

Antes de concluir el mes de junio el General de División (Ejército), Jorge Luis García Carneiro, Comandante General del Ejército, en inadmisible interferencia e intento de arbitraje militar sobre el desempeño de los derechos democráticos de los venezolanos, manifiesta públicamente que el referéndum revocatorio del mandato presidencial no se llevará a cabo; amén de restarle valor alguno a los compromisos contenidos en los Acuerdos de Mayo, suscritos bajo los auspicios de la OEA, la ONU y el Centro Carter.

No obstante lo anterior, Chávez es consciente de lo inevitable que le resulta el referéndum revocatorio presidencial al que proveen los Acuerdos mencionados y consciente de su debilidad transitoria, da un golpe de timón y apela a todo el arsenal de la experiencia que le suministra su tutor afectivo, Fidel Castro. De allí nace, a propósito, la llamada Agenda Bolivariana de Coyuntura.

Entre tanto, el 15 de julio, la Sala Constitucional del Tribunal Supremo de Justicia adopta la Sentencia 1.942, para ponerle sordina a los medios de comunicación social, a cuyo efecto valida las denominadas leyes de desacato. Admite como constitucional el castigo con prisión de quienes critiquen a los funcionarios públicos y reafirma de tal modo una forma censura previa e indirecta de la información. Al efecto, ha lugar a una ilegítima mutación constitucional, por actos de la Sala Constitucional, pues se desconoce y en la práctica elimina el rango supra-constitucional de los tratados internacionales de derechos humanos, que reconoce el artículo 23 constitucional.

Así las cosas, junto con impulsar su acción represiva sobre la Policía Metropolitana, a la que acusa –según lo ya dicho– de "enemiga" hasta presentarla luego como la autora verdadera de la Masacre de Miraflores, y de exigirle el día 4 de agosto al General de División Jorge Luis García Carneiro, Comandante del Ejército, reprimirla con los tanques de la institución, acto seguido Chávez le abre espacios generosos a las Misiones Barrio Adentro, Robinson, Ribas, Sucre, Mercal, Vuelvan Caras e Identidad: todas de neto diseño cubano y guiadas por legiones de funcionarios provenientes de la Isla; orientadas, por una parte, a resolver fuera de las estructuras ministeriales y en contacto directo con la población las "urgencias" médicas, educativas, alimentarias o de empleo, y por la otra, a forjar una rápida reversión de las tendencias de opinión pública y alcanzar una adhesión popular creciente a la figura presidencial , como crear –mediante la Misión Identidad– los registros electorales necesarios que le permitan una masificación de votos favorable con vistas al revocatorio.

En paralelo Chávez hace lo posible para impedir su medición electoral, y el día 18 de agosto declara que desconoce las decisiones del –CNE actual– se refiere al anterior que precede al que luego designa el Tribunal Supremo de Justicia. Y el 20, una vez como la oposición consigna ante CNE las 3.236.320 firmas requeridas constitucionalmente para activar el referendo revocatorio, el mismo día y desde Buenos Aires señala que dichas firmas son falsas, dado lo cual no habrá referéndum durante lo que resta del año.

VI. INSTIGACIÓN A LA FUERZA ARMADA Y DESIGNA-CIÓN DE UN CNE INCONDICIONAL

Ya en Caracas, llegado el 22 de agosto Chávez declara que "si pierdo el referéndum me voy de Miraflores". Pero en su estrategia de "dos pasos adelante, uno atrás", desde Fuerte Guaicaipuro, en ocasión del 90° aniversario del 314 Grupo de Artillería de Campaña Ayacucho le pide a la Fuerza Armada defender el poder alcanzado por ella durante su gobierno y desconocer cualquier referéndum que intente expulsarlo del mando. Les intima, el 29 de agosto, para que de ser necesario usen las armas contra la población y rechacen cualquier forma de actuación internacional en contrario, en lo particular de la OEA.

De modo que, acto seguido el CNE –de mayoría oficialista, previamente designado por el Tribunal Supremo de Justicia el 25 de agosto mediante sentencia 2.341, a cuyo efecto se sobrepone a las competencias de la Asamblea Nacional arguyendo su omisión y afirmando actuar en defensa del derecho de participación política de los ciudadanos– invalida las firmas de la oposición. Anuncia, por voz de su Presidente provisorio, el abogado Francisco Carrasquero, afecto al Régimen, que han de recogerlas nuevamente pero bajo control del órgano electoral que preside y en los formatos elaborados por éste. Los técnicos del Centro Carter expresan su preocupación por esta forma poco democrática de reglamentación de la iniciativa referendaria y al hacerla pública Asdrúbal Aguiar y Timoteo Zambrano, en nombre de la oposición, el delegado de dicho Centro, volviendo sobre sus primeras afirmaciones niega tener reservas respecto de la decisión oficial adoptada.

El 26, desde Brasil y en visita que dispensa al Presidente Lula Da Silva, repite que "no se encuentra obligado con el mismo", refiriéndose al referéndum revocatorio de su mandato pedido por la oposición. Y el 2 de septiembre, desde Cuba, manifiesta que si el CNE valida las firmas opositoras para llevar a cabo el referéndum queda inhabilitado moralmente para realizar dicho proceso comicial.

El día 4 ocurre lo insólito. La Policía científica allana el CNE a fin de hacerse de las firmas que sirven de soporte a la solicitud de referéndum consultivo presentada antes por la oposición, que ha de realizarse el 2 de febrero precedente pero prohíbe la Sala Electoral Accidental del Tribunal Supremo de Justicia. La iniciativa, arguyéndose la investigación de 174 firmas cuyos titulares afirman no haberlas realizado, en el fondo pretende lo que más tarde se logra –la creación por el Gobierno de una lista de sus opositores, para chantajearlos y negarles sus derechos civiles– pero es abortada en lo inmediato por la protesta de algunos de los Rectores Electorales. Jorge Rodríguez, rector principal y en defensa del gobierno, para calmar las aguas declara que "las firmas no salen del CNE", pero aludiendo a las rúbricas del referendo revocatorio. La Lista, que desde entonces ha de formarse por órdenes del Presidente, sirve luego para ejercer presión sobre los firmantes que demandan el referendo.

De modo que, sabiéndose la falta de independencia que afecta al órgano electoral, éste, llegado el día 12 de septiembre, mediante su Resolución 030912-461 declara inválidas las 3.236.320 firmas recolectadas por la oposición en respaldo de su solicitud de realización del referéndum revocatorio del mandato presidencial. El CNE aduce que si bien esta es presentada dentro del término constitucional previsto, las firmas de los ciudadanos son recolectadas anticipadamente y en atentado al "derecho" del Presidente de la República de desempeñar sin contratiempos su mandato; dado lo cual, asimismo, desconoce el derecho de la sociedad civil organizada para participar –sin estar agrupadas en organizaciones políticas– en las fases distintas de un proceso electoral referendario.

En virtud de su decisión, el día 25, mediante su Resolución 030925-465 dicta unas "Normas para regular los procesos de referéndum revocatorio de mandatos de cargos de elección popular", confiscando la voluntad y soberanía de los ciudadanos, su libre iniciativa y el principio de personalización y reserva de los actos electorales. Conforme a las mismas el Poder Electoral asume como propio el proceso de recolección de firmas para los *referenda*; impone y limita en número y en tiempo de funcionamiento los centros para la recolección de firmas; obliga a la utilización de formularios de seguridad elaborados por el Estado y a la disposición de huellas dactilares al lado de cada firma aun mediando la inexistencia de un banco de datos oficial comparativo; limita proporcionalmente la distribución de planillas de recolección y exige que las actas que reúnan a éstas sean elaboradas por funcionarios públicos electorales; prohíbe la recolección de firmas en el extranjero y la de los militares; modifica los lapsos electorales previstos en la Ley Orgánica del Sufragio; lo que es más grave, dispone la publicación de las identidades de quienes soliciten la revocatoria del mandato de un titular de los Poderes del Estado, con vistas a la lista de la infamia mencionada.

De modo que, para restarle foco al pedido de referéndum revocatorio del Presidente, el CNE convoca dos procesos de recolección de firmas, uno contra los diputados de la oposición –a realizarse entre el 21 y el 24 de noviembre– y el presidencial, que la oposición llama El Reafirmazo, entre el 28 de noviembre y el 1° de diciembre.

VII. EL GENOCIDIO PETROLERO

La Guardia Nacional, entre tanto, en operativos que realiza en horas de la madrugada expulsa de sus viviendas –las asignadas por la industria– a las familias de los trabajadores petroleros destituidos por el paro. Quedan para la memoria los gritos de angustia de mujeres, ancianos y niños familiares de dichos trabajadores quienes, en horas de la madrugada del día 25 de septiembre son agredidos y expulsados por 300 guardias nacionales, munidos de armas y equipos anti-motín, de la Urbanización Los Semerucos, en Cardón, Estado Falcón. Luego de lo cual, la misma tropa militar facilita el ingreso de jóvenes quienes destruyen y expolian los haberes de los ex trabajadores de dicho campo petrolero.

La acción "genocida" se repite luego, el día 28, en contra de las familias de los antiguos empleados de PDVSA sitos en el Campo Petrolero de Anaco, Estado Anzoátegui, y el día 30, ocurre otro tanto, en el Campo Petrolero Punta de Mata, Estado Monagas, en donde la Guardia Nacional de nuevo se hace acompañar por los Círculos Bolivarianos, los camisas rojas del régimen encargados de ejecutar hechos de violencia callejera.

El mismo 25 de septiembre la policía política –la DISIP– allana la sede de la Corte Contencioso Administrativa, cuyos jueces han prohibido que los médicos cubanos traídos por el gobierno ejerzan en Venezuela en contravención de la ley sobre la materia y sin revalidar sus títulos de galenos; luego de lo cual, el 23 de octubre siguiente la Comisión de Funcionamiento y Re-estructuración Judicial del Tribunal Supremo de Justicia elimina la Corte Primera de lo Contencioso Administrativo y el día 30 del mismo mes remueve a sus magistrados, luego de la polémica pública suscitada por las decisiones que dictan en contra de las actuaciones gubernamentales mencionadas. La decisión, es aplaudida por el Jefe del Estado el día 26 anterior, con lo que queda acéfala dicha instancia judicial amén de paralizadas *sine die* las causas que cursan ante la misma. El asunto, que representa otro golpe de Estado a la autonomía judicial (artículo 254 constitucional), años después es conocido por las instancias del Sistema Interamericano de Derechos Humanos, dando lugar a la condena de Venezuela como responsable internacional por hechos internacionalmente ilícitos, conforme a sentencia que dicta la Corte de San José de Costa Rica.

No concluye el día sin que el partido de gobierno –MVR– presente ante la Asamblea, el 25 de septiembre señalado, un nuevo proyecto de reforma del Reglamento Interior y de Debates, dirigido a acortar el tiempo de debate de los parlamentarios, reduciendo sus intervenciones a sólo un número preciso de éstos y con vistas a la aprobación de las leyes; lo que es contrario, por lo mismo, a las normas que prescriben la personalización de la función parlamentaria, los trámites para el debate, y el régimen amplio de consultas de los proyectos de leyes. No obstante, el Presidente del órgano legislativo justifica la reforma por el sabotaje que practica la oposición en cuanto a las actividades del parlamento.

Considera que las tácticas dilatorias –obviando que son propias de cualquier parlamento democrático– "le hacen un grave daño, no solamente a quienes respaldamos al gobierno, sino a la Asamblea como institución".

Llegado el día 2 de octubre, un video transmitido por televisión da cuenta del momento en que jóvenes cubanos adoctrinan a Círculos Bolivarianos en las instalaciones de la 31 Brigada de Infantería del Ejército, en Fuerte Tiuna, Caracas. La reacción oficial no se hace esperar. Al día siguiente funcionarios de CONATEL –organismo de telecomunicaciones del Estado– proceden al allanamiento de la sede de la estación televisora GLOBOVISION, de abierta oposición al Gobierno, para secuestrarle 8 equipos de transmisión de microondas situados en Los Mecedores y en el cerro El Volcán, impidiéndosele así sus las transmisiones en vivo. Alegan no obstante, para justificarse, que la planta televisora hace uso indebido, sin autorización, del espectro radioeléctrico.

La Comisión Interamericana de Derechos Humanos decide, al respecto, solicitar del Gobierno venezolano la adopción de medidas cautelares que protejan la libertad de expresión y de prensa, dado lo cual, el propio Presidente, el día 8, en mensaje que dirige a los asistentes a la Cumbre sobre la Pobreza, la Equidad y la Inclusión Social en América Latina y en presencia del Secretario General de la OEA, César Gaviria, manifiesta que su Gobierno no va a acatar medidas cautelares en cuestión, que benefician a Globovisión. Hace de lado las previsiones de los artículos constitucionales 3, 19, 23, 26, 57, 58, 137 y 236.1, junto a los artículos 3 y 4 de la Carta Democrática Interamericana.

VIII. EL REAFIRMAZO

El CNE, el día 14 de noviembre, con Resolución 031114-775, dicta "Normas sobre publicidad y propaganda" para los procesos de referendos revocatorios a realizarse, restrictivas de la presencia de la oposición en los medios, previniendo a éstos con penas pecuniarias y la suspensión de sus publicidades, y fijando mecanismos de censura. Entre tanto, nada dice acerca de las permanentes cadenas de radio y televisión del Presidente de la República. Y el día 20, mediante su Resolución 031120-794, dicta las "Normas sobre los criterios de validación de las firmas y de las planillas de recolección de firmas para los procesos de referendo revocatorio", en las que condiciona y limita la manifestación de la voluntad popular al cumplimiento de formas subsidiarias y no sustanciales y la hace depender, para su validez, de actuaciones extrañas al firmante y dependientes de funcionarios del mismo Poder Electoral. Olvidan el carácter individual del derecho a la participación y expresión de la voluntad política.

Así las cosas, a partir del día 28 la oposición repite, bajo control del Consejo Nacional Electoral, la recolección de firmas para el referéndum revocatorio presidencial, en tanto que el Presidente de la República, sin haber concluido El Reafirmazo en cuestión y sin esperar la actuación del Poder Electoral al respecto, declara públicamente la consumación de un mega fraude por la oposición en su contra.

Lo cierto es que el CNE, un día antes de la primera recolección de firmas para la revocatoria del mandato de los diputados opositores, el 20 de noviembre, dicta las "Normas sobre los criterios de validación de las firmas y de las planillas de recolección de firmas", resultando extraño que en dicha normativa no precise qué se entiende por "planillas planas" de "caligrafía similar", pues es el argumento que le lleva a la anulación parcial de El Firmazo o primera recolección de firmas que efectúa la oposición. Y el mismo 28, por lo demás, prohíbe el uso por la oposición de la computadoras de la ONG Súmate, en los centros de acopio de firma instalados. Los expresidentes César Gaviria y Jimmy Carter, en todo caso, saludan la jornada cumplida como ejemplar y transparente. No obstante lo cual Chávez denuncia otro mega-fraude opositor. Sigue poniendo piedras en el camino hacia el referéndum

Lo cierto es que la oposición, hasta el día 1 de diciembre, fecha límite fijada por el CNE, logra reunir 3.448.747 firmas, siendo que la exigencia constitucional le demanda recolectar 2.436.083 firmas para hacer efectiva la solicitud de referendo revocatorio presidencial. Y el Centro Carter, quien observa, de entrada afirma que existen 3.183.526 sin error alguno y validadas contra el Registro Electoral Permanente. Las firmas son consignadas simbólicamente por la oposición ante el CNE –que ya las posee y conoce– el día 19 de diciembre. Hace entrega de 388.400 planillas en 500 cajas. El objetivo constitucional, pues, se cumple a cabalidad.

El CNE, en tal estado y a pesar de haber dirigido el proceso de El Reafirmazo y de observarlo con sus funcionarios, difiere *sine die* y por vías de hecho el proceso de verificación de las firmas, y violenta así sus propias "Normas para regular los procesos de referéndum revocatorios" a fin de preparar, entre tanto, otro zarpazo a la Constitución. Antes, el día 3, mediante su resolución 031203-814, decide suspender todo acto electoral de gremios y asociaciones profesionales, omitiendo su deber de respeto y garantía del derecho de asociación que consagrada el artículo 52 constitucional.

El año concluye y el Presidente intima al Banco Central de Venezuela para que le entregue 1.000 millones de dólares de las reservas internacionales, para dedicarlos a su gasto corriente y proselitista, olvidando que la Constitución prohíbe, en su artículo 314, cualquier gasto que no sea previsto con anterioridad por la Ley de Presupuesto, y el artículo 318 dispone la autonomía del Banco Central y su obligación de preservar el valor interno y externo de la unidad monetaria.

2004
GOLPE DENTRO DEL TRIBUNAL SUPREMO
PLEBISCITO Y MORDAZA

"Si no hubiéramos hecho la cedulación, ¡hay Dios mío! yo creo que hasta el referéndum revocatorio lo hubiéramos perdido, porque esta gente sacó 4 millones de votos... Entonces fue cuando empezamos a trabajar con las misiones, diseñamos aquí la primera y empecé a pedirle apoyo a FIDEL. Le dije: Mira tengo esta idea, atacar por debajo con toda la fuerza, y me dijo: si algo sé yo es de eso, cuenta con todo mi apoyo"

Hugo CHÁVEZ FRÍAS
Noviembre 2004

El año 2004 sigue Venezuela bajo el signo de la pugnacidad y ella no es atenuada por la mediación internacional, que todavía espera que sus objetivos se realicen a lo largo del año. El Presidente del Consejo Nacional Electoral, Francisco Carrasquero, omitiendo sus deberes de neutralidad –consagrados por el artículo 294 de la Constitución– llama "gárrulos" a los opositores y hace lo posible –aun cuando no lo logra– para mediatizar la observación internacional del proceso que conduce hacia el referendo revocatorio del mandato de Hugo Chávez Frías como Presidente de la República.

La Asamblea Nacional, entre tanto, el 26 de enero obtiene de la Sala Constitucional del Tribunal Supremo de Justicia el ucase para dictar leyes orgánicas sin mayoría calificada, a pesar de que ello vulnera de manera abierta la norma precisa del artículo 203 de la Constitución, que ordena al efecto la votación calificada de las dos terceras partes de los diputados.

Los obstáculos que los distintos poderes públicos del Estado, concertados, oponen para impedir el acto comicial en cuestión logra superarlos la oposición democrática, dada su tozudez y la vigilancia que ejercen sobre el mismo la OEA y el Centro Carter; quienes lo entienden como un medio necesario para ayudar al país para que supere sus debilidades institucionales y la polarización social y política que desemboca en los hechos trágicos del 11 de abril de 2002.

I. LA ANULACIÓN DEL REAFIRMAZO Y EL GOLPE DE LA SALA CONSTITUCIONAL

Entre tanto, más allá de las previsiones constitucionales y con detrimento de la doctrina constitucional a cuyo tenor las limitaciones de los derechos son ilegítimas cuando las disponen actos infra constitucionales que desbordan las previamente admitidas por el mismo texto constitucional, el CNE, quien el pasado año ya limita el derecho de participación ciudadana condicionando la petición de la revocación del mandato presidencial y anulando con reglas sobrevenidas el petitorio que al efecto le es presentado por la oposición (El Firmazo), ahora se repite y anula parcialmente la nueva petición (El Reafirmazo), el día 3 de marzo. Aplica al efecto criterios de rechazo e invalidación de firmas no contemplados previamente en la normativa, arguyendo la existencia de las denominadas firmas de caligrafía similar, planas o asistidas, con lo cual invalida planillas completas. Y con un retraso de 166 días, habiendo producido a conveniencia 6 bases de datos distintas, deja sin efecto el 45% de las firmas consignadas por la oposición, es decir, objeta 1.192.914 rúbricas y elimina 375.241; a cuyo efecto abre lo que denomina un "proceso de reparos", en el que los firmantes deben ratificar su voluntad e incluso, habiéndola dado válidamente, retirarla.

La Sala Electoral del Tribunal Supremo de Justicia, en conocimiento de lo ocurrido y ante el recurso que ejercen el día 8 de marzo los líderes de la oposición, demandando la nulidad de la decisión del CNE y pidiéndole a la primera los ampare, debe darle frente a la severa crisis constitucional que provoca al respecto la Sala Constitucional del mismo Tribunal Supremo.

A través de un memorándum de 11 de marzo –adoptado sin el *quorum* correspondiente– se dirige la Sala Constitucional a la Sala Electoral exigiéndole no darle trámite a la demanda opositora mientras ella decide –no siendo competente en lo contencioso electoral– si conoce o no directamente de las cuestiones relacionadas con el referéndum revocatorio presidencial. La Sala Electoral reacciona y hace valer su autonomía y el día 15 responde el memorándum en cuestión y señala a los magistrados de la Constitucional que su pedido violenta el Estado de Derecho. En sentencia de la misma fecha, con el número 24, acuerda el amparo que le piden Julio Borges, César Pérez Vivas, Henry Ramos Allup, Jorge Sucre Castillo, Ramón José Medina y Gerardo Blyde, y le ordena al Consejo Nacional Electoral desaplicar el criterio que dicta para someter a observación 876.017 firmas, pues lo dicta con fecha posterior a la recolección de las misma por el propio órgano electoral.

El fallo, como es de esperarlo, lo protesta la Asamblea Nacional dominada por el chavismo el día 16 de marzo y pide al TSJ un antejuicio de mérito en contra de los magistrados de la Sala Electoral, encabezados por su magistrado presidente Alberto Martini Urdaneta. Y otro tanto hace el Vicepresidente de la República, quien denuncia la sentencia como subversiva, mafiosa e inmoral; a cuyo efecto, como lo recuerda el catedrático Allan Brewer-Carías al comentar el caso, dichos poderes reivindican el tutelaje de la Sala Constitucional sobre el Consejo Nacional Electoral, que se inicia con la designación que ésta hace de los rectores del mencionado poder.

Así las cosas, la Sala Constitucional, a pedido de Ismael García, cabeza del llamado Comando Ayacucho del oficialismo, recuerda que es ella la que le decide, por vía de excepción, fijar la normativa electoral y delegar la potestad normativa en los rectores del CNE; dado lo cual, ella y no otra Sala es la competente al respecto. Y el 23 de marzo anula, mediante su sentencia 442, lo decidido por la Sala Electoral por haberse rebelado contra su memorándum. El establecimiento constitucional electoral –no solo algún artículo de la Constitución– queda fracturado en sus bases, y los jueces de la Sala Constitucional atraen hacia su seno, en la práctica, el ejercicio del poder constituyente para reforzar las pretensiones presidenciales. Ocurre un verdadero golpe de Estado.

Hugo Chávez, concertado y sabedor desde antes de la trama en curso y requerido de tiempo para implementar su contraofensiva a la ofensiva del revocatorio planteado, en oficio que dirige al cuerpo electoral el 30 de enero anterior, reclama de éste le haga entrega al diputado Luis Tascón Gutiérrez de una copia certificada de la base de datos que identifica a quienes firman la solicitud de activación del referéndum en su contra. Carrasquero, Presidente del CNE, accede y viola la Constitución, el carácter personal y secreto de toda manifestación de voluntad electoral, su intimidad y confidencialidad (artículos 60, 63 y 143 constitucionales). Recibe como premio, más tarde y una vez como cumple la misión que se le encomienda ante el organismo electoral, su designación como juez del Tribunal Supremo a propuesta de los diputados del oficialismo.

Nace de tal modo, ahora sí, la llamada Lista Tascón –que determina la muerte civil y el trato discriminatorio sistemático de los opositores por las dependencias del Gobierno– cuya elaboración es encomendada al diputado del mismo apellido. Los ministros y demás altos funcionarios del Estado se dan a la tarea de presionar pública y privadamente a los empleados públicos y a quienes acuden a obtener los servicios del Estado, firmantes de la petición referendaria, exigiéndoles retirar sus firmas del señalado petitorio o sufrir las consecuencias. Se les niegan en lo sucesivo sus documentos de identidad o se les impide realizar trámites en oficinas del Estado, le son retirados los beneficios, becas o pensiones que disfrutan, o son destituidos de los cargos que desempeñan en la Administración. Los derechos y garantías a la no discriminación de trato y al ejercicio de la participación política en condiciones favorables y efectivas, consagrados sucesivamente por los artículos constitucionales 19, 21, 62 y 70 pierden su eficacia.

El presidente de la República, con su Agenda de coyuntura, se ocupa de no dejar resquicio abierto o frente alguno de poder que debilite su propio poder. Nombra al general Jorge Luis García Carneiro como ministro de la Defensa y le confía la Comandancia del Ejército al general Raúl Isaías Baduel, hombres de su estrecha confianza y el último factor determinante de su vuelta al mando luego de los sucesos del 11 de abril de 2002.

La Asamblea, por su parte, reforma el Reglamento de Debates del cuerpo para consagrar su potestad de anular los actos propios por mayoría simple y el Gobierno, a su vez, le envía a ésta una reforma de la Ley Orgánica del Tribunal Supremo de Justicia para incrementar en doce el numero de sus magistrados y nombrarlos por mayoría simple. Se propone blindarse ante lo imprevisto. No olvida el quiebre de la unidad judicial alrededor del mismo Gobierno que provoca el juicio a los militares participantes del llamado "carmonazo".

Iván Rincón, cabeza del Alto Tribunal, por su parte redacta y mantiene bajo reserva un proyecto de sentencia que le permita a Chávez, dado el caso, volver a ser candidato presidencial en las elecciones que sobrevengan de serle revocado su mandato. Hace méritos luego de su renuncia del 11 de abril de 2002 y antes de asumir como embajador del Régimen. Las reglas de la Constitución son puestas de lado descaradamente.

Al margen de que las referidas decisiones parlamentarias reclaman, según el artículo 203 de la Constitución, una mayoría calificada que obvia esta vez y a su arbitrio la Asamblea, desde antes de su sanción la Comisión Interamericana de Derechos Humanos advierte, en su Informe de 2003, sobre el grave significado que la reforma de la ley del Tribunal Supremo tiene para la institucionalidad democrática y el principio de independencia de la judicatura; a cuyo efecto se refiere, como aspectos claves que finalmente quedan consagrados: "al aumento del número de magistrados del Tribunal Supremo, al otorgamiento de facultades para que la Asamblea Nacional pueda aumentar o disminuir por mayoría absoluta el número de magistrados de las Salas del Tribunal Supremo, así como la facultad para que dicha corporación pueda decretar, por simple mayoría, la nulidad del nombramiento de magistrados del Tribunal Supremo de Justicia".

El ambiente nacional no es el mejor. Han ocurrido las muertes de seis soldados en Fuerte Mara, calcinados mediante el uso de un supuesto lanza-llamas. La oposición protesta en la calle por la invalidación de sus firmas en la solicitud que hacen ante la autoridad electoral para el referendo revocatorio y es masivamente reprimida el 27 de febrero por la Fuerza Armada, con saldo de varios centenares de heridos y presos. Días antes, la Unión Europea expresa su preocupación por la dilación impuesta por el CNE al reconocimiento de las firmas de la oposición y dentro de dicho contexto, finalmente, mediante resolución posterior a los hechos éste ordena hacia el 2 de marzo la reparación por los ciudadanos de 876.017 firmas de las 3.467.050 firmas que se le consignan por segunda vez; autorizando al paso, a quienes firman válidamente –en un número importante funcionarios o beneficiarios del Estado– para retirar su consentimiento a la realización del referendo. El principio de la soberanía popular es una ilusión para quienes medran de la ayuda oficial.

En marzo la OIT le pide al Presidente –lo que no ocurre– el reenganche de los trabajadores petroleros despedidos, dado el carácter de derecho que tiene el ejercicio de una huelga, tutelado por la misma Constitución y los tratados internacionales. El Presidente manda al organismo a "freír monos" y hacia julio ordena la imputación penal del dirigente de aquéllos, Horacio Medina, y más tarde, de Juan Fernández, otro de los líderes petroleros emblemáticos.

No obstante lo anterior, habiéndose cumplido el cometido de la reparación de las firmas y retrasando el CNE la nueva validación, la petición de la OEA de acceder a los cuadernos electorales es protestada por el presidente del órgano comicial, quien la acusa de intromisión en los asuntos internos del país. Pero el 2 de junio ocurre lo no previsto. En horas de la noche, son descubiertos por periodistas un grupo de funcionarios policiales dependientes del Ministerio del Interior y extraños al cuerpo electoral, quienes manipulan los cuadernos de firmas del referendo consultivo rechazado tiempo atrás; dado lo cual, hecho público el asunto por las televisoras privadas en el mismo momento de ocurrir y haciéndose presentes los representantes de la OEA y el Centro Carter, no le queda otra opción al CNE que declarar cumplidos los requisitos para la realización de la jornada referendaria.

La solución constitucional y electoral a la crisis está servida. Pero ese mes, sin embargo, surge una tabla de salvación para el Gobierno a propósito del dialogo tripartito realizado, sin previo anuncio, entre Jimmy Carter, el empresario de televisión Gustavo Cisneros y el presidente Chávez.

II. CISNEROS, MEDIADOR JUNTO A CARTER

Carter, mediador de la crisis, decide hablar con una de las partes sin conocimiento de la otra, la Coordinadora Democrática, y Cisneros –acusado por Chávez de golpista– habla con el mandatario al respecto y arguye luego como justificación estar abogando por los medios de comunicación social privados y opositores, pero sin conocimiento de éstos. El dialogo da sus frutos y acto seguido viene a Venezuela un emisario contratado por el Centro Carter, William Ury, reconocido experto norteamericano en solución de conflictos. Llega con el propósito preciso de convencer a los medios de comunicación mantenerse "neutrales" de cara al acontecimiento referendario previsto.

El desbalance mediático de suyo existe, pero es necesario e inevitable a la luz del control pleno que sobre los resortes del poder público mantiene el mismo Chávez. La neutralidad, como se lo hace ver Asdrúbal Aguiar a Ury, sin éxito alguno, significa todo el poder para Chávez y el abandono consiguiente por los medios de esa otra mitad de la población que, a falta de partidos, encuentra valida la interlocución de éstos frente al poder hegemónico del Primer Mandatario. Venevisión, la empresa de Cisneros, cumple con su parte, no así los canales 2, 10 y 33.

El general Francisco Usón, ex Ministro de Hacienda del régimen, quien apoya logísticamente a la Coordinadora Democrática de oposición junto al general Manuel Rosendo, es hecho preso en el aeropuerto de Puerto Ordaz el día 22 de mayo acusado de ofender a la Fuerza Armada, luego de las amenazas proferidas en su contra por el Vicepresidente, José Vicente Rangel y por el diputado oficialista Juan Barreto. Y ocurre lo mismo con el alcalde opositor de Baruta, Henrique Capriles Radonski, quien es detenido y llevado a la sede de la policía política. De modo que la Unión Europea y el Grupo de Países Amigos piden al Gobierno respetar los Acuerdos de Mayo. A su vez, Chávez acusa al presidente Bush de querer sacarlo de Miraflores. Y los 59 de los oficiales atrincherados en la plaza Francia de Altamira son víctimas de autos de detención dictados en su contra.

Sin haber transcurrido un mes antes del día de referéndum, las autoridades del CNE provocan una migración de 1.100.000 votantes hacia otros centros y mesas de votación distintos de los que tienen asignados y son destituidos 18.000 miembros de mesas electorales y 400 integrantes de juntas electorales municipales, señalados de haber firmado por la activación del referendo. La protesta no se hace esperar. De nuevo Timoteo Zambrano y Asdrúbal Aguiar, representantes de la oposición en el Mecanismo de Enlace ante la

OEA y el Centro Carter, dan cuenta pública de la circunstancia. Pero los observadores internacionales –la OEA, luego del reclamo de los partidos afectos al Gobierno cambia a última hora a Fernando Jaramillo, jefe de gabinete de Gaviria, y nombra como jefe de su Misión al embajador de Lula Da Silva, el célebre y ya citado Walter Pecly Moreira– y de modo especial el Centro Carter afirman tener dispuesta la realización de una auditoria en caliente una vez concluya el acto de votación y para garantía de ambas partes. Así se lo hacen saber al enlace opositor en el CNE, el experto petrolero Alberto Quirós Corradi.

Sin embargo la historia es otra. Jimmy Carter, siendo las 3 a.m. del 16 de agosto y a despecho de la tendencia distinta que el Secretario de la OEA confiesa a los señalados representantes de la oposición –Aguiar y Zambrano– entrada la noche del día anterior, los invita a reunirse con él en su habitación del hotel Melia. Les anuncia que minutos después el presidente del CNE, Carrasquero, debe proclamar la victoria de Hugo Chávez en la justa. Ha alcanzado, según el ex presidente norteamericano, 59,06% de los votos en contra de 40,64% representado por quienes piden su salida del poder, según se lo indican los "resultados electrónicos" de la votación.

La auditoria en caliente no se realiza al obstaculizarla el mismo órgano electoral y no defenderla, arguyendo falta de personal suficiente, la misma observación internacional. Todo queda consumado. De nada valen la denuncia de irregularidades que entregan al embajador Pecly los mencionados Aguiar y Zambrano, a horas del referéndum y que aquél oculta a Gaviria, ni la denuncia subsiguiente de la canciller de Colombia, quien denuncia la entrega de 500.000 cedulas de identidad por el gobierno de Chávez a colombianos sitos en la frontera caliente dominada por las FARC, para que sufraguen a su favor. Poco importan los expedientes de las irregularidades ocurridas a propósito del referendo, sustanciados luego por una comisión que integran el ex rector de la Universidad Simón Bolívar, Freddy Malpica, y el constitucionalista Tulio Álvarez, entregados más tarde por Enrique Mendoza, Timoteo Zambrano y Asdrúbal Aguiar al secretario de la OEA, Cesar Gaviria, en Washington. El sufragio como derecho y su carácter libre y secreto, como lo dicta el artículo 63 constitucional, y la regla de la Carta Democrática Interamericana que manda "procesos electorales libres y justos", son letra muerta.

III. LA PROTESTA DE LA MESITA

La protesta de la oposición queda inscrita en la misiva que a través de sus representantes dirigen a la OEA los opositores, luego de ver frustrada su iniciativa para la realización de una auditoria posterior del referendo revocatorio.

Caracas, 20 de agosto de 2004. Señor secretario general de la OEA, César Gaviria: *[L]os resultados electorales presentados ante el país por el rector presidente del Consejo Nacional Electoral, afín al Gobierno, y en horas de la madrugada del día siguiente al referéndum: resultados hechos circular sin haber concluido el proceso de votación y ante las agencias internacionales de noticias por el rector Jorge* Rodríguez, *también afín al régimen y presidente de la Junta Electoral Nacional, resultaron abiertamente contrarios a todas las encuestas realizadas en las puertas de los centros electorales tanto por distintas entidades independientes reconocidas como por la propia Coordinadora Democrática. Como a Ud. también le consta, el presidente Jimmy* Carter *fue preciso al sostener [una vez le reclamamos el día 17 la necesidad de una auditoría integral en defecto de la auditoría en caliente no realizada] que los términos de la nueva auditoría habían sido convenidos por él con el rector principal Jorge Rodríguez... [dado lo cual, ante su negativa de considerar nuestros términos, decidimos no convalidarla]... La grave crisis democrática y de gobernabilidad que acusa Venezuela, que ha estado a punto de sumir al país en la violencia estructural y que, con dificultades de todo orden, conocidas por Ud. personalmente, hicieron posible la realización del último referéndum revocatorio, no desaparecerán; antes bien, se profundizarán, hasta tanto y en tanto la mayoría de los venezolanos tenga la convicción, por los elementos aquí expuestos, de que la soberanía popular ha sido burlada. El ejercicio electoral, huelga decirlo, por sí solo no resuelve la crisis de-*

mocrática y no hace sino profundizarla cuando existe desconfian-
za en los árbitros electorales, por parciales, y cuando media la
convicción de que el voto ha sido afectado por irregularidades y
falta de transparencia". Asdrúbal Aguiar/Timoteo Zambrano.

IV. LLEGA EL TERRORISMO DE ESTADO: ASESINADO EL FISCAL ANDERSON

El año 2004 concluye con tres tragedias: el atentado que le quita la vida al fiscal Danilo Anderson, persecutor de los firmantes del decreto de Pedro Carmona del 11 de abril a la vez que investigador de hechos graves de corrupción en el Alto Gobierno; el asesinato a mansalva por funcionarios policiales al servicio del Régimen del joven abogado Antonio López Castillo, hijo de dos dirigentes nacionales socialcristianos, la senadora Haydee Castillo de López y Antonio López Acosta, quien atiende profesionalmente a los presuntos implicados, según el Ministerio Público, en la muerte del fiscal. Y a manos policiales, bajo el argumento de que se busca a los asesinos del mismo Anderson, también aparece muerto en Barquisimeto, luego de ser torturado en Caracas, el abogado Juan Carlos Sánchez. El Fiscal General de la República, Julián Isaías Rodríguez Díaz, a propósito del caso del homicidio del fiscal, aduce ante sus colaboradores que median razones de Estado, al punto que escamotea las investigaciones *sine die*, ordena la forja de testigos y la falsificación de actas, con grave mengua de sus deberes constitucionales.

Son allanadas, además, las instalaciones del colegio hebraico Moral y Luces, en circunstancias que provocan consternación en la comunidad judía residente en Venezuela. Desde entonces, también se inicia la persecución gubernamental de los comisarios Iván Simonovis, Lázaro Forero y Henry Vivas, cabezas de la Policía Metropolitana, en una suerte de operación extraña en la que 8 funcionarios de esa institución, quienes se encuentran presos desde hace un año por los hechos de abril, cambian a sus abogados y designan a otros próximos al Gobierno, provocando un giro en las acusaciones hacia los primeros que los mantiene bajo rejas por varios años, sin debido proceso, hasta que llega la sentencia condenatoria cantada por el régimen, a 30 años. Los armadores de la estrategia judicial creen haber desviado las miradas de su foco original, el Palacio de Miraflores

V. LOS OBSERVADORES INTERNACIONALES DISIMULAN EL FRAUDE

Antes, la OEA se reúne para conocer los informes sobre el referéndum revocatorio realizado. El embajador Walter Pecly Moreira, jefe de la misión de observación –designado a última hora– durante la jornada comicial, dice que "el proceso se desarrolló normalmente, sin incidentes que pusieran en duda la transparencia e integridad del mismo". El secretario, Cesar Gaviria, no obstante coincidir en los resultados señalados por Pecly, en su informe –que luego es eliminado de la pagina Web de la OEA por su sucesor, Miguel Ángel Rodríguez, a pedido del señalado embajador y del embajador venezolano, Jorge Valero– deja constancia de las irregularidades que le son denunciadas por la oposición. Pide su investigación al organismo hemisférico. Y lo cierto es que hasta el Centro Carter, aliado de la victoria presidencial, destaca al igual que Gaviria que no se le permite por el CNE "observar los procesos de revisión interna" y que hubo desproporción y asimetría manifiestas de recursos favorables al Gobierno.

En lo particular, Carter señala el crecimiento irregular del registro electoral a última hora y destaca el fenómeno de las migraciones de votantes ordenadas por el CNE, para concluir que "las decisiones más controversiales, en particular aquellas que favorecen al Gobierno, se toman por un voto de 3-2", no encontrándose "evidencia ni en una sola ocasión de una decisión favoreciendo a la oposición con votación dividida de 3 contra 2". La parcialidad del Poder Electoral queda al desnudo.

El Centro Carter, a fin de cuentas, admite también que se deben investigar las irregularidades denunciadas, pero vuelve a señalar que no discute la victoria oficial; y al dar cuenta de la auditoria posterior realizada bajo su iniciativa y convenida por el propio ex presidente norteamericano con el rector principal Jorge Rodríguez, vocero de Chávez, reconoce que el programa aleatorio preparado por su Centro para la selección de las maquinas de votación a ser auditadas y cuyo software es validado por el CNE sin presencia de los observadores ni de la oposición, no funciona en la circunstancia. La muestra analizada "fue generada por personal del CNE" mediante un programa elaborado por el mismo órgano objeto de la auditoria, suministrado por el rector Rodríguez y operado por Tibisay Lucena, mas tarde sucesora de éste en el máximo organismo electoral.

Gaviria, en todo caso, no deja de aconsejar al mandatario venezolano, por saber o intuir lo que ha de ser la historia posterior: "Al presidente Chávez le asiste el derecho de avanzar en su proyecto político una vez ratificado su mandato, con apego a los principios democráticos que nos unen a todos los americanos y que están consignados en la Carta Democrática", afirma. Los informes internacionales sobre el referendo revocatorio, por revelar graves violaciones al ordenamiento constitucional y democrático de Venezuela, merecen de una detallada consideración.

La OEA y Jimmy Carter, como se sabe, concluidos los comicios y terminada la auditoria de resultados que da por ganador a Hugo Chávez: acordada ésta, según lo dicho, por el ex presidente norteamericano con el Rector oficialista, Jorge Rodríguez, respaldan las cifras de votos emitidas por el ente electoral y dan por finalizadas, así, sus tareas amén de satisfechas, según sus opiniones, las preocupaciones de fraude esgrimidas por la oposición.

Según los informes escritos sucesivamente por el hoy ex Secretario del órgano hemisférico, César Gaviria, por el Embajador brasilero Walter Pecly Moreira y por Jimmy Carter, palabras más, palabras menos, en el referéndum se utiliza "un sistema electrónico de alta sofisticación tecnológica" (Pecly) para el "establecimiento del voto electrónico" y mediante "equipos y sistema" adquiridos de "manera poco transparente"; creándose, así, "un innecesario clima de desconfianza" (Gaviria), provocador de "sospechas o posibilidades de que computadoras centrales impartiesen instrucciones a las máquinas" (Carter).

En lo particular, Carter señala que se trata de un proceso "afectado por algunas irregularidades, demoras, politización e intimidación". Y una "marcada falta de transparencia" también acompaña a la toma de decisiones generales del Poder Electoral.

Es de observar, en este orden, que la aprobación de la Carta Democrática Interamericana en 2001, introduce una corrección vital para la defensa del voto como derecho político y para su observación como elemento crítico de la democracia. La distinción entre democracia formal y de ejercicio determina, en efecto, la consideración de las elecciones como elemento esencial de dicho sistema político y su estimación a partir de criterios que escapan radicalmente a lo cuantitativo. En otras palabras, en lo adelante no basta que unas elecciones den resultados numéricos o sean conformes a las leyes del Estado que las realiza: En Cuba hay elecciones y también las hacen otras dictaduras.

La Carta pide, pues, que las elecciones sean libres, justas, secretas y transparentes. De allí que las misiones de observación electoral no estén llamadas, como lo dicta el artículo 25, a cumplir un papel de contabilistas. Les corresponde dar cuenta de la existencia o no de "las condiciones necesarias" para "la realización de elecciones libres y justas".

Los informes sobre la observación detallan los condicionamientos a que está sometido el referéndum revocatorio presidencial realizado el 15 de agosto. Dicen sobre lo difícil que les es a los observadores conseguir ser invitados y acerca de las prohibiciones establecidas por el CNE para la actuación libre de éstos, tanto que la Unión Europea decide no hacerse presente. Cuentan que "la oposición también puede alegar que asistió al proceso en condiciones que le imponían cierta desventaja", para luego admitir lo inadmisible: "es muy difícil crear condiciones de total equidad cuando se compite contra cualquier presidente" (Gaviria).

El Embajador Pecly Moreira, quien a mediados del lejano diciembre de 2002 ya defiende abiertamente a Chávez ante el Consejo Permanente de la OEA, esgrimiendo el carácter conspirador y golpista de la oposición venezolana y de la prensa, piensa, lógicamente, de un modo distinto a Gaviria y a lo previsto por la Carta Democrática. En su informe dice que "el proceso se desarrolla normalmente, sin incidentes que pongan en duda la transparencia e integridad del mismo". Y, luego de ajustar que "los ciudadanos que participaron... lo hicieron libremente, sin obstáculos que impidieran o limitaran la expresión de su voluntad, no registrándose casos de intimidación y violencia", desprecia las quejas de la oposición para sentenciar, a la manera de un juez nacional, que "ninguna de las denuncias recibidas, sin embargo, estuvo basada en hechos relacionados con las conductas tipificadas como delitos... en la Ley Orgánica del Sufragio".

La oposición, empero, expresa "dudas razonables" sobre los resultados del referéndum. No son intrascendentes, como consta en sus denuncias sobre las graves irregularidades acaecidas antes, durante y después de los comicios referendarios.

La inconsistencia de los resultados validados por los observadores con los "exit-pools" que señalan, como el caso de SUMATE, la victoria de la oposición con una diferencia de 19.4 puntos; y el posterior descubrimiento por ésta de más de 2.000 actas electrónicas con patrones numéricos de votación idénticos –no de porcentajes– en mesas con electores variables, motiva su inicial pedido a Carter de una auditoria "integral" para luego reconocer, si es el caso, el triunfo dictado en favor de Chávez. Mas lo veraz es que Carter se opone con intransigencia a tal exigencia, sin atender la mediación de Gaviria. Esgrime, entonces, que los términos de la "nueva auditoría", dado el fracaso de aquella que ha de ejecutarse el 15 de agosto, son convenidos por él con el Rector Rodríguez.

Carter, coincidiendo con Pecly en cuanto a que "el voto del 15 de agosto expresa claramente la voluntad del electorado venezolano", tiene, sin embargo, escrúpulos diferidos y narra luego, con detalles, entre exposiciones y recomendaciones, la trágica verdad del referéndum que observa, así:

(1) El proceso de verificación de firmas se hace con reglamentos "poco claros aplicados de manera inconsistente" y sin reconocer "la buena fe –e intención– de los firmantes"; (2) La verifica-

ción de firmas "duró más de 100 días, cuando por ley" debe hacerse en 30 días; (3) Durante el llamado "reparo de las firmas" impuesto por el CNE, emergen "amenazas de pérdida de empleos o beneficios gubernamentales" contra quienes firman y no retiran sus firmas; (4) El retiro de firmas impuesto por el Gobierno, "no se ajustaba a las normas electorales internacionales"; (5) Es cierta la "significativa asimetría de recursos" entre el Gobierno y la oposición para sus campañas; (6) El "número de electores –inscritos en el Registro Electoral– había crecido desmesuradamente y demasiado rápido", aparte de que se dan migraciones involuntarias de votantes hacia centros de votación distantes; (7) El CNE remueve a todos los miembros de las Juntas Electorales designando en su lugar a militantes "chavistas"; (8) Hay "promulgación tardía de normas cruciales"; (9) No se hace –en contra de lo afirmado por Pecly– la auditoria convenida para el día de la elección; (10) Las actas de votación no se imprimen antes de su transmisión electrónica, haciéndose posible que computadoras centrales impartan instrucciones a las máquinas; (11) La Fuerza Armada participa en la administración del proceso en las afueras y dentro de los centros de recolección de firmas y los centros electorales y "en algunos casos ese papel activo intimida a los electores"; (12) Tiene lugar, en fin, "falta de transparencia en la toma de decisiones del CNE".

Incluso así, Carter, coincidiendo con Pecly, se atrinchera para repetir que el "conteo rápido" de las actas electrónicas y los resultados transmitidos por las máquinas al centro de totalización "funcionaron correctamente". Pero acepta, coincidiendo con Gaviria, que "la oposición y los observadores internacionales no fueron autorizados para observar plenamente el proceso ni se les permitió observar los procesos de revisión interna". Y añade, por si fuese poco, "que la certificación del software de las máquinas de votación no fue observada ni por representantes de los partidos... ni por los observadores electorales"; aun cuando Pecly, quien llega como observador a última hora, sostiene que "el sistema electrónico de votación y transmisión de datos... fue adecuadamente auditado". Dado lo cual concluye Carter, junto a Pecly y Gaviria, que no logran tener acceso a "la sala de totalización"; salvo "a la 1 hora de la mañana del día 16 –como lo acepta el Embajador de Lula–

"cuando fueron invitados a comparecer..... a la Sala ... donde se recibían y procesaban los resultados apurados de las llamadas actas que cada máquina de votación emitía".

Lo cierto de esta tragedia o golpe constitucional, derivada en fraude, es que la OEA y el Centro Carter certifican lo hecho y deshecho por el Poder Electoral y se apoyan en los "quick count" o cuenta rápida de las boletas electrónicas. Se entregan a la infalibilidad de una sofisticada tecnología montada por manos nada transparentes, como lo admiten ahora. Pecly, rompiendo todo record, es capaz de aprobar y validar tal ingenio en su fugaz observación, apenas iniciada una semana antes del referéndum.

La auditoría del 18 de agosto, para el conteo manual y aleatorio de las papeletas depositadas e impresas por cada máquina electrónica, tampoco se hace como lo promete Carter: mediante un programa elaborado por su Centro. Al final, la muestra analizada "fue generada por personal del CNE" y mediante un programa del mismo órgano electoral auditado, según lo ya dicho.

En suma, Chávez gana con el apoyo de los observadores: quienes insisten en la victoria del mandatario; pero aceptan, con "revelador" retardo, la conveniencia de examinar "todos los indicios o argumentos en contra del resultado oficial". Gaviria pide "una valoración independiente". Carter sugiere que el CNE y el Tribunal Supremo de Justicia investiguen a fondo las denuncias de fraude, "ofreciendo una explicación clara y pública". Mas convienen, ambos dignatarios, que "el Gobierno ha ido consolidando su control de todos los poderes públicos" y que "si las instituciones... como las Cortes, el Poder Ciudadano y el Poder Electoral acaban dominadas por los partidarios presidenciales" cede la democracia y el Estado de Derecho.

Carter no deja de recordar que "perder un empleo o beneficios nunca debe ser la consecuencia de haber escogido libremente una opción".

La realización del referendo revocatorio presidencial, dejando al margen las apreciaciones anteriores y la eventual victoria numérica del presidente Chávez, encubre lo que previamente representa un golpe a la Constitución, a saber la mutación por decisión del árbitro electoral de dicho referéndum en un plebiscito ratificatorio de dicho mandatario. El asunto es de verdadera significación constitucional.

El artículo 72 de la Constitución es preciso al disponer, sin dejar margen para otras interpretaciones extensivas, que "cuando igual o mayor número de electores que eligieron al funcionario o funcionaria hubieren votado a favor de la revocación, siempre que haya concurrido al referendo un número de electores o electoras igual o superior al veinticinco por ciento de los electores o electoras inscritos, se considerará revocado su mandato y se procederá de inmediato a cubrir la falta absoluta" conforme a lo dispuesto en la misma Constitución.

VI. EL REVOCATORIO CONCLUYE COMO PLEBISCITO

De modo que, más allá del número de votantes, cierto o incierto, libres o constreñidos, que sufraga a favor de Chávez, lo cierto es que 3.989.008 votantes lo hicieron por la revocación de su mandato y éste es electo en agosto de 2000 mediante el sufragio de 3.757.774 electores.

De modo que, concluido el referendo con dichas cifras, el Presidente de la República cesa *ipso iure* en su mandato y cabe convocar a unas nuevas elecciones para cubrir su falta absoluta.

Sin embargo, el Consejo Nacional Electoral, mediante un acto de rango infra legal cambia la naturaleza de dicho referendo, considerando que al haberse pronunciado en favor del presidente un número mayor de votantes se le considera ratificado. Y en las Normas para regular los procesos de referendos revocatorios, que dicta el 25 de septiembre de 2003, se permite completar la norma constitucional del artículo 72, así: "Si el número de votos es igual o superior al número de electores que eligieron al funcionario... *y no resulte inferior al número de electores que votaron en contra de la revocatoria...*" (cursivas nuestras).

Queda así restringido el derecho ciudadano a la revocatoria de mandatos populares, que es justamente una de las innovaciones contenidas en la Constitución de 1999.

Lo grave de esto es que la Sala Constitucional, en fallo que dicta en 2002 en los casos de los gobernadores Sergio Omar Calderón y William Dávila, es conteste con lo que indica la norma constitucional mencionada, es decir, que basta llenar dos extremos: el quórum de participación superior al 25 por ciento de los electores registrados, y una votación superior a la obtenida por el mandatario sujeto a revocación, para sostener como cumplida la norma constitucional. Y al efecto, dice la Sala que "la revocación del mandato no es producto de la arbitrariedad, sino una consecuencia... [sobre la] pérdida tan grave de popularidad del funcionario que deviene en ilegítimo...".

Es inaudito –como lo pone de relieve Allan R. Brewer Carías, al exponer detalladamente sobre el asunto con su autoridad indiscutible– que la Sala Constitucional regrese sobre sus pasos y en sentencia posterior a la precedente, que adopta el 21 de octubre de 2003 –mirando sobre el revocatorio presidencial que se presenta ya como un hecho probable en el panorama– convalida lo decidido por el árbitro electoral; modifica la Constitución por vía judicial, en pocas palabras, y transforma el sentido de la revocación de los mandatos como mecanismo de control y participación popular por otro mecanismo de carácter ratificatorio o plebiscitario. "Las mayorías deben prevalecer", afirma el juez ponente José Manuel Delgado Ocando, sin reparar que tales mayorías no se bastan para enervar derechos humanos constitucionalmente consagrados, como el de la participación política, y menos para corregir la Constitución fuera de sus cauces.

Llegado agosto Human Rights Watch, la prestigiosa ONG internacional de derechos humanos, luego de felicitar la realización del histórico referendo venezolano expresa su preocupación al Gobierno por las amenazas de Chávez al sistema judicial, y le pide suspender la implementación de la reforma de la Ley Orgánica del Tribunal Supremo de Justicia que de hecho pone en sus manos la designación de doce nuevos magistrados supremos. Y la Corte Interamericana de Derechos Humanos, a su vez, ratifica sus medidas para el amparo del derecho a la vida y la integridad personal de los directivos y periodistas del canal de televisión Globovisión, objeto de las amenazas oficiales. Pero el Tribunal Supremo, en contrapartida, anuncia que serán juzgados penalmente los miembros de la organización no gubernamental SÚMATE, entre estos María Corina Machado, ancla de la oposición quien hace técnicamente viable la solicitud del referendo revocatorio presidencial.

VII. EL SALTO ADELANTE O LA NUEVA ETAPA

En noviembre de 2004, Chávez viaja a Rusia y a Libia, y da cuenta ante el país y la Fuerza Armada de su verdadero proyecto – conocido como el Salto Adelante o Proyecto de Transición Bolivariano– y la revolución muestra su verdadero rostro. Se considera libre de ataduras formales, luego de la alcanzar la victoria durante el referéndum revocatorio presidencial.

Chávez reconoce que su proyecto es la decantación de ideas maduradas y en ejecución desde cuando está preso por golpista, llevando ahora por nombre "La Nueva Etapa: El Nuevo Mapa Estratégico de la Revolución". Su primera fase se encuentra agotada: La Agenda Alternativa Bolivariana. De modo que aquella le guía hasta finales de su primer mandato extendido y a propósito de la misma confiesa que sin la ayuda cubana no hubiese vencido en el referendo revocatorio ni estaría trazando las nuevas 10 líneas maestras para la continuidad del proceso.

Alberto Garrido, periodista y estudioso del chavismo, precisa entonces que El Nuevo Mapa tiene como propósito crear las condiciones para la final implementación del Proyecto Nacional Simón Bolívar, en un continuo que a juicio de sus creadores originales –profesores de la Universidad de los Andes, dirigidos por Kleber Ramírez y otros profesores de la Universidad Central de Venezuela, dirigidos por Jorge Giordani, ministro de Planificación, lleva dos décadas. De allí que Chávez señale, luego de su relegitimación en 2001, que permanece en el poder, cueste lo que cueste, hasta el año 2021. Es su propósito.

"Si no hubiéramos hecho la cedulación, ¡hay Dios mío! yo creo que hasta el referéndum revocatorio lo hubiéramos perdido – confiesa el Primer Mandatario–, porque esta gente [de la oposición] sacó 4 millones de votos... Entonces fue cuando empezamos a trabajar con las misiones, diseñamos aquí la primera y empecé a pedirle apoyo a Fidel. Le dije: "Mira, tengo esta idea, atacar por debajo con toda la fuerza, y me dijo: si algo sé yo es de eso, cuenta con todo mi apoyo", refiere Chávez al presentarle a sus compañeros de armas, en noviembre, las líneas maestras de La Nueva Etapa.

Garrido describe, así, los objetivos para los años 2005 y 2006, que de suyo implican una ruptura abierta con la dogmática y los paradigmas que constan en la Constitución de 1999: "1) Avanzar en la constitución de una nueva estructura social (revolución social, poder a los pobres); 2) Articular y optimizar la nueva estrategia comunicacional (responsabilidad compartida); 3) Avanzar aceleradamente en la construcción del nuevo modelo democrático (participación popular); 4) Acelerar la creación de la nueva institucionalidad del Estado (creación del nuevo Estado social de Derecho y de Justicia); 5) Nueva estrategia integral y eficaz contra la corrupción (Hugo Chávez: "Vuelvo con el viejo dicho revolucionario francés: hay que demoler las viejas costumbres porque si no ellas nos van a demoler a nosotros. Eso tiene que ver con todos los ámbitos, con todos los actores, con los sindicatos, con los fondos de pensión, todo, todo, todo"); 6) Nueva estrategia electoral (elección por la base de los candidatos); 7) Acelerar la construcción del nuevo modelo productivo, rumbo a la creación del nuevo sistema económico (trascender el modelo capitalista; potenciar los núcleos endógenos, respetarla propiedad privada (Chávez: "Pero el mundo se está moviendo"); 8) Seguir instalando la nueva estructura territorial ("desarrollo endógeno, visión estratégica de desarrollo territorial, guerra contra el latifundio"); 9) Profundizar y acelerar la formación de una nueva estrategia militar nacional (unidad cívico-militar e incorporación del pueblo a la defensa nacional a través de la Reserva militar); y, 10) Seguir impulsando el nuevo sistema multipolar internacional".

La síntesis de lo escrito por Garrido, sin embargo, no dice tanto de la abierta ruptura constitucional planteada como el mismo discurso presidencial que la presenta y es su exégesis autentica. En lo institucional La Nueva Etapa se propone "garantizar la sustentabilidad de las misiones [cubanas]" y "construir la nueva institucionalidad revolucionaria"; en lo político y lo comunicacional, "transformar al hombre" venezolano, "educar a la población en los principios militares de disciplina, amor a la patria y obediencia", impedir que se reorganicen los opositores y si lo hacen "atacarlos y hostigarlos sin descanso", "fortalecer los medios de comunicación públicos", "evitar la transformación social de base en estructuras partidistas", "promover el registro electoral digital", y fortalecer" una instancia única de coordinación y toma de decisiones de las organizaciones con fines políticos que apoyan al proceso": el partido único, en suma; en lo económico, "desarrollar la economía popular", "fomentar el autoempleo", conformar "unidades productivas de base", y respetar la propiedad privada: "el planteamiento comunista, no (...), en este momento sería una locura, quienes se lo plantean no es que estén locos.

No es el momento" refiere Chávez; y en lo internacional y militar, "quebrar" el eje "dominado por el Pentágono": Bogotá-Quito-Lima-La Paz-Santiago de Chile, realizar "alianzas estratégicas" en la región con "los sin tierra", los indios, los campesinos, "desarrollar la Reserva militar" o ejercito popular miliciano junto al cambio del pensamiento militar por otro adecuado a las tácticas guerrilleras, en fin, disponer de una "estrategia de defensa móvil" frente a Estados Unidos y fortalecer las "acciones defensivas" en la frontera y frente "al Plan Colombia", reza el documento presidencial.

Al término del año, el día 2 de diciembre, el fiscal general, Isaías Rodríguez, le pide al Tribunal Supremo reconstituido luego de su cuestionada reforma, que revise la sentencia definitiva de Sala Plena por la que se decide no proceder al juzgamiento de los militares del 11 de abril; lo que efectivamente ocurre tiempo después sin que se inmute el Máximo Tribunal, a pesar de que no admite hacerlo el 14 de noviembre de 2002, cuando se lo pide a la Sala

Constitucional el ciudadano Alberto Oropeza Muñoz y opta por violar a mansalva la garantía constitucional de la cosa juzgada, contenida en el artículo 49, 7 del texto fundamental.

VIII. LLEGA LA LEY RESORTE

La Ley de Responsabilidad Social en Radio y Televisión (Ley RESORTE ó Ley de Contenidos) la sanciona la Asamblea Nacional el 7 de diciembre y Chávez ordena su ejecútese el mismo día. Nace de un proyecto que anuncia éste, a propósito de sus distintas confrontaciones y que se hace realidad afincado sobre su "victoria" en el referendo revocatorio y con los votos de la mayoría simple que representan sus diputados en el seno del parlamento.

El texto en cuestión es sancionado, en efecto, como ley ordinaria y de suyo omitiéndose la exigencia constitucional a cuyo tenor sólo mediante leyes orgánicas se pueden "desarrollar los derechos constitucionales" (artículo 203 de la Constitución). Lo que es más, se pone en vigencia con desprecio absoluto por las disposiciones constitucionales que rigen en materia de libertad de expresión e información (artículos 57 y 58 constitucionales y artículo 13 de la Convención Americana de Derechos Humanos). La columna vertebral de la democracia que es dicha libertad, dado el golpe que recibe, deja a la democracia afectada de cuadraplejía.

Chávez nunca escatima palabras ni es ambiguo al anunciar todo cuanto ocurre: "He sostenido [desde los inicios de mi Gobierno] un muy complejo sistema de relaciones con los medios de comunicación...[como] parte de un choque histórico de fuerzas, una que puja por nacer, ha nacido, se levanta y quiere fortalecerse y otra que pujó por conservarse y por mantenerse hasta lo último y no pudo, cayó y trata de levantarse...y dentro de ese escenario, pues estamos nosotros" (*Diario El Universal, Caracas, 28-6-2001, sección nacional y política*).

A. *Estatización del espectro radioeléctrico*

El artículo 2 de la ley de contenidos o mordaza *in comento*, que es, en la práctica, el artículo inaugural y sustantivo de la misma, recuerda que "el espectro radioeléctrico es un bien de dominio público". Luego de lo cual se permite sugerir oblicuamente, como lo hace en su artículo 1: referido al objeto y ámbito de aplicación de las normas del señalado instrumento legislativo, que "los prestadores de los servicios de radio y televisión" antes que propietarios o dueños de estaciones de radio y de televisión son, para los fines de ley, lo señalado: prestadores de un servicio público, usuarios de un bien dominio público, en otras palabras, realizadores en nombre y por cuenta del Estado de una función estatal de formación e información según los cánones constitucionales y legales establecidos. Llega a su final, así, la radio y televisión privadas e independientes en Venezuela.

Junto a lo anterior, sobre el recordatorio expreso de que el espectro radioeléctrico es de dominio público, seguidamente se justifica la regulación de contenidos y el régimen de sanciones previsto por la misma Ley, a cuyo tenor y por la misma razón mencionada el Estado toma para sí tareas que habrían de ser más propias de la ciudadanía (artículo 3), como "fomentar el equilibrio democrático" entre los prestadores de los servicios de radio y de televisión, los productores independientes, y los usuarios; "contribuir con la formación de la ciudadanía", vía la utilización del espectro radioeléctrico; o hacer otro tanto con "la cultura, la educación", etc.

Así las cosas, resulta del texto de los artículos mencionados anteriormente la teleología de la ley de contenidos, como la es regular el ejercicio de la libertad de pensamiento y de información que tenga como canales de expresión a la radio y a la televisión; a fin de que sus contenidos sirvan a la formación ciudadana, a la educación y la cultura de los niños, niñas y adolescentes, mediante programas –como lo precisa el artículo 14 *ejusdem*– acordes con el desarrollo integral de éstos y "con enfoque pedagógico": tarea que considera suya el Estado y que reclama la revolución para la forja del Hombre Nuevo.

Huelga observar, empero, la incompatibilidad de la tesis legislativa así descrita con las pautas jurisprudenciales que se han desprendido de la norma del artículo 13, numeral 3 de la Convención Americana de Derechos Humanos y a cuyo tenor "[n]o se puede restringir el derecho de expresión por vías o medios indirectos, tales como el abuso de controles [*omissis*], de frecuencias radioeléctricas, [*omissis*]". Y ello es de rango constitucional.

Cabe observar, a título de ilustración, que a propósito de un planteamiento de Austria relacionado con sus injerencias en el campo de la comunicación social, animadas por la idea de la dimensión política alcanzada por los medias audiovisuales y atendiendo el mandato de la ley constitucional sobre la radiodifusión, que le obliga a "asegurar la objetividad e imparcialidad de la información, el respeto al pluralismo, el equilibrio de los programas así como la independencia de las personas y órganos responsables de la emisiones", "la Corte [Europea de Derechos Humanos] recuerda que frecuentemente ha insistido sobre el rol fundamental de la libertad de expresión dentro de una sociedad democrática, sobre todo cuando, a través de la prensa escrita, ella tiende a comunicar informaciones e ideas de interés general, a las cuales el público puede acceder. Y tal empresa no se puede lograr si no se funda sobre el pluralismo, donde el Estado es el último garante. Lo cual vale como criterio especial para los medias audiovisuales, cuyos programas se difunden a gran escala. De todos los medios para asegurar el respeto de tales valores, el intento de monopolio público es el que impone las restricciones más fuertes a la libertad de expresión. [*omissis*]. Gracias al progreso de las técnicas en los últimos decenios, las restricciones estatales no pueden sino fundarse sobre consideraciones vinculadas al número de frecuencias y de canales disponibles. [*omissis*]. En suma, la Corte considera las injerencias [pretendidas por Austria para controlar los medias audiovisuales] como conflictivas y desproporcionadas [*omissis*] y, por lo tanto, no necesarias en una sociedad democrática" (*Caso Informationsverein c. Austria, 24 de noviembre de 1993*).

B. *Estandarización de contenidos y censura previa*

La segmentación programática y radio televisiva, única que asegura el principio democrático de la pluralidad constante en el artículo 2 constitucional, pierde su anclaje en el texto de la ley. Al efecto el artículo 6 de ésta define anticipadamente los estándares que sirven de marco para la determinación de los tipos y bloques de horarios de transmisión permitidos; en cuyo defecto el prestador de servicios de radio, televisión, o de difusión por suscripción, puede ser objeto de sanciones dentro del cuadro de las setenta y ocho (78) modalidades o hipótesis de conducta que prevé la ley como supuestos de responsabilidad, no excluyentes de las civiles o penales.

Las normas del caso fijan una suerte censura previa de los contenidos, al prohibir expresamente la transmisión de elementos de lenguaje, salud, sexo y violencia definidos de un modo indeterminado, cuya precisión la hace el Estado según su criterio y conveniencia, secuestrando un tiempo horario predeterminado que alcanza de hecho a todo el día hábil (7 am a 7 pm): desbordándose, a todas luces, la conocida censura previa de espectáculos públicos "con el exclusivo objeto de regular el acceso a ellos para la protección moral de la infancia y la adolescencia", tal y como lo acepta el artículo 13, numeral 4 de la Convención Americana de Derechos Humano, que es de rango constitucional.

C. *Atentados a la seguridad de la Nación*

La ley, por otra parte, no solo fija con fines de la estandarización mencionada los elementos de clasificación indicados (lenguaje, salud, sexo y violencia) y que determinan, por vía anticipada, los usos permitidos de los horarios de la radio y de la televisión, y sirven como premisas normativas indeterminadas para la consiguiente enumeración de las muchas hipótesis sancionatorias que dispone.

Antes bien, junto con inhibir la libertad de pensamiento y de expresión de los "prestadores del servicio", quienes en teoría (artículo 13 de la Convención Americana) tienen derecho de "difundir informaciones e ideas de toda índole [*omissis*] por cualquier [*omissis*] procedimiento de su elección", les hace objeto de una medida cautelar que autoriza al ente gubernamental competente: la Comisión Nacional de Telecomunicaciones, para "ordenar a los prestadores de servicios de radio, televisión y difusión por suscripción, abstenerse de difundir en cualquier horario, mensajes que infrinjan las obligaciones establecidas" (artículo 33) en el artículo 29, numeral 1 de la ley, a saber la transmisión de "mensajes [*omissis*] contrarios a la seguridad de la nación".

Cabe tener presente que, conforme al artículo 324 constitucional, la seguridad de la nación comprende todo y hace posible toda hipótesis imaginable para la suspensión, sin mediación judicial, de cualquier programa de radio y de televisión y sea cual fuere su contenido.

La seguridad de la nación, según la pauta constitucional, hace relación abierta y sin ponderación alguna de sus alcances y límites con los "principios de independencia, democracia, igualdad, paz, libertad, justicia, solidaridad, promoción y conservación ambiental y afirmación de los derechos humanos", y atiende, de modo general, a "la satisfacción progresiva de las necesidades individuales y colectivas de los venezolanos y venezolanas, sobre las bases de un desarrollo sustentable y productivo de plena cobertura para la comunidad nacional".

En suma, el gobierno sin cortapisas ni intervención mediadora de los jueces, puede suspender a su arbitrio cualquier programa de radio y televisión.

D. *Espacios y contenidos para el gobierno*

La ley mordaza crea, finalmente, un marco indiscutible para la autocensura de los "prestadores de los servicios de radio y televisión". Dados los elementos reguladores de los contenidos y limitativos de las transmisiones radioeléctricas que aquella impone de un modo genérico, abiertos a la interpretación discrecional del Estado, todo prestador de suyo ha de intentar lo necesario para no ser víctima de las sanciones previstas por dicho ordenamiento.

Pero si ello basta como prescripción para inhibir las actuaciones de los antiguos propietarios o directivos de estaciones de radio y de televisión, en modo tal de enervar los efectos sociales de sus particulares saberes o creencias o ideas y cuya divulgación pública resulte –según el Estado– perjudicial para los usuarios y las usuarias, por otra parte, la ley provoca una cooptación progresiva y activa de los contenidos trasmitidos por la radio y la televisión.

El Estado, en efecto, no solo controla la totalidad del espectro radioeléctrico y los contenidos programáticos de la radio y la televisión, sino que dispone dentro de éstas de espacios gratuitos y obligatorios (artículo 10), cuyo uso y transmisión ordena el órgano rector del Ejecutivo Nacional con competencia en comunicación e información; y a cuyo cargo directo, unilateral, quedan, por mandato de la misma ley, la administración de tales espacios, sus horarios y temporalidad.

La ley reitera, por una parte, la figura de los mensajes previstos en el artículo 192 de la Ley Orgánica de Telecomunicaciones, conocidos como las cadenas oficiales, sin límites de tiempo en cuanto a sus transmisiones y que, bien pueden alcanzar a los mensajes gubernamentales orientados al desarrollo de la personalidad humana: los educativos y culturales, en tanto y en cuanto hacen parte de los cometidos esenciales del Estado. Pero, además, el señalado órgano rector estatal dispone en cada radio y televisión privadas: que a la fecha son 420 emisoras, entre locales y nacionales, "de setenta (70) minutos semanales" para "mensajes culturales, educativos, informativos o preventivos de servicio público", que no pueden verse afectados en su calidad, imagen y sonido, ni interferidos en modo alguno por los prestadores de servicios de radio y televisión (artículo 10, numeral 2).

El círculo concéntrico de cooptación del tiempo horario en radio y en televisión por el Estado para sus llamados "programas educativos y culturales", que buscan cerrarle espacios a las influencias exógenas o extrañas, encuentra su manifestación más extrema en dos disposiciones de la ley que le hacen posible:

(a) Obtenerlos por vía punitiva y alegando incumplimiento de la ley por parte del operador, según los términos del artículo 28, numerales 1 y 2.

(b) Asegurarse la transmisión por "los canales cuya señal se origine fuera del territorio" nacional (*v.gr*. CNN, BBC, TVE, RAI, TV5, etc.) y que lleguen a los usuarios mediante "servicios de difusión por transmisión", conforme lo prevé artículo 10, numeral 2.

El saldo de la ley se aprecia mejor a largo plazo. Hacia el año 2010, a seis años de adoptada la ley, la prensa da cuenta de que el Presidente de la República logra encadenar en más de 2.125 oportunidades y durante 1.464 horas el sistema de radio y televisión, para su proselitismo o el de su gobierno; ello, sin contar las largas horas de transmisión que ocupa cada semana para su programa Aló Presidente. La homogeneidad y la hegemonía oficial comunicacional es ahora la constante dentro la información audiovisual y prensa venezolanas.

Para inicios del 2012, "se destacan tres diarios financiados con fondos públicos, Vea, Correo del Orinoco y Ciudad CCS; seis canales de televisión nacional, VTV, Vive TV, Asamblea Nacional TV, TVES y Ávila TV y Telesur; cuatro emisoras de radio del circuito YVKE Mundial; una red que se identifica como de "medios paraestatales", compuesta por alrededor de 400 emisoras de radio comunitarias, 36 televisoras comunitarias y cerca de 100 periódicos; la Agencia Bolivariana de Noticias; una red digital del Ministerio de Comunicación e Información, que incluye las páginas web de los distintos órganos del aparato estatal; Misión 2.0 con la cuenta @ChávezCandanga en twitter, para cuyo funcionamiento disponen de 200 funcionarios".

IX. GRANDA, EPÍLOGO DEL AÑO

Rodrigo Granda, llamado el canciller de las FARC, es hecho preso en Cúcuta, ciudad vecina al territorio venezolano, el día 23 de diciembre y como epílogo del año, en una operación militar combinada de las Fuerzas Armadas del país vecino y militares venezolanos, quienes son llamados traidores por el Presidente de la República.

Colombia paga una recompensa por Granda, quien ejerce su voto en el referendo revocatorio con una cédula de venezolano, demostrándose una vez más la colusión del gobierno del presidente Chávez con la narco-guerrilla vecina. Dado lo cual las relaciones comerciales entre ambos países quedan suspendidas por decisión de Caracas y hasta tanto Bogotá presente sus disculpas por el "secuestro". Pero Bogotá se adelanta y le envía a Chávez una lista de otros siete jefes guerrilleros que están siendo protegidos por Venezuela dentro de su territorio.

La Sociedad Interamericana de Prensa afirma, públicamente, que aprecia el inicio en Venezuela de una tiranía chavista.

2005
MILICIAS POPULARES Y CRIMINALIZACIÓN DE LA DISIDENCIA

"Fue un momento que ya quedó atrás. Si alguno de nosotros para tomar una decisión personal con alguien va a buscar la lista, lo que está es trayendo situaciones pasadas al presente y contribuyendo a recrearlas... todavía en algunos espacios tienen la Lista Tascón en la mesa para determinar si alguien va a trabajar o no va a trabajar"

Hugo Chávez Frías
15 de abril 2005

Se inicia el año con la protesta de la organización Reporteros sin Fronteras, quien da cuenta, dentro de su informe anual 2004, que el 11 de diciembre último partidarios del gobierno invaden la radio AM Mundial Zulia, situada en la frontera con Colombia, para impedir la transmisión del programa "Para estar al día" que dirige el periodista Rafael Mejías, partidario del referéndum revocatorio presidencial. Cede una vez más la libertad de expresión, sin reacciones por parte del Estado. En tanto que PROVEA, organización de derechos humanos, informa de 54 detenciones por razones políticas, que afectan de manera directa el derecho a la libertad personal consagrado por la Constitución. El disenso, en suma, ya es un delito en Venezuela y poco falta para su consagración legal.

I.   LA HOMILÍA DE DUPUY

De modo que, de manera oportuna, llegan como dardo al corazón del régimen las palabras que pronuncia el día 7 el Nuncio Apostólico de Su Santidad, Monseñor André Dupuy, ante la LXXXIII Asamblea Ordinaria de la Conferencia Episcopal Venezolana. A sus hermanos los Obispos, les dice: "no puedo olvidar las impresionantes manifestaciones espontáneas de civismo y voluntad popular de las que ha sido teatro especialmente esta ciudad", Caracas.

Y agrega lo siguiente: "El recuerdo de aquellas manifestaciones nos plantea una pregunta: ¿dónde se encuentra hoy ese pueblo valiente, es decir, esos hombres y mujeres, testigos de libertad y solidaridad, conscientes de su responsabilidad y protagonismo? Ellos, no lo olvidemos, tienen nombre y rostro; son sujetos de una dignidad inalienable, fuente de derechos que deben ser permanentemente respetados y promovidos". "Reflexionando sobre este fenómeno, tengo la impresión –añade Dupuy– de que se está repitiendo el famoso episodio de los discípulos de Emaús, en la mañana de Pascua. Ellos se alejaban de Jerusalén para regresar a su aldea, con el rostro triste y el corazón invadido por una perspectiva decepcionada. Hermanos obispos, ¡cuántos ciudadanos, a imitación de estos discípulos anónimos, han regresado a su casa, a su cotidianidad, desconcertados, incluso escandalizados! Su desesperanza es tanto mayor cuanto más grande ha sido su esperanza", finaliza.

Así las cosas, el Nuncio invita a sus hermanos en el Episcopado para que en una sociedad como la venezolana, marcada por una crisis de difícil precedente, la Iglesia sea mensajera de la esperanza, agente de diálogo y reconciliación.

Chávez, no obstante, como lo anuncia ante la Asamblea Nacional en su mensaje de 14 de enero, dando cuenta de su gestión durante el año precedente, prefiere declarar que ya cuenta con recursos para su proyecto político. Ha superado su diatriba con el Banco Central de Venezuela, antes negado al uso y disposición de las reservas internacionales para tales fines, y dispuesto la creación –que ocurre hacia el mes de agosto– del Fondo de Desarrollo Nacional; una compañía anónima que recibe directamente parte de los ingresos petroleros y los excedentes de las reservas al margen del control presupuestario público. Al efecto se procede a reformar la Ley del ente emisor. Se avanza contra el capitalismo, en pocas palabras, desde la misma acera del capital y su disposición arbitraria, sin límites.

La economía, para el Presidente, sale del foso: "una especie de milagro". Y las misiones sociales, en lo particular los mercados populares (Mercal) alcanzan con su servicio a 10 millones de venezolanos, las misiones educativas (Robinson) a 3 millones 800 mil compatriotas quienes disponen de materiales formativos suministrados por Cuba, y las misiones Barrio Adentro atienden 86 millones 500 mil consultas "gracias a Cuba, y a sus médicos": "Muchas gracias señor embajador, transmítale al presidente Fidel Castro nuestro agradecimiento", son las palabras de Hugo Chávez Frías, Presidente de la República.

"Aquí está en marcha un modelo alternativo que está siendo mirado con atención por millones y millones, yo diría, centenares de millones, yo diría más, miles de millones de ciudadanos y de ciudadanas en este planeta y si en Marte hubiera vida, parece que no la hay, pero si la hubiera, estoy seguro de que también estarían pendientes...Bueno, no vaya el señor Presidente a llamar aquí a un psicólogo, un médico, después que yo diga esto, pero esto lo vamos a cumplir en el Acuerdo con Cuba, aprobado allá por ambos presidentes, el presidente Fidel Castro y este humilde servidor y ya estamos trabajando para lograrlo, necesitamos el apoyo de todo el país, de todo el país, gobernadores, alcaldes, comunidades, empresarios privados también. Todos, diputados, diputadas, esto es posible y lo vamos a cumplir", es el testimonio síntesis que rinde Chávez en su citado Mensaje. Poco le vale la prescripción constitucional del artículo 299, que fija como régimen socioeconómico de la República uno que se fundamente en los principios, entre otros, de "eficiencia, libre competencia,…, productividad".

II.   VENEZUELA, ALIVIADERO DEL TERRORISMO INTERNACIONAL

En la circunstancia, sin embargo, la opinión pública toma nota y prefiere acusar que el jefe guerrillero colombiano Rodrigo Granda ejerce su voto en el referéndum revocatorio presidencial del año anterior; pues al efecto el gobierno venezolano le nacionaliza un mes antes de los respectivos comicios y le otorga cédula de identidad un día antes de los mismos. Las listas que apuntan hacia el fraude en la identidad, obra de la otra Misión del mismo nombre – Misión Identidad– que instala en Venezuela el gobierno cubano, según lo reconoce expresamente el mismo Presidente Chávez traicionando sus deberes para con la patria, sirve, por lo demás, para la cobertura dentro de nuestro territorio de quienes son buscados más allá de nuestras fronteras por la comisión de graves crímenes contra la humanidad. Su significado electoral, siendo importante, pierde, pues, relevancia y así lo denuncia la Canciller de Colombia una vez concluye el referéndum de 2004, según consta en párrafos anteriores.

El día 16, el periodista Rodolfo Schmidt, suministra a propósito una corta lista, como la llama, en los términos que siguen: "Porque lo que reitera el "Caso *Granda*", es que este régimen ha creado y administra un "Spa" internacional para cuanto delincuente deambule por el mundo. Montesinos, Ballestas, Granda; Hakim Mamad Ali Diab Fattah; Fathi Mohammed Awada (V-6.282.373); Hussein Kassine Yassine (V-6.293.922); Nasser Mohammed al-Din; Canas Serrano, terrorista del ELN, buscado por la Interpol por la muerte de 84 personas; Ana Belinda Macías Arismendi; sólo en el año 2002, 3.799 documentos venezolanos de identificación fraudulentos fueron distribuidos: 1.745 fueron otorgados a través de la DIEX de San Antonio. 2.520 identidades falsas fueron otorgadas a colombianos y, la segunda más grande categoría, 279 identidades falsas fueron otorgadas a árabes descritos como "sirios.". Dos docenas de las identidades fueron otorgadas a conocidos terroristas y a narcotraficantes. Unos cuantos ejemplos: Julio Quintero Gómez (V-81.895.307), miembro de una columna guerrillera urbana del ELN; Ramón Quintero (V-81.895.573), miembro del Comité Nacional del ELN; Alberto Díaz Sánchez (V-81.895.586), miembro de una organización narcotraficante; "Olga Marín", la hija de "Manuel Marulanda", y también "Raúl Reyes", jefe de Rodrigo Granada y del aparato internacional de esa guerrilla".(...). Y esa es una lista cortísima. La más completa,... nada agregaría", concluye Schmidt.

De nada sirve, pues, que nuestra Constitución predique como sus valores superiores, en el artículo 2, la vida, los derechos humanos, la ética, como tampoco su formal declaratoria, en el artículo 29, de la imprescriptibilidad y la jurisdicción nacional como competente para la investigación y sanción de las violaciones graves de derechos humanos y delitos de lesa humanidad, entre otros.

El sector productivo, por su parte y a comienzos del año, vuelve a su situación de tensión e inseguridad en el ejercicio de su derecho a la propiedad consagrado por el artículo 115 constitucional, que mal puede perder por razones discriminatorias de orden político o económico, según lo prescribe el artículo 21.1 *ejusdem*. Pero el Presidente, el día 10 de enero, dicta un decreto orientado a "consolidar el proceso de reorganización de la tenencia y uso de las tierras con vocación agrícola, para eliminar de forma progresiva –según el texto– el latifundio en la zonas rurales" y al efecto verificar la suficiencia de títulos de quienes son sus "presuntos propietarios, o la justificación suficiente de los poseedores u ocupantes".

Se trata, por consiguiente, de revisar y validar todos los títulos de quienes arguyen ser propietarios de tales inmuebles en el país, en cuyo defecto el Estado los inscribe como terrenos públicos en el registro agrario correspondiente, sin mediación judicial, y dada la finalidad cierta que hace pública el gobierno al anunciar en 2004 La Nueva Etapa, El Nuevo Mapa Estratégico de la Revolución Bolivariana: "El objetivo de largo plazo, en lo económico, nadie puede tener duda de ello, es trascender el modelo capitalista...No nos estamos planteando eliminar la propiedad privada, el planteamiento comunista, no..., en este momento sería una locura, quienes se lo plantean no es que estén locos. No es el momento", dice el documento, como cabe repetirlo.

III. CASTIGO PENAL PARA LOS OPOSITORES Y LOS MEDIOS

Ha lugar, además, en la implementación de la estrategia de La Nueva Etapa citada –"atacarlos y hostigarlos sin descanso [a los opositores y medios contrarios al gobierno]"– a la Reforma del Código Penal, cuyo texto entra en vigencia el día 17 y es reimpreso por error de copia el 13 de abril siguiente, una vez como media la protesta general de los especialistas en la materia. Estos destacan sus gravísimas falencias y omisiones. Pero las mismas quedan en lo anecdótico –como aquellas normas que restablecen artículos derogados por otras leyes o han sido anulados por el mismo Tribunal Supremo de Justicia o que eliminan la pena de presidio para el homicidio calificado en tanto que la mantienen en el homicidio simple– de no ser por el móvil inconstitucional y político que anima a dicha reforma legislativa, a saber, criminalizar la protesta social y política en Venezuela.

Entre otros de sus aspectos la reforma reafirma y agrava los llamados delitos de desacato u ofensa a las autoridades del Estado, con mengua de la libertad de expresión en la democracia – garantizada por el artículo 57 constitucional– y castiga penalmente las protestas que obstaculicen la vía pública, con mengua del derecho a la manifestación consagrado en el artículo 68. Fija como supuestos de traición a la patria hechos que nada tienen que ver con dicha institución y se incrimina la información que a juicio del Estado cause pánico o zozobra en la colectividad. En lo particular, el artículo 132 castiga como delito de traición a la patria a quien ultraje al Presidente desde la prensa extranjera; los artículos 148 y 149 estipulan castigo contra aquellas personas que ofendieren de palabra o por escrito al Presidente y a otros funcionarios del gobierno, jueces y legisladores. El artículo 357 manda la privación inmediata de libertad a quien se le aperture una investigación –con pena de prisión– por participar en "guarimbas", es decir, poner obstáculos en la vía pública como forma de protesta. Los artículos 444 y 445 aumentan las penas por delitos de difamación, en especial contra los funcionarios públicos, y el artículo 506 sanciona a quienes manifiestan pública o privadamente, en forma ruidosa o con gritos contra un funcionario del Estado.

A lo anteriormente descrito los diputados gubernamentales proponentes responden con lenguaje artero, y ante las amenazas de demanda de la reforma por su inconstitucionalidad afirman que "no van a poder frenar las reformas que nos dé la gana hacer de las leyes de este país, para eso tenemos mayoría", ajusta en lo particular, la diputada Iris Varela, en la sesión parlamentaria de 21 de junio siguiente.

Antes, sin embargo, durante el mes de abril, toma cuerpo la denuncia que se lleva ante el Ministerio Público y que incluso da lugar a consideraciones para su oportuno envío ante la Corte Penal Internacional, por la formación de la llamada Lista Tascón. La misma motiva el trato discriminatorio e incluso la pérdida de sus empleos públicos por los venezolanos quienes firman la solicitud dirigida al CNE para pedir se realice un referéndum revocatorio del mandato del Presidente, según lo ya comentado.

La Procuradora General de la República, Marisol Plaza, acepta que algún funcionario haya hecho uso indebido de la misma y admite que elaborar una lista excluyente es inconstitucional. Pero olvida u omite, al señalar que las responsabilidades deben exigirse de modo individual a quienes hayan ejercido presión directa e indebida sobre los integrantes de la lista, que la misma tiene su origen en el pedido que el mismo Presidente de la República realiza ante el Poder Electoral, a cuyo efecto le representa el diputado Luis Tascón, quien la hace pública.

Las autoridades del CNE, a su turno, arguyen que las Normas para Regular los Procesos de Referendos Revocatorios de Mandatos de Cargos de Elección Popular, en su artículo 31 exigen la publicación de los resultados del proceso de validación de firmas y la mención de las identidades de quienes han sido peticionarios de dichos referenda. No obstante, lo esencial es que la Constitución, con independencia de cuanto prevean las leyes y cuyas normas privan sobre éstas, dispone el principio de personalización del sufragio –es decir de la preferencia electoral que en cierta forma se manifiesta con el mismo petitorio del acto comicial referendario– y el secreto del ejercicio electoral individual (artículo 63) como la intimidad de los datos personales (artículo 143). Y huelga decir que la situación se agrava, en tanto y en cuanto, como lo demuestra la experiencia, la Lista Tascón se usa con fines discriminatorios y contrarios, por lo mismo, al artículo 21, inciso 1 de la Constitución.

IV. LAS MILICIAS POPULARES Y SU COMANDANTE EN JEFE

Sintiéndose libres de ataduras institucionales y sin pudor, dado el ejemplo modelador que impone el propio presidente Chávez, Comandante en Jefe de la Fuerzas Armada, los militares que le son afectos y comparten su proyecto de revolución militar neosocialista, o por temer verse tachados por insubordinación, afianzan vínculos de sujeción paternal con La Habana. Y llegado el 11 de agosto, en práctica que hacen rutina otros componentes de la Fuerza Armada, los integrantes del Curso de Comando y Estado

Mayor Aéreo, conducidos por el general Roger Cordero Lara, visitan a Fidel Castro, quien los recibe en el Palacio de la Revolución. A la visita se suman los familiares de los altos oficiales venezolanos y egresados, y adquiere significación constitucional, justamente, dado que el propio Castro preside el acto de graduación de dichos oficiales –en número de 74– quienes a su vez designan al mandatario extranjero –el mismo que en los años '60 invade con armas el territorio nacional y asesina a soldados de nuestras Fuerzas Armadas– como padrino de la respectiva promoción.

El diario Granma, a la sazón, reseña las declaraciones del teniente coronel Omar Piña, miembro de la delegación, quien agradece la hospitalidad y acogida que les brindan las Fuerzas Armadas Revolucionarias de Cuba (FARC).

El hecho, sin precedentes en la historia patria, no se limita a trastocar el mandato del artículo 328 constitucional, que define a la Fuerza Armada Nacional como "institución esencialmente profesional, sin militancia política"; antes bien, pisotea los fundamentos de nuestro propio constitucionalismo y los derechos irrenunciables de la Nación, contenidos en el artículo inaugural del texto de 1999, a saber, la independencia, la libertad, la soberanía, la inmunidad, la integridad territorial y la autodeterminación nacional.

Así las cosas, antes de finalizar el mes de septiembre la Asamblea Nacional aprueba y el Presidente Chávez le pone el ejecútese, el día 24, a la nueva Ley Orgánica de la Fuerza Armada Nacional. Le abren las puertas a la institución castrense para que actúe como elemento transversal de la sociedad civil nacional y la integre como parte de su seno, según la idea presidencial de sostener al "pueblo en armas" y bajo su directa conducción.

La Ley de las Fuerzas Armadas de 1995, hija de la República civil y fundada en la Constitución de 1961, por reactiva ante las dictaduras militares dispone el carácter absolutamente apolítico del mundo castrense e introduce una disposición precisa que emula, a la inversa, la norma constitucional de inicios del siglo XX –1901, 1904 y 1909– a tenor de la cual "la autoridad militar y civil nunca serán ejercidas simultáneamente por una misma persona o corporación": "El militar con mando efectivo –dice la ley de marras– no podrá ejercer al mismo tiempo, cargo político o administrativo en el orden civil".

Todavía más, a tenor de ésta y en consonancia con la normativa constitucional entonces vigente, el Presidente de la República, en su condición de Comandante en Jefe de las Fuerzas Armadas, ejerce su autoridad jerárquica –como gobernante civil que es– sobre la milicia, y la manda, gobierna, organiza, administra y distribuye mediante disposiciones que dicta por órgano de su Ministro de la Defensa.

No obstante lo anterior, colándose por entre las laxitudes de la actual Constitución Bolivariana y en línea con los objetivos personales y políticos del Presidente en ejercicio, quien es Teniente Coronel retirado, la Asamblea Nacional dicta en 2005 otra Ley Orgánica de la Fuerza Armada para cristalizar con mayor fuerza totalizante la vocación hegemónica y antidemocrática que conoce ésta hasta 1935: "La Fuerza Armada Nacional actúa de acuerdo con la doctrina de la consolidación del Poder Militar, el fortalecimiento de la integración cívico-militar y la movilización popular mediante la defensa militar, dentro del concepto de la defensa integral de la Nación", reza el artículo 4.

Cabe observar, al respecto, que la Constitución de 1999 prevé que, junto con ser el Presidente de la República la suprema autoridad jerárquica de la Fuerza Armada en calidad de Comandante en Jefe –lo que igual postulan las Constituciones de 1947, 1953 y 1961– esta vez, además y por disposición de su artículo 236, numeral 6, no solo la dirige sino que ejerce sobre tal Fuerza el mando supremo; sumado a que, por virtud del Título VII del mencionado texto fundamental, la idea de la ciudadanía se vincula a la Seguridad Nacional y su defensa bajo la idea de la "corresponsabilidad".

Sucesivamente y no obstante, la mencionada Ley Orgánica de la Fuerza Armada le da así forma a un despropósito que va más allá de los citados contenidos constitucionales. Ello hace relación, en primer término, con el deseo sostenido del Presidente de la República, desde cuando pierde su condición de militar en actividad por dirigir el golpe de Estado del 4 de febrero de 1992, en cuanto a volver a la misma, endosar el uniforme y ostentar sus símbolos Y en segundo término, satisfacer su necesidad de renovar su fracasada gesta y darle a la misma un carácter épico permanente.

Hugo Chávez Frías es de los últimos oficiales en recibir beneficios dentro del grupo de insurrectos que luego son "perdonados" por el presidente Carlos Andrés Pérez, víctima de la conjura, y seguidamente por los mandatarios Ramón J. Velásquez y Rafael Caldera. Pero Caldera le niega al primero su pedido de reingreso a las filas del Ejército y éste, en espera de ser complacido en algún momento, no acepta *ab initio* el sobreseimiento de su juicio militar. Se considera sujeto de trato discriminatorio –el resto de sus subalternos una vez sobreseídos vuelven a la actividad castrense– hasta que, finalmente, traspone los muros de la prisión sin alcanzar su propósito pero portando un liqui-liqui (vestido típico nacional con abotonadura hasta el cuello) verde oliva: suerte de símbolo o indicativo de la condición de soldado que no pretende abandonar, a pesar de la ley.

De modo que, lo cierto es que el espíritu civil no hace cuna en el ánimo del actual gobernante, quien, más tarde y desde antes de dictarse la ley *in comento*, el 5 de mayo de 2004, explica la razón de fondo de su alzamiento como soldado: reivindicar el rol político de la Fuerza Armada, para que adquiera vida nueva y original tesitura la República Militar que antes es Venezuela. El mandatario, como cabe reseñarlo, dispone a su arbitrio el uso del uniforme militar que no le corresponde y o endosa desde 1999, y avanza, a la par, en la construcción progresiva de una reserva militar popular paralela a la Fuerza Armada y síntesis, según su criterio de la corriente "cívico-militar nacionalista, bolivariana y revolucionaria" que imagina y que en su primera experiencia éste dispone al servicio del conocido Plan Bolívar 2000, para la atención de los barrios pobres.

La legislación sancionada, en consecuencia manda la organización de una milicia popular con el nombre de Reserva Nacional, no contemplada en el Título VII, Capítulo III de la Constitución. El ciudadano de uniforme que es el soldado da paso a la transformación en soldados de todos los ciudadanos sin uniforme. Y si fuese poco, en una suerte de re-edición de la experiencia constitucional de 1914, que separa las figuras del Presidente y las de Comandante en Jefe del Ejército Nacional: que asume el dictador Juan Vicente Gómez, esta vez la ley del caso modifica la función jerárquica y de mando "normativo" del Presidente, como autoridad civil, sobrepuesta al estamento militar, tal y como lo demandan los estándares de la democracia.

Fragua de tal modo otra figura abiertamente inconstitucional, en la que el Presidente de la República, que es una autoridad civil, deriva en militar activo y quien como tal ejerce la "línea de mando operacional" directa sobre la Fuerza Armada y sus distintos componentes, en especial sobre la reserva popular en formación.

La ley en cuestión dispone que "las insignias de grado y el estandarte del comandante en jefe son las establecidas en el reglamento respectivo", que a la sazón le corresponde dictar al propio Chávez.

Respecto de lo anterior, es pertinente señalar que al margen de la idea de la corresponsabilidad entre el Estado y la sociedad civil, dispuesta por el artículo 326 de la Constitución a objeto de proveer a la seguridad nacional en todos los órdenes, incluido el militar, lo cierto es que dicho texto fundamental, en su artículo 328 dispone el carácter "esencialmente profesional, sin militancia política", de la Fuerza Armada. La misma es organizada por el Estado para servir de modo exclusivo a la Nación, como lo dispone la norma en cuestión y no para que el Estado se sirva a sí mismo. No puede la Fuerza Armada, según dicho artículo estar al servicio "en ningún caso de persona o parcialidad política alguna", así se haga llamar Comandante en Jefe.

A tenor del artículo 236, incisos 5 y 6, el Presidente de la República dirige la Fuerza Armada "en su carácter de Comandante en Jefe" y ejerce "el mando supremo" de las mismas; correspondiéndole al Consejo de Defensa de la Nación ser el máximo órgano de consulta –lo dice el artículo 323 constitucional– en los asuntos relacionados "con la defensa integral de la Nación" que compromete la corresponsabilidad ciudadana, y dicho Consejo lo preside el Presidente de la República, en calidad de tal, es decir como autoridad civil, sin que la norma señale que lo hace como Comandante en Jefe de la Fuerza Armada.

Según el artículo 329, corresponde al Ejército, la Armada y la Aviación la planificación, ejecución y control de las operaciones militares necesarias para la defensa de la Nación. Y el rol subsidiario o de apoyo a lo militar le es confiado a la Guardia Nacional, quien conduce las operaciones básicas para el mantenimiento del orden interno del país.

Finalmente, el artículo 330 marca la aproximación de los militares activos al mundo de la ciudadanía, pero sólo en cuanto al ejercicio del sufragio o, como lo señala el artículo 328, en su "participación activa en el desarrollo nacional".

La teleología y alcances de las disposiciones presentes mejor se entienden a la luz de las explicaciones contenidas en la Exposición de Motivos de la Constitución, que reiteran el carácter profesional y apolítico de la Fuerza Armada y destacan que está "subordinada a la autoridad civil", y que asimismo es "organizada por el Estado para garantizar la independencia y soberanía de la Nación", a cuyo servicio se encuentra.

En igual orden, según dicha exposición de motivos, la aproximación de lo militar a lo ciudadano se entiende para el ejercicio del derecho de sufragio y en modo de evitar en los miembros de la milicia situaciones de trato constitucional discriminatorias, pero nada más.

A la luz de lo anterior, cabe observar que, si bien el texto constitucional de 1999 le abre espacios al mundo militar para que se integre a las tareas de desarrollo nacional y permite que los militares ejerzan su derecho al sufragio y, si cierto es que el Presidente de la República ejerce la suprema autoridad y mando de la Fuerza Armada, en calidad de Comandante en Jefe, el principio de subordinación de lo militar al poder civil sigue incólume.

De modo que, la mutación que por obra de la ley indicada sufre la función netamente civil del Presidente y como tal Comandante en Jefe de la Fuerza Armada, para derivar la última atribución presidencial en una suerte de circunstancia que hace del Jefe del Estado otro militar activo –el de mayor jerarquía– con derecho al uso de uniforme, atenta de manera abierta contra el principio constitucional de subordinación de la Fuerza Armada al poder civil. El mismo, por lo pronto, se encuentra consagrado expresamente en el artículo 4, apartado final de la Carta Democrática Interamericana –"la subordinación constitucional de todas las instituciones del Estado a la autoridad civil legalmente constituida"– que es interpretación auténtica de la Convención Americana de Derechos Humanos, cuya jerarquía constitucional establece el artículo 23 de la Constitución.

No bastando lo anterior, la Ley de la Fuerza Armada de 2005 hace posible lo que a la luz de una perspectiva democrática del poder y de los principios del derecho internacional es manifiestamente sacrílego, pero que explica bien la regular presencia militar venezolana en otros países de América Latina, como Bolivia y la cubana en territorio venezolano: "La Fuerza Armada Nacional, siguiendo la tradición de los fundadores de la República, …podrá emprender acciones combinadas en defensa de los procesos orientados a la constitución de una comunidad de naciones que recoja ese legado histórico", reza su artículo 5, a pesar de que la Constitución, en su artículo 13, textualmente proscribe el uso del espacio geográfico venezolano para fines militares, menos en coalición con fuerzas militares extranjeras.

V. RESISTENCIA PACÍFICA Y ABSTENCIÓN ELECTORAL

Más allá de las circunstancias anotadas, como bien lo refiere el escritor Rafael Arráiz Lucca, desde 2004 hasta el año 2005 se ve afectado "el equilibrio democrático entre los poderes públicos" venezolanos y es la consecuencia de la ruptura o fractura habida en el país y no resuelta por la vía constitucional, democrática y pacífica del referendo acordado y realizado con auxilio de la OEA y del Centro Carter. Los Acuerdos de Mayo quedan sepultados en sus otros aspectos y la Comisión de la Verdad –que aborde objetivamente la masacre de Miraflores– pasa a la historia, pues la historia de los sucesos la escribe en lo adelante Hugo Chávez por haber vencido en la justa comicial revocatoria, transformada en plebiscito. De modo que, frustrada y a la vez sujeta a persecución la oposición baja la guardia y entra en una fase de depresión, como lo advierte el Nuncio Apostólico de Su Santidad a inicios del año. Pero al asunto adquiere connotaciones especiales, pues dentro de tal ambiente se realizan las elecciones parlamentarias en el mes de diciembre.

Ha lugar, por ende, a una inédita "resistencia pacífica" nacional y el 90% de los electores inscritos en el Registro Electoral decide abstenerse de votar, pero la diferencia es suficiente para que la Revolución Bolivariana se haga del control sucesivo y total de la Asamblea Nacional, a pesar de su manifiesta ilegitimidad democrática. Y la opinión de la misión del Parlamento Europeo que asiste al proceso electoral de marras no se hace esperar. Atribuye el hecho a que hay una grave mora en el sistema comicial instalado en el país: su inadecuación a las garantías constitucionales, la falta de independencia del organismo electoral, la ausencia de fondos públicos que le permitan a ambas partes en controversia debatir en igualdad, la ausencia de una auditoría independiente sobre el sistema electrónico de votación y sobre el registro de votantes. Nada menos.

Un hecho de especial relevancia adereza la abstención que ocurre durante las elecciones parlamentarias y dada la ausencia de garantías electorales –la manifiesta desconfianza popular hacia el Poder Electoral– suficientes como para que la gente dude sobre el respecto de su voto y la imparcialidad de los árbitros comiciales.

Días antes, los partidos de oposición reclaman del gobierno, como garantía de equidad y justicia electoral, el retiro de las llamadas "morochas". Se trata, en la práctica, de una modalidad de postulación de candidatos a ser elegidos que implica una suerte de fraude o trampa ilegítima e inconstitucional al sistema democrático. La misma, cabe decirlo, es usada por Chávez y sus seguidores en 1999, por vez primera, a propósito de la elección de la Asamblea Nacional Constituyente; lo que determina que habiendo alcanzado éstos el 57% de los votos se hacen del 97% de las curules.

Si bien en la elección del Presidente de la República la mayoría gana, sin necesidad de una segunda vuelta, la elección de los cuerpos representativos de la soberanía popular manda, por una parte el principio de la personalización del voto y, por la otra, la representación proporcional de las minorías; en modo tal que todo el espectro social tenga participación en la vida democrática. Los cargos nominales se adjudican a quienes han obtenido la mayoría relativa de votos y los cargos de las listas se reparten en función del cociente electoral y eliminando los cocientes mayores que corresponden a los partidos o grupos de electores cuyos candidatos ya obtuvieron las mayorías relativas de votos.

El método que ordena la Constitución, en suma, impide que los grandes tomen para si todo el espacio de la política y excluyan a los pequeños, con mengua, además del principio de la pluralidad democrática.

Así las cosas, en una combinación entre la regla que otorga la victoria y la mayor representación a quien más votos obtiene, por una parte y por la otra la aplicación del método matemático De Hondt –llamado así por su inventor, el jurista y matemático Víctor D'Hondt– se logra que los grupos políticos perdedores o minoritarios obtengan una representación proporcional a sus votos en los espacios de la democracia.

Las conocidas "morochas" no solo vulneran lo anterior sino que significan un engaño a la conocida representación uninominal, por una parte, que es consistente asimismo y en su forma pasiva con la idea de la personalización del voto, consagrado por el artículo constitucional 63, en unidad con la citada representación proporcional de las minorías; y por la otra, trastoca este último principio.

Las morochas permiten desviar la intención pretendida por el legislador y el constituyente –lo reconoce el Centro Carter– usando un método que "consiste básicamente en un sistema de postulación de candidatos a cuerpos deliberantes, mediante el cual un mismo grupo político, partido o alianza de partidos, postula candidatos por lista en sus respectivas boletas partidarias postulando, simultáneamente y apoyado en otros grupos, partidos o alianzas, sus candidatos uninominales". Y en contraste con lo que acontece en otros sistemas electorales como el alemán, los candidatos no están obligados a postularse en ambas instancias por un mismo partido. "De esta manera, las bancas obtenidas por los candidatos "uninominales" no se restan de los obtenidos por el voto proporcional, distorsionándose así la representatividad del sistema". En consecuencia, según lo concluye en Centro Carter, "se burlan los principios fijados por el constituyente de personalización del voto y representación proporcional, otorgándosele una sobre-representación a las organizaciones que actuaron "enmorochadas".

Lo insólito de lo anterior es que la comunidad de observadores electorales afirma, por una parte, que la práctica no es ilegal por cuanto la ley no la prohíbe, pero asimismo sostiene, por la otra, que colisiona con el ejercicio pleno de los derechos políticos, consagrados constitucionalmente y en los tratados internacionales, y es "claramente disfuncional y atentatoria contra el principio de representación".

La oposición democrática, así las cosas, demanda la nulidad por inconstitucionalidad de las "morochas" a la par que solicita su amparo ante la Sala Constitucional del Tribunal Supremo de Justicia. El 27 de octubre –con ponencia del magistrado Luis Velásquez Alvaray– ésta decide por vía preliminar que "el citado mecanismo no se encuentra prohibido ni por la Carta Magna ni por el resto del ordenamiento jurídico". Le basta argumentar que "la parte accionante [el partido Acción Democrática],… ha postulado sus candidatos bajo la misma fórmula electoral que hoy cuestiona, por lo que no se evidencia que exista amenaza de violación a los principios democráticos". El asunto, en suma, es resuelto conforme a los cánones del derecho privado y se posterga el orden público constitucional y su carácter inderogable. Se consuma un golpe más a la Constitución y su supremacía.

2006
LA LEY DEL SILENCIO Y
EL ESTADO DE COMUNAS

"Sin moral socialista no hay revolución socialista... No
podemos confiarnos porque sabemos quiénes son esos
candidatos. No son sino lacayos del imperialismo norteamericano toditos ellos. Si alguno no lo fuera y yo estuviera cometiendo alguna injusticia, pues que lo demues-
tren y que se vengan para acá y se sume a la revolución...
Esta batalla... es eminentemente moral..., de la revolución
por un lado y por el otro la contrarrevolución"

Hugo CHÁVEZ FRÍAS
31 de agosto 2006

El año 2006, llamado "año de la participación popular", es también otro año de elecciones, casi en sostenimiento de un ritmo de movilización comicial –¿acaso de inflación democrática?– sin estabilidad, que arranca luego del referéndum para la Constituyente de 1999. Tanto es así que al finalizar aquél e iniciarse el siguiente año, un 13 de enero, el Presidente Chávez hace el balance a su manera y desde su perspectiva.

I. INFLACIÓN DEMOCRÁTICA Y RÉPLICA DEL CARDE-NAL

"Hoy... tenemos la verdad cristalina... amparada por los análisis... En la política electoral... cifras 2006. Se está hablando de los años anteriores... Cifras... entre 1958 y diciembre 1998... 40 años... se realizaron 15 eventos electorales por vía del voto popular... En cambio... entre el 25 de abril del 99... primer referendo nacional... al 3 de diciembre de 2006... se realizaron... en Venezuela... 11 eventos electorales. Entre ellos el referendo de 2004 y las elecciones presidenciales de 2006. En períodos anteriores... 40 años... dos eventos cada cinco años. En nuestro periodo... un promedio de casi dos por año...! De 4 elecciones en una década... a 20 elecciones en una década... Sin contar las asambleas en los barrios que hacen los consejos comunales! Otros números hay aquí... pero con éstos... ¿Quién puede negar la fortaleza de la democracia en Venezuela?", son sus palabras ante la Asamblea Nacional

No cuenta ni refiere, sin embargo, que una somera revisión del Registro Electoral Permanente –bajo control de un Poder Electoral dominado por Rectores militantes de la revolución– revela datos insólitos en su conformación: "El número de votantes inscritos en el REP del 2006 es de 14.849.127, lo cual representa un aumento del 23% sobre el número de votantes inscritos hasta el 2003 y es más de 10 veces mayor que el aumento de votantes experimentado entre 2000 y 2003, que fue de solo 1.9%" (Informe Fabregat, 2006). Se trata, además, de cifras que no hacen relación consistente con la composición etaria ni con las tendencias de crecimiento poblacional venezolanas a la luz de los últimos censos: 23.054.2010 h. (2001). Y, si se consideran los datos estadísticos sobre cédulas de identidad emitidas en el período 1998-2003, se aprecia la falta de proporción entre el promedio anual de emisiones (1.630.662 cédulas) durante dichos años con la efectuada durante 4 meses en el año 2004 con vistas al Referendo Revocatorio : 2.750.000 cédulas. De ese REP, según reciente denuncia formalizada por el Partido COPEI, 8.322.324 votantes inscritos carecen de domicilio conocido.

Así que, la distorsión en la base del registro electoral mal cabe sostenerla sin un blindaje adicional que sólo puede ofrecerlo un sistema de votación electrónico, cerrado a su verificación y a la comprensión por el común de los votantes. Y es aquí, justamente, donde incide de manera crucial sobre la pretendida prórroga de Chávez en el ejercicio del poder la decisión que dicta el Tribunal Supremo de Justicia durante el año, a propósito de la cuestionada elección del Alcalde del Municipio Candelaria, cuyos detalles se explican en estas páginas.

Pero es 2006 el año cuando por descuido y negligencia oficial se derrumba el viaducto de la autopista Caracas-La Guaira, emblemática y monumental vía construida por nuestro penúltimo dictador, Marcos Pérez Jiménez. Queda virtualmente aislada la capital de la República, y es el tiempo, además, cuando llega la homilía que cae como agua fría sobre el cuerpo gubernamental y a no pocos les recuerda la otra homilía del arzobispo de Caracas, monseñor Rafael Arias Blanco, que marca el fin de la dictadura mencionada en 1958.

Rosalio Castillo Lara, Cardenal de la Iglesia Católica, reformador del Código de Derecho Canónigo y ex gobernador del Estado Vaticano, desde Barquisimeto, a propósito de las celebraciones del Día de la Divina Pastora advierte e invita a orar al pueblo: "Ante la triste situación que vivimos y ante el peligro de que, si el pueblo venezolano no toma conciencia de su gravedad y no se pronuncia categóricamente a favor de la democracia y la libertad, nos encontraremos sometidos a una dictadura de tipo marxista, vamos a pedirle, todos unidos, a la Divina Pastora: Virgen Santísima, que en nuestra Historia has manifestado muchas veces tu benevolencia y cariño por este pueblo, te pedimos que no nos abandones en este momento".

II.   LA GUERRA CIVIL NO DECLARADA

¡Y es que el país, además de vivir una grave crisis institucional y jurídica, se disuelve en una guerra de criminalidad sin cuartel! Las cifras de homicidios crecen de forma diabólica e instalan ya una cultura de la muerte: 5.968 víctimas en 1999, 8.022 en 2000, 7.960 en 2001, 9.260 en 2002, 11.342 en 2003, 9.719 en 2004, 13.200 en 2005, 12.257 personas en el año 2006 comentado: que no incluyen a 4.109 muertes "en averiguación".

La gravedad de las ejecuciones de los estudiantes Kevin, Bryan y Jason Faddoul, hermanos secuestrados junto a su chofer Miguel Rivas, también asesinado a mansalva y cuyos cadáveres aparecen el 3 de abril, no puede ser ocultada; menos disminuida a propósito de la cínica argumentación que esgrime el Secretario de la OEA, José Miguel Insulza, para quien la queja por lo ocurrido no justifica la protesta contra el Régimen de Chávez.

Lo que ocurre, en efecto, es la consecuencia de un "proceso" deliberado de desmantelamiento institucional, de fractura de las solidaridades acometida, de manera deliberada, por el presidente Chávez durante los últimos siete años y por considerarlo útil a su propósito revolucionario. No por azar nunca le dedica una sola palabra a la seguridad personal y de los bienes, que garantiza la Constitución en sus artículos 43, 46, 115 y 332. Nunca presenta programa oficial alguno sobre el tema. Y cuando el General Vassily Flores, su Viceministro del Interior intenta hacerlo, en los días inaugurales de su administración, lo despacha de su cargo sin preaviso.

Refrescar la memoria con emblemas es, pues, más que pertinente.

En 1999 Chávez ordena a las FFAA, al apenas asumir el poder, no impedir las invasiones de propiedades por el pueblo, y a la par autoriza a su Jefe de Inteligencia para que pacte "nuevas" relaciones con la narco-guerrilla colombiana. En 2000 el Ministro del Interior protesta las informaciones de prensa que dicen sobre el incremento de los delitos. En 2001 el mismo Presidente le pide al pueblo que se haga justicia por sus manos ante los ataques que recibe de la prensa y juramenta al efecto los Círculos Bolivarianos. En 2002 ocurre la Masacre de Miraflores, por omisión presidencial, y pierden la vida 20 venezolanos y otro centenar es herido por balas, repitiéndose los hechos en Plaza Altamira; pero los pistoleros de Puente Llaguno y empleados de la revolución, grabados en acción, los perdona la Justicia bajo protesta del fiscal Danilo Anderson.

En 2003 es secuestrado el ex gobernador opositor Sergio Omar Calderón, y USA le pide al gobierno resolver el asunto. En 2004 Chávez anuncia su decisión de armar al pueblo para la defensa de la revolución, y el Alcalde Mayor electo, Juan Barreto, arma e incorpora como policías sin uniforme a los miembros de la guerrilla urbana instalada en el barrio 23 de enero. Luego de lo cual es asesinado el Fiscal Danilo Anderson, en zona previamente acordonada por la y policía; y a los pocos días el propio CICPC asesina a quienes pueden ser testigos en la trama de este hecho grave, que adquiere ribetes de terrorismo de Estado. Acribillan al abogado Antonio López Castillo en la Plaza Venezuela de Caracas y aparece abatido, en un hotel de Barquisimeto, el abogado Juan Carlos Sánchez, quien antes es torturado en los sótanos de la policía política. Y en 2005 jóvenes estudiantes de la Universidad Santa María -Leonardo González, Erick Montenegro, Edgar Quintero- son ajusticiados por funcionarios del CICPC, quienes les dan la voz de alto.

Se trata, en suma, de una locura en espiral animada desde el centro mismo del poder, que promueve o anima, incluso tácitamente, los asesinatos y secuestros, las muertes "extrañas" inauguradas con los acribillados de Vargas, durante el deslave y en plena jornadas de aprobación de la Constitución de 1999. Los llamados "ajusticiamientos" de Portuguesa, de Cojedes, de Falcón, de Aragua, a manos de la policía, se transforman en rutina.

III. LA LEY DEL SILENCIO: ROSAINÉS Y ANDERSON

El año se inaugura, pues, con otros atentados abiertos al orden constitucional, en lo particular al derecho a la libertad de expresión y de prensa –columna vertebral de la democracia– y sus garantías, que establece el artículo 57 constitucional. La realidad nacional obliga al silencio.

El 9 de enero, a través del Consejo de Protección del Niño y el Adolescente, desde Barquisimeto, el gobierno le abre una averiguación al vespertino caraqueño Tal Cual, que dirige Teodoro Petkoff, en razón del artículo que publica en noviembre del año anterior titulado "Querida Rosainés" y firma el humorista Laureano Márquez. Le prohíbe al rotativo cualquier mención de la hija del Presidente de la República.

Llegado el día 18, el Ministerio Público, representado por la fiscal superior del área metropolitana de Caracas, Belkis Agrinsones de Silva, solicita del juez 6to de Control, Florencio Silano, quien a la sazón se aviene el día 23, prohibir a todos los medios de comunicación social nombrar o citar –exponer o publicar– las actas del expediente sobre el asesinato del fiscal Danilo Anderson, en lo particular las que tengan que ver con el testigo clave del Ministerio Público, Giovanni Vásquez, o el nombre de éste.

Para el Fiscal General de la República, Julián Isaías Rodríguez Díaz, no existe, sin embargo, ninguna censura de prensa. Afirma que "se trata de proteger a la justicia y evitar los abusos de la libertad de expresión" anticipadamente. Argumenta que lo que pretenden los medios es desvirtuar la veracidad del contenido del expediente y ejercer presiones psicológicas sobre el principal testigo.

Más tarde, en todo caso, se demuestra que se trata de un testigo que forja el mismo Rodríguez y a quien éste le construye su versión, para satisfacer, según sus colaboradores, exigencias del Alto Gobierno.

La decisión de Silano habla por sí misma:

"Se decreta a favor del testigo GIOVANNI VASQUEZ DE ARMAS, plenamente identificado en autos, por el tiempo que sea necesario Medida Cautelar de Protección al citado Ciudadano ordenándose en consecuencia la inmediata prohibición a todos los medios de comunicación social, tales como: Radio, Televisión, Prensa, Escritos y Afines, de cualquier tipo de publicación, divulgación, o exposición de las actas del expediente, instruido en relación con el atentado terrorista en la persona del fiscal del Ministerio Público DANILO BALTASAR ANDERSON, así como las que hagan referencia a la vida privada del prenombrado testigo, como deber del Estado, protegerle su dignidad como ser humano, su honor, decoro e intimidad, así como su protección física, ya que el Estado como titular del IusPuniendi, debe garantizar la buena marcha del proceso judicial con el fin de determinar la autoría material e intelectual del atentado terrorista que le cegó la vida al fiscal DANILO BALTAZAR ANDERSON".

Tras ese *dictum*, hijo de la incivilidad, el editor Petkoff pide amparo a la Corte de Apelaciones, que sin más le niega toda protección judicial extraordinaria. El sistema de garantías de los derechos humanos queda en entredicho, pues la Corte arguye que el derecho a la libertad de expresión y su eventual censura han de protegerse mediante procedimientos judiciales ordinarios. La tutela judicial efectiva y breve, que de manera expresa y previa definición de sus características establece el artículo 25 de la Convención Americana de Derechos Humanos, que es de rango constitucional, es puesta de lado para complacencia del gobierno.

Sucesivamente, en la línea oficial de amedrentar, silenciar a los medios de comunicación social o provocar en ellos la autocensura, el mismo Ministerio Público, el 8 de febrero, acusa por delito de vilipendio a José Ovidio Rodríguez Cuesta, conocido como Napoleón Bravo. Esgrime que desde su programa "24 horas", desde la estación televisora Venevisión, se expresa de manera denigrante contra el Tribunal Supremo de Justicia. Y en marzo, requiere otro tanto de la jurisdicción penal del Estado Táchira, para apresar al periodista Gustavo Azócar.

Entre tanto, en el mes de abril ocurre el extraño homicidio del Subsecretario de la Conferencia Episcopal Venezolana, sacerdote Jorge Piñango Mascareño, de quien se burla aviesamente y ante los medios de comunicación social el fiscal general, Isaías Rodríguez. Pero recibe una severa reprobación por parte de la opinión: "Usted, señor Fiscal General, me da lástima. Siento lástima también por otro, por Danilo Anderson, cuya muerte usted utilizó sin limitación alguna para disfrazarse de hombre de leyes… Su rueda de prensa [en torno al asesinato de un prelado de la Iglesia Católica] sólo tuvo el propósito (o despropósito) de colocar minas en el territorio. Y colocó dos: lo del antejuicio de mérito al Gobernador del Zulia, lo de Monseñor [se refiere al Cardenal Castillo Lara]. El resto fue relleno", le espeta la periodista Soledad Morillo.

Sea lo que fuere, a mediados del año 2006 las protestas sociales por deficiencias en los servicios, exigencias laborales y reclamos de vivienda toman cuerpo y se hacen pertinaces en la capital de la República y en los estados Miranda, Aragua. Carabobo, Bolívar y Anzoátegui. La prensa, como es obvio, toma nota de ello.

Le son abiertos juicios penales por razón de su oficio a los conocidos periodistas Marianella Salazar, columnista de El Nacional; Manuel Isidro Molina, del semanario La Razón; Ibéyise Pacheco, columnista de El Nacional. Desde la web revolucionaria Aporrea se pide cárcel para Marta Colomina, Miguel Ángel Rodríguez, Leopoldo Castillo, Patricia Poleo, y Marisabel Párraga. Son condenados Carlos Gibson; Mireya de Zurita, directora de El Siglo; Julio Balza, de El Nuevo País, por injuriar al Coronel Ramón Carrizalez, Ministro de Infraestructura y luego Vicepresidente; y Henri Crespo, del semanario Las Verdades de Miguel, por difamar al gobernador del Estado Guárico.

Cabe observar, al respecto, que el ejercicio de toda libertad comporta responsabilidades, pues ellas no son absolutas. Eso nadie lo discute. Incluso, no cuesta decir que si todo se reduce a la afirmación de este principio, nada hay que reprocharle al comunicado oficial que intenta deslindar al Gobierno de las acciones que llevan al carcelazo de la Pacheco, quien se suma a las persecuciones de tinte político padecidas por Marianella Salazar: mujeres, por si fuese poco.

El problema no reside en el principio en cuestión sino en las derivaciones que el mismo gobierno extrae para justificar lo injustificable: la reducción de los espacios de la libertad de expresión. Nadie, ni siquiera las periodistas señaladas y los periodistas –léanse Azocar o Bravo– reos del delito de opinar abiertamente contra la Revolución, es capaz de argüir que la libertad de expresión es ilimitada. Pero no puede constituirse en supuesto de ilicitud, salvo desconocimiento de la Constitución y de los tratados de derechos humanos, una opinión o expresión que hace parte del escrutinio público en la democracia: del debate sobre los hechos y acerca de personas vinculadas con la cosa pública.

Así las cosas, cuando el Vicepresidente y veterano periodista, José Vicente Rangel, arguye –como lo hace entonces– el principio de la responsabilidad por el ejercicio de la libertad expresión, sugiere, antes bien, lo que no puede sugerirse en una democracia: que la expresión, de suyo, tiene como limite el derecho al honor, a la reputación o a la intimidad de "todas" las personas. Y decirlo, sin matizaciones, conduce a un reduccionismo peligroso, que no respaldan, justamente, ni la citada Convención Americana ni la doctrina constitucional democrática.

El honor y la reputación, pues, son importantes, tanto como lo es la libertad de expresión. De modo que los teóricos y los jueces han dicho siempre que todos los derechos humanos son interdependientes y todos a uno se complementan. Por consiguiente, unas veces y en supuestos determinados la libertad de expresión, con todos sus efectos incluso gravosos e irritantes, ha de ser preferida a la protección del honor o la reputación de las personas; en tanto que otras veces, el honor y la reputación pueden ser jerarquizados por encima de lo expresado, de lo opinado o de lo informado. Y es este el asunto que no aclara ni busca aclarar el comunicado del régimen que expide para defenderse del atropello que realiza a la prensa y los periodistas.

IV. EL FINAL DE LA CONCESIONES

Avanzado el año, hacia junio y como parte de su arremetida contra los factores que pueden desnudarlo en sus atropellos contra los derechos humanos y obstaculizar su camino hacia la re-elección, el presidente Chávez toma y hace suya, de manera directa, la iniciativa de frenar a los medios radioeléctricos. Al entregarle al Ejército un lote de fusiles AK-103 Kalashnikov adquiridos a Rusia, en acto que realiza el día 14 en el Patio de Honor del Ministerio de la Defensa, toma uno de ellos a mano y apuntándole a una cámara de televisión presente afirma que "con este fusil, que tiene un alcance de 1000 metros, tú te paras allá arriba y yo, con buena puntería, le doy a la lucecita roja ésa que tiene tu cámara".

A renglón seguido no oculta la razón de su simbolismo: "Hay que revisar las concesiones de las televisoras que se van a vencer pronto". Y destaca que "hay algunos canales que han dado señal de querer cambiar, y pareciera que tienen intenciones de respetar la Constitución, la ley, de los que apoyaron al golpe ¡que fueron todos! Les acusa de sus mensajes "al odio, al irrespeto de las instituciones, a la duda del uno contra otro, los rumores, la guerra psicológica para dividir la nación. Para debilitarla y destruirla, ése es un plan imperialista", afirma, para concluir señalándolos como "caballos de Troya en nuestras propias narices".

Su decisión es precisa: "Nosotros no podemos ser tan irresponsables de seguir dándole concesiones a un pequeño grupo de personas para que usen esas televisoras, el espacio radioeléctrico que es del Estado, es decir del pueblo, para que lo usen en contra de nosotros mismos".

Mas, siendo el objetivo preferente cerrar, de modo puntual, a Radio Caracas Televisión, desde los inicios del año se le cerca judicialmente con un petitorio de amparo que en su contra ejerce el abogado Juan Ernesto Garantón. Y al sobrevenir el debate entre los medios –incluida RCTV– con el gobierno por la prohibición de informar en el caso del fiscal Anderson, la Asamblea Nacional somete a interpelación a los directores de éstos.

En el febrero anterior ya el Ministerio de Comunicación e Información condena públicamente a Marcel Granier por expresarse en el diario brasileño Estado de Sao Paulo en contra del gobierno y a propósito de sus violaciones a la libertad de expresión. De modo que, sin concluir el mes, la Sala Constitucional del Tribunal Supremo, caja de resonancia del Presidente, niega el recurso que ejerce el medio conducido por Granier, RCTV, contra la legislación que regula la tributación en materia de telecomunicaciones. Y en vista de los sucesos, el presidente de la Asamblea Nacional, Nicolás Maduro, manipula el debate sobre lo que son violaciones manifiestas a la Constitución, sugiriéndole públicamente al directivo del Canal 2 que se lance como candidato presidencial.

De nada vale la advertencia que le hace al gobierno, en el mes de julio, la Relatoría para la Libertad de Expresión de la OEA, al recordar que "no se puede restringir el derecho de expresión por vías o medios indirectos, tales como el abuso de controles oficiales, de frecuencias radioeléctricas o por cualesquiera otros medios encaminados a impedir la comunicación y la circulación de ideas y opiniones". Pero el gobierno sigue en su línea de imponer la mordaza, usando, eso sí, los instrumentos que le brinda el Estado de Derecho.

La enseñanza de Burleigh (*El Tercer Reich: una nueva historia*), sobre la experiencia del nazismo es pertinente y muy decidora con relación a lo anterior: "Los ingenieros no podían limitarse a demoler una estructura..., debido a las repercusiones en el tráfico ferroviario. Lo que hacían en su lugar era ir renovando lentamente cada tornillo, viga o raíl, un trabajo que apenas si hacía levantar la vista de los periódicos a los pasajeros. Sin embargo, un día, se dieron cuenta de que el viejo puente había desaparecido...".

Toda revolución, en efecto, cuando se precia de tal intenta cambiar el todo y no las partes del todo y para ello lo primero que hace es modificar los contenidos del lenguaje, los signos de la comunicación política, para cauterizar cualquier fórmula de continuidad o sintonía entre el pasado y lo que se avizora como el porvenir. Impide, así, cualquier diálogo entre la revolución y la contrarrevolución mediante la instauración de un diálogo de sordos o Torre de Babel.

De modo que, lo que dice y hace Chávez sólo puede comprenderse e interpretarse en clave "chavista", que no a la luz de los dictados de la práctica política y democrática conocidas por los venezolanos y sus partidos, o por el resto de los defensores de la libertad en el Hemisferio. Lo que explica a todas luces la ineficacia inocultable de la oposición para revertir la tendencia revolucionaria e inconstitucional; incluida la oposición que ejercen algunos sectores de la sociedad civil con ejemplar tenacidad, valentía y radicalismo.

V. LA JUDICIALIZACIÓN DE LA DEMO-AUTOCRACIA O DICTADURA ELECTA

El 16 de mayo se hace espacio la sentencia ya mencionada que dicta el Tribunal Supremo de Justicia en Sala Electoral, en el asunto de la cuestionada elección del Alcalde del Municipio Candelaria del Estado Trujillo. Ella muestra con crudeza la seriedad e inflexibilidad de la estrategia de la revolución bolivariana para alcanzar sus objetivos de ruptura ideológica, política y económica, con un sólo y real objetivo: la permanencia *sine die* de Chávez en el ejercicio del poder. El caso es revelador y emblemático.

Confrontadas las partes en el juicio de impugnación respectivo, al demandante –candidato que es a dicha Alcaldía– se le niega su alegato de violación del derecho a la defensa: fundado en la falta de notificación a él, por el CNE, de la decisión que desestima su reclamo, y arguyendo el TSJ lo formal: el acto de marras –aun siendo individual– es publicado en la *Gaceta Oficial* y debe conocerlo el demandante. En tanto que, al Alcalde electo cuestionado y afecto al chavismo, actuando como tercero coadyuvante de la defensa del CNE se le aceptan como tal sus conclusiones en juicio como tempestivos, mediante la minusvalía de lo formal: Si bien el Alcalde requiere de probar su interés en el asunto para actuar como tercero, el TSJ –obviando tal probanza– lo califica de mero adherente a la opinión jurídica del CNE y le acepta su escrito de conclusiones: "Este juzgador estima que no existen elementos que justifiquen ... la no admisión del escrito de conclusiones presentado por el tercero, el cual, vale destacar, [no incorpora] ... pretensiones distintas a lo ya manifestado por el representante judicial del Consejo Nacional Electoral", reza el fallo.

Pero al margen de lo anterior, por anecdótico y aun cuando confirma la vigencia en el TSJ de un doble estándar jurídico: según que el actor o demandado adhiera o no a los intereses de la revolución, el Supremo Tribunal en Sala Electoral, con su sentencia, cierra las puertas a cualquier posible escrutinio que ponga de relieve las eventuales manipulaciones numéricas del Registro Electoral o de la voluntad cierta de los electores. Al efecto, sobre el derecho humano y constitucional a la participación política libre de ataduras y en elecciones justas y transparentes, sobrepone una exigencia instrumental de ley invocando "los principios de eficiencia de los procesos electorales y de celeridad de los actos de votación y escrutinio".

La conclusión no se hace esperar. "En el proceso automatizado el escrutinio lo realiza la máquina de votación, por lo que no se requiere la contabilización manual de los votos", según lo declara en términos concluyentes el *dictum*. De modo que, si en hipótesis el número real de votos y de votantes en cada elección consta de manera indubitable en las papeletas físicamente depositadas por cada elector en una urna e impresas previamente por la máquina electrónica correspondiente, el número de votos y de votantes válidos no es el resultante de una auditoría o confrontación aleatorias y eventuales entre la máquina y la urna o caja de papeletas respectiva: será, según el TSJ, el que establezca la computadora. No repara en la eventualidad de que sus programas sean o no manipulados desde servidores externos a la misma.

No solo ello. Una vez como la máquina de votación imprime el acta de resultados, para determinar la validez o no de la elección, a juicio del TSJ el acta electrónica vale por si sola y sin más: tesis que hace propia el ex presidente Carter luego del referendo revocatorio, pero la cuestiona en su propio país, Estados Unidos de América. Y como lo reconocen tanto el juzgador como el CNE demandado, media la "imposibilidad para aplicar los mecanismos de subsanación y convalidación a tales instrumentos electorales, por cuanto no se puede verificar [luego] el número de boletas depositadas, en virtud de la inexistencia del valor referido a la cantidad de las mismas, ya que el voto reposa en un instrumento electrónico, como es la memoria removible o *pen drive*".

En otras palabras, tales *pen drive* o memorias removibles, una vez como son usadas y luego separadas de las máquinas de votación, de ordinario son puestos en cero, es decir, se borran sus memorias y el argumento para el atropello: su no conservación, no falta, tanto que es argüido por el CNE a raíz del RR de 2004 citado: tenían que prepararse para las elecciones sucesivas.

La sentencia de la Sala Electoral del TSJ, a fin de blindar su objetivo político: asegurar un sistema electoral que procure la permanencia de Chávez en el poder, marca directrices que, además, fracturan el principio de "igualdad de armas" que debe privar en todo debate judicial y en el que las mayores armas, si cabe, han de beneficiar a las víctimas de violaciones de derechos humanos por el Estado.

Admitiendo el TSJ "que en materia electoral existe un principio fundamental referido a la conservación del acto electoral y el respeto a la voluntad de los electores", su sentencia, sin embargo, cubre al Estado de cualquier reclamo eventual de nulidad de un acto comicial fraudulento en el que, si fuese el caso y de existir los elementos materiales de convicción, puedan revisarse de conjunto y compararse los datos de las urnas de votación contentivas de las papeletas y de las máquinas electrónicas relacionadas, sus *pen drive* o memorias así como los registros de comunicaciones entre las dichas máquinas y los servidores que las dominan. Y lo hace así el TSJ en su fallo, al declarar lacónicamente que "el interesado... debe probar la irregularidad".

La Sala Electoral del TSJ, concluyendo de esta manera, luego de citar a título adjetivo "el Pacto Internacional de San José de Costa Rica", olvida o no se detiene en una regla de oro de la jurisprudencia interamericana de derechos humanos: el principio *pro homine et libertatis*. Pone de lado y no ausculta, en efecto, un alegato central del demandante quejándose de que se le pide "al administrado demostración y aportación de elementos que el CNE dispone y no son de libre acceso a los administrados". Se trata de ignorar o acaso de blindar la política del ocultamiento, inherente a toda empresa de vocación totalitaria, negada a la verdad.

Tira por la borda el TSJ, en síntesis y dados los cometidos de la revolución bolivariana, lo elemental: "En los procesos sobre violaciones de derechos humanos [el voto es uno de dichos derechos], la defensa del Estado no puede descansar sobre la imposibilidad del demandante de allegar pruebas que, en muchos casos, no pueden obtenerse sin la cooperación del Estado". La Corte de San José de Costa Rica, por consiguiente, luego de sostener lo anterior ha dicho sin ambages que "[e]s el Estado quien tiene el control de los medios para aclarar hechos ocurridos dentro de su territorio" y no la víctima (CIDH. *Caso Durand y Ugarte*, Sentencia de fondo, 16-8-2000). Absurdo es creer, por ende, que las afirmaciones de Chávez ante la Asamblea Nacional, en cuanto a que la alternabilidad no hace parte sustancial de la experiencia democrática o que ha decidido permanecer en el mando hasta el año 2021, son el mero producto de una provocación emocional hacia sus adversarios. Al prevenir desde ya sobre la eventual ausencia de la oposición –que denuncia la falta de garantías electorales– en los comicios previstos para diciembre y al amenazar con la convocatoria de un plebiscito que le extienda el período constitucional hasta el 2031, no hace sino manipular la ocasión –a la manera de un prestidigitador– para revertir las culpas y cubrir bajo las formas, una vez más, su proyecto continuista: Chávez es dictador no por voluntad propia sino por la omisión deliberada de sus adversarios, puede ajustar –como es su costumbre– el mismo Secretario de la OEA, José Miguel Insulza, y en línea similar a cuanto expresa luego de las elecciones parlamentarias de 2005.

VI. HACIA EL ESTADO DE COMUNAS

En noviembre se da otro paso fundamental, el día 26, para la transformación de la República Bolivariana de Venezuela en un Estado comunal socialista, a despecho del mismo orden constitucional en vigor. La Asamblea Nacional sanciona la Ley Orgánica de los Consejos Comunales.

El texto en cuestión regula la constitución, conformación, organización y funcionamiento de los llamados consejos comunales, entendidos como instancia de participación a la que permanecen atados los órganos y demás entes del Poder Público, a fin de que dichos consejos tengan incidencia en la formulación, ejecución, control y evaluación de las políticas públicas en todo el país.

Pero no son solo instancias de participación, sino también de articulación e integración entre los ciudadanos, sus movimientos sociales o populares, para el ejercicio "del gobierno comunitario y la gestión directa de las políticas públicas".

Lo cierto es que dicha figura, situada en la base de la organización social se constituye mediante la integración en el ámbito urbano de entre 150 y 400 familias, y en ámbito rural a partir de 20 familias o de 10 para las comunidades indígenas; pero nace, más allá de su conformación en asamblea y de la elección que hace de los llamados voceros comunales, una vez como le otorga personalidad jurídica el Ejecutivo Nacional a través del Ministerio del Poder Popular con competencia en materia de participación ciudadana.

Sólo así el respectivo Consejo Comunal adquiere su estructura deliberante (la asamblea) y otra de gobierno que integran el colectivo de coordinación comunitaria y sus miembros, a saber, los voceros de la Unidad Ejecutiva, de la Unidad Administrativa y Financiera Comunitaria, y de la Unidad de Contraloría Social.

En la práctica, los Consejos controlan a sus residentes y reciben el apoyo para ello de la Milicia Popular Bolivariana, así como coadyuvan con los órganos del Poder Público en el levantamiento de información sobre cada comunidad; amén de organizar el voluntariado y los comités de trabajo que ejecutan políticas y servicios comunitarios. Se trata de entes, así mismo, dentro de los cuales se articula la denominada economía comunal y se nutren con los recursos financieros que reciben del Ejecutivo Nacional, los Estados, o los Municipios; pero quedan, no obstante, sujetos a la autoridad del Ministerio del Poder Popular respectivo –y no de las gobernaciones y alcaldías– en cuanto a políticas estratégicas, planes generales, programas y proyectos para la participación comunitaria. En otras palabras, son cuerpos políticos situados en la base de la pirámide de los poderes públicos y la misma población, a objeto de que aquélla resulte controlada por el Gobierno Nacional totalmente, desde arriba y desde abajo.

Y a fin de que el funcionamiento de éstos no se vea enervado, según la ley de la materia quedan a disposición de dichos Consejos Comunales unos Fiscales del Ministerio Público especializados, quienes han de atender y procesar las denuncias que al efecto reciban de éstos.

Huelga señalar, pues, que la ley en cuestión –de neta factura constitucional cubana– desconoce palmariamente la existencia del Municipio como "unidad política primaria de la organización nacional" –que incluye a los municipios indígenas– a tenor del artículo 168 constitucional y dada la textura que adquieren mediante la misma los consejos comunales.

Lo cierto y constitucional es, sin mengua de su sujeción a la ley nacional, que conforme al artículo 173 de la Constitución corresponde a los propios Municipios la creación de las parroquias u otras entidades locales dentro del territorio municipal, así como establecer los recursos de que disponen; todo ello, como lo dice la norma que viola manifiestamente la ley comentada, atendiendo "a la iniciativa vecinal o comunitaria, con el objeto de promover la desconcentración de la administración del Municipio, la participación ciudadana y la mejor prestación de los servicios públicos.

Se trata, en suma, de una iniciativa legislativa inconstitucional, que de modo deliberado y anticipado sitúa en su camino hacia la reforma constitucional el mismo presidente Chávez –para crear realidades de facto que luego no tengan marcha atrás, a pesar de ser contrarias al orden republicano establecido.– Dos pasos adelante, uno atrás, es su clara estrategia inconstitucional.

VII. SE REPITE EL AMPARO

Transcurren cuatro lustros, algo más o algo menos, desde cuando ocurre la masacre de El Amparo en tiempos del presidente Jaime Lusinchi. Entonces son pescadores las víctimas del llamado "error", de la suerte de atropello que nace de la inhumana desproporción, del desbordamiento criminal que se cocina en los fogones de quienes por poseer el control de las armas para la defensa del Estado y de nuestra sociedad creen que el destino de todo y de todos pende de sus manos, de sus voluntades arbitrarias y sin límites.

Con el pasar de los años, entre avances y retrocesos, al final de las cuentas la Corte Interamericana de Derechos Humanos homologa la responsabilidad internacional aceptada por el Estado venezolano, dado el crimen consumado. Lo ejecutan miembros de nuestra FF.AA. y de la policía deshonrando la tradición civilizada de nuestra República civil. No les vale decirse escudados tras el argumento del deber que les compele: sostener el orden interno y reprimir a la guerrilla que a diario traspasa las fronteras impunemente, venida desde Colombia, para hacernos objeto de sus desafueros revolucionarios y delincuenciales.

El hoy presidente de la República Bolivariana alguna vez censura tal hecho, aun mediando su condición de soldado y sin mengua de sus antecedentes de golpista y camorrero de oficio. Admite lo injustificable del mismo para deslindar las aguas de la historia y comparte entonces, hacia 1999, el reconocimiento que hace el Estado venezolano de sus deberes de reparación para con las víctimas sobrevivientes y los familiares de aquellas otras que hincan en el sitio, con sus espaldas cosidas por las balas de la perfidia.

Pero nadie puede argüir que no bebe de la misma agua. Llegado el 27 de septiembre tiene lugar el ajusticiamiento de al menos doce mineros, indígenas y otros venezolanos y extranjeros, más un número indeterminado de desaparecidos, quienes son masacrados en el suelo mediante un uso abusivo y desproporcionado de armas de fuego por militares miembros del Teatro de Operaciones N° 5, en la mina El Papelón de Turumbán, sita en el Municipio Raúl Leoni del Estado Bolívar. Arguyen su lucha contra el narcotráfico y terminan violando de modo palmario y sin atenuantes los artículos 19, 29, 30, 43, 45 y 332 de la Constitución.

El país, no obstante, sumido en el relajamiento social y de sus lazos de solidaridad, anegado por los miles de muertos que nos dispensa tal circunstancia y preso, por si fuese poco, del abuso oficial, de la preminencia de un poder castrense que deambula al margen de los equilibrios institucionales y sin la contención del Estado de Derecho, no se da por enterado de la masacre. Y ella ocurre en los predios de un Estado gobernado, además, por un militar y General.

El Presidente, cabe decirlo, admite la desmesura en el uso de la fuerza por sus ex compañeros de armas. Pero los hechos allí quedan, consumados, son la obra de una milicia sin contención, pues ahora es partido de gobierno, delibera y gobierna a plenitud sobre el país.

En una democracia la legitimidad de los medios es tan fundamental como la legitimidad de los fines y su justicia. Un fin por muy legítimo o loable que sea no legitima la ilegalidad de los medios a través de los que se alcanza.

Creer y sostener que la titularidad del poder público y su desempeño por mandato de la soberanía implica una patente de corso para el abuso criminal contra los ciudadanos, por importantes que sean los objetivos de redención social o de sostenimiento del orden y la seguridad pública planteados, marca el lindero exacto para valorar el carácter democrático y la ética de todo gobierno o su desplazamiento fatal hacia los predios del autoritarismo y la barbarie.

VIII. ELECCIONES RECONSTITUYENTES

Carlos Escarrá Malavé, escribano del Régimen, anuncia en el mismo octubre el propósito de reforma constitucional que anima al

Presidente Chávez. La Constitución, la célebre "bicha" de 1999 le queda enjuta a su revolución, pero es tan huidiza que no le permite comportarse como el Rey Sol.

La Constitución limita a Chávez en su intento por mudar la realidad política y situarla –como aspira– dentro de los predios del socialismo del siglo XXI. A pesar de su atadura dogmática bolivariana, aquella reconoce –*malgré tout* para él– nuestra tesitura de pueblo plural y de "echaos p'alante". Somos una suerte de Babel, cabe repetirlo, hecha sí de revolucionarios de cafetín, de oportunistas, de "chavistas mayameros", de choferes que mudan en diplomáticos, de buhoneros que se hacen banqueros a manos del Estado asistencial y misionero, y también de escuálidos y contrarrevolucionarios, de desempleados, de niños de la calle y de cuanta especie es capaz de procrear el realismo mágico que nos acompaña.

Es amplia la Constitución, asimismo, pero sobretodo hija de la contradicción que tiene a su mejor exponente en el Palacio de Miraflores. Tanto que, por ser ella una suerte de matrimonio morganático entre el disoluto Robespierre y el desbordamiento absolutista de Luis XIV, célebre por su frase "el Estado soy yo", hace del proyecto bolivariano una suerte de monumento a la opacidad.

La revolución se mueve entre el ser y el no ser, y el país pierde sus seguridades y hasta la identidad. No sabemos si somos la República de Venezuela o la República Bolivariana. Menos sabemos, luego de modificado el símbolo o escudo que nos expresa en unidad, si el caballo blanco de nuestra condición avanza o retrocede.

Nos es difícil discernir, luego de 8 años de desvarío, entre nuestra sabida y conocida realidad de país soberano e independiente y la sujeción que nos ancla y casi nos muestra como una provincia asociada al jurásico Estado cubano. Negada, por lo mismo, a los beneficios de la modernidad y la globalización.

La reforma constitucional o la constituyente previstas mal no pueden dejar de situarse, pues, como centros de referencia con vistas a los comicios presidenciales.

No por azar Manuel Rosales, gobernador del Zulia y candidato de la oposición democrática, sugiere la idea de la otra asamblea, distinta de la que imagina Chávez, para desandarnos en nuestro avance hacia el marxismo.

Se trata de un asunto nada baladí. Otra cosa es que la gente común, agobiada por el día a día y tratando de subsistir no repare en lo que puede entender como exquisiteces de picapleitos o sandeces de políticos de oficio. Lo cierto, sin embargo, es que luego de diciembre es probable que alcancemos las certezas que se nos han disfrazado o que se nos han negado por obra de la fatalidad.

La reforma de Escarrá –el otro, no el constituyente llamado Herman– cuenta ya con sus instrucciones.

Llegan éstas de manos del propio Chávez y dicen sobre su voluntad totalitaria. Están escritas desde 2004 en el manoseado folleto o documento presidencial La Nueva Etapa. Según su tenor la institucionalidad sucedánea desplazará a gobernaciones y alcaldías, legislaturas y concejos, cortes y tribunales: por ser hijos del capitalismo imperial. Se le hace espacio al gobierno de los círculos bolivarianos y al sistema de las misiones cubanas.

Tendremos así democracia popular y directa, en suma. Todos contra todos que es tanto como decir que la democracia no será de nadie. Tendrá como jefe a Chávez, quien pensará por todos y por la misma democracia.

Sostiene La Nueva Etapa, al respecto, que las fuerzas políticas que hoy apoyan a la revolución tendrán unidad de mando. No cabe el disenso dentro del socialismo del siglo XXI y tampoco puede la "democracia misionaria" y circulo-bolivariana evolucionar hacia formas partidistas. Ello queda proscrito. El partido y cualquier partido existente encarna en Chávez: "La ley soy yo, el Estado yo", dice él, no por azar, desde noviembre de 2001.

Seguiremos peleados con USA y le venderemos petróleo mientras se pueda, así nos llamen sinvergüenzas. El registro electoral –lo sostiene La Nueva Etapa– ha de continuar siendo una caja negra y sagrada, que no pueden observar los profanos observadores, y que aumenta en inscritos mientras haya ONIDEX y hasta un número que le sirva a la revolución, así sea mayor a todos los habitantes del país.

Rosales, en otra banda y a su turno, quiere una constituyente que case y armonice a todos los venezolanos, unos con otros, y no a los bolivarianos o a los escuálidos, por separado y consigo mismos. Que las mayorías no sigan secuestrando los derechos de las minorías. Pretende que una nueva Constitución señale que el Presidente manda y orienta pero con límites, controlado por el país y sus poderes. Que viaja al exterior y proyecta a Venezuela, pero acordándose previamente con los venezolanos. Que coopera con las naciones necesitadas, dando su primer ejemplo en casa. Que el Fiscal fiscalice, que el Contralor controle, que el Defensor defienda al pueblo antes que al Presidente. Que los Alcaldes y Gobernadores pidan permiso a sus comunidades y no al mandamás de turno y las ayuden sin humillarlas, sin pedirles que endosen franelas y gorras para el culto del gendarme o para recibir lo que les corresponde en justicia. Es una alternativa, su alternativa, que surge y presenta en los predios pre-electorales de 2006 y que imagina la Constitución venezolana del porvenir, en síntesis, no dependiente de "listas" infamantes ni amiga de la re-elección perpetua.

Pero la reforma socialista de Chávez, en todo caso, queda en pie y desde ya se adelanta, negándose ahora sus autores a la que es su obra original, la Constitución de 1999.

IX. LA REELECCIÓN DEL GENDARME

Tienen lugar así, en condiciones de normalidad y mediando las reservas señaladas en cuanto a las garantías que ofrece Poder Electoral, las elecciones presidenciales de diciembre. La oposición alcanza reagruparse y ordena sus liderazgos alrededor de las figuras de Teodoro Petkoff, Julio Borges, del partido Primero Justicia, y el gobernador Rosales, conductor del partido Un Nuevo Tiempo: suerte de reconversión o reagrupamiento de militantes del partido Acción Democrática, de orientación socialdemócrata.

Luego de una justa de opinión pública realizada entre éstos, deciden unirse todos bajo la candidatura de Rosales, quien en el mes de diciembre pierde frente a Chávez. Éste se hace de 62,89% de los votos, según el CNE y su andamiaje electrónico.

Petkoff reconoce públicamente la victoria del Gobierno antes de que concluya la totalización de resultados que le asignan a Rosales un 36,85% de los votos. Atrás queda, para ambos, el tema del fraude electoral electrónico, sistemático y selectivo.

La falta de información por el CNE de los resultados definitivos de la votación durante las pasadas elecciones parlamentarias no pesa, como tampoco la señalada decisión del TSJ que transforma en dogma de fe la información electoral electrónica, ni la afirmación que hacen académicos y especialistas de distintas universidades nacionales en cuanto a que el Registro Electoral Permanente resulta de una inflación poblacional que no se corresponde y que se hace evidente al comparar su distribución por entidad federal contra las cifras demográficas oficiales, es decir, las cifras del censo y sus estimaciones anuales hasta el año 2006.

Chávez, en suma, readquiere la legitimidad democrática que pierde y lo mantiene en entredicho hasta entonces. Pero no logra sostenerla siquiera por breve tiempo, dado el curso que impone la misma revolución hacia sus objetivos. Así lo sostiene, desde la observación internacional Iñaki Anasagasti, Senador de las Cortes Españolas y miembro del Partido Nacionalista Vasco, quien señala que "el resultado de las elecciones del 3 de diciembre recoge una estructura electoral completamente viciada y fraudulenta [RE, cedulaciones, caza-huellas, maquinitas, presiones, listas fascistas, etc.], que pretendía corregirse apelando a la modificación de las condiciones electorales. Mas, cuando la dirección opositora aceptó concurrir sin condiciones, sobre la base de la idea de que con votos podía derrotar el fraude, se planteó –ahora se ve– un objetivo inalcanzable", concluye.

X. LA REFORMA SOCIALISTA SE IMPONE

En el mes de diciembre se formaliza ante la opinión pública, por el Presidente, su idea de la reforma constitucional, anunciada desde antes.

Su contenido, según lo dicho, viene de atrás y no es novedoso. "Nosotros no teníamos dudas hacia dónde íbamos, ahora cómo hacerlo, si por la vía pacífica o por la vía armada, eso empezó a ser tema de debate durante años", confiesa Chávez en La Nueva Etapa: El Mapa Estratégico de la Revolución Bolivariana, que deja escrito desde noviembre de 2004 para recordarnos que los tres mapas estratégicos elaborados por él hasta hoy y desde su prisión en Yare "son una evolución del mismo mapa".

El eje central del modelo revolucionario en curso, según el testimonio de éste, "es trascender el modelo capitalista". La filosofía de la estrategia sigue siendo, empero, el "por ahora". El puente de la democracia no cae por implosión, como lo hemos dicho. Es desmontado desde 1999, tuerca por tuerca, viga por viga, raíl por raíl, para que los pasajeros del tren hacia la dictadura no se den cuenta y permanezcan distraídos.

En el ámbito de la organización del Estado y de la sociedad, la Constitución de 1999 prefigura un modelo republicano y de separación de los poderes, sí, pero acotado en cuanto a la autonomía de éstos y lo que es más importante, silenciando a los partidos políticos: instrumentos clásicos de la relación entre la sociedad civil y la sociedad política. La Nueva Etapa, avanza hacia la formulación del partido único y la reformulación de la organización del Estado y de la sociedad para consolidar "la nueva estructura social de base", que ejerce tareas políticas y de producción como la contraloría social y se casa con un nuevo sistema de gestión de la cosa pública inspirado en el régimen "misionario" importado desde La Habana.

En cuanto al individuo y su desarrollo libre como persona, la Constitución vigente le confía al Estado –que no al mismo individuo– la responsabilidad de su desarrollo. En lo adelante, con vistas al Socialismo del Siglo XXI y según La Nueva Etapa, "no son los hechos, no es la superficie lo que hay que transformar, es el hombre", como lo indica Chávez. El objetivo no es otro, pues, que el desarrollo de un sistema educacional bolivariano, que implica tanto la reforma del sistema educativo cuando "la formación e identificación de la población con los valores, ética e ideología de la Revolución Bolivariana".

El pluralismo democrático y la libertad de las ideas ceden progresivamente entre la Constitución y los postulados de La Nueva Etapa, mediando entre ambas y como soporte para la reforma constitucional en cierne tanto las Sentencias 1013 y 1942 dictadas por el TSJ para restringir la libertad de expresión como la célebre Ley de Responsabilidad Social de Radio y Televisión. Chávez lo revela en La Nueva Etapa: "Tengo un solo tipo de invitado –precisa–: nuestros medios de comunicación aliados". La pluralidad de la opinión democrática, en consecuencia, continúa atenuada hasta que se toque el corazón del sistema que hace posible la diversidad de los opinantes: los medios de comunicación social, cuando desaparece. La propuesta y el cometido es, según La Nueva Etapa, "fortalecer los medios de comunicación públicos" y "potenciar las capacidades comunicacionales del Estado".

En cuanto a la gestión electoral, ella se encuentra "despartidizada" desde la Constitución de 1999 y sobre sus logros, en el interregno, La Nueva Etapa se dispone fortalecer los ejes que mejor inciden en el condicionamiento del aparato informático del que depende el ejercicio del voto. Según ésta, tales ejes son la Misión Identidad y el registro electoral digital, el alimento de "la data" de los partidos políticos (Listas Tascón y Maisanta) y el afinamiento del "mapa geo-referencial" que permita saber donde está cada venezolano y con quién está alineado políticamente.

El régimen económico, que se afirma según la Constitución de 1999 en la competencia libre y en el respeto a la propiedad privada, pero que le abre espacio igual al "régimen de propiedad colectiva", avanza según a La Nueva Etapa hacia la cogestión, a la economía popular, el autoempleo y la creación de nuevos valores de "producción y consumo solidarios", dentro de un contexto de planificación centralizada y de desarrollo endógeno.

La política exterior y de defensa nacional, finalmente, inspiradas en las ideas constitucionales de la soberanía absoluta y la articulación de todo el orden constitucional alrededor de la idea de la seguridad nacional y la pre-eminencia de la Fuerza Armada, encuentran como objetivo en La Nueva Etapa la confrontación abierta con los Estados Unidos, la exportación del modelo revolucionario bolivariano, la creación de un nuevo pensamiento militar, el desarrollo de las milicias populares, la formación de la población en la obediencia y disciplina militar, y la creación de grupos de opinión, comunicólogos e intelectuales que contribuyan a crear matrices de opinión internacional favorables al proceso.

En suma, el significado del Socialismo del Siglo XXI, pretendido centro del debate constitucional reformista planteado, si de suyo tiene lugar durante el año siguiente y alcanza cristalizar electoralmente, recrea en Venezuela una experiencia de muy añeja data que nuestra contemporaneidad no capta ni comprende y quienes la captan y comprenden no se avienen a definirla como dictadura constitucional o como fascismo mussoliniano o peronista, o como populismo personalista o autocracia, o como comunismo a secas, disfrazado "por ahora" tras la cosmética tecnológica global del siglo XXI.

XI.   EL CÉSAR BAJA EL DEDO Y CONDENA A RCTV

El Presidente de la República, arguyendo ante la Fuerza Armada que Marcel Granier, directivo de Radio Caracas Televisión, es un golpista, ordena el procedimiento para el cierre de dicha emisora y la no renovación de la concesión que le permite funcionar con señal abierta desde hace 53 años.

En cadena nacional, frente al alto mando militar y el cuerpo castrense, reunido en Fuerte Tiuna el 28 de diciembre, día de los Santos Inocentes, vestido de casaca militar, señala criterios y fija directrices que no reclaman de comentarios, salvo que implican una abierta violación de los artículos 7 (supremacía de la Constitución), 19 (garantía por el Estado de los derechos humanos), 21 (igualdad ante la ley y no discriminación), 23 (primacía constitucional de los tratados de derechos humanos), 26 (derecho a la tutela judicial efectiva), 27 (derecho de amparo), 49 (derecho al debido proceso judicial), 57 (libertad de expresión) y 58 (derecho a la información) de la Constitución.

"Se le acaba en marzo la concesión de televisión. Se le acaba en marzo... Así que mejor es que vayan preparando sus maletas y vaya viendo a ver qué va a hacer a partir de marzo. No habrá nueva concesión para ese canal golpista de televisión que se llamó Radio Caracas Televisión. Se acaba la concesión. Ya está redactada la medida. Así que vayan preparándose... apagando los equipos pues", vocifera el Presidente. *¡No se va a tolerar aquí ningún medio de comunicación que esté al servicio del golpismo, contra el pueblo, contra la nación, contra la independencia nacional, contra la dignidad de la República... Venezuela se respeta!... lo anuncio antes que llegue la fecha para... que no sigan ellos con el cuentico de que son veinte años más... ¿veinte años más? Yo te aviso chirulí... ¿20 años más? Se te acabó... se te acabó"*, concluye el mandatario con expresión de cinismo que lo desborda. Alea jacta est.

2007
LA REFORMA CUBANA Y EL CIERRE DE RCTV

"Seguimos en la batalla construyendo el socialismo, ... Ni una sola coma de esta propuesta [de reforma constitucional] yo retiro. Continúo haciendo la propuesta al pueblo venezolano. Esta propuesta está viva, no está muerta. No se pudo por ahora, pero lo mantengo... Buscaré la manera, pero seguro más lenta"

Hugo CHÁVEZ FRÍAS
2 de diciembre 2007

Hugo Chávez Frías, pertrechado, ahora sí, con una legitimidad de origen democrático que no cuestionan sus adversarios dentro de la oposición partidaria y ahora oficial Comandante en Jefe de lo militar, entra al 2007 con paso firme y recursos dinerarios suficientes –cae la producción petrolera a 2.440.000 barriles pero salta el precio del petróleo hacia 65,20 dólares por barril– como para dar un salto igual hacia la instalación de su proyecto anhelado: "Hemos recibido el mandato del pueblo" señala y ellos están representados en sus 7.300.000 votos obtenidos en la elección. Desde ya anunció, "en diciembre del año 2012 será la próxima elección presidencial".

Pero el año que pasa y el que abre se encuentran marcados por los sucesos del Día de los Inocentes pasado, cuando el mismo Chávez, todavía disfrazado de Teniente Coronel –pues deja de serlo hace más de una década– dicta, como dictador que es a pesar de su reelección popular, otro de sus antojos al General en Jefe, Raúl Isaías Baduel. Lápiz y libreta en mano éste copia con el devoto cuidado del amanuense: "La Fuerza Armada será llamada Bolivariana e incorporará a la reserva popular, y tendrá un nuevo credo o ideario". Para tal propósito el mandatario dice procurar la reforma de la Constitución, que es otro de sus caprichos el año que apenas comienza

La transformación del mundo militar hasta hacerlo derivar en una suerte de guardia a su servicio y la idea propia de que esa guardia no sea profesional ni de méritos en lo adelante, sino popular e hija de la militancia de calle, son las obsesiones, en efecto, del gobernante, desde cuanto propulsa la Asamblea Constituyente de 1999; pero los pesos y contrapesos institucionales de entonces, aun cuando ya débiles, se lo impiden. Dado lo cual opta por hacer buena, a despecho, su filosofía del "por ahora". Pero deja anclada, eso sí y en el texto constitucional de 1999, la naturaleza militar de la República Bolivariana naciente.

I. RCTV, BAJA EL TELÓN

Ha corrido mucha agua bajo el puente desde aquel hito inaugural de nuestro reciente devenir. Pero ese día de los Inocentes – antesala del 2007– también llega, según lo ya narrado, el anuncio del cierre del Canal 2, Radio Caracas Televisión, a quien el presidente Chávez tacha de golpista; pero luego olvida el argumento. Y para curarse en salud dice, a renglón seguido, sobre la no renovación del permiso gubernamental otorgado a dicha emisora desde hace medio siglo –meses más, meses menos– para su funcionamiento como canal de entretenimiento e información dentro "espectro radioeléctrico". Y ello, renovar o no renovar, como lo advierte el mismo Chávez, es potestativo del Estado.

No entiende éste, dada su formación pre-convencional y sus antecedentes de golpista que el Estado de Derecho, en la democracia, no se reduce a formas vacías de contenido democrático o extrañas a la razón. La aplicación de la ley por el Estado –en la democracia– escapa a la idea de la discrecionalidad arbitraria, no reglada. Todo acto de los poderes públicos ha de ajustarse a lo que dictan la Constitución y la ley y ha de expedirse, además, dentro de los límites autorizados por éstas, pero ello no basta. Los actos de poder, en un Estado de Derecho, han de ser siempre el producto del respeto a distintos principios que acotan al propio poder. Éste no puede desplegarse *legibus solutus*. El poder del Estado permanece atado a lo que es su función esencial en la democracia: servir a los ciudadanos y sus derechos, que no servirse a sí mismo y a sus antojos, como en términos más rigurosos lo precisan los artículos 19, 137 y 141 constitucionales

Cuando el Presidente arguye el carácter golpista del Canal 2 – dejemos de lado que quien lo dice es un ex golpista– y de allí colige que le sobran razones, por ende, para no permitirle a éste seguir transmitiendo sus noticias y programas, hace abstracción, además, de las normas elementales de la ética democrática.

Pongamos de lado, también y por ahora, lo atinente al derecho a la libertad de expresión y de prensa cuyo respeto y garantía quedan comprometidos con la decisión gubernamental de marras. Reparemos en lo vertebral. En la democracia y en el Estado de Derecho la congruencia entre fines y medios es un dogma. Sólo en las dictaduras, sean de izquierda o de derecha, se violenta la relación entre los medios y los fines y sus legitimidades porque todo medio se considera bueno para alcanzar los objetivos dictatoriales o autocráticos.

Cuando el Estado de Derecho y la democracia despliegan sus pulmones para servir a la persona y sus derechos fundamentales, la legitimidad y la justicia de los fines quedan atadas de modo irreversible a la justicia, legitimidad y congruencia de los medios dispuestos, y viceversa.

Así las cosas, si el fin pretendido por el señor Chávez es castigar al Canal 2 por golpista –léase, por no ser complaciente– mal puede apelar su Gobierno, como medio, al retiro de la concesión que aquel opera. El medio ha de ser, si cabe, otro, y reclama de un proceso en el que se pruebe que el Canal 2 ha participado de algún golpe: hecho que desconoce la opinión pública a pesar de la prédica presidencial.

Si, por el contrario, el medio para encontrar alguna razón dentro de las sinrazones que permitan excluir a RCTV del espectro radioeléctrico, es su supuesto golpismo, el fin señalado, es decir, la no renovación de su permiso de transmisiones, carece en el caso de la más elemental congruencia.

En la democracia y en un Estado de Derecho, cabe reiterarlo hasta la saciedad, el Estado sólo puede autorizar o desautorizar, revocar o no revocar sus mandamientos, otorgar o quitar derechos o prerrogativas, con vistas, como lo señalan los instrumentos internacionales y la jurisprudencia sobre derechos humanos, "a las justas exigencias del bien común en una sociedad democrática".

Necesariedad, legitimidad, imperatividad social, razonabilidad, proporcionalidad, preservación del núcleo pétreo de cada derecho humano y congruencia entre medios y fines, entonces, son algo más que palabras. Son amarras que atan al Estado en la democracia, para que por encima de todo y sean cuales fueren las motivaciones políticas o las formas jurídicas dispuestas nunca deje de servir a los derechos fundamentales de la persona y del ciudadano. Pero todo ello mal se puede esperar de un dictador como Chávez, a pesar de su hábil y sibilino manejo del poder.

La libertad de expresión y de prensa comprometida en el asunto de RCTV, qué duda cabe, es elemento esencial de la democracia y componente fundamental de su ejercicio efectivo; y la administración del espectro radioeléctrico confiada al Estado –que es patrimonio común de la Humanidad y no del Estado– mal puede hipotecarse, sin más, al antojo de los gobernantes de turno, que no sea para hacer del espectro radioeléctrico algo más eficiente técnicamente y mejor adecuado a su finalidad: trasmitir información plural y variada.

La Declaración de Principios sobre Libertad de Expresión proscribe, no por azar, el uso y manejo por el Estado del espectro radioeléctrico a objeto de premiar o castigar a sus usuarios –la radio y la televisión– por sus ideas o para condicionar su línea editorial e informativa. Y esto es así en Derecho y en cualquier democracia que se precie de tal, aquí y más allá, y más allá de los antojos impunes del Teniente Coronel.

Sea lo que fuere, el cierre del Canal 2 se consuma llegado el 27 de mayo, para estupor de la Nación, que se sume en una tristeza nunca antes observada. El régimen carga el costo, sin importarle.

II.   COMUNISMO A LA CUBANA: LAS EXPROPIACIONES ENCIENDEN LOS MOTORES

Lo esencial, en todo caso, es que el año arranca, por una parte, con el anuncio de la expropiación por el Estado de los sectores estratégicos de la economía nacional (petróleo, electricidad, telefonía, alimentos), en una saga que arranca con el anuncio expropiatorio de la emblemática empresa transnacional Owens Illinois, líder mundial en la fabricación de envases de vidrio; y por otra parte, con la explicación, por el Presidente, durante la ceremonia de juramento de su nuevo Consejo de Ministros, de los Cinco Motores –como los llama– de la Revolución, con vistas a la instalación en Venezuela del Socialismo del Siglo XXI. Los presenta como un conjunto de medidas radicales contra el capitalismo en Venezuela, un golpe a su corazón, lo que ocupa todo el espacio político y su gestión a lo largo del año. Los sitúa como exigencia de esa nueva fase que define como el Proyecto Nacional Simón Bolívar 2007-2021, esbozado en sus líneas maestras desde 2004, cuando hace pública La Nueva Etapa, El Nuevo Mapa Estratégico de la Revolución Bolivariana, ya mencionada anteriormente.

Los Cinco Motores de la Revolución Socialista, orientados de conjunto al desmantelamiento del andamiaje constitucional vigente y del sentido de la vida democrática que conoce el país comprenden: (1) la Ley Habilitante, la tercera otorgada a Chávez desde 1999, para que sancione mediante decreto las normas legislativas que adelanten la organización de un nuevo poder público revolucionario: los ministerios pasan a llamarse todos "ministerios del poder popular" y han de establecerse, como primera instancia de la organización socialista, los consejos comunales; (2) la reforma de la Constitución, que en copia del modelo constitucional cubano, viene a crear la propiedad socialista y consagra la reelección permanente del Presidente; (3) la educación bolivariana, a cuyo efecto y con vistas a la fragua del "hombre nuevo", cabe la modificación de los currícula de estudios para la enseñanza en "valores socialistas"; (4) la geometría del poder, que por vía de la reforma constitucional desfigura el antiguo sistema de estados y municipios para darles paso a las comunas y las ciudades socialistas; (5) el poder comunal, que se concreta en el establecimiento de unidades de producción socialista en la base popular, las contralorías sociales y las milicias populares. La nueva estrategia gubernamental, por lo visto, marca un punto de no retorno.

El avance hacia el Socialismo del Siglo XXI y la renuncia por la Asamblea Nacional a sus funciones legislativas ordinarias, luego de que habilita finalmente al presidente Hugo Chávez, el día 31 de enero, para que dicte por su cuenta leyes mediante decretos y prácticamente sobre cualquier aspecto de la vida nacional, marcan, ¡ no cabe duda!, ese punto de inflexión o no retorno, en una estrategia de poder absoluto concebida por aquél desde la cárcel, reelaborada varias veces, y afinada desde entonces por sus asesores cubanos.

Vistos de conjunto, los "cinco motores" recrean, cabe repetirlo, un modelo de supremacía estatal sobre el individuo; de centralismo político; de formación de un pensamiento único y dogmático negado a la diversidad del mismo pensamiento; de avance hacia el partido único con mengua del pluralismo partidista; de consolidación del poder presidencial mediante la negación de la división y el equilibrio entre los varios poderes; y de uso y manipulación de la participación popular para crear servidumbres al Estado y al autócrata.

El contenido y alcances de los "cinco motores" son explicitados hasta la saciedad, desde antes, en La Nueva Etapa tantas veces señalada y a propósito de la cual Chávez se compromete a trasponer los umbrales del capitalismo. Llega, pues, el momento de realizar, como lo cree, aquello que posterga o pone en mora en noviembre de 2004: "El planteamiento comunista, no (...), quienes se lo plantean no es que estén locos. No es el momento".

III. PRIMER MOTOR: LA LEY HABILITANTE

La idea primaria de la Constitución de 1999 es la de hacer de Chávez un gobernante-legislador, y éste, a su vez, tiene una idea de poder absoluto que lo obsesiona y desborda a dicho texto: "Los partidos que quieran manténganse, pero saldrían del gobierno. Conmigo quiero que gobierne un partido. Los votos no son de ningún partido, esos votos son de Chávez y del pueblo, no se caigan a mentiras", es cuanto expresa el 16 de diciembre de 2006.

Los "cinco motores" de la revolución socialista, que el mismo Chávez –asumiéndose como intérprete último de la voluntad popular– refiere como constituyentes, tienen asiento en el modelo autoritario y socialista que le inspira la Constitución cubana de 1976 –enmendada en 1992– y su visión dogmática de la política.

No por azar en su discurso de toma de posesión para otro período constitucional, el tercero, dice que para "radicalizar y profundizar" la revolución los "motores" encuentran su base en el poder constituyente que otra vez y de nuevo invoca después de "2 mil 898 días". Y en la práctica, al decirlo, pone de relieve que la organización constitucional republicana que tanto discute la Constituyente de 1999 y que aún rige entre nosotros, tienen, para él, carácter provisorio. Se trata de una provisionalidad sostenida sobre el engaño –el célebre "por ahora"– y que considera necesaria hasta alcanzar el objetivo final: el Socialismo del Siglo XXI. "Es recurrencia permanente para que la revolución nunca termine. Nunca puede ser congelado [el poder constituyente, léase la "voluntad del pueblo" mismo] por el poder constituido", revela Chávez en ese discurso ante la Asamblea, el 10 de enero.

Dentro de tal concepto, pues, la idea de las instituciones democráticas es apenas un comodín declinante, en espera de su sucedáneo o forzado complemento: la Revolución Socialista. Es un obstáculo que ha de ser eliminado hasta alcanzar lo que en juicio del propio Chávez es el predicado ideal: el establecimiento de una de relación de dominio –telúrica y hasta mágica– suya, sin mediaciones ni representaciones inconvenientes, con el pueblo; pueblo que ha de fraguar como tal en él, su líder y conductor.

Ha lugar así, también y bajo esta suerte de "socialismo a la venezolana", a la re-edición coetánea del caudillo o gendarme latinoamericano: quien, a la manera del "hombre fuerte y bueno" que es el General Juan Vicente Gómez –en opinión de Victorino Márquez Bustillos– le dice a sus hijos como portarse y comportarse. La fórmula, no cabe duda, es de suyo antigua y nada propia de los comunistas, como lo muestran las experiencias de Hitler, Mussolini y el mismo Perón.

De allí que al debatirse la última Constitución y considerarse el asunto de las leyes habilitantes, (admitidas –no lo olvidemos– por el constitucionalismo democrático a fin de que el Jefe del Estado, previa autorización parlamentaria, legisle extraordinariamente mediante decretos con fuerza de ley dictados en circunstancias igualmente extraordinarias, económicas o sociales) el proyectista de aquélla –Chávez– intenta caracterizar a tales leyes como "leyes de base": Leyes de base que, por ser de base y como lo indica el DRAE, han de ser el fundamento o apoyo en el que descansen las otras leyes de la República.

La idea primaria que medra en la Constitución actual, en efecto, es la de hacer del Presidente una suerte de constituyente-legislador perpetuo más allá del foro deliberante y con mengua de la función parlamentaria plural de la democracia, tal y como lo sugiere el texto del artículo 235 del proyecto conocido en primera discusión por la Constituyente. No por azar, en las primeras de cambio, Chávez se empeña en cerrar el Congreso bicameral electo junto a él en 1998, transformándolo luego en una Asamblea unicameral de eunucos, como lo muestra la experiencia transcurrida.

La denominación de "leyes de base" no corre con suerte. Otra vez y en el texto constitucional finalmente adoptado se habla de leyes habilitantes; pero el objetivo del proyectista se cumple cabalmente. Y a diferencia de las habilitantes conocidas la Constitución de 1999 le resta a dichas leyes su justificación extraordinaria, y su necesario acotamiento a circunstancias especiales y materias de excepción. Por lo mismo, no sorprende que ahora tenga lugar otro vaciamiento del parlamentarismo democrático y la fragua "secreta" de leyes que sólo conoce quien las legisla mediante Decreto y con fundamento en la última habilitación– la tercera de su mandato –que recibe de la Asamblea Nacional el 30 de enero; ello, con vistas a incidir en los elementos dogmáticos y constitucionales del texto fundamental señalado –por vía infra-constitucional y legislativa– y empujar a la República hacia los predios del socialismo.

En La Nueva Etapa, en 2004, Chávez es consecuente con su propósito de desmantelamiento constitucional. En ella revela su disposición a "consolidar... un nuevo sistema social, una nueva organización popular, más allá de los partidos políticos" y anuncia su decisión de "rediseñar la estructura funcional del Estado en todos sus niveles" y realizar un "marco jurídico que permita construir la nueva institucionalidad revolucionaria municipal, estadal y nacional". La Ley Habilitante mencionada, en suma, no es circunstancial.

Nada distinto de lo anterior –y es lo que cabe observar– ocurre en el modelo constitucional cubano que ahora inspira a la acción de Chávez, como bien lo explica la jurista Martha Prieto Valdés: "Nuestro diseño político –señala– se organiza sobre la base de la unidad de poder o unidad de acción política; se aparta de la clásica tríada montesquiana (*sic*), así como del sistema del "chek and balance" que los padres fundadores del texto norteamericano idearon, y de otras pluralidades de poderes instituidos" [como ocurre en la democracia que otrora conocen los venezolanos y que disfrutan la mayoría de los países del Continente].

De tal forma que, al lector menos prevenido de la Constitución comunista de Cuba le es fácil constatar que si bien existe una suerte de parlamento denominado Asamblea Nacional del Poder Popular, próximo al nuestro –monocolor y sirviente– y con la igual calificación que Chávez se apresura dar a sus Ministros para llamarlos en lo adelante Ministros del Poder Popular, por otra parte dicha Asamblea apenas se reúne accidentalmente. Durante su receso legisla por su cuenta y en su nombre el Presidente del Consejo de Estado, Fidel Castro. "No existe el rejuego político partidista entre los diputados, o entre éstos y el Gobierno", precisa Prieto Valdés.

Castro, del mismo modo en que se lo plantea Chávez con los "cinco motores", una vez electo como es Presidente del Consejo de Estado cubano por la Asamblea del Poder Popular que no por el pueblo de modo directo, durante el receso de ésta muta en legislador y dicta las leyes como nuestro gobernante lo hace ahora; le dice a la Asamblea cuándo debe sesionar y al efecto la convoca; y determina el momento en que deben renovarse los diputados a la Asamblea, una vez como resultan incómodos al propio Régimen.

En La Nueva Etapa, mucho antes del encendido de los motores de la revolución socialista, Chávez dice bien, al definir su estrategia para el "rediseño de la estructura funcional del Estado", que su objetivo específico es "establecer nuevas dinámicas parlamentarias" y al efecto, como herramienta, provoca, como ya se dice con anterioridad, la "reforma del reglamento de la Asamblea Nacional y de los procedimientos legislativos".

Lo cierto es que Chávez se hace de otra habilitación como legislador y la Asamblea se la otorga sin miramientos hacia los mandatos constitucionales.

El artículo 203 constitucional la obliga a "establecer las directrices, propósitos y marco de las materias que se delegan al Presidente"; no obstante lo cual el parlamento opta por enumerar los ámbitos de la habilitación –que cubren a casi todas las materias de la competencia nacional– y sin especificar los objetivos perseguidos ni las leyes que deben nacer o cambiarse a fin de que se cumpla el cometido de la habilitación.

Apenas se limita a señalar que el Presidente tiene potestad para "actualizar y transformar el ordenamiento legal que regula a las instituciones del Estado, a los fines de que éstas orienten su actuación al servicio de los ciudadanos, en forma eficaz, eficiente, honesta, participativa, simple, imparcial y transparente", así como "dictar normas que adapten la legislación existente a la construcción de un nuevo modelo económico y social sustentable... para lograr la igualdad y la equitativa distribución de la riqueza".

Chávez, en síntesis, mediante ley es coronado, en la práctica, constituyente.

IV.   SEGUNDO MOTOR: LA REFORMA CONSTITUCIONAL

La reforma de la Constitución, "segundo motor" e integrador de los otros motores de la revolución bolivariana y en lo adelante socialista, es el tema central de la agenda política de 2007.

La Constitución de 1999 hace posible, en la práctica y desde el mismo momento de su adopción por la Asamblea Nacional Constituyente, la concentración paulatina de los poderes públicos y el oblicuo dominio de Chávez por sobre ellos y el Poder Electoral, para perpetuarse en el ejercicio del poder; amén de que liquida la autonomía municipal y de suyo ahoga la descentralización política y administrativa propulsada desde antes, bajo el texto fundamental de 1961.

La "bicha" –como la califica su verdadero padre– sitúa al Estado y a su variable militar, además, por sobre la persona humana y su derecho al libre desarrollo y expansión de la personalidad, dentro de un contexto normativo e ideológico que hace de aquélla sirviente del poder constituido, arrendataria de su dignidad, y feligrés del pensamiento único oficial: la ideología de Simón Bolívar, El Libertador.

La reforma constitucional se orienta, de acuerdo a lo anunciado para la fecha, hacia la construcción de un modelo de Estado y de sociedad socialista, a la luz del llamado Socialismo del siglo XXI; fuera de cuyos odres, según Chávez, no ha lugar a diálogo constitucional con sus opositores. Sea lo que fuere, cabe destacar que el Socialismo del Siglo XXI es nuevo sólo como idea fuerza o símbolo nominal. Sus contenidos, tal y como los asume Chávez, "son una evolución del mismo mapa". Y lo que plantea como eje del modelo revolucionario, según su testimonio y lo antes dicho, "es trascender el modelo capitalista".

La filosofía de la estrategia, como se ve, es clara. El "por ahora" sigue siendo la táctica. El puente de la democracia, si cabe un juicio anticipado y la imagen de Burleigh, no cae en Venezuela por implosión. Es desmontado, desde 1999, tuerca por tuerca, viga por viga, raíl por raíl.

No es ociosa, en efecto, la relectura de algunas normas orgánicas y dogmáticas de la Constitución actual, cruzándolas –o apreciándolas a la luz de los elementos conceptuales o discursivos– con los objetivos específicos y las herramientas que describe e integran La Nueva Etapa; pues permite la comprensión sin sesgos de la estrategia de progresividad y el fin último que explica y justifica, desde la óptica de Chávez, a los "motores" de su revolución y su planteada reforma constitucional.

En el ámbito de la organización del Estado y de la sociedad, la Constitución de 1999 prefigura un modelo de corte republicano y de separación de los poderes públicos, pero que acota la clásica autonomía entre éstos y lo que es más importante, silencia a los partidos políticos: instrumentos de la relación entre la sociedad civil y la sociedad política, y proscribe a renglón seguido el financiamiento público de las llamadas asociaciones "con fines políticos".

La Nueva Etapa, al profundizar la estrategia y con vistas al socialismo, avanza hacia la formulación de un partido único y la reformulación de la organización del Estado y de la sociedad para consolidar "la nueva estructura social de base": sustentada en el llamado poder comunal y sus consejos –ahora lo sabemos– quienes han de ejercer tareas políticas y de producción en la base popular amén de la contraloría social, y hacer propio el sistema de gestión de la cosa pública derivado de la experiencia y consolidación de las "misiones" exportadas desde La Habana.

En cuanto a la persona humana, la Constitución, junto a su desbordante nominalismo en materia de derechos humanos, le confía al Estado –que no al mismo individuo– la función y responsabilidad de su desarrollo personal. No por azar, con vistas al Socialismo del Siglo XXI, dice La Nueva Etapa que "no son los hechos, no es la superficie lo que hay que transformar, es el hombre". De allí el objetivo: el desarrollo de un sistema educacional bolivariano, que implique no solo la reforma del sistema educativo sino "la formación e identificación de la población con los valores, ética e ideología de la Revolución Bolivariana". Es el llamado "tercer otor".

El pluralismo democrático cede entre la Constitución y los postulados de La Nueva Etapa. Median entre ambas y como soportes para la reforma constitucional planteada, las interpretaciones ya hechas por la Sala Constitucional del TSJ en sus Sentencias 1013 y 1942, que restringen la libertad de pensamiento y expresión, sea la reforma penal que criminaliza la disidencia, sea la Ley de Responsabilidad Social de Radio y Televisión conocida como Ley Mordaza.

Chávez, según lo revela en La Nueva Etapa, cree que "hay que impedir que se reorganicen [los opositores], hablando en términos militares, y si se reorganizaran: atacarlos y hostigarlos sin descanso". Y en igual línea reconoce que tiene un solo tipo de invitado: "nuestros medios de comunicación aliados", los suyos y no otros. De allí que la propuesta y el cometido, en línea con el trazado inicial de 1999, es "fortalecer los medios de comunicación públicos" y "potenciar las capacidades comunicacionales del Estado".

La gestión electoral, en otro orden, que ya se encuentra "despartidizada" por virtud de la Constitución, sobre sus logros La Nueva Etapa dispone fortalecer los ejes que mejor incidan sobre el aparato informático del que depende el ejercicio del voto, condicionándolo. Según ésta, tales ejes son la Misión Identidad y el registro electoral digital, el alimento de "la data" de los partidos políticos (Listas Tascón y Maisanta) y el afinamiento del "mapa geo-referencial" que permita saber donde reside cada venezolano y con quién está políticamente alineado.

El régimen económico, que se afirma, según la Constitución, en la competencia libre y en el respeto a la propiedad privada, abriéndole un espacio tímido a la "propiedad colectiva", avanza conforme a La Nueva Etapa hacia la cogestión, la economía popular, el autoempleo y la creación de nuevos valores de "producción y consumo solidarios", dentro de un contexto de planificación centralizada y de desarrollo endógeno.

La política exterior y de defensa nacional, apoyada en las ideas constitucionales de la soberanía absoluta y la articulación de todo el orden normativo fundamental alrededor de la seguridad nacional y la prevalencia de la Fuerza Armada, encuentran como sus objetivos en La Nueva Etapa la confrontación abierta con los Estados Unidos, la exportación del modelo revolucionario bolivariano, la creación de un nuevo pensamiento militar, el desarrollo de las milicias populares, la formación de la población en la obediencia y disciplina militar, y la creación de grupos de opinión, comunicólogos e intelectuales que contribuyan a crear matrices de opinión internacional favorables al proceso.

En suma, el significado del Socialismo del Siglo XXI, como pretendido núcleo del debate constitucional reformista, si llega a cristalizar mediante una "negociación democrática" —eso es el referéndum que se plantea— recrea en Venezuela —no cabe duda— una experiencia cercana y de añeja data.

Nuestra contemporaneidad —paradójicamente— no la capta ni comprende cabalmente y quienes la captan o comprenden no se avienen en su viabilidad actual o al definirla: ora como dictadura constitucional o como fascismo, ora como populismo personalista o autocracia militar, o como comunismo a secas. Pero su parentela inmediata, no cabe, es la Constitución cubana de 1976, reformada en 1992

Así las cosas, lo cierto es que el 15 de agosto de 2007, luego de haber constituido mediante decreto propio y juramentado en su despacho de Miraflores una Comisión de Reforma Constitucional, a la que acude como miembro la presidenta de la Asamblea Nacional, Cilia Flores, y en calidad de secretaria Luisa Estella Morales, presidenta del Tribunal Supremo de Justicia, el Presidente envía su texto de reforma constitucional al órgano parlamentario para su trámite y aprobación, y para que en lo inmediato lo someta a la aprobación popular. Es la reforma que anuncia desde cuando inscribe su candidatura para las elecciones presidenciales de 2006, que ahora la afirma como su "bandera de batalla" y para el "inicio de una Nueva Era" en la vida de Venezuela.

Antes confiesa que la llamada –por él– la mejor Constitución del mundo: la de 1999, nace en un marco de transacciones inconvenientes para su proyecto: "Hay que recordar: nosotros apenas llegábamos con unas grandes debilidades ideológicas, con una gran fragmentación detrás de los abrazos unitarios, más allá había una gran fragmentación en nuestras fuerzas, falta de claridad en los objetivos, infiltración del adversario, el cual logró frenar o evitar cambios propuestos", son sus palabras. Seguidamente revela el claro sentido marxista de su alternativa, que, ahora sí, intenta llevar hasta sus últimas consecuencias.

"Nosotros estamos obligados a continuar debilitando al viejo bloque histórico, y estoy seguro de que ustedes saben tomar la frase de Gramsci. Resulta que nosotros hemos avanzado unos buenos tramos en la transformación de lo que llama Gramsci la superestructura, sí... Pero más allá, más abajo, más en profundidad, invisible muchas veces, con sus raíces profundamente enterradas en el territorio, en la conciencia, en las instituciones, en cuanto a lo que llama Gramsci y también Marx ese conjunto de las fuerzas materiales y de los hombres, de los seres humanos, de los grupos humanos que con ella perviven, conviven, esas relaciones de las

fuerzas materiales de producción, esas relaciones de trabajo, esas relaciones de producción, muy poco hemos hecho, por no decir nada. Se trata de la estructura; si no cambiamos la estructura, la vieja estructura, se volverá sobre nosotros y nos demolerá. O cambiamos la estructura, o se detiene el proceso revolucionario", son sus palabras textuales al presentar el proyecto de reforma ante la Asamblea Nacional.

En líneas gruesas, la reforma propuesta predica: (1) el cambio de modelo económico de libre iniciativa –por otro socialista-marxista– a objeto de fortalecer la producción social y comunal, que es presupuesto para la organización –como se dice– de una economía popular endógena y bajo régimen centralizado de planificación económica estatal; (2) la modificación de la organización vertical del poder público o "geometría del poder" –nación, estados, municipios, etc.– a fin de crear áreas para el desarrollo común y bajo control nacional de zonas que se solapen en sus características y pertenezcan a dos o más estados o a dos o más municipios vecinos, y también para favorecer, en otra banda, la creación de las "ciudades socialistas" y la organización del pueblo en la citada base de la pirámide social: para que éste participe directamente de la gestión pública y de los servicios que le afectan directamente; pero eso sí, sujeto todo el andamiaje al control presidencial; y (3) la re-composición de la estructura militar –mediante el establecimiento de las "milicias populares" y el debilitamiento, por vía de consecuencias, de la estructura tradicional de las armas: Ejército, Marina, Aviación y Guardia Nacional, en la idea de provocar la simbiosis entre el pueblo y el estamento castrense, a fin de asegurar una fuerza que asegure por las armas la estabilidad del nuevo modelo; iniciativas que, de conjunto, llegan coronadas con el planteamiento más importante de la reforma: la re-elección continúa y para siempre del Primer Mandatario.

La Asamblea Nacional, en clara sintonía, acelera el debate sobre la iniciativa presidencial sin abrirse a la discusión pública real y, para asegurar que no se frustre propone al Consejo Nacional Electoral una suerte de plebiscito –Sí o No– sobre dos partes integradas pero no individualizadas de las propuestas de reforma presidencial. Así queda planteado el juego. Se intenta burlar a la democracia, a fin de que a través del voto el pueblo renuncie a sus libertades, democráticamente.

V. TERCER MOTOR: LA EDUCACIÓN SOCIALISTA

"Haremos el hombre del siglo XXI: nosotros mismos. Nos forjaremos en la acción cotidiana, creando un hombre nuevo con una nueva técnica", arguye Ernesto "Che" Guevara en su libro *El hombre nuevo*, de 1965, que lee y relee el inquilino de Miraflores. De allí que, en su manida propuesta sobre La Nueva Etapa, afirme que "tenemos que demoler el viejo régimen a nivel ideológico...No son los hechos, no es la superficie lo que hay que transformar, es el hombre y empecemos por nosotros mismos, por nosotros mismos dando ejemplo de que realmente estamos impregnados de una nueva idea, que no es nada nueva, es muy vieja, pero en este momento es nueva para este mundo".

La educación popular, nombre inicial que toma el tercer motor de la revolución socialista, titulado luego Moral y Luces con una precisión nada ingenua: "educación en los valores socialistas", intenta concretar la idea del "hombre nuevo" con vistas al Socialismo del Siglo XXI.

La idea no es original de Chávez y sí un plagio de la expuesta por el "Che". En Chávez, no obstante, existe conciencia en cuanto a que su modelo revolucionario no encaja ni encarna, adecuadamente, en nuestra "sociedad". Hábitos, atavismos, tradiciones y modos de ser arraigados, que nos vienen desde el tiempo inaugural de la República y afirmados durante el tiempo real de su existencia, durante el siglo XX, representan un impedimento para el propósito de insertar su pensamiento único y su visión unilineal de la política en nuestra realidad; que no se condice con el carácter plural o mejor huidizo, inestable y hasta anárquico o libertario del hombre y la mujer venezolanos.

Sea lo que fuere, la Constitución de 1999 –visto que los líderes y seguidores del golpe del 4 de febrero de 1992, repitiendo al Castro de la Sierra Maestra, no hacen evidentes sus convicciones– ensaya de forma sibilina los primeros insumos normativos para el avance hacia el objetivo predeterminado: mudar la sustancia de Venezuela y empujarla hacia el modelo de sociedad anhelado por algunos de nuestros líderes de antaño, sostenidamente frustrado por la realidad terca, y esta vez de regreso por la revancha, a saber, el comunismo, a secas.

El artículo 2 constitucional lleva incorporada una prescripción muy decidora al respecto y ya repetida en los anteriores párrafos: El Estado tiene como fines esenciales la defensa y "el desarrollo de la persona humana". El desarrollo de la personalidad, que en la democracia y en toda sociedad donde la dignidad personal ata al Estado y es responsabilidad del propio individuo, descansando primeramente en él y sucesivamente en su familia, contando con el apoyo instrumental –si cabe– del mismo Estado, en la Constitución Bolivariana opera de modo inverso: es un asunto del Estado, léase del Gobierno en pocas palabras, quien como tutor impuesto modela al ciudadano, su pupilo, a la luz del credo oficial.

Este predicado se entiende mejor una vez como se le aprecia de conjunto al artículo 102 constitucional, que consagra el derecho humano a la educación, explicado de manera ortodoxa e interesadamente en la Exposición de Motivos de la Constitución.

Para el constituyente bolivariano, así, la educación es derecho pero preferentemente servicio público del Estado, dispuesto para "desarrollar... [en] cada ser humano ... el pleno ejercicio de su personalidad [y para su] participación activa, consciente y solidaria en los procesos de transformación social, consustanciados con los valores de la identidad nacional". Y tales valores son, como lo revelan la Exposición de Motivos citada y el artículo 1 inaugural de la Constitución, los insertos en la doctrina de Simón Bolívar, que aquella, al situarla como eje de la educación por el Estado y para la fragua de la personalidad humana de cada venezolano, denomina "ideario bolivariano". La conclusión no se hace esperar. El "hombre nuevo" es imaginado por Chávez en 1999 como un "bolivariano", quien alcanza su madurez dentro de lo bolivariano y quien al participar, política y socialmente, se hace parte de lo nacional en tanto y en cuanto es bolivariano.

Desde entonces se instala en Venezuela el pensamiento único, cuyo último intérprete pasa a ser el Estado y no su destinataria, la gente, quien apenas es libre para reflexionar dentro de un pensamiento predeterminado y postizo.

No huelga observar que bajo tales presupuestos se explica el carácter invasor de la célebre ley de contenidos o Ley de Responsabilidad de Radio y Televisión (RESORTE) aprobada en 2004, que homogeniza la programación de los medios radioeléctricos mediante cuñas y cadenas "revolucionarias" sostenidas aparte de concitar la autocensura.

Quien estudie la Constitución de Cuba, sancionada en 1976 y reformada en 1992, observa cómo la guía inicial de su modelo es "martiniana" –como la nuestra es bolivariana– y marxista, como ha de ser la nuestra a tenor de la pretendida reforma constitucional

El Estado cubano, como lo indica su Constitución en el artículo 9, también tiene la atribución de desarrollar la personalidad humana. Es quién "realiza la voluntad del pueblo... y afianza la ideología". La enseñanza, allá, es función del Estado y aquí, entre nosotros, servicio público del Estado. Allá se fundamenta, como cabe repetirlo, en "el ideario marxista y martiniano" y aquí, en Venezuela, en el "bolivariano" y hasta tanto se alcance, "por ahora", el estadio socialista.

En La Nueva Etapa de 2004 Chávez explica sin rodeos todo lo anterior y desarrolla, ampliándolo, el contenido y la finalidad del pensamiento único fijado en 1999 como bolivariano y denominado socialista desde 2007.

En la misma, a título de premisa, arguye que "no son los hechos, no es la superficie lo que hay que transformar, es el hombre". De allí los objetivos precisos: Formar e identificar a "la población con los valores, ética e ideología de la Revolución Bolivariana... y en los principios militares de disciplina, amor a la patria, y obediencia" y al efecto "potenciar las capacidades comunicacionales del Estado".Las herramientas, según el mismo Chávez, son la fragua de un "sistema de educación bolivariano", el "uso de los medios, principalmente la radio, para masificar la creación de valores", la "creación de grupos de formadores de opinión, comunicólogos e intelectuales para contribuir a conformar matrices de opinión", en fin, la "definición y desarrollo para el sistema de educación bolivariano de programas de formación en la ética y moral del ciudadano bolivariano".

La Venezuela Bolivariana, por consiguiente, se niega al culto de Miranda o Bello, o de otros pensadores o a formas distintas del humano pensar. El ser humano de suyo medra al servicio de la ideología estatal, y el desiderátum socialista, por consiguiente, es tan manifiesto como ya lo es para el constituyente cubano: "El Estado orienta, fomenta y promueve la educación... patriótica y comunista... [y reconoce que] es libre la creación... siempre que su contenido no sea contrario a la Revolución".

El tercer motor de la revolución socialista venezolana, en síntesis, no es nuevo. El motor de la educación popular hace ruido para que la gente sepa que no hay vuelta atrás en la idea de compartir con Cuba y su Constitución "el objetivo final": "edificar la sociedad comunista".

No se olvide que a lo largo del año, en 2007, se suceden tres hechos puntuales y de significación que descubren las verdaderas motivaciones de la hasta ahora llamada "Revolución Bolivariana". Se dicta mediante Decreto con fuerza de la ley, por el Presidente, la Ley Orgánica que crea la Comisión Central de Planificación, a la cual se encarga el diseño y orientación de un modelo capaz de lograr "la suprema felicidad social" y, a tenor de su artículo 3, inciso 2, éste no es otro que "el modelo socialista".

Sigue luego la adopción del citado Plan de Desarrollo Económico y Social 2007-2013 bajo el título Proyecto Nacional Simón Bolívar: Primer Plan Socialista, en cuyo texto se hace constar que "el sistema de planificación, producción y distribución [queda] orientado hacia el *socialismo*, donde lo relevante es el desarrollo progresivo de la *propiedad social sobre los medios de producción,* la implementación de sistemas de intercambios justos, equitativos y solidarios *contrarios al capitalismo,...*".

Finalmente, el Presidente impulsa la reforma constitucional comentada bajo la motivación que confiesa en la exposición de motivos de ésta: *"construir el socialismo venezolano* como único camino para la redención de nuestro pueblo, a la salvación de nuestra patria y a la construcción de un nuevo mundo...".

A tal fin, en el proyecto de reforma se habla del "Estado Socialista venezolano, donde los ciudadanos y ciudadanas comunes podrán construir su propia geografía y su propia historia". Se refiere la "construcción del socialismo" por vía de la participación y del protagonismo. Se habla de construcción de la "economía socialista" y de la "democracia socialista". Se alude a "los objetivos superiores del Estado socialista". Se mencionan a las "misiones" para el "desarrollo integral, endógeno, humanista y socialista de la Nación".

Más tarde, como se verá, una vez ocurre el rechazo por la soberanía popular del intento de reforma para instaurar en Venezuela un modelo social y político de pensamiento único y totalitario, el Presidente no cede en su propósito e implementación, y dentro de dicho contexto ha lugar al dictado de la Ley Orgánica de Educación, que aprueba en una sola discusión la Asamblea Nacional el 13 de agosto de 2009.

Y si bien en su texto no se hace referencia expresa o directa al Estado o la sociedad socialistas, limitándose, por una parte, a indicar que la educación se funda en los principios constitucionales y orienta "por valores éticos humanistas para la transformación social" (artículo 1), y por la otra, que en el nivel universitario ha lugar a la "socialización" del conocimiento en la sociedad (artículo 32), la educación universitaria (artículo 6, inciso 3.b) queda amarrada a las prioridades del Plan de Desarrollo Económico y Social *supra* indicado, es decir, al Primer Plan Socialista y dentro del marco de un sistema educativo que en todos sus niveles queda bajo el gobierno del llamado *Estado docente.*

VI. GEOMETRÍA DEL PODER Y PODER COMUNAL: CUARTO Y QUINTO MOTORES DE LA REVOLUCIÓN

"Tenemos que ir marchando hacia la conformación de un estado comunal y el viejo estado burgués que todavía vive, que está vivito y coleando, tenemos que irlo desmontando progresivamente mientras vamos levantando al estado comunal, el estado socialista, el estado bolivariano", afirma Chávez el 8 de enero del año corriente.

El avance hacia una nueva geometría del poder y la consiguiente organización del poder comunal, cuarto y quinto motores de la revolución socialista, es el candado que, según el Comandante Presidente, finalmente cierra las puertas de la democracia liberal y representativa en Venezuela.

En la experiencia de Cuba, modelo y guía que sigue, las Asambleas del Poder Popular establecidas en barrios, pueblos y ciudades desfiguran su geografía política fundacional —hecha a partir del Municipio y de su función mediadora ante el poder— sin que deriven aquellos en reales instrumentos de la gente y para que la gente piense, actúe y se realice en libertad.

Son tales Asambleas meros agregados de individuos, células del poder centralizado comunista, prolongaciones de sus Ministerios del Poder Popular —así llamados ahora entre nosotros— y hechas por tal poder para la producción económica, planificada desde el vértice del poder y para el control social y político sobre la gente. Nacen de una geografía artificial construida desde el Estado y sobrepuesta a las identidades humanas e históricas; coexisten con los Comités de Defensa de la Revolución (CDR's); y funcionan subordinados al Consejo de Estado, al Consejo de Ministros, al Consejo de Defensa de la Revolución, cuyo presidente es a la vez jefe del partido único, gobernante sin alternancia y gendarme de todo cuanto respira en los predios de la isla: Fidel Castro.

Una geometría del poder distinta de la nuestra —que surge sobre la sangre de miles de compatriotas durante el siglo XIX e inicios del siglo XX— ya ronda en la mente de Chávez desde su primera campaña electoral cuando se entrevista con el penúltimo dictador venezolano, General Marcos Pérez Jiménez, a quien le compra la idea de los polos de desarrollo o ejes de desarrollo territorial.

La misma idea la hacen propia los gobiernos de la República Civil desde 1958. Las regiones y sus Corporaciones de Desarrollo son, en efecto, experimentos administrativos del poder central para apoyar a la provincia, montados sobre la geografía política existente sin macularla y que identifican elementos comunes y complementarios entre los Estados de la Federación o entre los mismos Municipios para asociarlos y fortalecerlos en áreas de desarrollo conjunto, generando fuentes de trabajo y evitando la migración hacia las metrópolis del centro-norte-costero. Guayana es entonces el gran emblema en la segunda mitad del siglo XX.

Pero esta vez y al igual que ocurre en Cuba, la geometría socialista nos llega entendida como una geopolítica o geometría del poder personal del gendarme; para la desfiguración de la institucionalidad republicana mediadora y para la acumulación de mas poder en el vértice de la pirámide del poder. E implica el manejo por éste de la base territorial –de allí las expropiaciones sin límite de las tierras en manos de los particulares– y luego de la población, adaptándolos a las exigencias del proyecto socialista en cierne. En la Constitución de 1999 queda inoculado en germen de tal reorganización geopolítica. Se acotan las competencias de los Estados (artículo 164) y se sujeta la autonomía municipal (artículo 168), haciéndolas depender de los dictados de la ley nacional. Y como se expresa en la Exposición de Motivos constitucional, el objeto es liquidar de raíz el pacto federal que da origen consensual a nuestra República, empujándola hacia una suerte de "federalismo cooperativo" organizado desde el Gobierno central y por su Consejo Federal, que hoy dirige el Vicepresidente (artículo 185).

El artículo 128 constitucional deja abierta, sin solución de continuidad, la reordenación territorial, diluyéndola dentro de lo medioambiental y llevándola más allá de lo urbano o ambiental para asegurar como competencia del Estado la ordenación del territorio con vista a las "realidades políticas".

El texto constitucional, animado más por lo anterior que por la participación ciudadana y el consiguiente fortalecimiento de la representatividad democrática, hace menguar a la par la forma partidaria de asociación política y prohíbe su financiamiento público (artículo 67); le abre las compuertas a las formas plebiscitarias – ejercicio directo de la democracia– postergando el valor estructurador del sufragio (artículo 70); y consagra, además, el establecimiento de "entidades funcionalmente descentralizadas" –de suyo no electas y dependientes del nivel centralizado del poder– para el desempeño de actividades sociales y económicas (artículo 300) propias a la iniciativa de los municipios.

Chávez, en síntesis, no esconde, en el caso, las cartas bajo la manga.

Al exponer antes La Nueva Etapa, sobre los rieles constitucionales enunciados desnuda su premisa ideológica dominante y de raigambre cubana: "Consolidar la nueva estructura social de base [Unidades de Batalla Endógena, Misiones, Contralorías Sociales]: [como] elementos [... de] un nuevo sistema social, una nueva organización popular, mucho más allá de los partidos políticos" y trascender al capitalismo.

El objetivo viene de suyo y lo explica su progenitor: "Rediseñar la estructura funcional del Estado en todos sus niveles", "construir la nueva institucionalidad revolucionaria municipal, estadal y nacional", organizar la "economía popular... y el autoempleo", asegurar la "sustentabilidad de las misiones" y "evitar la transformación social de la organización de base en estructuras partidistas".

Las herramientas a tenor de La Nueva Etapa tantas veces mencionada, en consecuencia, no son otras que la formación de la "red de centros del poder popular [como unidades productivas]" y dentro de éstos la institucionalización de "las misiones" y de la "contraloría social", para las "denuncias confidenciales" y el "control del 'modo de vida' de las autoridades y los funcionarios". Las unidades de la reserva militar popular para la gestión de la "seguridad ciudadana" revolucionaria les acompañan y, todas a una, fundidas o relacionadas, son para lo sucesivo la prolongación de la "instancia única de coordinación y toma de decisiones de las organizaciones con fines políticos que apoyan al proceso": el propuesto partido único.

Así las cosas, desde el día en que arrancan los motores de la geopolítica del poder y del poder comunal durante la "última" toma de posesión de Chávez y desde antes, cuando se dicta la ley material del poder comunal, en 2006, éste traslada ingentes sumas de dinero hacia los Consejos Comunales certificados por su Gobierno. Y predica, sin ambages, que los mismos han de ejecutar a nivel del pueblo las políticas públicas nacionales: comenzando por los impuestos que cobra el SENIAT.

En el modelo de organización marxista del poder, como puede observarse, la sociedad y el todo encarnan en la cúspide, en el punto en donde se encuentra situada la voluntad del dictador o autócrata, no más allá. Así es en Cuba y así comienza a serlo en Venezuela, dándosele contenido a la expresión que Chávez vierte en 2001, "la ley soy yo, el Estado soy yo", y que ajusta más tarde, hacia 2011, "yo soy un pueblo".

La revolución no tiene entidad propia, no quiere instituciones mediadoras y tampoco las fabrica. En nuestro caso, Chávez, en persona, es la misma revolución, tanto como Fidel lo es en Cuba. Aquél y sólo él busca alcanzar lo que tanto le aconseja el "teórico" argentino Norberto Ceresole: afirmar su relación directa de líder con la gente; pero gente atada, alienada e irreflexiva.

Dentro de tal concepción no cabe, por lo mismo, el clásico sistema de separación entre los poderes públicos: nacionales, regionales y municipales, sean legislativos, judiciales o ejecutivos, inherente a las democracias y las repúblicas representativas, que tiene como propósito asegurarle al ser humano sus humanos derechos y un espacio que le proteja de la arbitrariedad.

Uno de los pensadores alemanes de actualidad, Thomas Darnstädt, jefe quien es de las páginas políticas de la revista Der Spiegel y autor de *La trampa del consenso* recuerda a la sazón que "son los municipios los que cohesionan a la sociedad, no la nación": municipios autónomos, entiéndase. Y la enseñanza huelga. En las democracias verdaderas el edificio nacional no se construye desde el piso onceavo, así su panorámica nos impresione.

El mapa o la geometría del poder piramidal socialista, a fin de cuentas, es simple y de factura cubana: Afirma en la cúspide el poder personal del Presidente; hace menguar lo que queda de los órganos de mediación e intermediación republicanos; sostiene al primero sobre un amasijo informe de asambleas sin rostro propio, que escapando al sistema del voto universal, directo y secreto de los gobernantes, se constituyen con las nóminas del partido único y de la burocracia oficial; y el individuo, el venezolano y la venezolana corrientes o los mercaderes de ocasión, arriendan sus dignidades para servir al poder y a su poseedor sumo: Hugo Chávez Frías, y para sobrevivir, si acaso pueden.

VIII. CEDEN LA PROPIEDAD Y LA SOBERANÍA, Y CRECE LA CORRUPCIÓN

Lo cierto es que desde el principio de esta historia de golpes por el Estado a la Constitución y no solo desde cuando son evidentes las simpatías de Chávez por el modelo de Castro, ésta o se desconoce o es interpretada por los jueces a conveniencia del gendarme. Y acaso se avanza en los hechos sobre los rieles de su reforma sin que ésta se considere formalmente indispensable.

Así, en consonancia con su anuncio de inicios del año, que implica el fin de la economía privada que garantiza la Constitución, llegado febrero el Gobierno firma la compra de la compañía eléctrica Seneca y del 82,14% de Electricidad de Caracas, ambas controladas por capital estadounidense; el 1ª de mayo Petróleos de Venezuela SA (PDVSA) toma simbólicamente el control de los campos petrolíferos de la Faja del Orinoco, con reservas estimadas en 316.000 millones de barriles, tras acordar la creación de empresas mixtas con mayoría estatal; a la par que el Gobierno nacionaliza la Compañía Anónima Nacional de Teléfonos de Venezuela (CANTV) y eleva al 92,98% la participación estatal en la Electricidad de Caracas. Pero el 26 de junio las estadounidenses Exxon,

Mobil, y Conoco-Philips optan por rechazar su participación en empresas mixtas con mayoría accionaria de PDVSA, en la Faja del Orinoco, e inician un litigio arbitral internacional contra el Gobierno venezolano.

Antes y en mayo, como es de suponerse, la Fuerza Armada asume como lema –de estirpe cubana– "patria, socialismo o muerte", a cuyo efecto se instruye a toda la oficialidad y la tropa sobre la obligación que tiene todo subalterno al dirigirse a un superior, antes de hablarle y antes de retirarse, de hacer uso obligatorio de la misma; con desprecio total por el mandato contenido en el artículo 328 constitucional, a cuyo tenor la Fuerza Armada Nacional constituye una institución esencialmente profesional y sin militancia política. Y a la sazón, el Comando Sur de los Estados Unidos de América, siendo el día 14, expresa su preocupación por la carrera armamentista de Venezuela: "En relación con las grandes compras de armas, el país con el que estoy un poco preocupado es con Venezuela, cuyo Gobierno compró aviones avanzados y nuevos helicópteros y acordó la compra de cien mil armas automáticas", afirma el Almirante James Stravidis.

En el mes de agosto, lamentablemente y para vergüenza del país, queda al descubierto el rostro de la corrupción que identifica al régimen. Se habla de "boliburguesía" en la medida misma en que el Presidente califica de socialismo-petrolero al modelo que impulsa. Saltan a la palestra los nombres de Wilmer Ruperti, un marino mercante quien deriva en magnate del transporte petrolero con apoyo abierto del régimen, y el de Arné Chacón Escamillo, hermano del ministro de comunicaciones, Teniente Jesse Chacón, quien luego de vivir en condiciones más que precarias deriva en accionista de la banca privada. El asunto llega a un punto tal que el Banco Mundial califica a Venezuela como el peor país del continente americano en cuanto al control de la corrupción, superado sólo por Haití. La ética, como valor superior del ordenamiento constitucional, conforme a su artículo 2, es una vulgar caricatura.

No concluye el mes, empero, sin que se adopte el llamado Sistema Educativo Bolivariano, que por una parte, reafirma la rectoría por el Estado en cuanto a la construcción del modelo de la nueva

República y, por la otra, anuncia la construcción de un diseño curricular comprometido con el Socialismo del siglo XXI, para hacerle lugar a la "construcción de la nueva conciencia socialista venezolana". Y todo ello, más allá de las acusadas desviaciones que ofrece la Constitución de 1999 –como pecado original– plantea la negación abierta y manifiesta de los principios de libertad, democracia y pluralismo en los que, nominalmente, se funda Venezuela como Estado democrático y social de Derecho y de justicia, según el citado artículo 2 constitucional.

El 4 de septiembre, inevitablemente, de acuerdo al Índice Mundial de Libertad Económica, 2007, Venezuela ocupa el puesto 135 de 141. El descenso es atribuido, específicamente, por el mal desempeño evidenciado en el tema de las estructuras legales y del menor respeto a los derechos de propiedad privada consagrados constitucionalmente.

Llegado octubre, dentro del marco de alianza dependiente que le fija a Venezuela el presidente Chávez en sus relaciones con La Habana, trastocando los derechos irrenunciables del país a su independencia y soberanía como lo pauta el artículo inaugural de la Constitución, es dictado el decreto que manda la formación de la empresa mixta Telecomunicaciones Gran Caribe. Su objeto, justamente, es establecer el cable submarino de fibra óptica de 1.555 km de longitud que conforma el Sistema Internacional de Comunicaciones entre nuestro territorio y La Habana, facilitando mantener fuera de nuestras fronteras el control de nuestro andamiaje digital, electoral, impositivo, de identificación, entre otras de sus modalidades.

VIII. UN DICIEMBRE AMARGO PARA LA DICTADURA

El 2 de diciembre, sin embargo, ocurre lo inesperado por el Presidente. Lo intuye la oposición pero incluso así duda de la posibilidad. La reforma constitucional socialista marxista es rechazada mayoritariamente por el pueblo.

Se dice que la oposición no gana sino que el Gobierno pierde, pues su bloque monolítico se fractura ante el temor del avance gubernamental hacia los predios de una dictadura a la cubana.

La ex esposa del presidente, Marisabel Rodríguez, y el general Raúl Isaías Baduel, ex ministro de la Defensa, se sitúan en la acera del frente. Chávez, bajo presión de la Fuerza Armada, no tiene más opción que reconocer su derrota. El CNE, señalando haber vencido el voto No opositor evita suministrar los datos de votación definitivos. Aun más, con el tiempo queda en evidencia que no son computados, a propósito de su primer y único boletín, 4.542 mesas de votación, quedando en el limbo la decisión de 1.810.186 votantes.

Empero, acostumbrado a las derrotas y saber transformarlas en victorias, Chávez le dice a los opositores que administren bien su "pírrico" logro, que descalifica usando expresiones escatológicas. Apoyado en la Ley Habilitante de la que todavía dispone, no ceja en aprobar mediante decreto las leyes necesarias para la realización de su proyecto, desafiando las normas constitucionales y su abortada reforma. No queriendo entender las reglas de la democracia, menos su papel como Jefe del Estado, prefiere declarar que "por ahora no pudimos, pero no retiro ni una coma de la reforma".

Entre tanto, el país medra minado por los escándalos de corrupción: unos apuntando hacia la familia presidencial, otros hacia la industria petrolera que preside el superministro de Energía Rafael Ramírez, por la desviación de sus fondos para fines extraños a la propia industria: como el envío de un maletín de 800.000 dólares destinado al financiamiento de la candidatura presidencial argentina: la de Cristina Fernández de Kirchner, que es decomisado al apenas aterrizar en el aeroparque de Buenos Aires la aeronave oficial que los transporta.

La amoralidad reinante asfixia y la figura del ex fiscal general –quien deja de serlo el 13 de diciembre– y también ex vicepresidente, Julián Isaías Rodríguez Díaz, contamina el ambiente todavía más. Esconde y desvía la realidad del atentado mortal ejecutado contra el fiscal Danilo Anderson el 18 de noviembre de 2004. Se le acusa y demuestra ahora que fragua testigos falsos, creando responsables a conveniencia, siendo que las autorías intelectuales y materiales apuntan hacia el alto Gobierno. Toma cuerpo el terrorismo de Estado.

El Tribunal Supremo de Justicia, en Sala Plena y a través de su Juzgado de Sustanciación, sin embargo, le lanza un salvavidas. Con ponencia que se reserva el Presidente del Alto Tribunal, Omar Mora Díaz, y quien el día de su juramentación manifiesta estar al servicio del Régimen como dispuesto a destituir a cualquier juez quien decida en contra de éste, declara inadmisible la petición de antejuicio de mérito incoada en contra de Rodríguez Díaz, dada su presunta comisión del delito de falsedad en actos y documentos prevista en el artículo 316 del Código Penal.

La narrativa del magistrado, en todo caso, deja cuenta que el entonces Fiscal General escribe un libro titulado "Abril comienza en octubre", en cuya página 138 se citan relatos, vivencias y detalles del testimonio que aproximadamente 2 meses y 15 después rinde el testigo clave del mismo Fiscal –Giovanni José Vásquez de Armas– ante la jurisdicción penal; y ese dicho, cuyo testigo luego reconoce haber sido comprado y pagado por el Alto Gobierno, lo usa Rodríguez para exigir la privación de libertad de distintas personas reconocidas como adversarios del régimen o incómodas para éste, entre otros el empresario Nelson J. Mezerhane Gosen, Salvador Romani, Fernando de Jesús Moreno Palmar y Eugenio Añez Nuñez, entre otros.

Sea lo que fuere, las realizaciones del gobierno siguen creciendo al concluir el año y en la óptica presidencial. "Venezuela –señala Chávez ante la Asamblea el 11 de enero de 2008 siguiente para referirse a su gestión durante el año que concluye– a nivel político ha demostrado ser un país con un gran apego al sistema democrático participativo, así lo demuestran los 11 eventos electorales que hemos realizado en los últimos 8 años, donde se han sometido a la decisión del pueblo las propuestas de cambio trascendentales y no sólo la elección del Presidente o Presidenta, gobernadores o gobernadoras, alcaldes o alcaldesas".

La verdad, que más tarde adquiere ribetes de tragedia, es que a partir de finales del año, PDVSA, que otrora es una de las transnacionales más fuertes del mundo y de solvencia financiera reputada, comienza a recibir ayuda financiera de entes del sector público, incluso en un período marcado por el boom de los precios petroleros. Su flujo de fondos resulta insuficiente para atender sus propias actividades de producción y comercialización del oro negro, dada la carga que le impone el Jefe del Estado, exigiéndole financiar las misiones sociales y los proyectos de expansión ideológica internacional de su revolución. La prohibición del gasto extrapresupuestario que le fija al Estado la Constitución –en su artículo 314– y el compromiso de limitar el ingreso que se genere por la explotación de la riqueza del subsuelo y los minerales a la inversión real productiva, la educación y la salud –artículo 311– son letra muerta.

Lo cierto es que el año 2007 cierra con 12.249 homicidios, tal y como lo reconoce el Ministro del Interior. Y el diario español El País señala a Venezuela como el "narco-santuario" de las FARC, advirtiendo el pacto de colaboración que se mantiene entre la guerrilla y la Fuerza Armada venezolana, que le suministra a la primera armas y municiones. Los derechos a la vida y a la paz, son palabras huecas que apenas constan, nominalmente, en los artículos 13 y 43 de la Constitución.

Chávez, no obstante, convencido de la bondad de su estrategia –dos pasos adelante, uno atrás– acuerda indultar a quienes, dentro de la oposición, se encuentran detenidos o les ha sido prohibida su salida del país por participar en los hechos del 11 de abril de 2002. Precisa, no obstante, introduciendo un elemento de discriminación contrario al orden constitucional, que su decreto ley de amnistía no alcanza a quienes viajan al exterior burlando la mano de la Justicia. "Nadie podrá decir que es un perseguido político", concluye.

2008
EL GACETAZO

"Hay que darles reconocimiento a las Fuerzas Armadas Revolucionarias de Colombia y al Ejército de Liberación Nacional de Colombia. Son fuerzas insurgentes que tienen un proyecto político, que tienen un proyecto bolivariano que aquí es respetado... Son dos cosas muy distintas, señores embajadores. La coca no es la cocaína. Yo mastico coca todos los días en la mañana y miren cómo estoy"

Hugo CHÁVEZ FRÍAS
2008

Todavía caliente el decreto de amnistía que publica la *Gaceta Oficial* el primer día del año y que, como lo anuncia el propio Presidente a finales del anterior, no se aplica sino a quienes se sujetan a los dictados de su justicia pero no así a quienes buscan asilo político o viajan al extranjero para salvarse de las garras de los jueces revolucionarios y militantes, durante el mes de febrero se conoce la lista de inhabilitaciones que impone por la vía administrativa el Contralor General de la República, Clodosvaldo Russian. Es su propósito, tal y como se lo exige el Comandante Presidente, inhabilitar a los líderes de oposición quienes tienen arrastre popular y aspiran ser candidatos a cargos de elección popular durante las elecciones previstas para finales del año.

I.   LOS INHABILITADOS

La lista la integran 192 venezolanos, en su mayoría concejales, legisladores regionales, alcaldes y gobernadores, destacando las inhabilitaciones de Leopoldo López, Enrique Mendoza, Dennis Balza, Eduardo Roche Lander, y Antonio Ledezma, dirigentes que son de la Coordinadora Democrática que impulsa el referendo revocatorio presidencial de 2004. Y lo cierto es, como años más tarde lo prueba la sentencia que dicta la Corte Interamericana de Derechos Humanos declarando la responsabilidad internacional del Estado venezolano, que tales inhabilitaciones, dictadas en sede administrativa y luego avaladas por la Sala Constitucional del Tribunal Supremo de Justicia el 5 de agosto siguiente –con ponencia del magistrado Arcadio Delgado Rosales– violan, además de los tratados internacionales sobre derechos humanos, la disposición del artículo 65 constitucional. Este sólo admite la inhabilitación política cuando median sentencias penales condenatorias, es decir, definitivamente firmes y por delitos cometidos en el ejercicio de funciones públicas. La prensa de la época, por ende, califica de "lacayos de Miraflores" a los jueces supremos.

Un nutrido grupo de ex constituyentes, encabezados por el propio Luis Miquilena, quien a sazón ejerce como Presidente de la Asamblea Nacional Constituyente que adopta la Constitución de 1999, se expresa al respecto de modo auténtico y concluyente, en los términos que siguen:

"En el caso de los derechos políticos y su ejercicio, uno de los principios rectores del espíritu constituyente es velar no solo por el derecho a ser elegido, sino por el derecho que tiene cada ciudadano a elegir a la persona de su preferencia, sin más limitaciones que las que imponga la propia Constitución; lo contrario sería ir en contra del poder originario del que nace nuestro mandato y que es parte fundamental del sistema democrático de libertades consagrado en la Constitución. Cualquier norma de rango inferior a la Constitución que limite este derecho, es sencillamente inaplicable e iría en contra de la intención del constituyente.

"La revisión de los textos constituyentes, de las discusiones de los miembros de la Comisión de Participación Política y de la Comisión de Ciudadanía, y de la propuesta que finalmente fue votada y aprobada sobre los artículos 39, 42, 64, 65 y 289, y que se encuentran recogidas en el Diario de Debates, deja sin lugar a duda que la intención de los constituyentes, fue que la limitación de la ciudadanía y los derechos políticos, sólo debía ser impuesta mediante condena, esto es, mediante sentencia firme de un Tribunal de la República.

"De modo que ningún acto administrativo dictado por el Contralor General de la República, puede producir la inhabilitación para optar a un cargo de elección popular. Sólo puede limitarse este derecho del pueblo a elegir y a ser elegido mediante una sentencia condenatoria emitida por un Tribunal de la República con competencia para juzgar sobre los delitos que afectan al patrimonio público.

"No es ninguna casualidad, que el Constituyente de 1999 insistiera en la existencia de una condena para que pudiera producirse la inhabilitación, porque la sentencia condenatoria emitida por un Juez competente es una garantía que deriva del derecho al

debido proceso, garantía fundamental del Estado de Derecho y de Justicia que sólo existe bajo la vigencia de un sistema democrático que reconoce y tutela los derechos ciudadanos".

En otro orden, la ex magistrada y académica Hildegard Rondón de Sansó, suegra del Ministro de Petróleo, Rafael Ramírez, y defensora de las causas que afectan al Presidente y sobre todo a la empresa petrolera estatal, afirma que los abogados quienes defienden los intereses de empresas foráneas –se refiere a la demanda que interpone contra la República la empresa Exxon-Mobil– han de ser juzgados por traidores a la patria. Invita a los especialistas a que estudien las posibilidades para encarcelarlos. Se intenta, pues, desde el Alto Gobierno, criminalizar el ejercicio de la abogacía según que sirva o no a los intereses del poder dictatorial, incluso en contravención de elementales reglas constitucionales. El hecho tiene relevancia, pues la iniciativa si bien no surge formalmente del Estado la avala el entorno íntimo del régimen; lo que revela su pensamiento al respecto.

II.   POLICÍA SOCIALISTA Y REVOLUCIONARIA

El 29 de febrero Chávez firma el Decreto Ley de Policía Nacional y del Servicio de Policía. Sus expresiones dibujan sin ocultamientos el propósito de la misma: "¿De dónde vamos a sacar gente para la policía nacional, para asegurarnos? Pues del Partido. También del Frente Francisco de Miranda, de Misión Ribas, Misión Robinson, Misión Sucre". Y le encarga la tarea de organizarla a su ministro del Interior, Capitán Ramón Rodríguez Chacín, célebre desde antes, pero sobre todo luego de servir como puente presidencial con la narco-guerrilla colombiana desde 1999.

La ley policial, dictada bajo la forma de un decreto con fuerza de ley, en teoría hace ciertas las disposiciones sobre la materia contenidas en el artículo 156, numeral 6 y el artículo 164, numeral 6 de la vigente Constitución.

Dichas disposiciones, cabe precisarlo, fijan respectivamente la competencia del poder nacional para legislar sobre policía nacional y la competencia del poder estatal –todo ello conforme a una ley nacional– para organizar la policía y determinar cuáles de sus ramas corresponden al Municipio.

Se trata de un asunto delicado y de vital importancia, pues hace directa relación con la protección de los derechos humanos a la vida, a la integridad personal, a la seguridad jurídica y de los bienes, entre otros muchos. Acerca del mismo cabe observar que hubo mora u omisión legislativa hasta el presente, incluso desde 1961.

La Constitución de entonces, en su artículo 136, numeral 5 y artículo 134, también fija como competencia del poder nacional legislar sobre Policía Nacional, por una parte, y por la otra dictar mediante ley las normas conforme a las cuales los Estados y los Municipios han de organizar, por sí mismos, sus fuerzas de policía.

La regulación de la actividad policial en los Estados y Municipios quizá no concita mayor interés en lo jurídico dado que, en algunos de aquellos rigen desde tiempo atrás Códigos de Policía amplios, modernos y suficientes, que incluso son objeto, en 1983, de un estudio comparativo que realiza el Centro de Investigaciones Jurídicas de la Universidad Católica Andrés Bello.

Pero en cuanto a la Policía Nacional, los varios proyectos de ley elaborados al respecto nunca cristalizan, en buena parte dada la falta de un acuerdo acerca de su naturaleza u organización más convenientes. Quedan atrás, así, los varios proyectos que conciben a la policía nacional como un órgano bajo tutela de la Guardia Nacional, o que en su contenido la aprecian como un mero mecanismo de coordinación de las policías estadales; en tanto que otros se limitan a ordenar en un mismo texto y casi a título de codificación las normas dispersas sobre los distintos cuerpos policiales nacionales ya en funcionamiento: como la antigua Policía Judicial y la Dirección de los Servicios de Inteligencia y Prevención, la Policía de Tránsito Terrestre, los servicios de inmigración, entre otros.

Corre con mejor suerte, en su momento, el proyecto de Ley de Policía Federal sancionado por las Cámaras Legislativas durante el gobierno del presidente Ramón J. Velázquez, pero que no recibe a tiempo su ejecútese constitucional. El proyecto actual, en todo caso, cuenta con una ordenación de principios y normativa que revela ser la consecuencia de un estudio a profundidad y metódico. No es hijo de la improvisación, en ningún modo.

Pero si bien cumple con los dos extremos que pide o manda el ordenamiento constitucional en vigor y quizás éstos pueden haber sido mejor desarrollados en dos proyectos cabales y distintos de ley: uno para la Policía Nacional y otro sobre el régimen de las policías estadales y municipales, es, dado lo dicho antes, una muestra cabal de la desviación ideológica y visión estatal monolítica o centralizadora del poder que hace propia el Presidente de la República; ello, a pesar la prédica descentralizadora constitucional (artículo 158) y del nominalismo participativo constante en casi todos los artículos constitucionales.

Hay dos aspectos que a todas luces obvia o despacha sin más el proyecto de ley señalado: Uno, la falta de competencia que de derecho afecta al Presidente de la República, incluso mediando una Habilitación Legislativa, para dictar decretos ley incidentes sobre aspectos dogmáticos u orgánicos de la Constitución: como el relativo –en lo específico y en cuanto a lo orgánico– a la distribución de las competencias nacionales, estadales o municipales en materia de policía; y dos, el alcance específico de la habilitación otorgada al Presidente, en uso de la cual dicta el decreto con fuerza de Ley de Policía Nacional y del Servicio de Policía.

La Asamblea Nacional le autoriza expresamente, en efecto, para "organizar el sistema de seguridad ciudadana" y de ello no cabe colegir, al rompe, cuanto se pretende sino el ejercicio por el Ejecutivo Nacional –conforme a la ley que dicte al efecto y mediante decreto– de su competencia constitucional para organizar "un cuerpo de policía nacional", teniendo el cuidado de no afectar las competencias concurrentes de los Estados y Municipios, como bien se deduce del artículo 332 constitucional.

Pero más allá de esto, que es sustantivo pues afrenta el orden constitucional, cabe señalar y observar asimismo que la Ley de Policía Nacional y de Servicio de Policía desnuda la vocación autoritaria del Ejecutivo Nacional; de donde, la consecuencia no es otra que la muerte misma de las policías urbanas y rurales, y de las policías municipales cuya más moderna expresión conoce nuestra capital metropolitana a lo largo de la década de los noventa.

Podría argüirse en contra de esto que las disposiciones constitucionales actuales no son en mucho diferentes a las contenidas en la Constitución de 1961. Pero tal alegato es el producto de un engaño óptico o de una lectura apresurada. La competencia de los Estados para organizar sus policías y determinar las ramas de la policía municipal sobre la cuales tiene a la par competencia plena cada Municipio, es consagrada en este texto fundamental sin cortapisas: y la ley nacional que pudo haberse dictado sobre la materia mal puede enervar, limitar, invadir o condicionar a tales cuerpos de seguridad, como fueros propios que son de los Municipios y de los Estados.

La Constitución de 1999 omite referirse a la "policía municipal" como competencia edilicia o local originaria y propia. Y al aludir a la organización de las policías por los Estados de nuestra atípica Federación, claramente dice que sólo pueden hacerlo éstos "conforme a la legislación nacional aplicable".

La consecuencia, pues, no ha de sorprender y se agrava por el cometido militante que a la Policía le asigna en sus palabras el propio Presidente. El Gobierno Nacional, según la ley, puede hacer aquello que hace en un arrojo de arbitrariedad y luego se lo reprocha el Tribunal Supremo de Justicia: intervenir a la Policía Metropolitana.

En lo sucesivo el Ministerio del Interior funge de órgano rector de todas las policías: las nacionales, las estadales y las municipales, y sobre ellas ejerce su directa autoridad. De modo que, no hay para lo sucesivo policías estadales o municipales que puedan nacer u organizarse según la voluntad de sus cuerpos legislativos o edilicios soberanos, electos por el pueblo, sino cuando cumplan y se sometan a los estándares y permisos que le otorgue el anunciado todopoderoso Ministro de las Policías, entre otros y por encima de todos el adherir a la revolución socialista.

Llegado el mes de marzo, ocurren otros hechos desdorosos que muestran el grave deterioro que sufre el orden jurídico e institucional de la república en su efectividad

III.   LA GUERRA IMAGINARIA CONTRA COLOMBIA

Comprometido el presidente Chávez en su lucha contra el Plan Colombia y la política de Seguridad Democrática que lleva adelante el mandatario neogranadino, Álvaro Uribe Vélez, ante la acción militar que éste ejecuta el día 1° sobre territorio fronterizo ecuatoriano dando muerte a la segunda cabeza más importante de las FARC, Luis Edgar Devia Silva, alias Raúl Reyes, aquél –Chávez– moviliza sin autorización de la Asamblea Nacional las tropas venezolanas. Anuncia su intención de hacerle la guerra a su vecino, si pisa el territorio nacional. Todo queda felizmente en un amago que es objeto de la burla popular. El gobierno del presidente Uribe, teniendo consigo toda la información histórica y estratégica de la narco-guerrilla constante en el computador personal del jefe guerrillero fallecido, hace públicas las vinculaciones –ahora ciertas y no presuntas– del gobierno venezolano con el movimiento insurgente. De allí la reacción destemplada e irracional del Primer Mandatario.

Lo cierto es que éste opta por obviar su violación manifiesta del artículo constitucional 187.11 que reserva a la Asamblea autorizar misiones militares en el exterior y el artículo 13 *ejusdem* que declara al territorio nacional como zona de paz. Y ante la misma Asamblea Nacional, en su mensaje anual, se justifica a la vez que se acusa:

"Quién puede pensar en la posibilidad de algún acuerdo de paz si no hay contacto entre las partes enfrentadas. Y, realmente, lo digo aunque alguien se pueda molestar: las FARC y el ELN no son ningunos cuerpos terroristas; son ejércitos. (Aplausos). Verdaderos ejércitos, son verdaderos ejércitos que ocupan espacio en

Colombia, que ocupan un espacio. Hay que darles reconocimiento a las Fuerzas Armadas Revolucionarias de Colombia y al Ejército de Liberación Nacional de Colombia. (Aplausos). Son fuerzas insurgentes que tienen un proyecto político, que tienen un proyecto bolivariano, que aquí es respetado (Aplausos). Es respetado", concluye.

IV. EL PROFETA ISAÍAS

El día 17, por su parte, el Fiscal del Ministerio Público Quincuagésimo Sexto a Nivel Nacional con competencia plena, Hernando José Contreras Pérez, denuncia formalmente al ex Fiscal General de la República, Julián Isaías Rodríguez Díaz, ante su sucesora, Luisa Ortega Díaz. Lo hace responsable de la forja de las actas de entrevistas rendidas por el testigo Giovanni Vásquez de Armas, en la investigación sobre el asesinato –calificado por el TSJ de terrorismo– del Fiscal Danilo Baltazar Anderson, ocurrido en 2004. Como se sabe, Vásquez narra lo que antes lee tiempo atrás, en libro premonitorio: *Abril termina en noviembre*, escrito por el titular del Ministerio Público ahora acusado

Las declaraciones, que se toman con la complicidad del Juez Gumer Quintana Gómez –según lo narra el fiscal denunciante– permiten llevar a la cárcel a ciudadanos inocentes –como Nelson J. Mezerhane, Salvador Romaní, Fernando Moreno Palmar y Eugenio Áñez– y se salva en la raya la periodista Patricia Poleo, por cuando su padre sabe a tiempo del despropósito que fragua Rodríguez.

En su momento, Rodríguez Díaz informa a sus colaboradores que "necesita tener un caso" y que "la corriente radical del chavismo le está exigiendo resultados". Por lo demás, el propio testigo le pide perdón a quienes son condenados injustamente como autores materiales, Rolando Otoniel y Juan Bautista Guevara.

Los hechos anteriores, no obstante, no concitan la iniciativa de la Fiscal General ante quien se realiza la grave denuncia. Prefiere omitir sus deberes constitucionales tanto como lo hace en su momento el Fiscal Rodríguez al confesar que sus actuaciones al respecto las consulta con "el Alto Gobierno ya que esa investigación era un problema de Estado". Apenas se limita la primera, eso sí, a pedir la citación de los directivos del canal de noticias Globovisión, Nelson J. Mezerhane y Alberto Federico Ravell, cuyos periodistas son quienes ponen al descubierto la trama delincuencial de Estado denunciada por Contreras.

El Poder Ciudadano o Poder Moral queda en entredicho, pues sus titulares principales en el Ministerio Público olvidan las atribuciones que les fija el artículo 285 constitucional, que les demanda garantizar el respeto a los derechos humanos en los procesos judiciales, garantizar el debido proceso, ordenar y dirigir la investigación ante la perpetración de hechos punibles, y exigir la responsabilidad penal de los funcionarios públicos que delinquen en el ejercicio de sus funciones, entre otros.

Llegado el mes de mayo la opinión nacional e internacional conoce el Informe Forense que a pedido del gobierno de Colombia y con el aval del Secretario de la OEA, José Miguel Insulza, elabora la INTERPOL sobre los ordenadores y equipos informáticos decomisados a las FARC. El documento, preparado con la colaboración de un equipo técnico que integran distintas policías extranjeras, concluye —mediando la airada y escatológica reacción del mandatario venezolano— que las pruebas analizadas no son objeto de intervención ilícita alguna por parte del Estado colombiano, ni de sus fuerzas militares ni sus autoridades de policía.

V. EL GACETAZO

El 31 de julio ocurre el llamado Gacetazo, cuando el Presidente, mediante decreto y sin realizar la consulta que le ordenan la Constitución y la ley de Administración Central, dicta un paquete de leyes muy sensibles para la población, con las que intenta realizar el modelo socialista marxista que ve derrotado en su intento de reforma constitucional.

En uso de su tercera habilitación como legislador por el término de 18 meses —pedida a la Asamblea Nacional por él y con el propósito inconstitucional mencionado— aprueba fuera del indicado lapso 26 leyes a despecho del rechazo manifiesto por la población de la vía al socialismo. La *Gaceta Oficial* del día 31 mencionado, a horas de concluir el lapso mencionado, apenas anuncia la aprobación de dichas leyes y el país sólo sabe de los textos legislativos días después, cuando se imprimen las *Gacetas Extraordinarias* correspondientes. Algo igual ocurre, no se olvide, cuando es aprobada la Constitución de 1999. Su publicación es diferida deliberadamente y al aparecer el texto constitucional sancionado por el pueblo, mientras la Constituyente hace de las suyas y desmonta los poderes constituidos, se advierten, en el mismo, variaciones con relación al aprobado por la Asamblea y también con relación al que votan los venezolanos.

El sentido del desafío, pues, no llega oculto. Lo revela esta vez el propio Chávez: "Vamos a profundizar el plan socialista, cuyos lineamientos para nada sufren porque no se haya aprobado la reforma", confiesa. Se sitúa sin rubor al margen del orden constitucional vigente en la República. "Estamos en condiciones políticas y económicas de entrar a fondo en la revolución socialista, porque ya estamos fortalecidos para intensificarla", son sus palabras.

Los efectos de lo ocurrido no son mensurables en lo inmediato. Pero desde ya los sectores intelectuales, académicos, jurídicos y universitarios más autorizados, no la oposición panfletaria, califican lo ocurrido en tono de gravedad: "Estamos ante una dictadura que le ha dado un nuevo golpe de Estado a la Constitución". "Se trata de un plan para demoler los restos de República". "El Gobierno actúa como si acabase de imponerse en un golpe de Estado". "Se ha instaurado un régimen de facto". "Liquidado el Estado de Derecho", son las expresiones que se repiten sin solución de continuidad.

Las leyes para el establecimiento de un modelo neo-militar autoritario, que intenta casarse con la vieja "dictadura del proletariado" bajo el nombre de Socialismo del Siglo XXI, no son pocas. Entre ellas cuentan las leyes Orgánica de Seguridad y Soberanía Agroalimentaria, de Crédito para el Sector Agrario, de Beneficios y Facilidades de Pago para las Deudas Agrícolas y Rubros Estratégicos para la Seguridad y la Soberanía Alimentaria, para la Defensa de las Personas en el Acceso a los Bienes y Servicios, para el Fomento y Desarrollo de la Economía Popular, para la Promoción y Desarrollo de la Pequeña y Mediana Industria y demás Unidades de Producción Social, de Creación del Fondo Social para la Captación y Disposición de los Recursos Excedentarios de los Entes de la Administración Pública Nacional, Orgánica de la Administración Pública, de simplificación de Trámites Administrativos, de Reforma Parcial de la Ley Orgánica del Sistema de Seguridad Social, del Régimen Prestacional de Vivienda y Hábitat, de Reforma de la Ley del Seguro Social, de Reforma Parcial de la Ley General de Bancos y otras Instituciones Financieras, de Reforma del INA-VI, de Espacios Acuáticos, Turismo, y Transporte Ferroviario. Y paremos de contar.

Vistas transversalmente 8 de las leyes inciden sobre la Administración Pública, 6 sobre alimentos y servicios, 4 afectan la organización territorial, 3 al área de vivienda, 2 sobre seguridad social, 3 sobre la organización de la economía y la banca, y 1 en lo militar. De manera específica 8 corresponden al sector económico y financiero, 3 a seguridad social, 3 a la administración pública, 5 al sector agro-industrial, 4 a otros sectores económicos, 2 a vivienda, y 1 a la Fuerzas Armada.

De ellas, como lo indican los estudios precisos que realizan Venam-Cham y el Escritorio Torres, Plaz & Araujo, 14 le otorgan funciones públicas y responsabilidades a los denominados Consejo Comunales, categoría legal pero extraña al orden constitucional vigente. Todas las leyes, de manera explícita o implícita expresan su adhesión al socialismo y determinan una mayor intervención del Estado en la Economía. Y todas a una de dichas leyes hacen reposar el marco de decisiones directas en manos del Presidente o el Ejecutivo Nacional, y las pertinentes consagran la denominada propiedad social.

Las mismas, en suma, barren a la economía privada venezolana, que deriva, en la práctica, en una economía totalitaria y de Estado. De modo que, en lo inmediato declaran de adquisición forzosa todas las actividades económicas relacionadas con la producción, distribución y comercialización de los alimentos y también con la construcción de viviendas. En tales áreas –esenciales para la subsistencia y también para el control sobre la población– se declara el fin del libre mercado y se les entregan atribuciones de control a los militares, en lo particular, en materia de alimentos.

La señalada declaratoria como de utilidad pública o dominio público e interés nacional o social, según los casos, de todos los bienes, las instalaciones y medios dedicados a la producción, intercambio, almacenamiento y comercialización de los alimentos, o las actividades relacionadas con la construcción de viviendas de interés social, o los bienes propios a la salud agrícola integral, amén de toda actividad relacionada o que facilite la construcción de vías férreas, provee a la inmediata ocupación gubernamental de las mismas, sin mediación judicial. Permite figuras que van desde la expropiación, la confiscación, la supervisión, el comiso, y hasta la alta regulación y control por las formas distintas de contraloría social.

Al respecto los mecanismos punitivos no se hacen esperar. Además de los referidos en dichas leyes, el Instituto de Educación al Consumidor recibe facultades para imponer multas e incluso iniciar procedimientos penales para que los rebeldes vayan a prisión por cobro de comisiones o recargos en la venta de bienes y servicios, por alteración de las condiciones de oferta y demanda, por especulación, acaparamiento, alteración de precios, etc. Y a objeto de neutralizar a la población en lo inmediato, también se dictan las reglas pertinentes que dicen incorporarla a la economía social; previéndose la creación de miles de pequeños establecimientos de producción –Unidades de Producción Social, como las cooperativas, los consejos comunales, las unidades productivas familiares– pero cuyos intercambios se han de regir por el trueque, por la llamada moneda comunal.

El propósito de las leyes es, en fin, evidente, a saber, reducir la capacidad de acción de los sectores que adversan la marcha del país hacia los predios del socialismo-marxista, minando las bases de la economía capitalista a objeto de centrar todo el poder de decisión e iniciativa en el Presidente de la República.

Y para acrecentar este poder se golpea y desconoce la Constitución abiertamente.

No cabe duda en cuanto a que, dichas leyes, de conjunto, abrogan de hecho las normas constitucionales que organizan los poderes públicos, aquellas que definen la organización socioeconómica de la República, tanto como afectan la parte dogmática constitucional al conculcar derechos expresamente reconocidos y tutelados por la Constitución.

El contenido de las mismas es un trasplante de la reforma constitucional frustrada y que, antes y de suyo, se considera necesaria para la viabilidad de dichas previsiones. Pero la inconstitucionalidad de las mismas se hace palmaria, sobre todo al ser dictadas fuera del término de la habilitación otorgada al Presidente y no cumplir éste con la obligación constitucional de consultarlas, prevista en el artículos 206 y 211 de la misma Constitución, aparte de exigirla el Título VI de la Ley Orgánica de la Administración Pública..

Entre las leyes del "gacetazo" cabe comentar, de modo particular, la Ley Orgánica de la Fuerza Armada Nacional, que la adjetiva como "bolivariana" –al margen de las normas constitucionales sobre la materia– y que en el curso del año asume como propio el lema "patria, socialismo o muerte". Sirve la misma para la conformación de la sociedad venezolana como una suerte de cuartel militar.

En línea con la legislación de 2005 ella reitera la calidad militar activa del presidente de la República como comandante en jefe de dicha Fuerza y de su novísima Milicia Nacional Popular; y autoriza a éste para usar las insignias de su elevado rango castrense, adquirido por gracia propia y en defecto de su vieja condición de teniente coronel del Ejército en situación de retiro.

VI. EVOCANDO A CIPRIANO CASTRO, EL BANCO DE VENEZUELA

Por un sino de la historia, al igual que ocurre con el padre de la Revolución Restauradora y pionero de nuestra República Militar a inicios del siglo XX, Cipriano Castro, quien suscita un desencuentro con el emblemático Banco de Venezuela que da lugar a la fallida Revolución Libertadora y también a su caída como gobernante, esta vez, Chávez, cabeza de la Revolución Bolivariana y de la naciente sociedad militar socialista venezolana, anuncia también la nacionalización de dicha institución financiera.

No obstante lo anterior, en sus tácticas de avance y retroceso a conveniencia aprendidas dentro del cuartel, de cara a la nacionalización que dijera haber hecho antes, la de la Faja Petrolífera del Orinoco, vuelve hoy sobre sus pasos, reconociendo que sin los capitales extranjeros no podrá alcanzar el desarrollo pleno de nuestra industria del oro negro. ¡Es como si comprase la voluntad exterior para atenuar su crítica sobre los sucesos domésticos en curso!

VII. GOLPE A LOS GOBERNADORES Y LA METRÓPOLIS

En el mes de noviembre, el día 23 ocurre lo inaudito, dada la represión en curso y el control presidencial sobre todo el Estado. La oposición, todavía en minoría electoral según los datos del Consejo Supremo Electoral, gana mediante la práctica democrática del voto, entre otros cargos regionales y municipales a nivel nacional, las emblemáticas y populosas gobernaciones de Miranda, Carabobo, Táchira, Nueva Esparta y Zulia, amén de la importantísima Alcaldía Mayor de Caracas y la Alcaldía de Maracaibo, que regentan en lo sucesivo dos antiguos militantes del partido Acción Democrática, hoy dirigentes de sus propios movimientos políticos: Antonio Ledezma y Manuel Rosales, sucesivamente, cabezas visibles del movimiento opositor venezolano.

La reacción oficial y de la militancia revolucionaria es de esperarse. Las dependencias adscritas a la gobernación del Estado Miranda, que hasta entonces ocupa el teniente Diosdado Cabello, ficha principal del régimen, son literalmente desmanteladas antes de su entrega al gobernador electo, Enrique Capriles Radonsky, a la vez que la red hospitalaria y de atención a la salud dependiente del Ejecutivo Regional, por decisión del Presidente Chávez, es transferida al Ministerio de Salud y también las escuelas regionales son reconcentradas hacia el nivel nacional. Y 3.000 armas de fuego de uso por la Policía estadal son confiscadas por la Fuerza Armada Nacional.

Otro tanto ocurre con la Alcaldía Mayor de Caracas, cuyas dependencias son desmanteladas y hasta el Palacio de Gobierno que ocupa, en la Plaza Bolívar de Caracas, lo toman militantes del chavismo, quienes impiden su ocupación por el Alcalde Mayor electo.

A Rosales, el presidente lo amenaza con enviarlo a prisión, y el Consejo Legislativo del Estado Táchira pospone indebidamente la juramentación del Gobernador de oposición electo, César Pérez Vivas, quien opta por acudir al Tribunal Supremo de Justicia. Las protestas violentas de calle, dirigidas e inducidas desde el Gobierno Nacional se hacen sentir en todos los espacios que ahora ocupa la oposición democrática.

El artículo 5 de la Constitución, que fija en el pueblo la residencia intransferible de la soberanía y manda la sujeción a ésta de todos los órganos del Estado es pisoteado; tanto como lo son los artículos 62 y 63 constitucionales que consagran el derecho a la participación del pueblo en la formación de los gobiernos y el sufragio como derecho, que se ejerce mediante votaciones libres, universales, directas y secretas.

Chávez, en consecuencia, puesto contra la pared y en medio de un agotamiento inusitado de los ingresos fiscales y de las reservas internacionales –tanto que se habla de la quiebra de la industria petrolera nacionalizada– decide correr hacia adelante y acelera su proyecto socialista. Hace buena la frase de que la revolución es pacífica pero armada; en otras palabras, o la aceptan por las buenas los venezolanos o se las impone por las malas.

VIII. EN TRÁNSITO HACIA LA RE-ELECCIÓN PERPETUA

Sobre dicha realidad el mandatario pide a los suyos proponer de urgencia una enmienda constitucional y replantea lo que no cabe según la misma Constitución y por obra de la reforma constitucional rechazada por el pueblo: su re-elección continua e indefinida. La tarea, animada por el PSUV –Partido Socialista Unido de Venezuela– la ejecutan los parlamentarios Cilia Flores y Saúl Ortega, quien consigna el proyecto de enmienda del artículo 230 de la Constitución, que prevé un período presidencial de seis años y la reelección inmediata, por una sola vez, para un nuevo período del presidente en ejercicio. La enmienda pretende, manteniendo el mismo lapso del período presidencial, disponer, simplemente, que "el Presidente o Presidenta de la República puede ser re-elegido o re-elegida.

Los proponentes, luego de señalar que la reelección es un derecho del pueblo y que para la consolidación de la democracia es necesario ampliarlo, pues así adquiere pleno ejercicio la soberanía residente en el pueblo –recién vulnerada por los mismos proponentes y sus conmilitones– y al fin y al cabo, según ellos, es el pueblo quien, mediante el voto, decide si el Primer Mandatario Nacional continúa en el ejercicio de sus funciones. Al efecto, reinterpretan el principio constitucional de la alternabilidad al sostener que el mismo se entiende "como la posibilidad del pueblo de escoger con el voto, entre las diversas opciones políticas" y no ha de ser entendida de forma personal; es decir, no hace "relación a determinada persona que ocupa el cargo o aspira ocuparlo".

Los decanos de las facultades de Derecho de la universidades más prestigiosas del país –a quienes el Presidente llama "desvergonzados"– en número de 11 y por voz de Jesús María Casal, Decano de la Facultad de Derecho de la UCAB, presentan ante la opinión pública su dictamen sobre la iniciativa de enmienda en cuestión, que a la vez respaldan distintos expertos en Derecho, y que dice sobre la abierta vulneración del orden constitucional y democrático que ella significa.

"La supresión de los límites constitucionales para la reelección del Presidente atentaría contra la alternabilidad, establecida como principio fundamental de la Constitución en su Artículo 6. El carácter alternativo del Gobierno no debe confundirse con la garantía de celebración de elecciones periódicas, también contemplada en el mencionado artículo", reza el comunicado, antes de ajustar que "el artículo 345 del texto fundamental prohíbe replantear en el mismo período constitucional las iniciativas de reforma rechazadas. El uso de la denominación y del trámite de la enmienda para llevar a cabo dicho cambio no hace inaplicable el precepto citado, pues el espíritu o razón de ser de tal norma igualmente se opone a la presentación de la propuesta de modificación constitucional indicada".

Se habla, así, de un evidente fraude a la Constitución, que en la práctica también implica el abierto desconocimiento de la soberanía popular por el mismo Presidente de la República, cuya propuesta de reelección, antes contenida en la reforma constitucional de 2007, es rechazada por el pueblo mediante referéndum.

Pero la invitación de los Decanos es desestimada por el ánimo de atropello, de nuevo golpe constitucional que se forja desde el Estado y cristalizan sus poderes para incrementar el poder del Primer Mandatario. No obstante Casal expresa lo siguiente: "Exhorto al presidente de la República y a los diputados que respaldan su proyecto político a desistir del intento de impulsar una enmienda que no es admisible constitucionalmente, a lo cual se suma la manera acelerada o sumaria como pretende ser aprobada, incompatible con la amplia consulta y debate público que exigen el principio y el derecho de participación ciudadana".

IX. OTRA VEZ EL MAGNICIDIO Y LOS EDITORES

El año clausura sin que la Asamblea Nacional evite, una vez más, ser caja de resonancia del militantismo palaciego. Por sugerencia del Presidente, quien desde sus tiempos de candidato y bajo asesoría cubana se presenta como víctima potencial de un atentado a su vida, designa una Comisión Especial para Investigar la Conspiración y Organización del Golpe de Estado y Magnicidio en contra del Comandante Presidente de la República Bolivariana de Venezuela, Hugo Chávez. Otro más en la lista larga, que nunca suscita, salvo el escándalo político, actuación alguna por parte del Ministerio Público y los tribunales penales.

No obstante, en sus conclusiones y sobre la base de una lectura de la prensa nacional, que consideran opositora, parcializada, manipuladora de la información, y golpista, aparte de recordar que el imperialismo, a lo largo de su historia asesina a Augusto César Sandino en Nicaragua, en 1934, al gran líder liberal de Colombia Jorge Eliécer Gaitán en 1948, Salvador Allende con participación directa de la CIA en 1973, el joven Primer Ministro de Grenada, Maurice Bishop, en 1983, el candidato presidencial colombiano Luis Carlos Galán, en 1989, y Luis Donaldo Colosio en México en el año 1994, la Comisión parlamentaria concluye, sin más, que Miguel Henrique Otero, Marcel Granier, Diego Arria, Raúl Isaías Baduel, José Manuel González, Nelson J. Mezerhane, Alberto Federico Ravell, Rafael Poleo y Manuel Rosales Guerrero, tienen responsabilidad comprometida en los hechos investigados.

Resulta paradójico, cuando menos, que Mezerhane y Poleo, abiertos adversarios del Presidente, vean igualmente comprometidos sus nombres en las investigaciones que avanza el Ministerio Público –que se demuestran forjadas– a propósito del asesinato, en 2004, del fiscal Danilo Anderson, encubierto por el entonces Fiscal General, Julián Isaías Rodríguez Díaz. Mas, sea lo que fuere, la iniciativa parlamentaria en cuestión compromete severamente el compromiso que asumen los poderes públicos, a tenor de la Exposición de Motivos de la Constitución vigente, de rescatar la legitimidad de la instituciones del Estado, severamente comprometida, recuperando la moral pública; a la par que omite el parlamento su principio de responsabilidad por abuso o desviación de poder, contemplado en el artículo 139 constitucional, al disponer indebidamente y más allá de sus competencias, mediante un evidente fraude, de la potestad de control e investigación que le confieren los artículos 222 y 223 del mismo texto fundamental.

2009
PRESIDENCIA A PERPETUIDAD

"Están incitando a qué, a mi asesinato, que eso es lo que ellos quieren, si ocurriera y lo digo no por mí, ya yo viví, si ocurriera imagínense ustedes lo que aquí pudiera pasar, cuántos años de tragedia le esperan a nuestros hijos y a nuestros nietos. El día que mataron a Gaitán en Colombia todavía no ha terminado... Señora Presidenta del Tribunal Supremo de Justicia, con todos los magistrados y los tribunales cumplan con su obligación que para eso están allí y si no pueden, renuncien..."

Hugo CHÁVEZ FRÍAS
28 de mayo 2009

El año 2009 se anuncia condicionado por los hechos del mes que le precede.

Chávez hace cierta su frase, en cuanto a que la revolución es pacifica pero armada; en otras palabras, o la aceptan por las buenas los venezolanos o se las impone por las malas.

En febrero de 2009, así las cosas, se realiza la consulta popular sobre la enmienda constitucional y el CNE le otorga la victoria al Presidente e inquilino del palacio de Miraflores, quien ahora puede reelegirse ininterrumpidamente. Se considera en lo adelante con la fuerza suficiente para arropar. Ocurre un verdadero golpe del Estado a la constitucionalidad y también al principio de alternabilidad democrática.

Tal y como lo anuncia durante la campaña electoral de sus candidatos a gobernadores y alcaldes, intima al Ministerio Publico y los tribunales para que hagan preso a Manuel Rosales, ex gobernador, alcalde recién electo de la capital zuliana y a la sazón quien le confronta por la Presidencia de la República en 2006. La operación "Manuel Rosales, vas preso" puesta en marcha por el mismo Chávez desde Maracaibo y en plena refriega electoral, se hace realidad, con burla para el Estado de Derecho, pues el derecho y la justicia declinan ante las exigencias políticas del Presidente.

Rosales no tiene otra opción que pedir asilo territorial en Perú una vez como sabe que la decisión judicial de enviarlo a la cárcel es redactada, según los mentideros, por el diputado Carlos Escarrá Malavé. De nada le sirve la denuncia pública que al respecto consigna Ismael García, antiguo diputado chavista y ahora líder del partido opositor Podemos, quien muestra el texto de la decisión que busca expedir el juez designado una vez como tenga en estrados al propio Rosales.

Chávez, sucesivamente, consolida otro típico golpe de Estado al pedirle a la Asamblea dictar con urgencia una ley especial que instituya la figura del jefe gobierno del Distrito Capital, a ser designado a dedo por él mismo a contrapelo de la propia Constitución, que no permite autoridades regionales y municipales que no sean electas. Y en beneficio de ese pequeño gendarme capitalino la Asamblea le arranca las competencias y el patrimonio otorgado a la Alcaldía Mayor por la Asamblea Nacional Constituyente de 1999. Ledezma, apenas electo, queda desnudo y hasta los militantes de la revolución le asaltan y secuestran el Palacio de Gobierno que ha de ocupar, situado en la parte norte de la plaza Bolívar.

Jacqueline Farías asume como jefe de Gobierno el ultimo abril de 2009, recibe de manos de los tomistas el Palacio secuestrado al Alcalde Mayor, en tanto que los marchantes irritados la llaman "usurpadora". Pero no se inmuta. Declara que ha de demostrar "lo que es la vida socialista" y al jurar ante el vicepresidente, el coronel Ramón Carrizalez, espeta al rompe: "Los dedos de Chávez son los dedos del pueblo".

En el interregno, Chávez viaja a mediados de abril a Trinidad para la Cumbre de las Américas y allí, metiendo su mano entre los demás mandatarios presentes, saluda y toma la del nuevo gobernante del Imperio, Barack Obama, a quien le obsequia un libro paleontológico: *Las venas abiertas de América Latina*. Hillary Clinton, la estrenada secretaria de Estado norteamericana, luego de agredirlo durante su campaña presidencial a la Casa Blanca afirma que Chávez "es un hombre simpático". Éste, sin embargo, al viajar deja el país como un hervidero.

Tiene lugar la protesta del miembro de la Comisión Presidencial para la Delimitación de Áreas Marinas y Submarinas, Francisco Nieves Croes, pues el presidente de dicha Comisión, Pavel Rondón, elabora una suerte de "preacuerdo" sobre el golfo de Venezuela con el comisionado colombiano, Pedro Gómez Barrero, y lo hace bajo la mesa, con desconocimiento de la opinión pública y abandonando la tesis histórica defendida por los venezolanos, a saber, la prolongación de la línea de nuestra frontera. Y ello ocurre, justamente, a 17 años del golpe de Estado que el propio

Chávez realiza contra Carlos Andrés Pérez, arguyendo que éste entrega el territorio patrio a los colombianos. Poco cuenta el carácter pétreo de nuestro territorio histórico, fijado por el artículo 10 constitucional.

Los golpes precisos y emblemáticos del año, que sirven de antesala a la final ruptura del orden democrático que ocurre en el año sucesivo, acusan particularidades y merecen su cuidadosa descripción.

I. LA ENMIENDA CONSTITUCIONAL

Nada daña tanto a la democracia, cabe observarlo, como el abuso o la inflación de democracia. Ninguna sociedad crece y madura democráticamente por la sola circunstancia de ser convocada al ejercicio electoral todos los días y cada vez que el Presidente intenta traspasar los muros constitucionales y legales para justificar sus desviaciones, arguyendo que se trata de mandatos de la soberanía.

La democracia, para ser tal, reclama de una ética, de una relación inseparable entre los fines legítimos de la misma y los medios para alcanzarlos, que siempre han de ser tan legítimos como aquellos. Lo que quiere decir, en síntesis, que la democracia, si acaso reclama de formas, es su ejercicio efectivo el que le da tono y la hace ser, más que una expresión estructural de la organización política de una sociedad, testimonio de vida cotidiana, un estado del espíritu en el individuo y en el colectivo.

La reiteración de esta enseñanza, que logra trasuntar a las horas adversas que viven hoy las democracias occidentales bajo la amenaza continuista de sus gobernantes, es pertinente a la luz de la enmienda inconstitucional en que se empeña y logra Chávez.

Una de las exigencias centrales de la democracia reside en el ejercicio del poder conforme al Estado de Derecho. La Corte Interamericana de Derechos Humanos, cada vez que puede, repite hasta la saciedad y por lo mismo que no concibe a la democracia sin acatamiento a la legalidad constitucional por los gobernantes, ni ésta ni aquella sin la garantía del ejercicio efectivo de los derechos humanos y las libertades fundamentales. Se trata de una tríada cuyas partes pierden su total sentido en defecto de las otras.

El Presidente, con abierto desprecio por una decisión soberana que le vincula y que mal puede desatar, como lo es el pronunciamiento popular reprobatorio de su manida reforma constitucional socialista de 2007 y, junto a ella, de su obsesión por mantenerse en el poder, vuelve otra vez por sus fueros y de nuevo, para tal cometido, le pide al pueblo venezolano –Asamblea Nacional mediante– volver a comicios. Las elecciones de gobernadores y alcaldes le dejan un mal sabor. Bulle en él, por lo mismo y otra vez, aquella idea que lo lleva, en 1999, a tirar al traste el orden constitucional de 1961; lo que le acepta la antigua Corte Suprema de entonces, al admitir que por sobre la voluntad de la mayoría votante no puede empinarse ninguna Constitución por importante que sea. Y se olvida la enseñanza raizal de la democracia, que mejor recuerda el eximio jurista y pensador italiano Norberto Bobbio, al advertir –*mutatis mutandi*– que las mayorías en la democracia tienen por límite la existencia misma de la democracia. No la pueden enterrar mediante el voto.

A. *Reforma versus enmienda*

El carácter de una enmienda y su diferencia con una reforma constitucional, reside, dicho coloquialmente, en la insignificancia sustantiva de la primera; no se trata de una diferencia cuantitativa, que se centra en el mayor o menor número de artículos que sea objeto de la reforma o enmienda constitucionales. La reforma de un solo artículo puede afectar la estructura fundamental del texto constitucional en tanto que la enmienda, incluso comprometiendo a muchos artículos, no logra hacerlo.

De modo que, a la luz de la norma sobre la reelección presidencial que plantea la reforma constitucional de 2007 –que rechaza el pueblo– y replantea otra vez su único interesado –el presidente Chávez– como una suerte enmienda, basta señalar que a tenor de la Constitución en vigor la forma de Gobierno venezolano es alternativa y de mandatos revocables. Ello quiere decir que el andamiaje constitucional de 1999 corre en línea contraria a quienes intentan perpetuarse en el ejercicio del poder; lo que es así, aun cuando en un arresto de desespero el padre de la enmienda quiera argüir que la vigencia de las monarquías española e inglesa, vitalicias y hereditarias, en nada predican que sus regímenes sean antidemocráticos.

Sea lo que fuere, si lo anterior por elemental no basta y tampoco le basta a Chávez la prohibición constitucional de presentar dentro de un mismo período constitucional una reforma constitucional rechazada, disfrazándola de enmienda, cabe recordar y recordarle que la Ley Orgánica del Sufragio y Participación Política, en su artículo 193, una vez como señala que no pueden convocarse a más de dos actos de votación sobre distintos referendos, precisa luego que "si la materia –léase el fondo y no la forma– objeto de un referendo fuere rechazada por el pueblo, no podrá presentarse de nuevo durante los dos años siguientes".

Siendo así, Chávez decide no atender ni ajustar su conducta a la Constitución ni apegarse a las reglas sustantivas del Estado de Derecho, y si acaso lo que le importa son las formas, no cabe duda en cuanto a que nunca antes de diciembre de 2009 –los dos años de ley mandados– puede invitar al pueblo a nuevo referendo sobre su permanencia o no en ejercicio de la Presidencia.

De modo que, al convocarse y realizarse el referendo sobre la enmienda cristaliza otro atentado o golpe más al orden constitucional y democrático de la República, sean cuales fueren sus resultados; que en el caso, según el CNE, el acto comicial realizado el 15 de febrero del año corriente le otorga mayoría al presidente Chávez.

B. *El contexto y los resultados del referéndum*

Los resultados del referéndum aprobatorio de la enmienda constitucional que, en teoría, permiten en lo adelante la presidencia vitalicia de Chávez, no ocultan la tendencia fatal hacia su declinación en el aprecio popular que desde antes muestran las elecciones regionales ya comentadas.

De un líder político que, a inicios de la década de Gobierno que lleva a cuestas, se basta a sí y le son suficientes su agilidad y audacia de promesas como su vozarrón para levantar multitudes y también para patear la constitucionalidad sin que nadie le diga que lo hecho está mal, hoy queda una suerte de barril hinchado a quien tienen que empujar, para sostenerlo y hacerle el colchón de sus votos, los últimos petrodólares de la menguante botija pública.

El miedo, el chantaje, las amenazas y la persecución a los opositores y el anuncio –que realiza Chávez– de que sobreviene un cataclismo y hasta la guerra de verse derrotado como gobernante, se hacen presentes durante los días previos al acto comicial. El Poder Electoral no se inmuta. Sus autoridades miran de lado, como bien le consta al mismo autor o beneficiario de las tropelías como a sus víctimas.

Las estadísticas post referéndum, una vez conocidas, muestran lo grosero del abuso de las cadenas y de la publicidad vertidas a favor del "Sí" por las radios y televisoras al servicio o dependientes del Estado, en tanto que, la que promueve el "No" ha de contentarse con la mitad exacta del tiempo de transmisión electoral ofrecido por la estación opositora Globovisión; sujeta ésta a la vigilancia diaria y celosa por la rectora electoral Tibisay Lucena. Decirlo es apenas redundar sobre una máxima de la experiencia, consolidada desde 1999.

Aun así, dentro de ese espacio geográfico donde el "Sí" atropella y donde el "No" 'brilla por su ausencia' en cuanto a manifestaciones visibles, salvo por las informaciones que a todos les llegan sobre las protestas y la movilidad tenaces de los estudiantes; sobre ese "No", repito, invisible ante nuestros ojos y apenas palpable en la corriente imaginaria que sabe crearse la propia gente en su debilidad, no logra Chávez romper ni contener la creciente avalancha de la oposición a su régimen tiránico.

Elías Pino Iturrieta cuenta bien que el caudal opositor de 2.863.619 votos de 1998, cuando Chávez vence en las elecciones presidenciales, crece hasta 5.193.839 votos sin que la población doble desde entonces y lo que es más emblemático, sin que la revolución prenda y penetre con sus ideas en más de la mitad de los venezolanos, si contamos a quienes no votan o a quienes apoyan al régimen por razones de "utilidad".

De modo que, si cierto es que, en lo formal, Chávez se sale con las suya y viola impunemente el orden constitucional y democrático, sabe a ciencia cierta que se beneficia con el producto de un acto ilegítimo; de abuso y de prepotencia, que no se condice con el carácter genuino de la controversia electoral en una democracia verdadera. Sabe bien que aquello que en buena lid obtiene de la democracia en el pasado no puede alcanzarlo hoy sin muletas; y para un populista como él eso deriva en tragedia, de la que, a buen seguro, es consciente y la rumia con amargura.

Los resultados a fin de cuentas son mejores que los de hace más o menos sesenta días, cuando la oposición democrática, con nombre de estudiante, le quita al "demo-autócrata" lo mejor de las jurisdicciones electorales a nivel nacional, incluso sin ganarle a éste en números absolutos. Esa realidad, es tan apabullante y cierta que ni la Lucena ni su mandante ni la mismísima Presidenta del Supremo Tribunal, Luisa Estela Morales, logran ocultar.

Por lo pronto, el golpe constitucional cristaliza, pues la materia de fondo, la reelección presidencial ya es antes objeto de un referendo que la imprueba y mal puede replantearse, como lo dispone el artículo 345 constitucional. Y Chávez, eso sí, abre las puertas para su permanencia en el poder por el tiempo que quiera o hasta que el pueblo lo aguante. Acto seguido y a buen seguro, sabiendo que al ceder la farsa democrática electoral –pues las elecciones–, que son apenas un homenaje formal a la democracia y cada día se le presentan menos favorables, no le queda otra opción que someter a sus adversarios a través de la Justicia. El primer paso para su control sobre ella lo realiza Chávez en 1999, con la Asamblea Nacional Constituyente, y luego, en 2002, al dividirse sus magistrados en el Tribunal Supremo de Justicia a propósito de los sucesos del 11 de abril; a cuyo efecto reforma la ley orgánica de éste e incrementa el número de sus miembros.

II. CEDE LA INDEPENDENCIA DE LA JUSTICIA

En la historia política de Occidente no es nuevo el uso variable y hasta la manipulación que se hace de la expresión "justicia", dando lugar a altercados que, de ordinario, terminan en la violencia y miran fundamentalmente a la defensa de intereses parciales, subalternos o de poder. Lo cierto es que la vieja noción de la justicia formal que nos aporta Thomas Hobbes en su célebre obra Leviatán (1651), la cual dice sobre la injusticia del incumplimiento de los pactos, siendo justo lo contrario, hoy, en su sincronía con el Derecho hace mejor relación con la idea de legitimidad en el ejercicio del poder por parte del Estado.

El Derecho –la ley– se construye, en efecto, con base en cánones sacramentales y jerárquicos: los reglamentos se fundan en la ley, ésta en la Constitución que a su vez encuentra el fundamento de su validez en el Poder Constituyente. Pero a fin de que al Derecho se le entienda y valore como justo en sus contenidos y aplicación ha de realizar los valores superiores comunes que toda sociedad se da al momento mismo de organizarse políticamente.

De modo que, en el caso de Venezuela, cuando la Constitución de 1999 menciona al Estado de Derecho, alude así al título con que se ejerce el poder público: la ley. Pero, al ajustar que rige entre nosotros un Estado de Derecho que es también Estado de Justicia intenta señalar que ésta, en su realización y administración, manda que la ley sea interpretada y aplicada tomando en cuenta y salvaguardando las valoraciones que se hacen de las conductas de los miembros de la sociedad, según sean o no compatibles con los ideales constitucionales.

El artículo 2 de la Constitución indica, justamente, que tales ideales se expresan en "la preeminencia de los derechos humanos, la ética y el pluralismo político".

Por otra parte, la finalidad última del Derecho, que es la realización de la justicia, operacionalmente se alcanza y asegura, además, mediante la conocida separación de las funciones del Estado y la independencia de los órganos que lo componen. No se trata de un postulado adjetivo que busque recrear espacios de poder impermeables dentro del mismo Estado, que en democracia queda sujeto a un régimen de contrapesos institucionales y dado que, al fin y al cabo, todos los poderes a uno, en su perspectiva funcional, contienen dentro de sí competencias a la vez legislativas, ejecutivas y jurisdiccionales.

Sin embargo, la separación de los poderes y su sostenimiento escrupuloso es crucial para la afirmación de la libertad y la garantía de los derechos humanos, que son los cometidos sustantivos del Estado de Justicia.

Esta perspectiva encuentra un fuerte arraigo en la Constitución vigente. No obstante ello, el Presidente firma el ejecútese de la Ley del Sistema de Justicia, sancionada el 7 de abril de 2009 y publicada en la *G.O.* el 1° de octubre de 2009. Sus artículos disponen un giro integral y cambio –léase un golpe de gracia– a los cimientos anotados del Estado democrático y social de Derecho y de Justicia, tal y como lo entiende en lo dogmático y en lo orgánico el constituyente patrio.

Es una ley de inspiración cubana y factura comunista.

Crea un "sistema de justicia" que se organiza al margen del ordenamiento de los poderes públicos fijado por la Constitución. Junta a varios poderes para que incidan de conjunto sobre la actuación de los tribunales. Y le da vida un Poder Popular constitucionalmente inexistente, a partir del cual se instaura la "justicia popular" en todos los ámbitos: penal, civil, militar, administrativo, comercial, laboral, constitucional, etc.

Todavía más, la "justicia alternativa" –arbitrajes, conciliaciones, justicia de paz– que nace bajo impulso de la sociedad civil para resolver conflictos que pueden encontrar mejor curso fuera de los tribunales o en defecto de éstos, dado su congestionamiento, pasa a control del Estado.

La ley, en pocas palabras, acaba con la Constitución.

Todo aquello que hacen o deshacen la Asamblea Nacional o el Presidente y sus ministros, o sus soldados, o la Fiscal y el Contralor de la República o la Defensora del Pueblo –como la prisión de estudiantes y políticos, la invasión de tierras y empresas de propiedad privada, el desconocimiento de las elecciones de alcaldes y gobernadores, la disposición de dineros públicos venezolanos en el extranjero con fines políticos, la invasión de cubanos, el apoyo oficial a la narco-guerrilla y el terrorismo– en lo adelante cuenta con el respaldo ominoso de una justicia política y de calle, legalizada.

Vayamos por partes.

La ley dice proponerse garantizar el "derecho humano a la justicia" (artículo 5) y "asegurar el disfrute y ejercicio de los derechos humanos" dentro del Sistema de Justicia; pero no es una ley orgánica, como lo pide el artículo 203 de la Constitución.

El Sistema de Justicia, referido nominalmente en la Constitución para dar cuenta de los actores que concurren a la realización de la Justicia (jueces, fiscales, defensores, policías, auxiliares de justicia, carceleros, medios alternativos, ciudadanos que participan en los procesos judiciales, y abogados) y cuyo Gobierno ejerce el Tribunal Supremo de Justicia apoyado la Dirección Ejecutiva de la Magistratura según la lectura contextual de los artículos 254 y 267 constitucionales, pasa a depender de un colegiado que integran distintos poderes del Estado, entre estos el Gobierno y cuya presidencia, eventualmente, la puede ejercer el Ministro del Interior y de Justicia (artículo 9), a título de Coordinador. El modelo recrea, así, la dependencia del Poder Judicial de la Cuba comunista con relación al Consejo de Estado, que preside Raúl, el hermano de Fidel Castro.

La organización de la Justicia y el proceso judicial, que se funda en el Estado Democrático y Social de Derecho y de Justicia y que conducen y gobiernan autónomamente los jueces con apego en la ley y su servicio a los valores de la justicia, a cuyo tenor no puede sacrificarse ésta "por la omisión de formalidades no esenciales" de tipo procesal, según la novísima ley quedan sujetos –organización y juicios– a los criterios del Sistema de Justicia (artículo 4).

De suyo, la Comisión Nacional del Sistema (artículo 10), antes que y por encima del juez es quién garantiza "la tutela judicial efectiva y el debido proceso" (numeral 1).

En lo adelante, la idea del Estado de Justicia –de prevalencia de los derechos humanos– muta para hacerle espacio generoso a la "justicia popular" (artículo 3, inciso 4); que se concreta en la "participación protagónica del pueblo" tanto en el gobierno judicial y a través de los Consejos Comunales del nonato e imaginario Poder Popular que controla el Jefe del Estado, como en su intervención organizada, directa y personal "en los procesos judiciales" (artículo 7, inciso 5, y artículo 22) y en la persecución disciplinaria de los jueces (artículo 26, inciso 3). Toda persona, según la ley, tiene derecho a participar en cualquier causa de que conozcan los tribunales, sea o no de su incumbencia, afecte o no a sus derechos individuales, colectivos o difusos.

La justicia revolucionaria ahora instalada y en pleno desarrollo, necesita de políticos que la operen y no de jueces independientes e imparciales. De allí que la ley de marras le imponga como tarea esencial a la Comisión Nacional que gobierna a los jueces, incluidos los del Tribunal Supremo de Justicia, junto con debatir sobre temas jurídicos y judiciales asimismo participar con sus funcionarios "en la transformación social del país...para lograr la suprema felicidad del pueblo".

III. LA EDUCACIÓN SOCIALISTA

Durante el largo proceso de emergencia e instalación de la llamada Revolución Bolivariana, su conductor, el hoy Presidente de la República, intenta calificar el modelo político que impulsa de distintas maneras. Al principio lo afinca en nuestras raíces históricas invocando al efecto y de modo preferente el pensamiento del Libertador Simón Bolívar, a quien acompaña de los ejemplos intelectuales o de vida de Simón Rodríguez y Ezequiel Zamora; el primero, maestro de Bolívar y éste, líder militar durante la Guerra Federal, considerado por algunos como pionero del socialismo venezolano en el siglo XIX. Luego, sucesivamente, lo tilda de humanista cristiano o bien de democrático.

En 1999, al dictarse la Constitución y fijarse el rol del Estado –como consta en las páginas precedentes– a éste se le asigna dentro de sus fines esenciales "el desarrollo de la persona" (artículo 3), a cuyo efecto, luego de consagrarse la educación como "derecho humano" y calificársela de "democrática", el Estado la asume "como función indeclinable". Su objeto, según el artículo 102 constitucional es "desarrollar el potencial creativo de cada ser humano y el pleno ejercicio de su personalidad" dentro de una sociedad y a la luz de procesos de transformación social que ha de estar identificados, entre otros, "con los valores de la identidad nacional". La rectoría corresponde al Estado y, según la misma norma, las familias y la sociedad participan en el proceso de educación ciudadana. Los valores de la identidad, por lo pronto, no son otros que los dispuestos por la misma Constitución, cuyo fundamento es "la doctrina de Simón Bolívar, el Libertador" (artículo 1). No obstante lo anterior, el artículo 102 *ejusdem* reconoce que la educación "está fundamentada en el respeto a todas las corrientes de pensamiento".

En el año 2004, una vez superada la crisis política que parcialmente concluye con el fallido referéndum revocatorio del Presidente, éste acelera la marcha y anuncia La Nueva Etapa, y en dicho texto precisa que para lo sucesivo "no son los hechos, no es la superficie lo que hay que transformar, es el hombre…". Y es el momento en el cual, el propio Presidente deja colar por vez primera dos ideas centrales a su pensamiento: Una, a cuyo tenor "yo a veces entro en conflicto tremendo con Dios y creo mucho más en Cristo, el ser humano, Cristo el hombre pues. Más que cristiano hay que ser crístico". Otra, referente, a "el planteamiento comunista", que acepta pero difiere: "No es el momento", afirma.

Luego, en 2007, dicta mediante Decreto con fuerza de ley la Ley Orgánica de creación de la Comisión Central de Planificación, a la cual se encarga el diseño y orientación de un modelo capaz de lograr "la suprema felicidad social", a la que sigue la adopción del Proyecto Nacional Simón Bolívar: Primer Plan Socialista, en cuyo texto se hace constar que "el sistema de planificación, producción y distribución [queda] orientado hacia el socialismo, donde lo relevante es el desarrollo progresivo de la propiedad social sobre los medios de producción, la implementación de sistemas de intercambios justos, equitativos y solidarios contrarios al capitalismo,...". Y finalmente, impulsa una reforma constitucional, en cuya exposición de motivos fija su propósito de: "construir el socialismo venezolano como único camino para la redención de nuestro pueblo, a la salvación de nuestra patria y a la construcción de un nuevo mundo...".

Dentro de dicho contexto sobreviene el dictado de la Ley Orgánica de Educación, aprobada en una sola discusión por la Asamblea Nacional el 13 de agosto de 2009. En su texto no se hace expresa o directa referencia al Estado o la sociedad socialistas, limitándose a indicar, por una parte, que la educación se funda en los principios constitucionales y orienta "por valores éticos humanistas para la transformación social" (artículo 1), y por la otra, que en el nivel universitario ha lugar a la "socialización" del conocimiento en la sociedad (artículo 32), a cuyo efecto queda atada la educación universitaria (artículo 6, inciso 3.b) a las prioridades del Plan de Desarrollo Económico y Social supra indicado, es decir, al Primer Plan Socialista y dentro del marco de un sistema educativo que en todos sus niveles queda atado al llamado Estado docente.

Se trata de una ley sibilina, que el régimen sabe sensible para la opinión pública y que a primera vista no muestra su verdadera esencia: consolidar el sistema de educación socialista y de Estado, con disimulada pero clara burla hacia la Constitución y los valores de la democracia. Cabe purgarla, pues, paso a paso.

A. *El texto de la ley*

La Ley Orgánica de Educación consta, pues, de 50 artículos, además de cinco disposiciones transitorias, una derogatoria y una final.

A tenor de ésta, el llamado Estado docente asume la función rectora en la materia objeto de la ley (artículo 5) y reserva el ejercicio de sus competencias a los órganos nacionales (artículo 6).

Por lo pronto, de la lectura de su Capítulo I, relativo a las disposiciones fundamentales que corren desde el artículo 1 al artículo 16, es fácil encontrar tela suficiente para cortar y para satisfacer los gustos más variados de cualquier observador. Cada creencia y cada visión tiene fuente aparente donde apoyarse para su defensa; de donde podría decirse que, más allá de que la ley hace privar sobre el derecho humano a la educación el rol del Estado docente, según los términos constitucionales antes explicados, nada nuevo e innovador da motivo a preocupación; salvo el problema indicado de estilo, farragoso y adjetivado de los textos de las normas en cuestión, por apuntar repetitivamente a las ideas de emancipación, independencia, lealtad a la patria, desarrollo endógeno, sobre lo sostenible, lo sustentable, o el contexto, o lo venezolano, lo afrodescendiente, o en cuanto a la autodeterminación y lo eficiente, lo efectivo, lo eficaz, lo geoestratégico, el género, los diferentes, la deformación lingüística, la atomización del saber, lo alternativo, etc.

Pero varios aspectos destacan y preocupan al orden constitucional. Uno, que la participación protagónica de las familias y la comunidad educativa y de las organizaciones comunitarias en la educación las promueve y las ordena el Estado, no las familias ni los educadores, ni los educandos en ejercicio de sus libertades (artículo 5). Dos, que se fomenta y estimula –"pedagógicamente"– la irresponsabilidad en el educando, al prever la ley, expresamente, que si éste o su representante paga o no paga sus obligaciones monetarias nada importa, pues ingresa y sale de sus estudios y obtiene sus papeles académicos sin cortapisas, incluso burlando a la misma institución educativa privada que lo forma (artículo 6.1, j-k); cosa distinta del debate sobre la gratuidad de la educación. Tres, ha lugar a una inflexión en la idea de la autonomía universitaria que consagra la Constitución, pues el gobierno universitario queda sujeto a lo que dicte el Estado y bajo una fórmula de asamblea de pares, donde los educandos, en proceso de formación y sin formación, deciden sobre quiénes tienen la formación y aptitud para gobernar a la Universidad (artículo 6.2., b). Cuatro, el estudio obligatorio de la doctrina bolivariana, no como experiencia de la historia patria y propia de su tiempo, sino como dogma de fe, permanente y atemporal, según la reinterpretación que de la misma doctrina hace a diario el padre de la criatura: el presidente Chávez (artículo 6.2, c). Cinco, la obligatoriedad en el uso de los textos escolares preparados por el Estado, según su óptica revolucionaria y geoestratégica (artículo 6.3, g). Seis, la calidad educativa y el progreso profesional del docente, que ya no depende tanto de su calidad como tal sino de su simpatía ante la contraloría popular (artículo 6.2, f).

En cuanto a la educación religiosa, que hace parte de la libertad de conciencia y religión, y debe garantizarla el Estado, la ley, antes bien, traslada la carga a las familias, quienes han de proveer por su cuenta. El Estado se desentiende totalmente (artículo 7).

Un problema serio para la formación democrática lo representan, qué duda cabe, los artículos 11 y 12. Sus textos son una reedición de las normas de la dictadura gomecista y su reforma constitucional de 1928, pero a la inversa. Antes se prohíben el comunismo y el anarquismo por atentar contra la independencia política del país, y esta vez se prohíbe todo aquello que contraríe a la "soberanía", léase al proyecto revolucionario bolivariano de factura cubana, hoy instalado entre nosotros.

Los capítulos II y III de la Ley Orgánica de Educación, referidos a las corresponsabilidades en materia educativa y al sistema educativo, es decir, a la organización de la prestación educativa conforme a los niveles de desarrollo humano de los educandos, revelan unos ángulos que cabe considerar con cuidado y en medio de la adjetivación y vacuidad de sus normas. Ellos muestran, de conjunto, la pérdida en el venezolano de su autonomía personal para el desarrollo integral. Buscan sujetarlo al Estado, para diluirlo dentro de un entramado cultural ajeno a la identidad nacional.

El artículo 17 de la Ley es una suerte de abre boca y moderador deliberado de las prevenciones en su contra. Dice sobre el papel de la familia en la formación de todos, niños, jóvenes y adultos, y asimismo, sobre la corresponsabilidad que al respecto tiene ella junto a la escuela, la sociedad y el Estado, a objeto de que el educando se forme en el amor, la tolerancia, la aceptación –que entendemos de buena fe como pertenencia social– y la capacidad reflexiva, por cuando dichos valores aseguran la independencia personal.

Pero el asunto deja de ser como aparenta, cuando el Estado, hábilmente, mediante la ley que dicta sin consulta a las familias y la sociedad, se desdobla y no opera como un escalón más dentro del conjunto de quienes dice tienen corresponsabilidad en la educación. Se desdobla entre los inconstitucionales Consejos Comunales, que existen como Poder Popular al margen de la Constitución y a condición de que el Presidente de la República les autorice a funcionar, y el ahora llamado "Estado Docente". Ambos, uno por abajo y otro por arriba presionan de conjunto a la misma familia y sociedad, y se nutren de competencias que dicen algo más que los principios, valores, creencias, actitudes y hábitos que comprometen en principio a todos los actores del proceso educativo.

Los Consejos Comunales están obligados por ley a imponer los valores de la localidad y a ejercer un "rol pedagógico liberador" para la formación, como reza el artículo 18, de "una nueva ciudadanía con responsabilidad social". El Estado, a su turno, cubre todos los planos, como orientador, director estratégico y supervisor del proceso, a tenor de los artículos 19 y 24. Es quien determina, en fin, los alcances de la corresponsabilidad y ensambla al llamado "colectivo interno de la escuela" –profesores, alumnos, padres, representantes, trabajadores administrativos, obreros– con los actores comunitarios, a fin de que actúen sobre el plantel educativo, con vistas a una educación manifiestamente "asamblearia" y colectivista. El Estado, en fin tiene la primera y la última palabra, lo demás es coloquial.

Cincuenta y un veces, por cierto, lo social priva dentro de los artículos 1 a 36 de la ley. Las personas cuentan apenas catorce veces, y el ser humano, como tal, apenas tres veces. La simple comparación estadística permite verificar el pecado original que consta en la Constitución de 1999, cuyo artículo 3 le entrega al mismo Estado la potestad para desarrollar a la persona humana, a su antojo, según su perspectiva. No es la persona, como tal, quien libremente y bajo su impulso creador y humano se auto-determina y determina sobre los caminos para su realización integral.

La idea de la orientación y formación familiar, que admite la ley forzadamente para que el educando tenga espíritu de "tolerancia" y de "aceptación", dice mejor, según lo dicho, que todo individuo ha de tolerar y aceptar lo que el mismo Estado haga de él y fragüe, con vistas a esa "nueva ciudadanía" socialista que pretende imponer con apoyo en sus Consejos Comunales y a tenor del artículo 18 de la Ley.

Es verdad que la idea de la socialización sólo la deja caer el articulado, como parte del entramado que forja la ley de educación, en el artículo 32, pero lo hace en un renglón crucial.

En otras palabras, quien pretenda ingresar y salir de una universidad en Venezuela, ha de tolerar y aceptar que dentro de la misma se socialice el conocimiento y se use del mismo para la formación exclusiva de ciudadanos comprometidos social y éticamente con el desarrollo soberano endógeno y bolivariano. Las disciplinas liberales, orientadas a la formación y ampliación de conocimientos que ayudan a la realización del individuo y su plenitud espiritual, de nada sirven, si no están en sincronía con los postulados diluyentes de la unidad y unicidad humanas constantes en la ley.

Tanto es así que la ley desde sus inicios (artículo 6, inciso 3.b) ata la educación universitaria al Plan de Desarrollo Económico y Social de la Nación, que no es otro, en la actualidad, que el Primer Plan Socialista ya citado, cuyo propósito expreso, según su texto, construir y orientar el "socialismo", el "modelo socialista".

La ley predica, refiriéndose al sistema educativo, en su artículo 24, que aquél y la integración que hace de todos los actores de la educación cumple el propósito de garantizar tanto el proceso educativo como la formación de la persona con el "respeto a sus capacidades, a la diversidad étnica, lingüística y cultural"; de donde cabe suponer que se trata de una educación plural, diversificada y diferenciada en cuanto a credos e ideas, o según los propósitos de realización libre que tenga cada individuo.

El lenguaje de la ley, empero, es de nuevo engañoso; pierde su significado original al observárselo en el contexto de todos sus artículos.

La diversidad cultural - lo confirman los artículos 27 y 29 - no la entiende la ley más allá de lo diferente entre el indígena y el afro-descendiente, o entre el hombre rural y el fronterizo, que son los aspectos en los que insiste, más allá de alguna mención nominal a la ciudad. No cuentan las otras vertientes de la nacionalidad, como la hispana, que gústele o no al legislador es parte raizal de nuestro "mestizaje cósmico". Tampoco cuenta la vocación universal e intercultural del ámbito planetario, propia de nuestro tiempo.

Para la ley el objetivo central es crear un "nuevo ciudadano" –el Hombre Nuevo del "Che"– con perspectiva endógena y arraigo pleno dentro de la localidad. En suma, Chávez y su revolución preparan la formación de hombres y mujeres con adaptación –si cabe el giro- a sus cavernas o retículas sociales intelectuales o culturales, incapaces por lo mismo de asumir los retos de la Humanidad global e interdependiente, sita en el siglo XXI.

Nada que decir acerca de un último dato, que si acaso promociona la responsabilidad social favorece la irresponsabilidad individual. Para el Estado docente el proceso educativo no admite diferencia funcional alguna entre el maestro y el bedel de escuela, entre el padre del alumno y el miembro del consejo comunal que usa de su poder para influir en la educación de éste. No por azar, el artículo 25, inciso 2, letra a) de la ley, manda reconocer títulos académicos universitarios a quienes no realicen estudios y se formen en la llamada universidad de la vida, sea como inventores, sea como artesanos, o bien como expertos en asuntos populares, quizás como brujos o buhoneros.

Libertad educativa y sobre todo "libertad de cátedra", como la postula el artículo 36 de la aprobada Ley Orgánica de Educación, existe, pero dentro de la oclocracia socialista, nada fuera de ella.

A objeto de construir una nueva ciudadanía la Ley Orgánica de Educación dispone, a manos del Estado, todo el proceso de formación docente. Lo hace incluso a costo de la autonomía universitaria, cabe repetirlo, que cede no en sus aspectos administrativos como lo dispone la ley en sus inicios, sino esta vez en el plano de lo estrictamente académico.

El Estado es quien formula, regula, le hace seguimiento y control a las políticas en la materia y en correspondencia con las políticas, planes, programas y proyectos educativos de la educación básica. De modo que junto al hombre nuevo que ha de ser el alumno, también pide la ley un nuevo docente. Los actuales ni sirven ni cuentan. Y si bien el asunto lo remite la misma ley orgánica a otra ley especial que debe dictarse, desde ya amarra el asunto a lo esencial. Es el Estado quien forma al docente a través de las universidades, para lo cual la norma no discierne entre públicas y privadas, con lo cual todas a una sirven al propósito de la ley (artículo 36).

Se trata de un proceso de formación permanente, donde el Estado a través de los subsistemas de educación básica y universitaria, se encarga de diseñar, dirigir, administrar y supervisar tal actividad (artículo 37), que alcanza no solo al educador, sino que, se extiende a todos los "corresponsables" del proceso educativo. Y a su turno, la ley revela que la relación entre el llamado poder popular que representan los Consejos Comunales –y hasta las contralorías sociales– y la escuela o el centro educativo, no se detiene en los límites de la necesaria relación de ésta con la comunidad.

Los corresponsables del proceso educativo quedan sometidos a un proceso de formación permanente por el mismo Estado, para mejorar sus conocimientos y desempeños, incluso "reconstruyendo" y redimiendo donde se pueda a los actores del pasado quienes puedan salvarse, para que garanticen la visión endógena y soberana de la educación bolivariana.

Acerca de la carrera docente, apenas es de reparar, por lo pronto, en la exigencia de la idoneidad o desempeño "social" del educador como parte de la evaluación integral a que ha de someterse, para ascender (artículo 40). ¿Acaso se trata de una evaluación científica y de portada sicológica, que dice sobre la disposición del maestro para sostener relaciones positivas con terceros? La ley trae la respuesta, al señalar que el Estado regula, supervisa y controla el proceso de ingreso, ascenso, promoción y desempeño de los educadores, en correspondencia con la contraloría social (artículo 6.2, f).

Se trata, pues, con vistas a la nueva ciudadanía, de contar y mantener dentro del sistema educativo sólo a los educadores que encuentren clara sintonía con el poder popular asambleario, en otras palabras, que sean aceptados por la militancia revolucionaria. ¡Y es que el criterio de la "participación" no cubre un aspecto de la educación, es decir, la llamada integración escuela-familia-comunidad, sino que, por virtud de la ley se involucra en la misma dirección y no solo en la supervisión del plantel! (artículo 43)

¿Qué implica, por otra parte, la evaluación educativa del educando, que según la ley se hace en términos democráticos, participativos y flexibles? ¿Pierde el educador su competencia para evaluar el rendimiento estudiantil, y todo depende de lo que decida la asamblea integrada por maestros, estudiantes, bedeles, obreros y los miembros de las contralorías sociales? El discernimiento cabe y es indispensable, pues, lógicamente no cabe pedirle al alumno aquello que es incapaz de transmitirle su educador, de donde la evaluación es bidireccional y ello vale. Pero la pregunta, repetida, no huelga. ¿Quién evalúa la idoneidad del maestro o del profesor? ¿Acaso la asamblea?

Y sobre la diferencias de trato que caben a propósito del proceso de aprendizaje, válidas ellas en cuanto a que, de acuerdo al principio constitucional de la igualdad, el Estado ha de suplir las deficiencias que acusan unos sectores de la población con relación a otros para los fines de la educación (artículo 44), salta, no obstante, otra pregunta: ¿Se propone la ley generar condiciones que le permitan al educando rezagado situarse en un nivel básico intelectual y físico para su arranque y continuidad en el aprendizaje, o bien, admitiendo que hay alumnos malos y otros buenos, a todos cabe aprobarlos y titularlos?

La pregunta última no es ociosa, ni llega de mala fe. Es consistente con la estructura general y la filosofía que dominan dentro de la ley, pues ella pide de las universidades reconocer –lo hemos dicho– a quienes se forman en la universidad de la vida y adquieren experticias sin hacer parte de los procesos educacionales (artículo 25.2, a).

Extraña, a todo evento, que la ley, construida totalmente desde el ángulo de lo colectivo y con ataduras netas en el pensamiento socialista marxista y en su razón práctica cubana, por una vez pero de manera inadecuada, remite y reconoce las diferencias "individuales"; esas que corren a contravía del hombre homogéneo y cosificado que procura el filosofo mayor de la revolución bolivariana: Ernesto Guevara.

La norma de ley, en efecto, reclama la construcción del aprendizaje tomando en cuenta "las diferencias individuales". Pero como la interpretación jurídica no cabe realizarla a la manera de una tienda por departamentos, la ilusión es vana en cuanto a creer que la ley de educación recién aprobada admite que cada hombre –varón o mujer– es ser humano uno y único, e irrepetible como experiencia vital, sin mengua de la necesidad de los otros para alcanzar su desarrollo integral pleno como persona.

B. *Las previsiones constitucionales y su valoración*

Dentro de sus matizaciones señaladas, la Constitución de 1999 consagra la existencia de un Estado democrático y social de Derecho que propugna, dentro de sus valores superiores el pluralismo político (artículo 3).

Su gobierno ha de ser "pluralista" (artículo 6). La comunicación –que es parte del proceso formativo ciudadano– ha de ser "libre y plural" (artículos 58 y 108).

Asimismo, dicho Estado y su gobierno, según la misma Constitución, en lo funcional y territorial han de ser descentralizados (Preámbulo, artículos 4, 6, 16, 157), con una finalidad que reza claramente en su artículo 158: "La descentralización, como política nacional, debe profundizar la democracia, acercando el poder a la población y creando las mejores condiciones, tanto para el ejercicio de la democracia como para la prestación eficaz y eficiente de los cometidos estatales".

En todo caso, el Poder Público se distribuye verticalmente entre los niveles municipales, estadales y nacionales (artículo 136); correspondiéndolo al nivel municipal de gobierno, en todo caso, proveer conforme a la ley sobre la creación de instancias parroquiales u otras entidades de carácter local, por iniciativa vecinal o comunitaria, a objeto de de promover la desconcentración de la administración del Municipio, la participación ciudadana y la mejor prestación de los servicios públicos" (artículo 173).

A su vez, el Estado, teniendo dentro de sus fines esenciales "el desarrollo de la persona" y admitido que la "educación" hace parte de los procesos fundamentales para alcanzar dicho cometido (artículo 3), al asumirla como "servicio público" debe fundamentarla "en el respeto a todas las corrientes del pensamiento".

El padre y la madre, a su vez, no solo "tienen derecho a que sus hijos o hijas reciban la educación religiosa que esté de acuerdo con sus convicciones" (artículo 59), de donde se deduce la obligación de su garantía por parte del Estado (artículo 3), sino que, además, tienen como pareja el deber compartido de "educar...a sus hijos o hijas" (artículo 76). Tanto es así que, conforme a la Constitución, el Estado, al asumir la educación y promoverla, ha de hacerlo con la participación de las familias y de la sociedad (artículo 102).

Asimismo, la Constitución garantiza la autonomía universitaria (artículo 109), la cual implica, a la par de la inviolabilidad del recinto universitario o de la potestad de las universidades autónomas para darse sus normas de gobierno y administración de acuerdo la ley, en especial significa la libertad universitaria para planificar, organizar, elaborar y actualizar los programas de investigación, docencia y extensión, en sus contenidos y modalidades.

Todas estas normas, imperativas, por lo visto son obviadas en el texto legislativo comentado y reciben de él un golpe para fortalecer la visión dogmática del Presidente. Así de simple.

Un aspecto que cabe resaltar, además, hace referencia al procedimiento constitucional de aprobación de la Ley Orgánica de Educación, que ha lugar en una sola discusión y no en dos, con abierta violación del artículo 207 constitucional; dado que el proyecto de Ley que recibe su primera discusión es aprobado el 21 de agosto de 2001 y luego engavetado hasta finalizado el período constitucional; lo que conlleva su decadencia. Y luego de transcurridos ocho años, surge un texto distinto del primero y se lleva fraudulentamente a una segunda discusión cual si fuese el primero; que en todo caso mal puede reactivarse.

La atadura de la Ley al Primer Plan Socialista o Plan de Desarrollo Económico y Social (2007-2013), rompe, por otra parte, con el principio de la pluralidad que como valor superior de la Constitución sirven de base al Estado y al Gobierno, según los artículos 3 y 6 constitucionales.

La creación, mediante ley, de una cuarta forma de poder: el Poder Popular constituido por los Consejos Comunales sujetos al arbitrio presidencial y a los que se le atribuyen corresponsabilidades en la educación, en paralelo a la familia y a la sociedad, es contraria a lo dispuesto en los artículos 136 y 102 de la Constitución.

Cede, a propósito de la ley sancionada, la garantía de los derechos a la libertad de conciencia y religión (artículos 59 y 61), a la educación de los hijos por los padres en sus creencias, que encuentra su fundamento en los artículos precedentes y en el artículo 76 constitucional, y el mismo derecho de los niños y adolescentes a recibir una información integral, con fines de su educación integral, según lo prescriben los artículos 58 y 103 de la Constitución, al transferir el Estado bajo responsabilidad exclusiva de los padres y sin su auxilio para ello la educación religiosa..

Finalmente, la autonomía universitaria, consagrada en el artículo 109 de la Constitución, queda vulnerada al trasladarse competencias, por mandato de la ley, al Ministerio de Educación Superior, que son propias de las universidades autónomas, como las relativas a su gobierno, a la determinación de carreras conforme a las exigencias del Primer Plan Socialista, ingreso de estudiantes, a su manejo y control administrativo, o a la integración del subsistema de universidades, y hasta la acreditación de títulos académicos. Además de ello, la ley define la integración de la comunidad universitaria más allá de los límites previstos en la citada norma constitucional, que contempla como miembros de esta sólo a los profesores, estudiantes y egresados.

IV. EL CONSEJO DE MINISTROS REVOLUCIONARIOS Y SUS VICEPRESIDENTES

La idea de clonar en Venezuela la organización pública cubana, no cristaliza por la abortada reforma constitucional; pero Chávez, dos pasos adelante, uno atrás, la impone, traslada sus símbolos, y lo hace mediante normas infra-constitucionales que el Tribunal Supremo de Justicia no se atreve a contestarlas.

Luego de preparado y adoptado el texto correspondiente de la reforma de 2007, en efecto, ella dispone, en lo relativo al artículo 225 constitucional, lo siguiente:

"Artículo 225. El Poder Ejecutivo se ejerce por el Presidente o Presidenta de la República, el Primer Vicepresidente o Primera Vicepresidenta, los Vicepresidentes o Vicepresidentas, los Ministros o Ministras y demás funcionarios o funcionarias que determinen esta Constitución y la ley. El Presidente o Presidenta de la República podrá designar el Primer Vicepresidente o Primera Vicepresidenta y los Vicepresidentes o las Vicepresidentas que estime necesario".

En lo relativo al artículo 236, inciso 5 constitucional, la propuesta de reforma reza así:

"Artículo 236. Son atribuciones y obligaciones del Presidente o Presidenta de la República: 5. Nombrar y remover al Primer Vicepresidente o Primera Vicepresidenta, a Vicepresidentes o Vicepresidentas y a los Ministros o Ministras, pudiendo designar a una misma persona para ejercer los cargos de Primer Vicepresidente o Primera Vicepresidenta y Ministro o Ministra, así como de Vicepresidente o Vicepresidenta y Ministro o Ministra".

Al momento de consignar la reforma ante la Asamblea el 15 de agosto de 2007, el Presidente de la República descubre, en primer término, su sentido final: "Abrir otra etapa en este proceso de construcción de la Venezuela Bolivariana y Socialista" y para ello, entre otros tantos aspectos, decide ordenar la geopolítica nacional, cambiar sus formas de organización estadal y municipal, y al efecto darle vida a nuevas figuras que atan la realidad del país al arbitrio del propio Presidente; lo que, según él, va "a permitir sacudir el territorio, despertarlo, transitar a través de la geografía humana o radical o socialista hacía otros horizontes". En suma, su propósito evidente, según sus palabras, es lograr "termine de nacer el nuevo Estado, y que termine de morir el viejo Estado. Que termine de morir la vieja sociedad...".

Dentro de dicho contexto, justamente, imagina la figura de los vicepresidentes, suerte de agregados a las autoridades locales para que operen como coordinadores político territoriales y de programas económicos y planes sociales. La inspiración de la reforma y del aspecto que se concreta en la modificación de los artículos 225 y 236 transcritos, es el modelo que consta en la Constitución de Cuba de 1976, reformada en 1992, en lo particular sus artículos 96 y 97.

La reforma socialista en cuestión, lo hemos visto, es rechazada mediante referéndum popular.

No obstante ello, el Presidente la implementa mediante leyes y disposiciones reglamentarias de dudoso soporte constitucional o legislativo.

De modo que, de acuerdo al Decreto N° 6.918 que dicta el 16 de septiembre de 2009, invocando la Constitución y la ley pero sin dar cuenta de los artículos concretos en que se fundamenta, Chávez reglamenta "el Consejo de Ministros Revolucionarios del Gobierno Bolivariano". Le fija su objeto e integración, define su estructura, regula la figura de los vicepresidentes y procede, a su vez, a desdoblar el "Consejo de Ministros Revolucionarios" en un Consejo Presidencial de Ministros y en otros tantos Consejos Administrativos de Ministros.

A. *El texto de decreto presidencial*

En su artículo 1, el decreto fija como su "objeto regular la organización y funcionamiento del Consejo [de Ministros Revolucionarios del Gobierno Bolivariano]", en modo tal de que sirva "al pueblo con lealtad, eficacia política, calidad revolucionaria, en el cumplimiento de las políticas públicas". Y al efecto, según lo dispone el artículo 2:

"El Consejo está integrado por el Presidente o la Presidenta de la República, el Vicepresidente Ejecutivo o la Vicepresidenta Ejecutiva, las Ministras o Ministros".

No obstante lo anterior, en el artículo 3 se indica que "el Consejo contará con Vicepresidentes sectoriales del Consejo", designados por el Presidente de la República, y quienes, sin que se indique expresamente en el Decreto que son ministros los encargados de los sectores correspondientes del gabinete ejecutivo bajo el nombre de Vicepresidentes del Consejo de Ministros Revolucionarios, tienen la responsabilidad de coordinar "las acciones de los ministros", como lo indica el artículo 11.

De modo que, por virtud del mencionado Decreto surge la figura del Consejo de Ministros Revolucionarios del Gobierno Bolivariano, al Vicepresidente Ejecutivo se le ordena jerárquicamente con la denominación de Primer Vicepresidente, y a los neo vicepresidentes se les identifica, sucesivamente como Segundo, Tercer, Cuarto, Quinto y Sexto Vicepresidentes del mismo Consejo.

Todavía más, a tenor de cuando disponen los artículos 13 y 14 del Decreto presidencial, la reunión del Consejo Presidencial de Ministros la convoca directamente el mismo Presidente de la República o, en su defecto, el Vicepresidente Ejecutivo, a la sazón Primer Vicepresidente, cuando es autorizado por aquél.

En tanto que, los Consejos Administrativos de Ministros son convocados directamente por el Vicepresidente Ejecutivo, sin mengua de que debe hacerlo bajo instrucciones del Presidente.

El Consejo de Ministros Revolucionarios, no obstante, puede reunirse sectorialmente, bajo convocatoria de los Vicepresidentes o Vicepresidentas del Consejo, según lo dispone el artículo 16.

B. *Previsiones constitucionales y legales y su valoración*

La Constitución de 1999, dispone en su artículo 225 lo siguiente:

"El Poder Ejecutivo se ejerce por el Presidente o Presidenta de la República, el Vicepresidente Ejecutivo o Vicepresidenta Ejecutiva, los Ministros o Ministras y demás funcionarios o funcionarias que determinen esta Constitución y la ley".

A su vez, en el artículo 242 dispone que los órganos directos del Presidente de la República son "los ministros o ministras", no otros, y quienes, de conjunto, reunidos con el Presidente y el Vicepresidente Ejecutivo integran el Consejo de Ministros.

Se trata, pues, de una institución colegiada específica, que siempre preside el Presidente de la República y que sólo lo hace, en su defecto, el Vicepresidente Ejecutivo, cuando éste no puede hacerlo; no obstante lo cual, la decisiones adoptadas por el Consejo de Ministros, para su validez reclaman de su ratificación por el mismo Presidente, según reza el artículo 242 citado.

El artículo 236 de la Constitución, por su parte, dispone, dentro de las atribuciones y obligaciones del Presidente: "20. Fijar el número, organización y competencia de los ministerios y otros organismos de la Administración Pública Nacional, así como también la organización y funcionamiento del Consejo de Ministros, dentro de los principios y lineamientos señalados por la correspondiente ley orgánica".

La Ley Orgánica de la Administración Pública señala de modo explícito, por su parte el carácter cerrado del cuadro de integrantes de la dirección superior de la administración pública central, a la luz de cuanto dispone el artículo 225 de la Constitución. Aquélla dispone lo siguiente: "Artículo 45. Son órganos superiores de dirección de la Administración Pública Central, el Presidente o Presidenta de la República, el Vicepresidente Ejecutivo o la Vicepresidenta Ejecutiva, el Consejo de Ministros, los ministros o ministras y los viceministros o viceministras".

Seguidamente, en consonancia estrecha con el artículo 242 constitucional, de modo igual dispone: "Artículo 50. El Presidente o Presidenta de la República, el Vicepresidente Ejecutivo o Vicepresidenta Ejecutiva y los ministros o ministras reunidos integran el Consejo de Ministros, el cual será presidido por el Presidente o Presidenta de la República o por el Vicepresidente Ejecutivo o Vicepresidenta Ejecutiva. En este último caso, las decisiones adoptadas deberán ser ratificadas por el Presidente o Presidenta de la República [*Omissis*]".

Ahora bien, desarrollando el mandato constitucional contenido en el inciso 20 del artículo 236 de la Constitución, la ley señala que: "Artículo 52. El Presidente o Presidenta de la República mediante decreto fijará la organización y funcionamiento del Consejo de Ministros, con el objeto de garantizar el ejercicio eficaz de sus competencias y su adaptabilidad a los requerimientos que imponen las políticas públicas cuya consideración y aprobación le corresponde. El referido decreto establecerá las unidades de apoyo técnico y logístico necesarias para el eficaz cumplimiento de sus fines".

Los principios a los que debe adecuarse la labor normativa de organización de la administración pública, en lo particular la relativa al Consejo de Ministros, están fijados en el título II de la Ley Orgánica, del que deben destacarse los contenidos de sus artículos 22 y 26. Ellos, respectivamente, exigen que la organización se apoye en el principio de la simplicidad institucional y también en el principio de competencia, a cuyo tenor la potestad organizativa debe ser ejercida bajo las condiciones y límites que prescribe la propia Constitución y la ley.

A tenor de lo anterior, desde el punto de vista nominal cabe observar que la Constitución de 1999 no contempla la existencia del llamado Consejo de Ministros Revolucionarios del Gobierno Bolivariano; tanto como no prevé, en sus disposiciones otras autoridades dentro del Consejo de Ministros dispuesto por la misma Constitución que no sean el mismo Presidente, quien lo preside, como lo indica el artículo 242 constitucional, o el Vicepresidente Ejecutivo, quien también puede hacerlo, según la norma del inciso 4 del artículo 239, "previa autorización" del Presidente.

En cuanto a lo material, la finalidad del Consejo de Ministros, como lo indica el artículo 51 de la Ley Orgánica de la Administración Pública, es "la consideración y aprobación de las políticas públicas generales y sectoriales" que le corresponden, según sus competencias, al Poder Ejecutivo. Se trata, por ende, de un órgano colegiado único y de decisión, que ha de pronunciarse como tal, incluso, cuando el Presidente ejerce atribuciones propias, como las reglamentarias, entre otras de las hipótesis que indica el artículo 236 constitucional in fine. De modo que, la organización y funcionamiento del Consejo de Ministros, que el artículo 52 encomienda al Presidente de la República, tiene como propósito específico garantizar el ejercicio eficaz de sus competencias, vale decir, disponer lo necesario para ordenar el proceso de debate y decisiones del Consejo, y soportarlo técnicamente.

No por azar, el anterior artículo señala que "el referido decreto establecerá las unidades de apoyo técnico y logístico necesarias para el eficaz cumplimiento de sus fines".

En el pasado, en efecto, ante disposiciones similares y bajo la Constitución de 1961, el Consejo de Ministros se organiza interiormente en los llamados Gabinetes Sectoriales, coordinados por un ministro miembro del Consejo, y limitados, dichos gabinetes, a avanzar en el proceso de discusión y sustento técnico jurídico de las decisiones que al final sólo puede adoptar el Consejo de Ministros.

Esta vez, el cometido que al Consejo le fija el Decreto Presidencial en nada congenia con la previsión legislativa orgánica en vigor; y ésta, a su vez, por virtud de su artículo 51, no discierne acerca de las políticas que reclaman de un pronunciamiento del Consejo de Ministros y las otras acciones o políticas que se bastan en sus fundamentos legales y en las competencias ya atribuidas por la Constitución y la ley a distintos órganos del Ejecutivo Nacional.

Sea lo que fuere, junto a las potestades de decisión señaladas por la ley y correspondientes al Consejo de Ministros, en el Decreto se le asignan otras relacionadas con la evaluación del desempeño institucional y resultado de los distintos órganos encargados de la ejecución de las políticas decididas por el mismo Consejo, como se aprecia en el artículo 9 del Decreto. Al efecto, surgen las figuras institucionales de los Vicepresidentes, quienes son sobrepuestos a los órganos naturales del Presidente de la República, es decir, los Ministros y a quienes de suyo les corresponde responder por sus propios actos y rendir cuenta de sus gestiones ante la Asamblea Nacional, como lo indican los artículos 242 y 244 de la Constitución.

El Decreto presidencial, en consecuencia, establece nominal y sustantivamente una figura que se aproxima en parte a la idea que del Consejo de Ministros disponen la Constitución y la Ley Orgánica, pero que en la realidad es otra; que a su vez se desdobla en instituciones diferenciadas según la materia (Consejo Presidencial, Consejos Administrativos, Consejos Sectoriales).

Asimismo, crea el Decreto, oblicuamente, otras membresías orgánicas dentro del Consejo de Ministros con competencias específicas, a saber las de los vicepresidentes, no contemplados estatutariamente ni por la Constitución ni por la Ley Orgánica. Significan, antes bien, una realización fraudulenta y matizada de la reforma constitucional socialista rechazada mediante referéndum popular en 2007.

En suma, el Presidente de la República violenta su obligación constitucional de cumplir y hacer cumplir la Constitución y la ley (artículo 236,1); así como también usurpa una autoridad que no le corresponde al excederse en sus potestades reglamentarias; y afecta de nulidad absoluta el acto dictado (artículo 138). Se trata, en la práctica, de una reforma constitucional de facto, que pone de lado y desprecia palmariamente las previsiones de reforma constitucional prescritas por el Título IX de la Constitución de 1999.

V. LA JEFA DE GOBIERNO DEL DISTRITO CAPITAL Y EL DEDO PRESIDENCIAL

Planteada la elección de nuevos gobernadores y alcaldes municipales el 23 de noviembre de 2008, como se sabe corre la candidatura a la Alcaldía Metropolitana de Caracas del líder de oposición y Alcalde del Municipio Chacao, Leopoldo López. Aquélla, hasta entonces y desde su creación es ocupada por funcionarios afectos al Presidente de la República, el último de los cuales, Juan Barreto, cede su espacio para la aspiración de su correligionario, Aristóbulo Istúriz, ex ministro de educación del régimen.

El crecimiento de la aceptación por la opinión pública del Alcalde López, a quien aprecian como futuro contendor del propio Presidente, motiva desde antes la actuación de Clodosvaldo Russian, a la sazón Contralor General de la República y quien, a propósito de una investigación sobre fondos recibidos de la industria petrolera por la asociación Justicia de Paz que integra López en 1998, mucho antes de su elección como Alcalde de Chacao, decide el 9 de junio de 2006 inhabilitarlo políticamente por el término de tres años, es decir, hasta una fecha posterior al nuevo acto de elección de autoridades regionales y edilicias a nivel nacional.

La Sala Constitucional del Tribunal Supremo de Justicia valida la decisión del órgano contralor, aun cuando la Constitución de 1999 y la Convención Americana de Derechos Humanos, que tiene jerarquía constitucional, precisan que las inhabilitaciones políticas han lugar sólo como consecuencia de sentencias condenatorias en un juicio penal. Lo que no es el caso, a propósito de la decisión administrativa del Contralor.

Antonio Ledezma, pues, sustituye en la candidatura a López, y en las elecciones de noviembre derrota claramente al candidato oficial.

No obstante ello, los seguidores del Alcalde Metropolitano saliente, apoyados por el Vicepresidente Ejecutivo de la República, Ramón Carrizales, secuestran la sede del Palacio de Gobierno Metropolitano e impiden que el primero la ocupe.

Entre tanto, a instancias del Presidente de la República, diputados oficialistas deciden presentar a la Asamblea Nacional, el 1° de abril de 2009, un proyecto de Ley Especial del Distrito Capital, arguyendo encontrarse prevista en la Constitución la existencia de un Distrito Capital distinto y parte del Distrito Metropolitano y al mediar un requerimiento para su dictado por el Tribunal Supremo de Justicia desde el año 2000.

El proyecto de Ley en cuestión una vez sancionada por la Asamblea entra en vigencia el 13 de abril de 2009, y en concreto dispone la creación de la figura del Jefe de Gobierno del Distrito Capital, de libre nombramiento y remoción por el Presidente de la República. Y al efecto, los recursos y bienes hasta el momento administrados por el Alcalde Metropolitano de Caracas, que hereda del antiguo Distrito Federal por mandato de una ley de rango constitucional, dictada el 8 de marzo de 2000 por la Asamblea Nacional Constituyente, le son retirados y asignados al nuevo funcionario. Otra forma oblicua de dar golpe de Estado y desconocer a la voluntad popular.

De modo que, acto seguido, el Presidente de la República designa a dedo y como Jefa del Gobierno del Distrito Capital a Jacqueline Farías, quien luego ocupa el Palacio de Gobierno Metropolitano antes invadido por militantes revolucionarios.

No es del caso discurrir, a propósito del Proyecto de Ley Especial sobre el Régimen del Distrito Capital, sobre los orígenes del viejo Distrito Federal y aún más sobre la circunstancia de Caracas como capital de la República y asiento histórico de los poderes públicos nacionales, con vistas a la decisión del constituyente de 1999 de crear una "unidad político territorial de la ciudad de Caracas que integre en un sistema de gobierno municipal a dos niveles, los Municipios del Distrito Capital y los correspondientes del Estado Miranda"; circunstancia que da origen a la Ley Especial sobre el Régimen del Distrito Metropolitano de Caracas, aprobada por la Asamblea Nacional Constituyente el 8 de marzo de 2000, de cuyo texto emerge la autoridad del Alcalde Metropolitano de Caracas electo popularmente, Antonio Ledezma.

Cabe precisar, no obstante, que, a diferencia de cuanto se sostiene en la exposición de motivos de la Ley Especial sobre el Régimen del Distrito Capital, el origen cierto del Distrito Federal –que ahora se busca considerar como causante del Distrito Capital y diferente del Distrito Metropolitano– tiene una data anterior a la Constitución de 1864. Este texto fundamental propone, en efecto, la erección de un Distrito Federal en un terreno despoblado –que por ende no es el de Caracas– otorgado para dichos fines por la Unión de los Estados y como sede de los poderes nacionales. Antes, sin embargo, a pedido de la Asamblea Nacional Constituyente, el General Juan Crisóstomo Falcón, Presidente de los Estados Unidos de Venezuela, dicta un Decreto de fecha 8 de marzo, un mes y algo más antes de la sanción del mencionado texto fundamental, que organiza el régimen político y administrativo del Distrito Federal "provisional" sobre los Departamentos de Caracas, Maiquetía y La Guaira.

De modo que, desde sus orígenes la idea de la capital y la del Distrito Federal marchan por caminos distintos, y se entiende que, si acaso es necesario dotar al Poder Nacional de un espacio o radio de acción para sus actividades –de allí el Distrito Federal y la designación de su autoridad por parte del Poder Nacional– nunca se pretende abortar lo que es sustantivo en la existencia de Caracas como capital y cuna de El Libertador: su esencia municipalista.

Cabe recordar que es el Ayuntamiento caraqueño el que provoca la declaración de independencia en 1810, y es la misma municipalidad capitalina la que juega un papel importante en el movimiento de separación de Venezuela de la Gran Colombia, en 1830. Y es por respeto a dicha condición –la de Caracas– que, incluso, habiendo nacido el Distrito Federal en su momento sin Municipalidad y aun siendo su Gobernador designado por el Presidente de la República, cuenta aquel con un poder judicial propio y con una legislatura integrada por diputados electos que lo sujetan.

La tendencia centralista, sin embargo, se logra imponer entre 1872 y 1893 cuando se crea un Concejo Municipal integrado por concejales de la distintas parroquias que componen al Distrito Federal, pero cuyas decisiones quedan vinculadas a la voluntad del Presidente, quien sanciona las ordenanzas que le envía la corporación edilicia a través del gobernador. No obstante, otra historia y una vuelta relativa hacia los orígenes del régimen político de la capital de Venezuela ha lugar a partir de dicha fecha cuando el Municipio adquiere autonomía y sujeta al gobernador en lo económico y administrativo, quedándole al Presidente de la República el gobierno civil y político a través de éste y hasta 1986, cuando los Municipios del Distrito Federal –Libertador y Vargas– asumen sus competencias propias y hacen valer sus autonomías, dando origen, sucesivamente, a las figuras de los Alcaldes, como órganos ejecutivos y administrativos del Municipio, electos por el pueblo.

De modo que, puede sostenerse, sin ambages, que la capital de Venezuela tiene un anclaje que predica de su gobierno una exigencia de legitimidad que ha de venir de abajo y no de arriba.

La figura de un jefe de gobierno en la capital, empleado del Presidente de la República de turno, corre en línea con lo que ha sido la tendencia constitucional dominante durante la primera mitad del siglo XX, pero deja de lado nuestra evolución constitucional anterior y la más reciente y expresa un desconocimiento de los orígenes históricos de Caracas y de su participación en la construcción de la República.

Ahora bien, la propuesta de crear el régimen municipal a doble nivel dentro de la capital de la República y en la extensión de la Gran Caracas a objeto de integrarla –que toma cuerpo como idea a partir de 1996 cuando el gobernador Asdrúbal Aguiar afirma la inviabilidad del Distrito Federal– llega a la Constitución de 1999 con el beneplácito del presidente Chávez.

Tanto que, la formulación contenida en la Ley Especial sobre el Régimen del Distrito Metropolitano y la figura del Alcalde Mayor o Metropolitano dura una década sin ser cuestionada, hasta cuando los votos del propio primer mandatario nacional no le son suficientes para mantener bajo su tutela real y efectiva la autoridad municipal metropolitana.

Es de señalar, a todo evento, que la iniciativa presidencial para el dictado de una Ley Especial sobre el Régimen del Distrito Capital se vale de una confusión y mala redacción del artículo 18 de la Constitución de 1999 en sus vínculos con la Disposición Transitoria Primera. El mismo confunde a Caracas como capital y asiento de los poderes con el Distrito Capital y a éste, a su vez, con la ciudad metropolitana y su gobierno municipal a doble nivel; siendo que, la interpretación de buena fe y a la luz de los antecedentes históricos advierte que Caracas como capital y sede del Poder Nacional es una y acaso se confunde con uno de los municipios del Distrito Capital, el actual Municipio Libertador y aquél, el Metropolitano, con el conjunto de los municipios del Distrito Capital y Estado Miranda pertinentes. Ello da lugar a la Gran Caracas, a la metrópolis que tiene una Alcaldía Mayor o Metropolitana y ejerce sus funciones como parte de ese doble nivel que se compone con las distintas alcaldías municipales del enorme valle que reposa a los pies de El Ávila.

La necesidad de una Ley del Distrito Capital, por ende, no puede entenderse en pugna con la Ley del Distrito Metropolitano y a objeto de provocar un choque entre las autoridades de uno y otro nivel, como se hace con la dictada por instrucciones presidenciales. Ella, en buena lid, ha de servir, justamente, para lo que obvia en su texto, como lo es organizar los municipios del llamado Distrito Capital, mediante la fractura y división geográfica y poblacional del Municipio Libertador, que coincide en sus límites exactos con los del señalado Distrito, resultando en un absurdo que dentro de una misma jurisdicción se cuente ahora con dos cabezas de gobierno: la Jefe del Distrito y el Alcalde del Municipio.

A. *Las normas constitucionales sobre la capital*

Las normas sobre la organización de la capital de la República, son de manera particular las contenidas en el artículo 18 y en la

Disposición Transitoria Primera de la Constitución de 199, que rezan así: "Artículo 18. La ciudad de Caracas es la capital de la República y el asiento de los órganos del Poder Nacional. Lo dispuesto en este artículo no impide el ejercicio del Poder Nacional en otros lugares de la República. Una ley especial establecerá la unidad político territorial de la ciudad de Caracas que integre en un sistema de gobierno municipal a dos niveles, los Municipios del Distrito Capital y los correspondientes del Estado Miranda. Dicha ley establecerá su organización, gobierno, administración, competencia y recursos, para alcanzar el desarrollo armónico e integral de la ciudad. En todo caso, la ley garantizará el carácter democrático y participativo de su gobierno". "Disposición transitoria primera. La ley especial sobre el régimen del Distrito Capital, prevista en el artículo 18 de esta Constitución, será aprobada por la Asamblea Nacional Constituyente y preservará la integridad territorial del Estado Miranda.

Mientras se aprueba la ley especial, se mantiene en vigencia el régimen previsto en la Ley Orgánica del Distrito Federal y en la Ley Orgánica de Régimen Municipal".

En cuanto a las autoridades regionales y municipales, caso del Alcalde Metropolitano de Caracas y a raíz de los hechos explicados, la actual Jefa de Gobierno del Distrito Capital, cabe tener presente lo dispuesto en el artículo 6 constitucional: "El gobierno de la República Bolivariana de Venezuela y de las entidades políticas que la componen es y será siempre democrático, participativo, electivo, descentralizado, alternativo, responsable, pluralista y de mandatos revocables".

B. *La Ley del Distrito Capital*

Ahora bien, la Ley Especial sobre la Organización y Régimen del Distrito Capital señala, en primer término, que el Distrito Capital es una entidad político territorial de la República, como consta en su artículo 2, cuyos límites coinciden con los del antiguo Distrito Federal a la vigencia de la Constitución de 1999, que no son otros que los del mismo Municipio Libertador, según lo indica el artículo 3 de la Ley; y su sede es el Palacio de Gobierno de la extinta Gobernación del Distrito Federal, a tenor del artículo 5 *ejusdem*.

El órgano ejecutivo del Distrito Capital, según la ley, es el Jefe de Gobierno, y la función legislativa dentro del mismo corresponde a la Asamblea Nacional, según el indicado artículo 3. Y de acuerdo al artículo 7, el Jefe de Gobierno es de libre nombramiento y remoción por el Presidente de la República.

Los bienes del Distrito Capital, en fin, que quedan a cargo del Jefe de Gobierno, según reza el artículo 12, son, entre otros, "los transferidos por la extinta Gobernación del Distrito Federal al Distrito Metropolitano a partir de la entrada en vigencia de la Constitución de la República Bolivariana de Venezuela".

En sus disposiciones transitorias, la ley en cuestión, manda el dictado de dos leyes, en el plazo de treinta días; una que regule la transferencia –o reversión– de los bienes y recursos correspondientes al Distrito Federal, y que, en juicio de la novísima ley administra "transitoriamente" el Distrito Metropolitano, y otra, que reforme la Ley Especial del Distrito Metropolitano de Caracas.

C. *El golpe inconstitucional a Ledezma*

El tardío dictado de una ley para el Distrito Capital, coincidente con una interpretación sesgada y para un propósito ilegítimo del Presidente de Venezuela, cohonestado por la Asamblea Nacional, como lo es dejar sin efecto –en la práctica– y sin poder real a la autoridad municipal de Antonio Ledezma, electo popularmente, hace que dicha ley, incluso encontrándose constitucionalmente pendiente, represente un fraude a la Constitución e incluso fragüe un típico golpe de Estado por contravenir el artículo 5 constitucional, a cuyo tenor "los órganos del Estado emanan de la soberanía popular y a ella están sometidos".

Toda ley democrática para ser tal debe resultar de una clara inteligencia o relación entre medios y fines legítimos, como lo hemos dicho repetidamente en las páginas anteriores. Sancionar la ley del distrito capital, como medio dispuesto por la Constitución para ordenar parte del gobierno capitalino, no puede cuestionarse; pero sancionarla por el motivo cierto que la explica y bajo el argumento falaz de ordenar –como ahora se arguye– la distribución equitativa de los ingresos en la capital, le resta su legitimidad.

Además, con el uso formal de la ley lo que se intenta es acrecentar, según lo dicho, el poder del Presidente de la República a costa de la ciudad municipal y deliberante, para imponerle un Jefe de Gobierno de su libre elección; con lo que fragua otro típico golpe del Estado, según la más antigua definición: "acto llevado a cabo por el Príncipe para reforzar su propio poder".

La lectura del proyecto de ley revela que no provee como lo sugiere la misma Constitución, a la organización del régimen plural de "municipios" del Distrito Capital que han de componerlo en lo sucesivo y que, por lo pronto, se reduce solamente al actual Municipio Libertador; asunto que la ley dictada, dada su ilegítima premura, pospone expresamente.

En otro orden, a contrapelo de lo dispuesto en la Ley Especial sobre el Régimen del Distrito Metropolitano de Caracas, que en su artículo 2 expresamente reconoce que el Municipio Libertador del Distrito Capital tiene identidad con el mismo Distrito Federal precedente, y que a su vez, en su artículo, numeral 14, sin condicionales, le entrega al Alcalde Metropolitano las competencias de la antigua Gobernación del Distrito Federal y transfiere a la Hacienda Metropolitana los bienes, derechos y acciones de ésta, a tenor del artículo 20, numeral 1, la novísima Ley del Distrito Capital, de rango infra-constitucional, declara el carácter transitorio y temporal de esa decisión legislativa anterior que adopta sin matices la Asamblea Nacional Constituyente.

En consecuencia, en lo que se refiere a este aspecto, la ley del Distrito Capital vulnera la disposición transitoria primera constitucional y el artículo 7 de la Constitución, a cuyo tenor "la Constitución es la norma suprema y el fundamento del ordenamiento jurídico". Pero lo que desborda y atropella constitucionalmente, a fin de cuentas, son las disposiciones de los artículos 3 y 7 de la Ley

Especial sobre la Organización y Régimen del Distrito Capital, al disponer como órgano ejecutivo de este a un Jefe de Gobierno de libre nombramiento y remoción por el Presidente de la República, siendo que, conforme a la citada disposición del artículo 6 constitucional "el gobierno... de las entidades políticas que...componen [a la República Bolivariana de Venezuela] es y será siempre democrático, ... electivo,... y de mandatos revocables", en suma.

2010
DICTADURA COMUNISTA EN PLENO SIGLO XXI

"Debemos seguir orgullosos del papel que seguirá jugando la Academia Militar en los años por venir, construyendo la patria socialista, defendiendo al pueblo bolivariano, defendiendo la revolución bolivariana... He aquí 200 años después, de gala vestida ella, la Academia Militar antiimperialista, revolucionaria, socialista, popular..."

Hugo CHÁVEZ FRÍAS
3 de septiembre 2010

I. PRELIMINAR

El año 2010 abre y cierra bajo el signo del fallecimiento de los ex presidentes Rafael Caldera y Carlos Andrés Pérez. Sus personas y actuaciones públicas, de modo indeleble y en antítesis la una frente a la otra, marcan el decurso democrático de nuestro siglo XX. Ocurre la primera durante la Navidad de 2009 y la última en la corriente. Son una suerte de símbolo críptico que ha de resolverse con vistas al momento en que se reinstale la misma democracia y la libertad en Venezuela. ¡Y es que, paradójicamente, la muerte del último, víctima directa del Teniente Coronel Hugo Chávez Frías, ocurre en el momento en el que éste decide concretar otro de sus golpes de Estado, esta vez para instalar finalmente su proyectada dictadura socialista del siglo XXI!

En su testamento político, escrito antes de morir el 24 de diciembre último, Caldera, quien ya señala a Chávez como dictador en cierne hacia 1999, nos interpela y plantea un desafío: "Es necesario retomar la lucha para sacar a la República del triste estado en que la ha sumido una autocracia ineficiente". Y ajusta, al efecto, que "es preciso detener el retroceso político que sufrimos y poner remedio a la disgregación social". Pérez, desde el exilio e intuyendo su fatal desenlace vital, pide volver a la Patria sin que se lo conceda el presidente venezolano, luego de lo cual exige que sus restos regresen sólo el día en que la libertad vuelva por sus fueros.

En el año en cuestión, pues, cristaliza el proceso dictatorial que, por exigencias del mismo siglo en curso, monta Chávez por etapas —dos pasos adelante, uno atrás— desde 1999. Usa de la democracia para vaciarla de contenido y liquidarla desde sus raíces, en otras palabras, instalar la dictadura fundándola en los votos y la manipulación de las formas que provee el Estado de Derecho. Es el llamado Socialismo del Siglo XXI, que el ex gobernante cubano Fidel Castro, pocos meses antes, descubre como comunismo a secas. No pocos, sin embargo, aún consideran que en Venezuela rige apenas otra aventura militar, autoritaria y populista, similar a las que conoce América Latina desde los inicios y hasta finales de la primera mitad del siglo XX. Pero nada más.

La democracia venezolana, en suma, llega a su término ocurridos seis grandes procesos comiciales que se realizan desde el año 2000, con la llamada relegitimación de los poderes públicos y el preciso objetivo de legitimar el control del Estado y del mismo Presidente de la República sobre todos los venezolanos y sus instituciones. Pero la aceleración del paso hacia la dictadura se hace imperativo en 2010 luego de que, en 2007, la reforma constitucional marxista planteada por el propio Presidente, con el respaldo de las "damas del poder", Luisa Estela Morales, Presidente del Tribunal Supremo de Justicia y Cilia Flores, Presidenta de la Asamblea Nacional, sufre un revés.

Las elecciones parlamentarias del 26 de septiembre siguiente, no obstante, marcan el parte aguas. El Régimen es consciente de que su popularidad cede fatalmente.

Desde principios del mes de enero e incluso desde antes, en 2009 cuando procura el dictado de la Ley Orgánica de Procesos Electorales, prepara el terreno para torcer el camino fatal que tiene por delante y en última instancia, abandonar el camuflaje democrático o la llamada por otros "demo-autocracia".

Al cierre del año, finalmente, llega la realidad que le es adversa y no bastándole modificar las matemáticas electorales –a menos votos logra más diputados que la oposición– opta el Presidente por anular al parlamento que ha de instalarse en enero de 2011. Asume potestades como legislador supremo por obra de una habilitación inconstitucional que le otorga su Asamblea Nacional moribunda, en vísperas de la Navidad y decidiendo sobre un tiempo que desborda su mandato legislativo.

El hecho ominoso, objeto de crítica por parte de la comunidad internacional en su conjunto e incluso por el dubitativo Secretario General de la OEA, José Miguel Insulza, quien lo considera extraño y contrario a la Carta Democrática Interamericana, evoca en la opinión los sucesos iguales que ocurren en la Alemania nazi, en 1933, cuando se dicta la *Ley para solucionar los peligros que acechan al Pueblo y al Estado*. Se trata de la habilitante que se le aprueba a Adolf Hitler un 23 de marzo, luego de que los suyos incendian el Reichstag y como punto de partida de su ominosa dictadura, que deriva en tragedia para la Humanidad en su conjunto.

Tras un escándalo sobre la red delincuencial de banqueros denominados "boli-burgueses", por atados a las más altas esferas del poder público y, además, evidente a inicios del año la destrucción del mayor esfuerzo modernizador de nuestro siglo XX, como lo es la energía hidroeléctrica y termoeléctrica, que se traduce en el racionamiento nacional de la luz, la Revolución muestra su rostro más perverso.

El modesto agricultor Franklin Brito, quien decide irse a una huelga de hambre para reclamar los derechos que le arrebata el Estado sobre tierras que le pertenecen y quien fallece hacia el término del mismo año corriente, por orden dirigida a los médicos militares desde el Despacho de la Fiscal General de la República, Luisa Ortega Díaz, se exige de éstos someter a tratamiento psiquiátrico por la fuerza al disidente político. El hecho recuerda las experiencias eugenésicas y eutanásicas que prenden en el alma de Europa a partir de 1914 y luego derivan en la instalación posterior del "mal absoluto", con el nazismo y sus hornos crematorios.

II. SE INSTALA EL "SALAMANDRISMO"

Con vistas al proceso electoral pendiente, distrayendo al país con el anuncio de supuestos ataques de aviones militares americanos que han de llegar desde Aruba y Curazao hasta el territorio nacional, se pone en práctica, con abierto desprecio del orden constitucional, el llamado "samalandrismo".

El Consejo Nacional Electoral, persuadido de la situación comicial desfavorable para el Gobierno al que es afecto, procede a la modificación de los circuitos electorales mediante el reglamento para las elecciones parlamentarias, que dicta con apoyo en la citada Ley de Procesos Electorales sancionada el año anterior por la mayoría de una Asamblea que domina casi a plenitud el oficialismo.

Se trata de un fenómeno o práctica electoral antidemocrática, suerte de degeneración de la experiencia griega instalada por Clístenes hacia el año 500 a.C., que consiste en el diseño artificial de distritos de votantes para favorecer o perjudicar determinadas candidaturas en unos comicios. Recrea nuestro CNE, en lo particular, la modalidad concreta de reingeniería que inaugura Elbridge Gerry, gobernador de Massachussets, hacia los años 1810 a 1812. Éste se hace de una ley que le da competencia para perturbar la división política natural, territorial, cultural e histórica de su Estado. Vulnerándole a los electores su derecho a una representación legítima que los refleje como lo que son y en lo que son, les sobrepone otra organización territorial de carácter arbitrario, artificial como perversa, que en la práctica procura el diseño del campo de batalla electoral a gusto y para beneficio de su autor y en perjuicio de sus adversarios.

La obra de Gerry, una vez concluida, sobre la geografía adquiere de modo extraño y visual la forma del batracio auri-negro conocido como salamandra, y de allí que el ensayo o técnica que pone en marcha ingresa luego a la ciencia política constitucional con el sugestivo nombre de *gerry-mander*.

Cabe observar que el artificio del caso logra su mayor efectividad en sistemas electorales de mayoría donde quien gana arrasa con todo y todo lo busca dominar por encima y sin consideración del resto de la población, a la que se niega toda representación proporcional. Es contrario e inefectivo, antes bien, allí donde rige la regla democrática de representación plural y proporcional de mayorías y minorías, para la constitución, mediante el voto, de los órganos legislativos y de gobierno de una Nación.

El antecedente griego cabe como cita al margen y como antecedente, pues lo cierto es que Clístenes cambia el método del voto y de la representación por clases sociales para introducir la idea de la igualdad ciudadana y a la geografía como base de la organización política. Obvia este el antiguo orden de tres clases o clanes gentilicios y organiza las tribus o *trytties* con apoyo en la residencia de cada ciudadano, a saber el campo, la urbe, o la montaña. El "salamandrismo" que copia el CNE venezolano en 2010, antes bien es algo distinto y fraudulento. Atenta contra la organización territorial que fija la Constitución y sobre todo con mengua del citado principio de representación proporcional que es inherente a la democracia pluralista.

En otras palabras, en una democracia verdadera los votantes escogen a sus representantes, y ese es su derecho inderogable. En el "salamandrismo" los representantes eligen a sus votantes, los parcelan y desfiguran la organización política existente a objeto de secuestrar la legítima representación del pueblo territorialmente organizado.

La iniciativa reglamentaria de las elecciones del 26 de septiembre, en síntesis, pone de lado los artículos constitucionales 63 (derecho a la representación proporcional), 186 (representación proporcional de la Asamblea) y 293 *in fine* (garantía de la proporcionalidad por el poder electoral) amén de vulnerar cuanto afirma, textualmente la Exposición de Motivos de la misma Constitución en vigor, a cuyo tenor: "La consagración de la personalización del sufragio debe conciliarse con el principio de la representación proporcional, requerido para obtener órganos conformados de manera plural, en representación de las diferentes preferencias electorales del pueblo". "El texto constitucional –reza tal Exposición– consagra los principios de la personalización de las elecciones y el de la representación proporcional, dejando a la ley la tarea de garantizar la presencia de estos principios que constituyen parte sustancial del sistema democrático".

De modo que, la reglamentación en cuestión, aparte de modificar la geografía electoral, arbitrariamente y sin argumentación de razonabilidad, dispone que en unas jurisdicciones rige el voto uninominal en tanto que en otras rige el voto por listas, admitiendo la proporcionalidad sólo en la hipótesis última.

La misma exposición de motivos, no obstante, matiza en algo lo antes dicho y que en modo alguno precisa el texto constitucional en cuanto a la representación de las minorías, al ajustar lo siguiente: "Estos principios constituyen atributos o cualidades que deben conformar los nuevos sistemas electorales que se adopten y, en tal sentido deben ser asumidos como elementos diferenciadores de los que constituyen las bases de integración de los distintos cargos de elección popular, la que referida fundamentalmente a la Asamblea Nacional está integrada por tres condicionantes a saber: la base poblacional, la representación federativa de cada entidad y la representación de las minorías, *en nuestro caso los pueblos indígenas.*" (Cursivas nuestras).

III. LA VENIDA DE VALDÉS, REPRESOR CUBANO DE LA INFORMACIÓN

La prensa luego da cuenta, a finales de enero, de otro hecho singular que perturba el dominio que del mapa político venezolano pretende el presidente Chávez. Los servicios de Internet y la televisión por cable alcanzan a más de un 40% de los sectores D y E de la población venezolana, que son la nutriente original del proyecto revolucionario.

Bajo la justificación de la ayuda cubana para paliar la grave crisis eléctrica nacional en curso, llega a Caracas el Comandante Ramiro Valdés, tristemente célebre por ser el represor de la sociedad cubana y de modo puntual quien le pone coto a la libertad de comunicación e información en Cuba. Se trata de otro factor que intenta atemorizar en la hora crucial y que deliberadamente dispone el Régimen.

Lo cierto es que el asunto del control sobre la información que transita por las redes sociales electrónicas la defiende a su vez la otra "dama del poder", la Fiscal General Luisa Ortega Díaz, aun cuando el Presidente niega la verdad de la iniciativa hacia mediados de marzo. La realidad es otra al concluir el año, como se ve.

Valdés, cabe subrayarlo, es parte de la cristalización de un proyecto político que, en su perspectiva y llegado el caso, busca afincarse y afirmarse mediante el uso de la fuerza y el control de la población. Son más de 100.000 los cubanos que al momento tienen bajo sus manos desde la seguridad del Presidente hasta el modesto despacho que expide las cédulas de identidad. Y lo cierto es que al gobierno cubano le preocupa la declinación electoral de su pupilo, pues ello incide de modo directo en la misma estabilidad económica y de suyo política de la Isla.

Luego de la partida de Valdés, paradójicamente se le impone a RCTV Internacional –cuya señal sale al aire el 16 de julio de 2007, una vez clausurada RCTV– transmitir las cadenas presidenciales bajo amenaza de la desconexión de su servicio de televisión por cable y también se agudiza la presión oficial sobre Globovisión; tanto que de nuevo los medios de comunicación social piden auxilio a la comunidad internacional por la violación repetida en Venezuela de las garantías constitucionales sobre libertad de expresión e información, contenidas en los artículos 57 y 58 constitucionales.

IV.   ¡EXPRÓPIESE!

A inicios de febrero el Presidente arrecia con su autoritarismo. Anuncia, desde la Plaza Bolívar de Caracas, expropiaciones a dedo y a través de la televisión, y las va ejecutando oralmente y al ritmo de su imaginación fértil: ¡Exprópiese! dice ante cada edificio o construcción aledaña, sin reparar en las exigencias constitucionales que la admiten una vez como se demuestre la utilidad pública y el interés social de la respectiva propiedad, medie una decisión judicial, y se disponga, previamente, de los recursos fiscales para las indemnizaciones a sus titulares, como lo prevé el artículo 115 de la Constitución.

Este garantiza sin circunloquios el derecho de propiedad, es decir, el uso, goce, disfrute y disposición de los bienes propios por parte de toda persona, a la par que prohíbe las confiscaciones, salvo cuando ocurren hechos de corrupción o vinculados al tráfico de drogas y conforme a sentencia judicial firme, según lo indica el artículo 116 *ejusdem*.

V. LA LEY DEL CONSEJO FEDERAL DE GOBIERNO, ANCLA DEL ESTADO COMUNAL

Bajo el dictado presidencial la Asamblea Nacional sanciona la Ley Orgánica del Consejo Federal del Gobierno –hecha pública el 22 de febrero– cuyo texto desprecia el orden constitucional en vigor. Extiende indebidamente las atribuciones constitucionales de dicho órgano al disponer por sobre la soberanía popular y proveer al rediseño de la división político territorial fijada por el constituyente.

La institución del Consejo Federal de Gobierno llega a la Constitución de 1999 con buena fortuna y como parte de su Título V sobre el Poder Público. Se trata de un "órgano constitucional de carácter interterritorial" que se sitúa como eje transversal a la Nación, los Estados y los Municipios con el objeto de apuntalar el llamado federalismo cooperativo, distinto del antiguo pacto federal que forman las voluntades concurrentes de los Estados y a cuyo efecto éstos se reservan, frente al poder central, competencias intangibles a la acción de éste, según reza el Preámbulo de la misma Constitución. Es, en esencia, un mecanismo de cooperación permanente y no *ad hoc*, como lo es la Convención de Gobernadores que rige bajo el precedente texto constitucional de 1961.

La Constitución de 1999 es precisa cuando señala, en su exposición de motivos, que el Consejo Federal de Gobierno es un mecanismo para la realización del mencionado federalismo cooperativo; de donde el poder nacional y los poderes regionales y municipales, antes que excluirse el uno a los otros jerárquicamente o viceversa, se relacionan horizontalmente. Ello, con el objeto preciso de planificar y coordinar –mas no decidir– sobre las políticas y acciones para el impulso –por cada poder estatal y dentro de sus competencias respectivas– de la descentralización y la incorporación al desarrollo de las regiones menos favorecidas del país.

No obstante, si tal afirmación supone una suerte de relación dinámica y, cabe repetirlo, de cooperación entre los distintos componentes o niveles de la organización político territorial de la República a la luz de las competencias asignadas a cada uno de ellos, el propósito del Consejo Federal de Gobierno es favorecer, por una parte, el proceso de descentralización con vistas a la profundización de la experiencia democrática, es decir, la aproximación del poder desde su vértice central hacia la base de la pirámide territorial y en modo de acercarlo, lo más posible, al pueblo; y por la otra, contribuir a que el proceso de desarrollo político territorial tenga un carácter armónico.

El artículo constitucional 185 determina al Consejo Federal de Gobierno como un órgano de "planificación y coordinación" en cuanto a políticas y acciones, lo cual, de suyo, excluye de éste competencias decisorias. Su objeto es preciso, a saber, proveer al "desarrollo del proceso de descentralización y transferencia de competencias del Poder Nacional a los Estados y Municipios".

En cuanto a su estructura el Consejo Federal de Gobierno lo preside el Vicepresidente Ejecutivo de la República e integran los Ministros y los Gobernadores de Estado, así como un Alcalde por cada Estado y representantes de la sociedad civil, conforme lo indique la ley.

El Consejo cuenta, en fin, con una Secretaría reducida en cuanto al número de sus miembros –el Vicepresidente, dos ministros, tres gobernadores, y tres alcaldes– y, además, un Fondo de Compensación Interterritorial dependiente, según la norma del artículo 185 constitucional, del plenario del Consejo Federal de Gobierno.

Una interpretación de buena fe y en lenguaje corriente indica que tanto la descentralización como la transferencia de competencias, ambas, operan de modo vertical y sólo entre las instancias territoriales mencionadas; desde el Poder Nacional hacia "los Estados y Municipios". La norma constitucional, en efecto, une "descentralización y transferencia" sin separarlas con vistas a sus destinatarios.

Así las cosas, cabe señalar que el artículo 158 *ejusdem* define a la descentralización como política nacional destinada a la profundización de la democracia, que ha lugar cuando el poder se aproxima al pueblo y cuando éste, a su vez, coadyuva en "la prestación eficaz y efectiva de los cometidos estatales". De donde se explica que siendo el Municipio, según el artículo 168, "la unidad política primaria de la organización nacional", sus eventuales subdivisiones –como las parroquias– no pueden afectarlo en su integridad y sirven sólo a los fines de promover la desconcentración de la función municipal, facilitar la participación ciudadana y mejorar la prestación de los servicios públicos, según el tenor del artículo 173 constitucional.

No obstante, la Constitución, en su artículo 184, prevé como tarea de los Estados y Municipios –que no de la Nación– promover la descentralización y la transferencia, de acuerdo a los términos de la ley, en beneficio de las mismas parroquias como "partes funcionales" de la misma organización estatal municipal, o de las comunidades o los grupos vecinales organizados, como partes de la sociedad civil y nuevos sujetos "extra-estatales" de la descentralización.

La Ley Orgánica del Consejo Federal de Gobierno, cuyo ejecútese le es impuesto el 20 de febrero, tiene como antecedente a la ley del mismo nombre sancionada por la Asamblea Nacional el 30 de junio de 2005, pero devuelta al parlamento por el Ejecutivo.

Es parte, aquélla y antes bien, del andamiaje normativo que intenta llevar a término, por vía de los hechos y mediante el uso indebido de fórmulas legislativas, la reforma constitucional comunista rechazada por la voluntad popular, mediante referéndum, en 2007.

Antes de su "dictado", paradójicamente se hace saber a la opinión pública, como suerte de ancla para la distracción, que la ley elimina al Fondo Intergubernamental para la Descentralización, lo cual, en lo inmediato, focaliza la atención de gobernadores y alcaldes en los efectos fiscales onerosos de la misma. Al final nada ocurre y así, sus elementos más perversos pasan sin ser advertidos.

La ley del caso, en efecto, prefigura una organización política innominada e inconstitucional que más abajo, en el texto, define como organizaciones de base del poder popular –constitucionalmente inexistente– y las hace detentadoras de la "soberanía originaria del Estado". En forma de cascada manda desplazar competencias desde el poder nacional hacia los Estados y Municipios para que éstos, seguidamente, se desnuden de ellas y las sitúen en el "Poder Popular", recreado artificialmente pero no creado por el constituyente, único y real detentador de la mentada soberanía primaria.

El asunto no queda allí. La ley, una vez en vigor, repite la organización política que ha venido estableciéndose mediante leyes y a contrapelo de la Constitución, integrada por los consejos comunales, las comunas, y en lo sucesivo, como figura inédita, los Distritos Motores del Desarrollo. El caso se hace más grave cuanto que, dicho andamiaje, para su instalación, sólo depende de los actos unilaterales del Presidente y no del Consejo, que es apenas su muleta. No bastando lo señalado, la participación que la Constitución asegura a la sociedad organizada para que opine en sede del Consejo Federal de Gobierno sobre sus iniciativas a favor de la descentralización y la transferencia de poderes, es secuestrada por el Presidente de una manera absoluta.

En fin, tanto como la ley destruye y dibuja el mapa de Venezuela a su antojo para anular autoridades en las regiones y municipalidades que no acompañen al Presidente de la República y les sobrepone "autoridades distritales" escogidas por "su" dedo, del mismo modo es éste quien a través de su Ministro del Poder Popular para la Descentralización dice y nombra a quienes considera representan al pueblo, es decir, le representan a él como su prolongación.

En síntesis:

➢ El objeto y finalidad del Consejo Federal de Gobierno, según la Constitución, es la planificación y coordinación de políticas y acciones conducentes a la descentralización y transferencia de competencias "del Poder Nacional a los Estados y Municipios", con vistas a "profundizar la democracia"; no como lo dispone la ley recién dictada, para proveer a la transferencia de competencias desde tales entidades políticas territoriales "hacia las organizaciones de base del Poder Popular", extrañas a nuestro texto fundamental.

➤ La sociedad democrática y civil organizada, llamada por la Constitución a participar de la vida ciudadana, autónomamente o de concierto al Estado, dada su naturaleza se da a sí, libremente y como derecho, sus formas de asociación y representación. A la ley sólo le corresponde facilitar los medios, y nada más. No obstante, la Ley del Consejo Federal señala que la sociedad se constituye en "consejos comunales, comunas" y a renglón seguido por "cualquier otra organización de base del Poder Popular", cuyos representantes, a su vez, los escoge el Presidente de la República, o el Ministro del Poder Popular para la descentralización.

➤ La participación de las "comunidades y grupos vecinales organizados, en la gestión de los servicios que les transfieran los Estados y Municipios ha de hacerse conforme a los "mecanismos" que dispone la ley; pero, en todo caso, la participación de tales comunidades, según la Constitución, ha lugar "a través de las asociaciones vecinales y organizaciones no gubernamentales". De modo que, la Ley del Consejo Federal de Gobierno desborda y violenta el orden constitucional al autorizarle al Presidente la creación de Distritos Motores del Desarrollo –figura inexistente– para "el fortalecimiento del Poder Popular y en aras de facilitar la transición hacia el socialismo"; opción ideológica que, a su vez, contraría el pluralismo que como valor consagra la misma Constitución.

➤ La base de la organización territorial de la República es el municipio. Por sobre los Estados y Municipios, mediante referéndum popular, la ley sólo puede crear "territorios federales", como espacios geográficos necesitados de auxilio preferente por parte de la Nación. Y por debajo del Municipio, con propósitos funcionales que no atenten contra su unidad, éste –nadie más– puede crear "parroquias" u "otras entidades locales" para promover la desconcentración administrativa, previa iniciativa vecinal o comunitaria. Nada de ello, incluso cambiando denominaciones, lo puede hacer la Ley del Consejo Federal, menos el Presidente de la República.

El régimen político socialista bolivariano, por obra del dictado de la señalada Ley Orgánica del Consejo Federal de Gobierno, violatoria *in extensu* del artículo 185 constitucional, es para lo venidero muy simple. El Presidente es jefe y señor de todo. Desplaza y somete a gobernadores y alcaldes con sus postulados Jefes de Distritos Motores. En él encarna el Estado y es él quien dispone cómo se organiza. Y al ser él, como lo cree, expresión viva y tangible del pueblo venezolano, tanto éste como el Estado ya no necesitan ni de mediadores ni de relaciones interinstitucionales en lo vertical y en lo horizontal. En el Jefe de Estado ambas dimensiones coexisten. En él, moderno Führer, mientras permanece en el poder, adquieren Ser y sustancia la República y todos y cada uno de los venezolanos.

Por lo demás, el reglamento de la Ley Orgánica comentada, cuya firma y publicación tiene lugar el 9 de marzo siguiente, aparte de declarar que su objeto es la creación de una sociedad socialista –extraña al texto constitucional vigente, repetimos– y de disponer como su cometido la "creación de los Distritos Motores de Desarrollo y un régimen de transferencia de competencias entre dichas entidades y de éstas hacia las comunidades organizadas y otras organizaciones de base del poder popular", forja la propiedad social y debilita los elementos integradores del derecho de propiedad –entre otros el derecho de disposición– consagrado por la propia Constitución en su artículo 115.

El reglamento, por si fuese poco y al margen de pluralismo constitucional, se pronuncia por la instalación del modelo socialista en los siguientes términos: "El socialismo es un modo de relaciones sociales de producción centrado en la convivencia solidaria y la satisfacción de las necesidades materiales e intangibles de toda la sociedad, que tiene como base fundamental la recuperación del valor del trabajo como productor de bienes y servicios para satisfacer las necesidades humanas y lograr la Suprema Felicidad Social y el Desarrollo Humano Integral. Para ello es necesario el desarrollo de la propiedad social sobre los factores y medios de producción básicos y estratégicos que permita que todas las familias y los ciudadanos y ciudadanas venezolanos y venezolanas posean, usen y disfruten de su patrimonio o propiedad individual o familiar, y ejerzan el pleno goce de sus derechos económicos, sociales, políticos y culturales."

VI. EL CERCO SOBRE GLOBOVISIÓN Y EL BANCO FEDERAL

Hacia marzo de 2010 ha lugar a la detención de Guillermo Zuloaga, Presidente de Globovisión, una vez como regresa de la Asamblea de la Sociedad Interamericana de Prensa que se realiza en la isla de Aruba; del ex candidato presidencial Oswaldo Álvarez Paz; y del diputado ex chavista Wilmer Azuaje, por delitos que el Ministerio Público advierte se derivan de declaraciones dadas por éstos y resultan ofensivas para la majestad del gobierno y el Presidente.

Las mismas, de suyo no cabe explicarlas a la luz de los límites constitucionalmente admitidos para la libertad de expresión y de prensa, por cuanto el régimen busca, ahora sí, silenciar a quienes agravan su desprestigio e impopularidad políticas crecientes. Se encuentra en juego el destino de la revolución y su próximo sometimiento al escrutinio popular.

El caso es que Globovisión y Paz, el primero como medio de comunicación social y el segundo como constructor de opinión pública, traen a la mesa de la controversia y en un momento crucial cuestiones graves, que persiguen al Presidente como fantasmas y que éste busca exorcizar desplazándolos hacia focos distantes de su entorno.

La Asociación Bancaria del Estado de la Florida expresa su preocupación por las transacciones financieras –lavado de dineros– que procuran Venezuela y Ecuador con el gobierno de Irán; a la par que Honduras y Colombia, desde mediados del mes de febrero, acusan públicamente a Venezuela como puente del narcotráfico. Y lo cierto es que si bien el vínculo militante del gobierno de Chávez con el narcoterrorismo colombiano de las FARC viene desde inicios de su mandato, en 1999, recién arrecia la crítica y a la vez un Juez de la Audiencia Nacional española recrea el asunto al señalar que un alto personero del "chavismo" es puente entre éstas y la ETA; como antes lo es entre aquéllas y el mismo gobierno venezolano el tenebroso Capitán de Navío Ramón Rodríguez Chacín.

La presión sobre los medios, en lo particular sobre Globovisión arrecia así hacia el mes de mayo, una vez como dicha estación televisora hace pública y constata la denuncia de la existencia de 36.000 toneladas –que suben luego a casi 200.000 toneladas– de alimentos podridos y de medicinas vencidas en contenedores ubicados en Puerto Cabello y otros lugares de acopio, adquiridas por PDVAL, subsidiaria de PDVSA, bajo el mando del ministro Rafael Ramírez. La gente más necesitada de esos insumos, próxima a la revolución, se despierta burlada. El caso rebasa todo espacio para la tolerancia y muestra al régimen en su desnudez total, hecho podredumbre y despreciando a 25 millones de personas quienes pudieron saciar su hambre y no lo hacen por culpa de la corrupción que se revela tras el affaire de los alimentos. La consigna presidencial es silenciar.

Una semana antes de ser dictados los autos de detención judicial que ordena el Palacio de Miraflores, el Presidente arremete contra Guillermo Zuloaga y su hijo, del mismo nombre. Palabras más, palabras menos, en revancha por el escándalo que lo empuerca, denuncia desde Valencia que se especula con el precio de venta de vehículos automotor que los depauperados mal pueden adquirir y señala a Zuloaga de acaparador profesional y especulador. Recuerda lo que le importa y destaca lo que es Zuloaga según aquél, un oligarca.

El caso es que Zuloaga hace responsable al Presidente, ante los editores del hemisferio reunidos en Aruba, de la masacre del 11 de abril de 2002, a la par que Álvarez Paz no cesa de señalarlo por sus vínculos con el narcoterrorismo.

Al final, hacia el mes de junio, el Gobierno decide intervenir a puertas cerradas el Banco Federal, propiedad del conocido empresario Nelson J. Mezerhane Gosen y luego de desatar contra aquél y éste una campaña de desprestigio usando las emisoras gubernamentales y los periodistas a su servicio; con ello cree ponerle coto a la situación de Globovisión. El gobierno va, en efecto, por las acciones que tiene Mezerhane en dicho canal –lo que reconoce sin reservas el mismo Presidente– a fin de doblegarlo en su línea editorial opositora.

Los dos accionistas, Zuloaga y Mezerhane, viajan al exilio. El Presidente los veja públicamente y usa como ariete de la campaña –que asume como cosa propia y a la manera de un plebiscito– para las elecciones parlamentarias. ¡Que no les quede nada! es la instrucción presidencial dictada –en acto militar y frente a las tropas– al ex militar quien dirige la Superintendencia de Bancos, Edgar Hernández Behrens.

Éste, en lo particular, adelantándose a la actuación de los jueces, arrasa con las propiedades y bienes personales del mencionado accionista del Banco Federal y Globovisión, Mezerhane, incluidas las de sus familiares; que las toma y distribuye sin contraprestación –según las órdenes expresas que recibe del propio mandatario– entre las entidades financieras estatales y otras dependencias oficiales.

Poco valen las normas de los artículos 3 y 115 constitucionales que mandan al Estado la defensa y el respeto a la dignidad de la persona y sus propiedades, o las contenidas en los artículos 232 y 253 que obligan al Presidente procurar la garantía de los derechos de los venezolanos y atribuye a los tribunales la potestad para la Administración de la Justicia.

VII. SE FORMA LA GUERRILLA POPULAR

En el mes abril del año corriente 35.000 milicianos son juramentados en la Avenida Bolívar de Caracas por el Presidente Chávez. Adolescentes y otros hasta de la tercera edad, armados, todos a uno sin pertenencia militar profesional, pasan a formar una suerte de "guerrilla popular" con agravio a la tradición pacífica y democrática de la Venezuela moderna y para ofensa de la misma Fuerza Armada institucional.

Los homicidios para el cierre del año en curso, llegan a 17.800, según las estadísticas del Observatorio Venezolano de la Violencia; en cifra que no incluye las 2.000 muertes provocadas por las llamadas "resistencias a la autoridad".

El valor de la paz que se inscribe en el Preámbulo de la Constitución queda sin asidero, tanto como el artículo 3 que obliga al Estado a la construcción de una sociedad justa y de paz, el artículo 13 que declara al espacio geográfico venezolano como una zona de paz, el artículo 156 que obliga al Poder nacional a la conservación de la paz pública, el artículo 326 que funda la Seguridad de la Nación en la idea de la paz, y hasta el artículo 350 que autoriza la resistencia civil contra los regímenes que contraríen los valores democráticos, entre éstos el de la paz.

Más allá de todo ejercicio legal especulativo, que bien puede reputarse de inútil en la circunstancia del año 2010, por desbordante y en avance hacia la instauración de la dictadura, la constitución y juramentación de la milicia, como acto mediante el cual se arma al pueblo llano, no puede entenderse sino como una invitación del Presidente para que los suyos usen de la fuerza bruta cuando alguien intente –incluso por la vía democrática– desconocerle su pretendido mando a perpetuidad.

Lo último no es especulación. El 28 de abril siguiente el Presidente es preciso en su declaración ante los medios de comunicación, durante una visita que realiza a Brasilia y quien, al ser interpelado por una atrevida periodista, responde: "¿Cómo fue que tú me preguntaste. Que cuándo tengo previsto entregarle a mi sucesor? No tengo previsto eso, no está previsto, no tengo sucesor a la vista, ni está prevista sucesión en el corto plazo en Venezuela", son sus palabras. Se trata de una afirmación concluyente, que adquiere sentido a finales del año 2010 y que al rompe evoca la que, hacia 1908, hace a su turno el dictador Juan Vicente Gómez cuando despacha a su compadre Cipriano Castro de la silla de Miraflores: ¡De aquí me saca Dios! Y lo entiende claramente el populacho, tanto que en su socarronería descifra las iniciales del mismo JVG: ¡Juro vivir gobernando!

La acción comentada, pues, expresa vileza y cobardía, y no solo es inconstitucional según lo dicho. Crea un riesgo manifiesto susceptible de animar una guerra civil y fratricida entre venezolanos, parte de los cuales llegan asociados a las huestes cubanas que han invadido a Venezuela arguyendo ostentar títulos de maestros y médicos.

Cabe decir, por lo pronto, que el monopolio de las armas pertenece a la Fuerza Armada y en un ámbito limitado a los órganos de seguridad ciudadana, como lo mandan los artículos 324 y 332 constitucionales. A nadie más. Y esas armas, según la Constitución, sólo pueden disponerse para la defensa de la Nación, que no de persona o gendarme alguno por importante que sea crea. Pueden usarse para el mantenimiento del orden interno –al que concurre la Guardia Nacional– y que la Exposición de Motivos constitucional explica como el orden de la libertad y de la democracia, no otro.

La Fuerza Armada se divide para el cumplimiento de sus cometidos sólo en cuatro componentes –el Ejército, la Aviación, la Armada, la Guardia Nacional– y ninguna línea del texto constitucional dice acerca del "pueblo en armas" o de milicias populares, menos de esa suerte de "guerrilla juvenil y de la tercera edad" que juramenta el gobernante para que lo cuide de todo mal y eviten con su violencia el destino trágico que desde ya se imagina para sí y en los planos electorales que se le avecinan.

Desde ya, de modo insólito y por si fuese poco, en el mismo mes de abril, Raúl Castro afirma desde La Habana que "Cuba y Venezuela somos la misma cosa". Traspasa así la mera expresión de solidaridad legítima que se prodigan gobiernos y pueblos afines en el marco de una cooperación mutua y respetuosa.

Es la revelación del *statu quo* traducido en la indigna dependencia a la que decide someterse el Presidente de Venezuela, arrastrando con él a todos los poderes del Estado.

El caso queda para los anales. Es algo inédito que logra cuajar como vergüenza por fuerza de una traición doméstica, que apenas recuerda, pero tenuemente, la entrega que El Libertador, Simón

Bolívar hace del Precursor de la Independencia, Francisco de Miranda, para ganarse un salvoconducto otorgado al primero por los españoles a la caída de la Primera República. Pero incluso así el ejemplo no da para tanto ni como para explicar –por defecto genético– lo que hoy nos ocurre. Chávez no traiciona a uno de sus conmilitones para congraciarse con un dictador extraño a nuestro *Ser* nacional, sino que le entrega a éste el dominio sobre su pueblo y destino, sin disparar un arma.

El asunto, en otro orden, adquiere ribetes de tragedia, necesitados de una explicación psicológica, pues a tenor de cuanto declara al momento el General Antonio Rivero, ex director de Defensa Civil del chavismo, el Ejército de Libertades del que aún hace parte el innombrable mandatario –por decisión suya y al margen de la Constitución– ahora es una estafeta de ordenanzas a pedido y reclamo de los comisarios cubanos.

La norma constitucional del artículo 13, que veta el establecimiento dentro del espacio geográfico nacional de fuerzas extranjeras, y la del artículo 152, que obligan al Estado, en el manejo de sus relaciones internacionales, preservar su independencia, su soberanía y el principio de la No intervención en sus asuntos internos, pierden sus sentidos específicos y teleológicos.

Es fácil prever que los escollos para avanzar sobre el camino electoral hacia el 26 de septiembre, cuando se elige una nueva Asamblea Nacional, se hacen presentes y acumulan exponencialmente. La decisión presidencial es radicalizar el llamado "proceso" a costa de lo que sea. Todo aquel quien se le atraviese en el camino hacia la destrucción que realiza de la República nacida en 1811, para realce de su delirante sobrestimación, es y será víctima de las frustraciones que anidan en su mente. La razón ideológica salta en pedazos y huelga para darle paso al imperativo psicológico.

No se trata solamente de la condena *self service* –grotesca e inmoral– de los Comisarios Simonovis, Vivas y Forero, por la Sala Penal del Tribunal Supremo de Justicia –luego de que a inicios de abril la ratifica la Corte de Apelaciones de Maracay– a objeto de cerrarles el paso como candidatos a diputados por la oposición. Es el mismo veto impuesto por el CNE a la observación internacional de las elecciones parlamentarias por la OEA y la Unión Europea, que tiene su fundamento en los artículos 23 y 31 constitucionales interpretados de conjunto y contextualmente. No hay miramientos éticos ni jurídicos de ningún género en el intento en curso del presidente Chávez para frenar la victoria electoral de sus "enemigos" políticos.

VIII. LA CONDENA DE LOS COMISARIOS, UNA VERGÜEN-ZA PARA LA JUSTICIA

En el caso de los Comisarios cabe recordar que luego de años de estar presos, siendo juzgados por una juez afecta al régimen, en la ciudad de Maracay, Maryori Calderón, cuyas actuaciones las acompañan barras del oficialismo situadas a las puertas de su juzgado y contando con la acusación fiscal de Haiffa El Assami, hermana del ministro del interior del Régimen, aquella dicta su sentencia el 8 de abril de 2009. Pero lo hace a propósito de la muerte de dos personas del oficialismo ocurridas durante la masacre del 11 de abril de 2002. No cuentan las otras 17 víctimas fatales y casi el centenar de heridos que provocan los 67 pistoleros civiles armados y francotiradores que ese día actúan bajo las órdenes del Gobierno, luego beneficiados por una amnistía presidencial.

Lo insólito es que la condena de los comisarios –que intenta alejar las responsabilidades que apuntan hacia el propio Palacio de Miraflores y su inquilino– ocurre luego de demostrarse en juicio que ninguna de las armas que portan los policías bajo órdenes de los condenados es accionada. Se realizan 231 audiencias, se analizan 256 experticias, se evacuan 72 pruebas documentales, se exhiben 5.700 fotos y videos, y ninguno de los 196 testigos y 45 expertos que declaran comprometen las responsabilidades individuales de Iván Simonovis, Henry Vivas, y Lázaro Forero. Pero van a las mazmorras, justamente, por lo ya dicho y por falta de la independencia de los poderes públicos que prescriben los artículos 136 y 137 constitucionales. El caso causa estupor en los observatorios internacionales de la Justicia y la opinión pública democrática.

IX.   EL PSUV SE DECLARA MARXISTA

El Partido Socialista Unido de Venezuela, que presiden el propio mandatario y sus ministros con violación manifiesta del artículo 145 constitucional –"los funcionarios públicos... están al servicio del Estado y no de parcialidad alguna"– hace parte de la radicalización en marcha. Se manifiesta oficialmente "anticapitalista" y "marxista" en su declaración de principios, que dicta en el mes de abril. Y en el programa político que acompaña a su declaración, afirma, en ruptura manifiesta con el modelo político y económico constitucional de libertades en vigor y de su base democrática pluralista y representativa, que: "La derrota de esta cultura política en la sociedad y las instituciones venezolanas sólo es posible mediante la creación de una nueva praxis política:.. Para ello es necesario conocer en profundidad los fundamentos filosóficos, teóricos e históricos de la democracia liberal burguesa y sus diferencias radicales... con la Democracia Socialista.

No es posible superar el capitalismo ni su forma política, la democracia burguesa, si no existe claridad teórica sobre sus fundamentos y las formas de superarlos, cuestión que se hace mucho más difícil considerando que la experiencia de más de 40 años de democracia representativa genera un imaginario, unas prácticas sociales y unos valores profundamente arraigados en la conciencia popular, al punto que estas prácticas constituyen serias limitaciones para la transformación revolucionaria de la sociedad venezolana".

Luego añade, en sus mismas bases programáticas, que "la Democracia Socialista no es un tiempo-espacio social al que se accede desde afuera de la praxis política, sino un proceso abierto y contradictorio al calor de la lucha de clases, mediante el cual progresivamente el pueblo ejerce su soberanía y, a través de su participación, va construyendo la libertad, la igualdad y la justicia con sentido socialista, como fundamentos de la nueva sociedad y el nuevo Estado Socialista"; a lo que ajusta lo siguiente: "Solo es posible avanzar en la eliminación del capitalismo si se eliminan las relaciones sociales de producción basadas en la explotación del trabajo ajeno y, por consiguiente, si se eliminan los procesos de acumulación privada del capital basados en la ganancia producida por la explotación del trabajo".

En tales términos queda servida sobre la mesa la estatización de toda la actividad productiva nacional, industrial, comercial, o agropecuaria en Venezuela, tanto como la de intermediación financiera, a cuyo efecto toma cuerpo, a lo largo del año 2010 y sus finales, la acelerada intervención de la banca privada venezolana y su transformación en banca del Estado.

La definición ideológica del PSUV carece de significado normativo –a pesar de asumir para sí un credo totalitario y antidemocrático– salvo por cuanto se trata del partido de gobierno y por asumir éste, a pie juntillas, sus predicados, y por presidirlo el mismo Jefe de Estado. Y por pretender imponerle tales valores a la sociedad, a contrapelo de las normas constitucionales.

La exposición de motivos de la Constitución en vigor reza que "ya no sólo es el Estado el que debe ser democrático, sino también la sociedad. Siendo democrática la sociedad, todos los elementos que la integran deben estar signados por los principios democráticos y someterse a ellos". En consecuencia, mal puede existir un partido o asociación política cuyos postulados y programas caminen en vía contraria a cuanto dispone el artículo 2 de la Constitución: "Venezuela se constituye en un Estado democrático y social de Derecho y de Justicia, que propugna como valores superiores de su ordenamiento jurídico y de su actuación, la vida, la libertad, la justicia, la igualdad, la solidaridad, la democracia, la responsabilidad social y, en general, el carácter preeminente de los derechos humanos, la ética y el pluralismo político".

O que incluso desconozcan el contenido de la citada exposición de motivos constitucional y del artículo 62 *ejusdem*, que si bien anuncian un avance desde la democracia representativa hacia una democracia de participación, no lo hacen a costa de la primera sino que la misma es objeto de complementación o refuerzo mediante la participación ciudadana.

X. DICTADURA CONSTITUCIONAL SOBRE EL PODER ELECTORAL

Como parte del andamiaje que se instala con vistas a las elecciones del 26 de septiembre, para blindar al Presidente de la República –dada la transformación citada del acto comicial en un verdadero plebiscito sobre su gestión– la Sala Constitucional del Tribunal Supremo de Justicia dicta el 8 de abril su sentencia 187. Es redactada por el magistrado Francisco Carrasquero –antiguo presidente del CNE– a cuyo efecto, en lo sucesivo, la Sala Electoral no puede recibir y tramitar los recursos de amparo que los particulares interpongan contra las decisiones que adopten el Consejo Nacional Electoral (CNE), sus órganos subalternos ni cualquier otra instancia que se encargue de organizar comicios en el país, reservándose la misma Sala Constitucional dicha facultad.

La Sala Constitucional justifica su decidido arguyendo "su función de garante de la observancia de la Constitución y en virtud de su carácter de titular de la jurisdicción constitucional en el seno del TSJ", pero observando el hecho concreto de que "existe un vacío de regulación sobre este particular, debido a que la ley que debe organizar la jurisdicción electoral aún no ha sido dictada" y por lo pronto ella "desea llenar ese vacío" como el "modo más efectivo de lograr instaurar una cultura de respeto a dichos derechos, particularmente de los derechos políticos", pues sus resoluciones sirven de "parámetro de actuación a los [propios] órganos administrativos o electorales".

Lo cierto que la decisión de marras carece de razonabilidad, salvo la de conveniencia política y en beneficio del gobierno, pues implica el abandono de una década de jurisprudencia en contrario e incluso un cambio en el criterio que la misma Sala Constitucional fija en el año 2000, reconociendo que la Sala Electoral es la encargada de conocer los amparos contra el Poder Electoral.

No huelga recordar, en tal orden, que a propósito de otro momento crucial para la estabilidad y preservación del mandato presidencial dada la petición de un referéndum popular revocatorio del mandato de Hugo Chávez Frías, dicha Sala Constitucional castra igualmente a la mencionada Sala Electoral, al quitarle sus potestades "para conocer de todas las acciones relacionadas con los referendos consultivos, revocatorios y abrogatorios", por la misma razón que ahora esgrime al impedirle procesar los amparos: No existe ley que regule a los referendos y entonces ella, la Sala Constitucional, se vale de la circunstancia para llenar dichos vacíos alegando que los referendos forman parte del ejercicio de un derecho fundamental: el sufragio, como lo refiere la prensa nacional de la época (El Universal, 10 de abril de 2010).

Lo cierto, en todo caso, es que conforme a la Constitución –en su artículo 297– la jurisdicción contenciosa electoral corresponde a la Sala Electoral del Tribunal Supremo de Justicia y ella mal puede dejar de ejercerla, sobre todo encontrándose en cuestión el ejercicio de los derechos políticos electorales de los ciudadanos, bajo el argumento de que el Poder Legislativo no ha proveído a su reglamentación. Pero la realidad es otra. El gobierno no está dispuesto a correr riesgos ante la Justicia comicial.

XI.   ¡A MÍ, QUE ME IMPORTA!

El profundo desprecio del Presidente Chávez por la democracia y sus instituciones, e incluso por la misma comunidad nacional que gobierna y representa, encuentra eco y emblema en la infeliz frase que pronuncia en el mes de mayo siguiente: ¡Y a mí que me importa!

La dice al referirse a la eventual toma por el Estado de empresas Polar, que son las mayores productoras de alimentos y cervezas en Venezuela, y al comentar sobre la caída del producto interno bruto nacional como consecuencia de sus políticas públicas de castración de la actividad industrial y comercial en el país. Su sola ruptura de relaciones comerciales con Colombia hace que para mediados de abril y en el curso de apenas tres meses caiga en 73% el suministro de bienes de consumo –fundamentalmente alimentos– al país. Y aun así, prefiere concluir el mes con la toma, además, de 37 carnicerías, propiedad de empresarios medianos y pequeños, quienes no se salvan de la ola confiscatoria en marcha.

Los inmediatos colaboradores del presidente, preocupados, refieren la múltiple personalidad que acusa y se agudiza en éste. Varía de talante y de ser al ritmo de las horas, al punto que se hace irreconocible luego para quien le conversa unas horas antes. En mitin que realiza a comienzos del año con los suyos, desde la Plaza O'leary de Caracas, les pide y reclama lealtad absoluta: "Los que quieran patria vayan con Chávez, exijo lealtad absoluta a mi liderazgo, porque yo no soy yo, yo soy un pueblo carajo, no soy un individuo, yo soy un pueblo y al pueblo se respeta y yo estoy obligado a hacer respetar al pueblo que amo y al que le daré toda mi vida", son sus palabras.

Su desafío, sobre todo su constante provocación al ánimo nacional no se detiene. Incluso, en fechas de elevada transcendencia civil como las del 19 de abril y 5 de julio, que conmemoran nuestra Emancipación e Independencia, las transforma en actos militares y designa como oradores de orden ante la Asamblea a mandatarios extranjeros, a Cristina Kirchner de la Argentina y a Rafael Correa del Ecuador.

Poco le importa la denuncia de la Mesa de la Unidad Democrática –que reúne a las fuerzas de la oposición– en cuanto a la pérdida progresiva de las libertades y prefiere, antes bien y hacia mediados del año, cargarla contra la jerarquía eclesiástica y ofender –llamándolo mentiroso– al Cardenal Arzobispo de Caracas, Cardenal Jorge Urosa Savino, quien le previene sobre la deriva comunista del Régimen y la vulneración de los ideales de la Independencia. Y hasta le sugiere a la Fiscal General de la República que lo enjuicie. No lo detiene, siquiera, el abandono que sufre de su aliado, el Gobernador del Estado Lara, Henri Falcón, quien antes y a inicios de febrero le recuerda que "la democracia se forja en la diversidad, en el reconocimiento del otro, en el respeto y en la conjunción de esfuerzos".

Ni siquiera la expedición en abril del Informe Anual de la Comisión Interamericana de Derechos Humanos, en la que Venezuela aparece por segundo año consecutivo en la lista de países que no respetan los estándares sobre derechos humanos y democracia, hace reflexionar al Presidente.

En febrero, el mismo organismo interamericano, al presentar el informe especial "Democracia y derechos humanos en Venezuela", de manera precisa y cruda hace constar –sin encontrar eco en el Gobierno– "la falta de separación e independencia de los poderes públicos, la intolerancia ante la disidencia política, las restricciones para la libertad de expresión y la impunidad en los casos de violencia que afectan de manera directa a los comunicadores sociales, defensores de derechos humanos, sindicalistas, manifestantes, personas privadas de su libertad, campesinos, indígenas y mujeres, así como el uso punitivo del Estado para intimidar o sancionar a personas en virtud de su opinión política"; tanto que observa cómo se ha "impedido el goce efectivo de los derechos políticos en el país y los mecanismos que se han creado para restringir las oportunidades de acceso al poder de candidatos contrarios al gobierno de Chávez" (El Universal, 16 de abril de 2010).

En fin, no se hace buena a lo largo del año la norma del artículo 232 de la Constitución, que le impone al Presidente de la República, como obligación primordial "procurar la garantía de los derechos y libertades de los venezolanos y venezolanas, así como la independencia, integridad, soberanía del territorio y defensa de la República", que no ceden siquiera durante los Estados de excepción ni dejan de comprometer su responsabilidad permanente.

XII. EL AMBIENTE PRE-ELECTORAL

Entre los meses de julio y septiembre, más allá de la protesta que avanza la oposición contra la aprobación en primera discusión de una ley de comunas que desfigura, de modo pleno e integral, la geografía política e histórica de Venezuela; de la explosión callejera que motiva la crisis y abandono oficial del Metro de Caracas; del reclamo de más de 100 ONG's que se dicen víctimas de la persecución oficial; de la queja popular y nacional por la falta de luz y su racionamiento; o del escándalo dirigido desde el Palacio de Miraflores sobre la presunta quiebra del Banco Federal, lo determinante y lo que pesa electoralmente sobre Hugo Chávez Frías son las denuncias que le caen desde Colombia, tanto como la constatación internacional de que Venezuela es el único país miembro de la OPEP en recesión. Tiene el lamentable privilegio de ser, junto a Haití, el de peor desempeño económico en el Hemisferio.

El presidente colombiano Álvaro Uribe Vélez, próximo a concluir su mandato, plantea ante la OEA una denuncia contra el gobierno de su homólogo, haciéndole responsable de crímenes de lesa humanidad, de terrorismo, y de tráfico de estupefacientes. Pero lo cierto es que a nadie le sorprende la queja de Uribe, salvo por valer como constatación oficial de lo que es una máxima en la experiencia doméstica. A mediados de julio, en efecto, Colombia pide la sesión del Consejo Permanente del órgano interamericano para examinar la presencia de terroristas en territorio venezolano.

El embajador Adolfo Taylhardat, el día antes de la reunión de la OEA y a propósito del adelanto de la denuncia sobre la presencia entre nosotros de 1.500 guerrilleros en 28 campamentos, recuerda en su columna de opinión que "el 24 de febrero de 2003 el presidente colombiano aseguró que las FARC tenían presencia en Venezuela y propuso coordinar acciones contra los rebeldes. La embajada venezolana en Bogotá reconoció una "presencia mínima" de esa guerrilla en zonas vecinas a la frontera común. En diciembre de 2005 fue capturado aquí Rodrigo Granda. El 17 de diciembre de 2007 se advirtió sobre la presencia de Manuel Marulanda y de Ingrid Betancourt en una finca en Elorza, estado Apure. Las autoridades venezolanas reconocieron "el incremento de la presencia guerrillera en Elorza" pero dijeron no tener noticias de que Betancourt estuviera allí. En febrero de 2008 Colombia advirtió nuevamente al Gobierno venezolano sobre la presencia aquí de Marulanda y hubo una denuncia acerca de una supuesta entrevista de él con el Presidente venezolano en un lugar del estado Barinas. Ese mismo mes las autoridades colombianas detuvieron al guerrillero Heli Mejía, alias Martín Sombra, cuando regresaba de Venezuela. En marzo de 2009 fue denunciada la presencia de nueve miembros del Estado Mayor de las FARC en Venezuela. En agosto de 2009 la Interpol emitió una notificación solicitando información sobre los movimientos de la guerrillera Lucía Andrea Amoret en Venezuela", concluye Taylhardat.

El asunto no queda allí, pues a inicios de agosto, un abogado vinculado a Uribe, Jaime Granados, presenta ante la Corte Penal Internacional denuncia por 60 crímenes que califica como de lesa humanidad, ocurridos en la frontera colombo venezolana, ejecutados por la guerrilla y mediante pruebas de la activa comunicación entre ésta y el Gobierno y la Fuerza Armada venezolanos.

Al presidente Chávez, por ende, no le queda más opción que corregir presuroso –según su táctica de dos pasos adelante y uno atrás– su discurso a contrapelo de otro que le antecede.

El 11 de enero de 2008 (Desde la Asamblea Nacional) señala sin inmutarse que"[…]: las FARC y el ELN no son ningunos cuerpos terroristas; son ejércitos. (Aplausos). Verdaderos ejércitos, son verdaderos ejércitos que ocupan espacio en Colombia, que ocupan un espacio. Hay que darles reconocimiento a las Fuerzas Armadas Revolucionarias de Colombia y al Ejército de Liberación Nacional de Colombia. (Aplausos). Son fuerzas insurgentes que tienen un proyecto político, que tienen un proyecto bolivariano, que aquí es respetado.

Es respetado. (Nutridos aplausos). Entre tanto, el 15 de septiembre de 2010 (Desde el Consejo de Ministros) ratifica que "nosotros no permitiremos ni vamos a permitir aquí presencia armada ni de grupos paramilitares, ni de guerrilleros, ni de terroristas, de nada. Combatiremos con igual rigor todos estos grupos. Y he dado instrucciones muy claras… a todos los altos mandos militares. […]".

Ya en septiembre, en vísperas de los comicios, bajo protesta por parte de la ONG Ojo Electoral quien denuncia ventajismo oficial e injerencia indebida como abierta por el presidente Chávez en las elecciones parlamentarias previstas para el día 26, Tibisay Lucena, Presidenta del Poder Electoral obvia sus deberes constitucionales. Afirma, con desprecio por los artículos 145 (imparcialidad de los funcionarios públicos), 293 (garantía de imparcialidad en los procesos electorales por parte del CNE) y 294 (independencia, imparcialidad y despartidización de los órganos electorales), que el Presidente de la República tiene derecho de participar en la campaña electoral de sus aspirantes a la Asamblea, pues es "cabeza del partido mayoritario". El argumento le sirve de base para alcanzar un acuerdo del cuerpo colegiado, el 8 de septiembre, que diluye el hecho anterior y le permite moderar los ataques que recibe al respecto por la opinión pública. Reconoce que todos los funcionarios públicos pueden ejercer libremente sus derechos políticos en Venezuela.

XIII. LA DERROTA ELECTORAL Y EL FINAL DE LA MASCARADA DEMOCRÁTICA

Realizadas las elecciones parlamentarias del 26 de septiembre, a pesar del ventajismo oficial, su control pleno sobre el Poder Electoral, sus medidas de intimidación y dentro del marco plebiscitario en que el Presidente plantea la justa electoral, la oposición democrática suma el 52,7 % de los votos. Los diputados del Gobierno obtienen el 47,3 % de los votos. Y si excluye al Partido Patria para Todos, que rompe con Chávez antes de las elecciones, polarizando los votos netos de la oposición y del Gobierno, es decir, sin la suma a la oposición de los votos del PPT, el oficialismo se hace del 47,3% y la oposición del 48,7%. La derrota electoral del proyecto socialista marxista y de estirpe castrense, dentro de tal contexto, es manifiesta. No obstante eso, por obra de la manipulación de las circunscripciones electorales impuestas el gobierno se hace de 98 diputados (59,4% de la Asamblea), en tanto que la oposición se ve reducida a 65 diputados (39,4%). Incluso así el Presidente pierde su piso para controlar la mayoría calificada, que le permite disponer leyes orgánicas y relacionadas con los derechos de los venezolanos.

Lo anterior se hace posible por las dos medidas previamente adoptadas por el gobierno y sus poderes públicos cooptados, a saber, la eliminación del principio de la proporcionalidad entre escaños ganados y votos obtenidos, y la redefinición de las circunscripciones electorales bajo el método "garrymandering".

La representación proporcional, cabe reiterarlo, la garantizan los citados artículos 63, 186 y 293 constitucionales, así como, en desarrollo de éstos, la Ley Orgánica del Sufragio y Participación Política y el Estatuto Electoral del Poder Público.

No obstante, bajo protesta de la oposición y la organización No gubernamental SUMATE, con base en la aprobación que ha lugar antes, el 31 de julio de 2009, de una Ley Orgánica de Procesos Electorales y su artículo 8, se dispone que el voto proporcional sólo aplica al voto por listas, no así para los votos nominales. Y el CNE, a la vez, conforme al artículo 19, ajusta las circunscripciones comiciales respectivas, dado lo cual, a mediados del mes de enero del año corriente, dicho organismo aprueba nuevas circunscripciones electorales para 8 estados del país, a saber: Amazonas, Barinas, Lara, Distrito Capital, Carabobo, Miranda, Zulia y Táchira; siendo de observar que en los últimos cinco Estados gobierna la oposición y se concentra más de la mitad de la población del país. Entre tanto, en los otros 16 estados, gobernados por militantes chavistas no se realizan cambios al respecto.

Los artículos de la Ley que permiten el rediseño a conveniencia del mapa electoral venezolano, aproximando jurisdicciones de dominio oficial a otras opositoras a objeto de neutralizarlas y a la par reducir los espacios para las votaciones por listas donde se admite la representación proporcional, rezan así:

Artículo 8. "Para la elección de los integrantes de la Asamblea Nacional, de los consejos legislativos de los estados, de los concejos municipales, y demás cuerpos colegiados de elección popular, se aplicará un sistema electoral paralelo, de personalización del sufragio para los cargos nominales y de representación proporcional para los cargos de la lista. En ningún caso, la elección nominal incidirá en la elección proporcional mediante lista.".

Artículo 19. "Para la elección de los cargos nominales a los cuerpos deliberantes, el Consejo Nacional Electoral conformará circunscripciones electorales que se regirán por los lineamientos siguientes:

1. Para la elección de cargos nacionales y estadales, la circunscripción electoral podrá estar conformada por un municipio o agrupación de municipios, una parroquia o agrupación de parroquias, o combinaciones de ambas, contiguas y continuas de un mismo estado; a excepción de las circunscripciones indígenas las cuales no tendrán limitación de continuidad geográfica.

2. Para la elección de cargos de elección popular de los distritos o de los municipios, la circunscripción electoral estará conformada por una parroquia o agrupación de parroquias contiguas y continuas. En las parroquias de alta densidad poblacional las circunscripciones podrán conformarse en comunidades o comunas, considerando la dinámica política, económica, social y cultural de dichos espacios.

3. Para la conformación de las circunscripciones electorales, se determinará un índice poblacional. A tales fines se establecerá la población estimada en los estados, Distrito Capital, municipios o ámbito territorial de conformidad con lo establecido en la Ley. Dicha población estimada se dividirá entre el número de cargos a elegir nominalmente, la cifra resultante será el índice de la población correspondiente.

4. A los fines de que en cada estado, distrito o municipio los cargos nominales a elegir se correspondan con los índices poblacionales establecidos para la conformación de las circunscripciones electorales, se podrán agrupar municipios o parroquias contiguas y continuas, hasta alcanzar el índice correspondiente o múltiplo de éste. De conformidad con lo establecido en la presente Ley. El Consejo Nacional Electoral establecerá las circunscripciones electorales, aplicando con mayor precisión posible los índices poblacionales.

5. Cuando se conformen circunscripciones electorales cuya población sea equivalente a más de un cargo nominal, según el índice descrito, en caso de haber excedente poblacional que rebase el número de cargos a elegir en el estado o municipio, no se alterará el número de cargos nominales".

De modo que, a la población electoral de los Estados que tienen gobernadores de la oposición (Carabobo, Caracas, Lara, Miranda, Nueva Esparta, Táchira y Zulia) y representan el 52%, se le permite elegir sólo un 39% de los diputados, en tanto que, en los Estados con menor población pero gobernados por militantes del chavismo, dada la reingeniería electoral realizada, se pueden elegir un 61% de los diputados contando sólo con el 48% de la población votante.

A manera de ejemplos, en el Estado Carabobo, en un circuito (el N° 1) la elección de un sólo diputado representa a 421.108 votantes, en tanto que, un diputado de otro circuito (el N° 5) representa a 284.315 electores; y en el Zulia, el circuito 2 elige un diputado por 189.478 electores pero el circuito 9 elige un diputado por 424.133 electores.

La realidad final es elemental. De haberse respetado el orden constitucional y sostenido la legislación vigente hasta cuando se reformulan los circuitos electorales y se restringe la proporcionalidad en la votación, los 67 diputados actuales de la oposición suben a 78 diputados, en tanto que los 98 diputados del PSUV –partido de gobierno– bajan a 87 diputados.

XIV. EL GOLPE A LA SOBERANÍA POPULAR

A pesar del rediseño electoral y del anuncio que realiza el presidente Chávez, en cuanto a que ha obtenido una sólida victoria en las elecciones parlamentarias, es consciente de lo contrario, o cuando menos del grave problema que le significa la nueva Asamblea donde carece de mayoría calificada y en la que la oposición, con menos diputados, representa a la mayoría determinante del país. En términos ordinarios ello le obliga al diálogo y debate como esencia de la experiencia democrática, si acaso quiere alcanzar o avanzar en sus objetivos de Gobierno sosteniendo una adhesión al Estado de Derecho. Pero el modelo de Socialismo del Siglo XXI que adopta –copia remozada de la experiencia constitucional cubana de 1976, modificada en 1992– no es, al final de las cuentas, compatible con tal predicado.

Por consiguiente, un día después de cerrarse la jornada comicial y anunciársele al país los resultados del caso, la prensa se hace eco de la decisión adoptada por el Presidente: la Asamblea Nacional, antes de concluir sus actividades y cederle el paso a la elegida recién, aprobará todas las leyes socialistas faltantes; las que realizan por vía infra constitucional e inconstitucional la reforma constitucional fallida de 2007, rechazada por el pueblo mediante referéndum.

Entre tanto, repitiendo su misma estrategia, que activa durante cada crisis política que le sobreviene, Chávez hace público que desarrolla energía nuclear en Venezuela. Ello concita una respuesta categórica por parte de la Casa Blanca, que a la sazón previene al mandatario venezolano sobre el régimen de control internacional al que está sujeta dicha actividad y para asegurarla en sus fines pacíficos. La Cancillería replica con el controversial y manido argumento de la soberanía nacional.

Lo cierto es que la decisión del Comandante Presidente es acelerar el paso, al costo que sea. La hora del camuflaje llega a su término. Dos hechos simbólicos pero de gravedad preparan antes el territorio y buscan medir fuerzas y reacciones en contra.

El Mayor General Henry Rangel Silva, Comandante Estratégico Operacional de la Fuerza Armada, manifiesta en noviembre, públicamente, que los militares apoyan el proyecto socialista del Presidente Chávez y no aceptan una eventual victoria de la oposición en las elecciones del 2012. A lo cual, el Secretario General de la OEA, José Miguel Insulza, reconocido por sus simpatías con el Régimen venezolano, no tiene otra alternativa que señalar como "inaceptables" las afirmaciones del oficial, por violatorias de la Carta Democrática Interamericana. Chávez, a su vez, acusa a Insulza de irrespetar la soberanía venezolana y declara que al "general revolucionario" lo asciende a General en Jefe, aun cuando el mismo se encuentra señalado por los Estados Unidos de América de tener vínculos con el narcotráfico.

En paralelo, de concierto a su homólogo ecuatoriano, propone en UNASUR (Unión de Naciones Suramericanas) una suerte de "cláusula democrática" que esta aprueba durante su reunión de Georgetown, el día 26. La propuesta de la "cláusula democrática" en cuestión parte de Rafael Correa, quien previamente corre a manos del sindicato policial de su país para reclamarle lo secuestren y maten, a raíz de lo cual habla de golpe de Estado bajo la orientación de su apuntador de Caracas y el apoyo de Tele Sur. ¡Y es el mismo Chávez quien confiesa luego el despropósito que los anima una vez como sale de la Cumbre guyanesa!: "Es un protocolo de apoyo a la democracia y de ataque a los golpes de Estado y movimientos desestabilizadores, que siguen siendo una amenaza para la región y sobre todo para Bolivia, Ecuador y Venezuela". "Mientras otros organismos se debilitan y pierden peso, en Suramérica está naciendo una institucionalidad que nos une, nos convoca, nos reta y nos impulsa", agrega, por lo demás, enrostrándoles a la OEA e Insulza su próximo final.

XV. CLÁUSULA DE PROTECCIÓN A LA DICTADURA NACIENTE

¿Qué implica el entuerto de la cláusula democrática de UNASUR para nuestra vida en libertad?

La OEA, en 1948 –encontrándose presente el ex presidente venezolano Rómulo Betancourt– nace para la purga de los regímenes militares y la defensa de la democracia representativa, a cuyo efecto se habla del "cordón sanitario" que debe sujetar a los dictadores en las Américas.

En su madurez, hacia 1959, descubre aquélla que no basta la elección de gobiernos democráticos si no ejercen la democracia a plenitud, es decir, si no respetan los derechos humanos y los garantizan con la separación de los poderes públicos, la alternabilidad en el ejercicio del poder, la libertad de prensa y, de conjunto, el acatamiento por todos del Estado de Derecho.

Cuando en 2001 es aprobada por consenso la Carta Democrática Interamericana, dos nuevos datos se agregan como exigencias de la experiencia política regional y con vistas al peligro que desde ya se advierte, a saber la emergencia de gobernantes quienes llegan al poder mediante el voto y usan de la democracia para destruirla. Alberto Fujimori es el abrebocas.

La Carta, adoptada en Lima, ajusta, en primer término, que la democracia es un derecho de los pueblos que han de garantizar los gobernantes –no es un simple sistema de gobierno– y, en segundo término, al margen de los clásicos golpes de Estado, agrega como atentado a la democracia las graves alteraciones del orden constitucional por los mismos gobernantes.

De allí que, junto al auxilio que cabe a éstos reclamar, cuando la estabilidad de sus gobiernos se encuentre en entredicho, el Secretario y el Consejo Permanente de la OEA –a lo que José Miguel Insulza se niega repetidamente, vulnerando gravemente sus obligaciones– deben actuar motu propio en defensa del derecho de los pueblos a la democracia, poniéndoles remedio a los gobernantes quienes la traicionen.

El cambio que surge en Guayana, con el apoyo –he aquí lo insólito– de los mandatarios de Chile, Colombia y Perú quienes marcan distancia discursiva del felón venezolano, corre en vía contraria a los valores democráticos decantados en la América Colombiana desde la hora de su Emancipación. La nueva regla, "reinterpretación auténtica" de la Carta Democrática, plantea una inaceptable regresión. La democracia es para lo sucesivo un derecho de los gobernantes.

El protocolo de la UNASUR literalmente hace privar a las "instituciones" del Estado por sobre los derechos de los ciudadanos y manda la defensa y protección del "orden democrático" sólo a petición de los únicos legitimados para ello, los Estados, léase, sus gobernantes. En otras palabras, el derecho de petición para la defensa de la democracia como derecho de los pueblos que consagran los instrumentos interamericanos en beneficio de la ciudadanía, se les arranca y entrega, en Venezuela, en Ecuador y en Bolivia, a sus dictadores, para que lo ejerzan a conveniencia y en lo sucesivo.

XVI. EL "PAQUETE" DE LEYES SOCIALISTAS

El conjunto de leyes –suerte de andamiaje o corsé legislativo socialista– aprobadas, durante el mes de diciembre por la declinante Asamblea que dominan casi a plenitud los diputados del Gobierno, todas a una cierran el círculo del control totalitario sobre Venezuela bajo la égida de un modelo socialista marxista que sirve de excusa para el sostenimiento de otra dictadura militar como las de la primera mitad del siglo XX.

Ellas quedan coronadas con la habilitación al Presidente de la República para que legisle (Ley que autoriza al Presidente de la República para dictar decretos con rango, valor y fuerza de ley en las materias que se delegan, 17 de diciembre) en defecto de la Asamblea Nacional naciente, por un lapso de diez y ocho meses.

Son sancionadas de manera expedita, sin espacio siquiera para los tiempos mínimos de discusión que imponen los reglamentos parlamentarios, la Ley de Emergencia para Terrenos Urbanos y Viviendas (30 de noviembre), la Ley de Ciencia, Tecnología e Innovación (8 de diciembre), la Ley Orgánica del Poder Popular (9 de diciembre), la Ley Orgánica de Contraloría Social (10 de diciembre), la Ley Orgánica de Planificación Pública y Popular (13 de diciembre), la Ley Orgánica de Comunas (13 de diciembre), la Ley de Protección de la Soberanía Política y Autodeterminación (13 de diciembre), la Ley Orgánica del Sistema Económico Comunal (14 de diciembre), la Ley Orgánica de Telecomunicaciones (20 de diciembre), la Ley de Partidos Políticos y Manifestaciones Públicas (21 de diciembre), la Ley de Regularización de los Períodos Constitucionales y Legales de los Poderes Públicos Estadales y Municipales (21 de diciembre), la Ley de Bancos y otras Instituciones Financieras (21 de diciembre), la Ley Orgánica de la Contraloría General de la República y el Sistema Nacional de Control Fiscal (21 de diciembre), la reforma de la Ley Orgánica del Poder Público Municipal (21 de diciembre), la Ley de Responsabilidad Social de Radio, Televisión y Medios Electrónicos (22 de diciembre), la Ley de Educación Universitaria (22 de diciembre), la Ley de Transferencia de Competencias y Servicios de los Estados y

Municipios al Poder Popular (1ª. Discusión, 22 de diciembre), la Ley de los Consejos Estadales de Planificación y Coordinación de Políticas Públicas (28 de diciembre).

A. *Contenido de la legislación*

Dentro del conjunto de dichas leyes, la de Terrenos Urbanos dispone una afectación general e indiscriminada sobre la propiedad privada de inmuebles destinados a viviendas y en cuanto a su uso, en toda la geografía nacional, a cuyo efecto, bajo decisión discrecional –no reglada– del Presidente de la República puede éste decretar su ocupación inmediata cuando los considera ociosos o subutilizados y sin necesidad de mediación judicial o pago inmediato de las indemnizaciones que se correspondan. En suma, por disposición de los artículos 8, 9 y 10 de la misma, la propiedad privada adquiere carácter precario y en la práctica todos los inmuebles son objeto de estatización sin una previa y particular valoración de su utilidad pública o interés social específico.

La reforma de la ley relacionada con la ciencia, la tecnología y la innovación tiene el propósito de ajustar dicha actividad, sometida al control estatal absoluto, para que tenga como norte fundamental el fortalecimiento del naciente y llamado Poder Popular. Tales actividades dejan de ser parte del desarrollo humano y de la personalidad de cada individuo o propias de la actividad privada y se declaran de "interés público". Deben adecuarse a las exigencias del Plan Nacional Socialista o Plan Nacional de Desarrollo Económico y Social de la Nación (artículos 1, 2, 3 y 13). Todas las personas naturales y jurídicas del país que realicen ciencia, tecnología o innovación son atadas a los mandatos de la ley. Aún más, cualquier investigador no residente en Venezuela, sea venezolano o extranjero, no puede hacer investigación en el país sin afiliarse y quedar a disposición de una institución gubernamental (artículo 9,1). Por consiguiente, quedan obligados a suministrarle al Estado la información de cuanto hagan en la materia y les está prohibido hacerlo a entidades extranjeras (artículo 14).

La ley del Poder Popular crea un poder que no conoce la Constitución en vigencia, pues procura el establecimiento de un Estado comunal de supuesta inspiración bolivariana –de donde cabe preguntarse en que parte de su ideario El Libertador nos habla al respecto– y regido, por si fuese poco, por principios socialistas, tal y como se lee en las Disposiciones generales de dicha ley (artículo 1 y 5).

Los poderes públicos constituidos y reglamentados por la Constitución "gobernarán obedeciendo" (artículo 23) al poder popular, por encima de las mismas normas constitucionales y las leyes.

Como ley marco, la anterior le abre camino a la Ley Orgánica de Comunas, que cristaliza un ámbito local de base para el ejercicio de la soberanía que no es el Municipio como entidad primaria de la República y fundamento histórico de nuestra nacionalidad, desde 1810 hasta nuestros días. La Comuna, según repite la última ley es también de estirpe bolivariana y socialista y es la base para la construcción de la sociedad socialista (artículos 2 y 5). Procura, además, esa otra figura perniciosa del control social, es decir, de la vigilancia comunal sobre la vida común y cotidiana de los vecinos. La línea que separa lo público de lo privado desaparece así (artículo 4 *passim*). En lo sucesivo, pues, la identidad regional de los venezolanos, que es el precedente de nuestra República antes y desde 1811, se desdibuja. La Comuna obvia los límites entre Municipios o Estados.

Los contralores sociales, como lo indica la ley específica sobre la cuestión, llegan con el ánimo de corregir comportamientos y actitudes contrarios al interés social y la ética revolucionaria (artículo 3y 5), en suma, distintos del pensamiento dominante, que no es otro que el establecido por el mismo Presidente de la República o como producto de su interpretación particular de la historia patria. La ley de control –émulo de los Comités de Defensa de la Revolución Cubana– no deja espacios para la duda.

Su propósito es simple: "Desarrollar la cultura del control social como mecanismo de acción en la vigilancia, supervisión, seguimiento y control de los asuntos públicos, comunitarios y privados que incidan en el bienestar común" (artículo 5,1).

La ley para la planificación pública y popular fija una reingeniería en el sistema nacional de planificación del Estado, que revela dos particularidades. Una, la sujeción de todas las instancias de la organización vertical del poder público –nación, estados, municipios– incluida la figura del Poder Popular, en la base, a las disposiciones del Plan Nacional de Desarrollo Económico y Social de la Nación –el Plan Nacional Socialista en vigencia– y cuya formulación corresponde al Presidente de la República. La otra, el propósito sobrevenido de la planificación socialista, que reside en fortalecer la base del poder público –el llamado poder popular– en sincronía con los dictados presidenciales y con vistas a la construcción de una sociedad marxista que vacía de contenido y fortalezas a los poderes estadales y municipales integrantes de la República (artículos 1, 3, 19 y 27). Por consiguiente, los gobernadores y alcaldes electos quienes no se sujeten a lo previsto, puede ser perseguidos como reos de corrupción e incluso inhabilitados por el Contralor General de la República (artículos 82,83 y 84).

La legislación para la llamada protección de la soberanía política, proscribe la asistencia o ayuda financiera extranjera de las organizaciones con fines políticos, lo que es debatible, a no ser por cuanto a tal prohibición se añade la relacionada con entidades u organizaciones para la defensa de derechos políticos (artículos 1 y 2), es decir, para la defensa del derecho a la democracia. Las últimas, en lo puntual, según la ley son "aquellas que tengan por finalidad en su constitución promover, divulgar, informar o defender el pleno ejercicio de los derechos políticos de la ciudadanía.". Y ello, aparte de no encontrar fundamento alguno en la Constitución, antes bien, además de contrariar las normas internacionales sobre derechos humanos que hacen parte del ordenamiento constitucional interno, ocurre dentro de un contexto de igual prohibición del financiamiento público a los partidos y demás organizaciones políticas. Estas no pueden, en la práctica, obtener financiamiento del sector privado nacional (artículo 5) dada su casi total estatización – mediante confiscaciones presentadas como expropiaciones– al presente. De modo que, sólo encuentra territorio para el financiamiento de sus actividades de proselitismo el partido oficial del Estado.

La ley de telecomunicaciones, por su parte, establece el derecho del Estado de interconectarse y tener un punto de acceso en los servidores de quienes proveen los servicios de Internet y sus redes sociales, para bloquear o censurar sus contenidos. Y repite la norma que pasa de contrabando a inicios del Régimen hace una década y que consta en la ley precedente, a cuyo tenor, sin esperarse la intervención judicial, el gobierno puede suspender o revocar toda concesión a los medios radioeléctricos o satelitales alegando razones de seguridad u orden público.

La modificación que se realiza de la ley de partidos políticos cumple el propósito de impedir que los diputados quienes apoyan al gobierno puedan, con libertad de conciencia, votar propuestas de la oposición o separarse del programa del partido gubernamental que les postula; a cuyo efecto se les suspende o inhabilita total o parcialmente, retirándoseles el mandato que les confía la soberanía popular (artículo 31). En tal orden, se sanciona como fraude a quien se aparte de las orientaciones y posiciones políticas presentadas en el programa de gestión como oferta electoral, derivando en dogma de Estado el propio pensamiento oficial, pues la ley, que llaman "ley anti-talanquera", busca eso: la adhesión ideológica permanente y sin alternativas de sus parlamentarios. Quien no piense como el Estado termina siendo un paria dentro del mismo Estado.

La regularización de los períodos constitucionales de los cargos de elección popular (gobernadores, alcaldes, legisladores estadales, concejales), encuentra una fundamentación razonable en la exposición de motivos que la precede. Da cuenta que, una vez producida la nulidad de alguna elección o al requerirse la elección de uno de tales funcionarios por muerte o renuncia del antecesor, de ordinario el sucesor inicia un período constitucional propio y subjetivo; con lo cual el organismo electoral se ve obligado a la realización permanente de elecciones parciales o locales y no generales, creándosele un problema a la economía electoral y su eficiencia. No obstante lo laudable de la corrección anunciada, la ley sancionada cumple un propósito distinto, como lo es separar las elecciones de gobernadores y legisladores estadales de aquéllas de alcaldes y concejales municipales (artículo 2) y disponer, a renglón seguido, la ampliación de los períodos constitucionales de los funcionarios elegidos hasta tanto el Consejo Nacional Electoral, a su arbitrio, disponga la elección correspondiente (artículo 5).

La ley bancaria procura, en la práctica, la estatización del sistema financiero venezolano. La banca es declarada como un servicio público y a sus bienes se les reputa de utilidad pública. Se reduce el espectro bancario a la Banca Universal y a los bancos dirigidos a la economía popular (artículos 11 y 12) y el financiamiento del consumo es disminuido al 20% de la cartera, en lo particular a objeto de frenar el uso de tarjetas de crédito en Venezuela (artículos 8 y 60). Asimismo, no podrán incursionar en dicha actividad quienes hayan sido juzgados y condenados por atentados contra la Seguridad Nacional o como traidores a la patria, entre otros delitos más graves (artículo 19).

La legislación sobre la contraloría general y el sistema fiscal, en su reforma, a par que reduce las exigencias del cargo del Contralor General de la República, castra la autonomía de los Estados en cuanto a la elección y designación de los Contralores estadales, que en lo sucesivo son designados provisoriamente por el primer funcionario mencionado (artículos 11 y 29). Y los procedimientos de elección quedan sujetos a cuanto disponga el reglamento que dicte en su oportunidad el Presidente de la República en Consejo de Ministros.

La legislación sobre el sistema económico comunal, según reza su texto, busca instalar a nivel nacional un sistema económico socialista, en donde el conjunto de las relaciones de producción, distribución, intercambio y consumo de bienes tiene por fundamento la idea de la propiedad social comunal; que de suyo extingue, de modo definitivo, la idea de la propiedad privada. El artículo 5 de dicha ley argumenta otra vez que se inspira en el pensamiento –desconocido hasta hoy– del Libertador Simón Bolívar, no obstante lo cual precisa que su modelo se rige por los principios y valores socialistas; lo cual marca un divorcio abierto con el régimen económico constitucional establecido en 1999. Por lo demás, la ley en cuestión parte de un principio claro de discriminación política, es decir, para ser integrante, productor o productora de una organización socio-productiva, es requisito profesar la "ética socialista" (artículo 31).

Es reformada la ley del poder público municipal, para insertar dentro de su texto al poder popular mediante la transformación de las juntas parroquiales en juntas parroquiales comunales como elementos de articulación de éstas con los municipios, tanto como realizadoras en su jurisdicción del Plan Nacional Socialista (artículos 35 y 37,5). Se integran a la ley los consejos de planificación comunal y se reitera, a la vez, que la transferencia de competencias de los estados a los municipios y de éstos al poder popular ha de hacerse conforme a las Leyes del Consejo Federal de Gobierno y la Ley del Proceso de Transferencia de Competencias y Servicios de los Estados y Municipios al Poder Popular (artículos 113 y 281).

La ley resorte o de Responsabilidad Social de Radio y Televisión, a su turno, dispone que ninguna persona puede usar internet, mails, twitter, blogs, páginas web, para desconocer la autoridad de los titulares de los poderes públicos, menos para sugerir –siquiera oblicuamente– la desaparición de los primeros u ofenderlos así sea con gestos o expresiones verbales. Y las fotos violentas, que sean tales según el criterio censor gubernamental, quedan proscritas para su inserción en las redes sociales.

La ley de educación universitaria fractura de raíz la esencia de lo universitario, como lo es educar y formar con vistas a la pluralidad del pensamiento humano. Dispone a la universidad y a todas las universidades –públicas o privadas– para la "construcción de una sociedad socialista" (artículo 3,2) y para ello la idea de la autonomía, que la ley conserva nominalmente (artículo 4, encabezamiento), cede estruendosamente a fin de que la academia soporte la creación del llamado poder popular (artículo 5,2) y sirva de articuladora de las nuevas leyes sobre ciencia y tecnología endógena y socialista y sobre la planificación pública popular. La gestión académica y administrativa universitaria se desplaza desde su Alma Mater para depender en lo adelante, a mediano plazo, de su cogestión por el Poder Popular y sujeta a su control social (artículo 8, 10), según las pautas y reglas de organización que dicte para todo el conglomerado universitario el Ministerio del Poder Popular competente (artículo 11, 2). Los artículos 17 y 84 de la ley son más que reveladores, cuando, por una parte, sujetan la libertad de cátedra al mero debate de las otras corrientes de pensamiento y amarran la vida académica, en su conjunto, a las premisas del Plan Nacional Socialista y a los programas que elaboren los trabajadores, obreros y estudiantes junto a los académicos, quienes al paso, aquéllos y éstos, tienen paridad de voto para el gobierno de la Universidad. La verdad académica y científica, en suma, es hija de la oclocracia, por mandato de la ley dictada.

La transferencia de competencia de los Estados y Municipios hacia los órganos del Poder Popular se hace imperativa mediante ley nacional, y cubre las áreas de salud, educación, vivienda, deportes, cultura y programas sociales. Ha lugar mediante decisión presidencial (artículos 5 y 7) y se la entiende como el proceso de profundización de la llamada democracia revolucionaria. Es el Presidente de la República quien, a su juicio, puede o no realizar o revertir el proceso de transferencia contemplado por la ley.

La ley sobre los consejos estadales de planificación, por último, es objeto de reforma para sujetarlos a la construcción de la sociedad socialista, hacerlos depender de los valores socialistas en sus decisiones y pronunciamientos, y para incorporar dentro de su marco las estructuras del Estado comunal prefigurado en las legislaciones sobre la materia dictadas, así como adecuarlos al nuevo sistema nacional de planificación popular (artículos 1, 3, 5 y 6).

B. *Valoración del golpe constitucional del Estado*

El paquete legislativo socialista, de conjunto y en resumen, crea un ordenamiento constitucional paralelo en Venezuela, por vía legislativa. Le pone término al régimen republicano que conocemos desde nuestra fecha inaugural, a la vez que sujeta, en el ejercicio de sus derechos fundamentales (al desarrollo de la personalidad y a la educación, a la libertad de pensamiento y de expresión, a la asociación política) a quienes pretendan disentir del modelo de Estado comunal naciente.

El juicio preciso de Allan R. Brewer Carías es suficiente al respecto:

"La Constitución de 1999, actualmente vigente, constituyó a Venezuela como un **Estado Democrático y Social de Derecho y de Justicia**, "que propugna como valores superiores de su ordenamiento jurídico y de su actuación, la vida, la libertad, la justicia, la igualdad, la solidaridad, la democracia, la responsabilidad social y, en general, la preeminencia de los derechos humanos, la ética y el pluralismo político" (artículo 2), organizando a la República como "un **Estado federal descentralizado**" que "se rige por los principios de integridad territorial, cooperación, solidaridad, concurrencia y corresponsabilidad" (artículo 4).

Ese es el Estado Constitucional en Venezuela: un **Estado Federal descentralizado, Democrático y Social de Derecho y de Justicia,** montado sobre un sistema de distribución vertical del Poder Público en tres niveles territoriales, entre el Poder Nacional, el Poder de los Estados y el Poder Municipal (artículo 136), cada uno debiendo tener siempre un gobierno de carácter "electivo, descentralizado, alternativo, responsable, pluralista y de mandatos revocables," tal como lo exige el artículo 6 de la Constitución.

No es posible, por tanto, constitucionalmente hablando, crear por ley instancias políticas que vacíen de competencias a los órganos del Estado (la República, los Estados, los Municipios y demás entidades locales) y menos aún establecerlos con funciones políticas sin que se asegure su carácter electivo mediante la elección de representantes del pueblo a través de sufragio universal, directo y secreto; sin que se asegure su autonomía política propia del carácter descentralizado; y sin que se garantice su carácter pluralista, en el sentido de que no pueden estar vinculados a una ideología determinada como es el Socialismo.

Este modelo de Estado Constitucional se intenta cambiar mediante una Reforma Constitucional sancionada por la Asamblea Nacional en noviembre de 2007, con el objeto de establecer un Estado Socialista, Centralizado, Militarista y Policial denominado Estado del Poder Popular o Estado Comunal, la cual sin embargo, una vez sometida a consulta popular, es rechazada por el pueblo el 7 de diciembre siguiente.

Sin embargo, en burla a la voluntad popular y en fraude abierto a la Constitución, desde antes de que se efectúe dicho referendo, la Asamblea Nacional inicia el desmantelamiento del Estado Constitucional para sustituirlo por un Estado Socialista mediante la estructuración *paralela* de un Estado del Poder Popular o Estado Comunal, a través de la sanción de la Ley de los Consejos Comunales de 2006, reformada posteriormente y elevada al rango de ley orgánica en 2009.

Posteriormente, el empeño por implantar en Venezuela un Estado Socialista es rechazado de nuevo con ocasión de las elecciones legislativas efectuadas el 26 de septiembre de 2010. Ellas son planteadas por el Presidente de la República y la mayoría oficialista de la propia Asamblea Nacional –quienes hacen una masiva campaña a favor de sus candidatos– como un "plebiscito" respecto al propio Presidente, su actuación y sus políticas socialistas ya previamente rechazadas por el pueblo en 2007; "plebiscito" que el Presidente de la República y su partido pierden abrumadoramente, pues la mayoría del país votó en contra de las mismas.

Sin embargo, al haber cedido el control absoluto que el Presidente y su partido ejercen sobre la Asamblea Nacional, lo que en el futuro les impide imponer a su antojo la legislación que quieran, antes de que los nuevos diputados electos a la Asamblea tomen posesión de sus cargos en enero de 2011, en diciembre de 2010, atropelladamente y de nuevo en fraude a la voluntad popular y a la Constitución la deslegitimada Asamblea Nacional precedente procede a la sanción de ese conjunto de Leyes Orgánicas mediante las cuales se termina de definir, al margen de la propia Constitución, el marco normativo de un nuevo Estado *paralelo al Estado Constitucional*; que no es otra cosa que un Estado Socialista, Centralizado, Militarista y Policial denominado "Estado Comunal."

Cabe preguntarse, así y al margen del evidente golpe que le propina el Estado a la Constitución de un modo integral, si acaso una legislatura declinante, formalmente competente para el dictado de las leyes, ¿puede hacerlo en línea contraria a las convicciones políticas y sociales dominantes en la población? E incluso, en la hipótesis de representar a la mayoría ¿acaso le es permitido decidir sobre la existencia del mismo sistema político democrático que le permite pronunciarse y decidir sobre lo indicado?

En cuanto a lo primero puede argüirse que la invocación de la soberanía popular –y su dictado– es suficiente en 1999 para dar al traste con las bases de la Constitución de 1961. En ello coinciden el actual Presidente de la República, Hugo Chávez Frías, y la interpretación sesgada o parcial que se hace de las decisiones de la Corte Suprema de Justicia de la época, para favorecer el proceso constituyente de entonces. No es coherente y consistente, cuando menos y por lo mismo, que los diputados pretendan desconocerla, siendo que por dos veces la soberanía popular vota en contra del modelo socialista marxista que impulsan el mismo presidente y su Asamblea, primero con la pretendida reforma constitucional de 2007 y luego a propósito de las elecciones parlamentarias del 26 de septiembre último, cuando el 52% de la población rechaza las razones que arguye el primer mandatario –primer actor electoral– para sostener las candidaturas de sus diputados.

En la democracia, entendida como un sistema integral que apunta a la realización de los derechos fundamentales de la persona humana y su garantía mediante el Estado de Derecho y que se realiza mediante la participación plural de la sociedad mediante el voto y la alternancia de los gobiernos, es imposible que el recurso electoral –la legitimidad de origen– se afirme para dar al traste con los elementos esenciales de aquella y de su legitimidad de desempeño.

En pocas palabras, como lo recuerda Norberto Bobbio, las mayorías en la democracia tienen como límite a la misma democracia y su existencia, es decir, no pueden decidir posponer los derechos de las minorías, impedirle a éstas transformarse en mayorías, menos socavar con sus decisiones al mismo sistema que les permite decidir y renovar regularmente a sus representantes.

En el caso de las leyes sancionadas por la Asamblea Nacional moribunda, en diciembre de 2010, resultan ellas todavía más absurdas, meros productos de una conducta dictatorial a la vez que aristocrática –el gendarme decide junto a unos pocos– cuanto que, el fundamento y la teleología de ellas es, justamente, la idea de la democracia absoluta u oclocracia, donde el pueblo, más allá de los órganos de mediación y de representación, detenta permanentemente la soberanía.

Y tal soberanía se manifiesta contraria el pasado 26 de septiembre al quehacer de una Asamblea que actúa con absoluta ilegitimidad, al legislar como lo hace y más allá del ordenamiento constitucional vigente.

Dada la naturaleza del debate planteado a la hora de la elección, los diputados oficialistas en ejercicio, luego de realizada la elección, en suma, quedan desapoderados desde el propio día en que nace una correlación política distinta en el país.

En suma, el "paquete socialista" desmantela aceleradamente –dado el revés popular del Presidente y su Asamblea declinante– el conjunto de los derechos y garantías que consagra la Constitución en vigor, la cual surge, como cabe recordarlo, de una mascarada democrática en 1999, que hoy deja de ser tal para mostrarse como lo que es, una dictadura a secas.

XVII. HABILITACIÓN PARA LA DICTADURA

Consideración aparte merece la decisión de la Asamblea Nacional del 17 de diciembre, por la que habilita al Presidente de la República –mediante Ley que le autoriza para dictar decretos con rango, valor y fuerza de ley– a fin de que legisle durante diez y ocho meses en defecto de la Asamblea Nacional electa por el pueblo el 26 de septiembre y se instala a inicios de enero de 2011; con lo cual se configura un verdadero golpe del Estado, que cuenta con precedentes históricos nada dignos.

La pregunta al respecto es obligante. ¿Puede una asamblea legislativa hipotecar con su decisión y más allá de tiempo de su apoderamiento las competencias plenas y la voluntad de la asamblea que le sucede, en el marco de la democracia? En otras palabras, aparte de la consideración sobre el efecto negativo de las leyes socialistas dictadas en diciembre sobre el orden constitucional en su conjunto y de cualquier otra ley ordinaria que puede haber dictado la Asamblea declinante, puede ella legislar a futuro y más allá de su mandato temporal?

A. *Las habilitaciones en la Constitución de 1999: Un mal ejemplo*

En mi "Revisión crítica de la Constitución Bolivariana", editada por los Libros de El Nacional (Caracas, 2000), advierto oportunamente sobre el nefasto precedente de las "leyes habilitantes" en la Constitución de 1999.

Observo que ellas nada tienen que ver con la modalidad de las habilitaciones extraordinarias conferidas a los Presidentes de acuerdo al orden constitucional anterior, el de 1961; que les permite legislar en condiciones de "emergencia" sobre aspectos extraordinarios de carácter económico y social, y les facilitan salvar al país de una crisis inminente y de modo expedito.

Pero tal habilitación mal les permite legislar sobre los aspectos dogmáticos u orgánicos de la constitucionalidad, menos reformar la Constitución por vías subrepticias. Así se explica en las páginas anteriores de este libro.

Esta vez, por el contrario, como ocurre desde 1999, se le abren generosas puertas al traslado hacia manos del Presidente, en condiciones de normalidad institucional, de las competencias legislativas ordinarias de la Asamblea Nacional; fracturándose el principio sacramental de la separación de los poderes públicos que es exigencia ineludible del Estado de Derecho y garantía de una democracia real, ganada por la transparencia y el celoso respeto a los derechos humanos.

Además, la situación de marras adquiere visos de mayor gravedad, dado que, al margen de la ortodoxia constitucional nadie puede entender cómo, durante los últimos doce años y hasta hoy, el presidente Chávez, quien domina a la Asamblea durante dicho tiempo como para hacer aprobar leyes "revolucionarias" a su gusto y discreción, decide asumir para sí los poderes de ésta.

No por azar, en las primeras de cambio, desde su asunción el 2 de febrero de 1999, Chávez se empeña en cerrar el Congreso bicameral electo junto a él en 1998, transformándolo luego en una Asamblea unicameral de eunucos, como lo muestran la experiencia posterior y las habilitaciones que le son otorgadas a éste en los años 1999, 2001, 2007, 2008 y ahora en 2010.

El 22 de diciembre pasado, por lo mismo, la Asamblea Nacional, que hipoteca las competencias de su sucesora a partir de enero de 2011 y ejerciendo un mandato más allá del tiempo que le corresponde, se ocupa también de atar a la última de manos, mediante el dictado de una Reforma Parcial de su Reglamento Interior y de Debates.

A tenor de dicho reglamento, se le reducen a los diputados el tiempo de intervención ante el cuerpo legislativo a la par que se les obliga desarrollar un inexistente e inconstitucional "parlamentarismo social de calle" (artículo 26). Para sesionar la Asamblea fuera de su sede permanente, basta la decisión de la Junta Directiva y no, como es lo normal, la mayoritaria de los parlamentarios. Se impide la elección individual por cada diputado de la elección de los miembros de la Directiva (artículo 7), quienes han de ser postulados como parte de una plancha, evitándose las candidaturas individuales. El contacto de los parlamentarios con sus electores se ajusta en el Reglamento para disponer la relación de éstos con todos los ciudadanos y con las instancias del sistema del Estado comunal en cierne, a fin de que rindan sus cuentas con apego al programa político que les vincula; no tanto para conocer de las exigencias cotidianas de éstos y *ex novo* (artículo 13, 2 y 3). Se les elimina a los diputados su derecho a la asociación en grupos parlamentarios (artículo 17, 4 del anterior Reglamento), y los cinco minutos de intervención para debatir sobre el orden del día, le son reducidos a dos, y las mociones del caso no pueden traer a colación el tratamiento de temas distintos a los fijados previamente por la directiva de la Asamblea (artículo 26 y 105, 6), entre otros.

B. *El paralelo necesario con la historia*

No huelga recordar que la *Ley para solucionar los peligros que acechan al Pueblo y al Estado* es el nombre de la Ley Habilitante que le aprueba a Adolf Hitler el parlamento alemán, un 23 de marzo de 1933. Es el punto de partida de su dictadura, luego de que los suyos incendian la sede legislativa –el Reichstag– y cuando, ante la emergencia, aquél obtiene poderes para legislar con su gabinete mediante decreto y en defecto del mismo órgano legiferante.

En nuestro caso Hugo Chávez Frías pide ser habilitado por una emergencia menor a la de nuestros países vecinos –la tragedia natural que ocasionan las lluvias– a fin de alcanzar el dictado de las medidas que le permitan cerrar el círculo ominoso de su proyecto personal totalitario. Arguye para sus adentros, pero no lo ocultan sus gestos y expresiones, que existen graves peligros a conjurar y le acechan tanto a él, quien se juzga la encarnación del pueblo, como a los suyos.

La ley, en lo formal, con base en la farisaica explicación a cuyo tenor urge solventar "necesidades humanas vitales y urgentes derivadas de las condiciones sociales de pobreza y de las lluvias, derrumbes, inundaciones y otros eventos producidos por la problemática ambiental", le autoriza legislar en todos los ámbitos constitucionales posibles: infraestructura, transporte y servicios públicos; vivienda y hábitat; ordenación territorial, desarrollo integral, y uso de las tierras urbanas y rurales; finanzas y tributos; seguridad ciudadana y jurídica; seguridad y defensa integral; cooperación internacional; sistema socioeconómico de la Nación; en fin, le faculta para completar y desarrollar el círculo del Estado comunal –marxista y comunista– que esbozan las leyes de su "paquete socialista" y disponer de los mecanismos de seguridad y disciplina social que reclama la implementación del modelo político emergente.

Adolf Hitler, no debe olvidarse, es nombrado Canciller de Alemania el 30 de enero de 1933. Le exige al Presidente alemán Hindenburg, en lo inmediato, la disolución del Congreso y la convocatoria de elecciones. Algo semejante ocurre entre nosotros hacia 1999 cuando se clausura el Congreso electo en 1998 en medio del deslave de Vargas y a propósito de la Constituyente que el mismo Chávez exige para tal propósito y al asumir el mando por vez primera. Es, cambiando lo cambiable, cuanto también sucede ahora, pues ha lugar un cierre técnico de la legislatura que se inicia en 2011, dado que el dictador no puede hacer con ella de las suyas.

En su momento, efectuadas las elecciones de marzo, Hitler no logra ser mayoría, alcanza el 44% de los votos; de donde su respuesta es pedirle al Reichstag le conceda una Habilitante que le otorgue plenos poderes. Y el día 23, reunido éste al efecto, aquél se encarga de amedrentar a los diputados y lleva ante las puertas de la legislatura a sus camisas pardas, quienes gritan y amenazan: ¡Los poderes totales... o fuego o muerte!

El otorgamiento de leyes habilitantes lo autoriza la Constitución de Weimar como también la Bolivariana hoy en vigor entre nosotros. Pero Chávez usa y abusa de tales facultades, tanto que en Venezuela, en la práctica, se gobierna y legisla con sus decretos y al ritmo de su estado de ánimo. Todos lo sabemos.

A partir de 1933 el pueblo alemán vive su larga tragedia, permite el Holocausto, y el delirio nazi alcanza su término con la Segunda Gran Guerra y los juicios de Nüremberg. No pocos alemanes creen en la bondad de cuanto ocurre y hasta en la validez del secuestro habido de la voluntad de su Congreso, cuyos diputados aprueban a mano alzada la célebre habilitante del terror.

El filósofo Martin Heidegger sirve luego con su intelecto al mito que deriva en un Infierno: "La Revolución Nacional Socialista no es simplemente la toma del Poder por otro partido que habría crecido para tal finalidad. Por el contrario, esta Revolución aporta el cambio total de nuestra existencia alemana…", observa. Y seguidamente ajusta: "No busquéis las reglas de vuestro ser en los dogmas y las ideas. El Führer mismo, y únicamente él, constituye la realidad alemana de hoy y de mañana; él es su ley… Ni los dogmas ni las verdades racionales deben erigirse en normas de nuestra conducta. Hoy y siempre, el Führer es el único capacitado para decidir lo que es bueno y lo que es malo. El Führer es nuestra única ley", concluye.

No pocas veces Chávez dice y machaca a lo largo de su extendido régimen doceañista: ¡La ley soy yo, el Estado soy yo! Ha transcurrido casi una década desde cuanto lo expresa de forma abierta y ante un cenáculo de líderes agropecuarios enceguecidos. Pero de la palabra esta vez pasa a los hechos.

Exige se le otorgue la ley habilitante que le permita concluir aquello que intenta y no puede con su frustrada reforma constitucional comunista de 2007.

Cuenta la historia que los social demócratas son los únicos quienes se oponen al desafuero de Hitler, ya que los líderes comunistas están en prisión o son asesinados. Otto Wels, líder de los primeros le espeta al Führer: ¡Ninguna acta habilitante lo habilita a Ud. a destruir ideas que son eternas e indestructibles. Ud. puede quitarnos la libertad y la vida, pero no puede privarnos de nuestro honor. "Estamos indefensos, pero no desgraciados". Hitler, creyendo que el poder sumo le espera a la vuelta de la esquina y hasta la eternidad, espeta: ¡Ustedes ya no son necesarios… La hora de su muerte ha sonado!

La Asamblea Nacional, que deja de representar a la soberanía desde el momento cuando el pueblo le quita su apoyo al absolutismo parlamentario y apuesta por el equilibrio democrático el último 26 de septiembre, por órdenes del Presidente funda en diciembre un Estado paralelo que sustituye finalmente a la República democrática de Venezuela. Adquiere vida, por vía inconstitucional, el Estado comunal con sus comunas y contralorías sociales o "gestapos" vecinales, así como el parlamento comunal, que sirven de sustento orgánico –todos a una– a la dictadura ahora en acción.

Llega a su fin la propiedad privada y los propietarios son perseguidos como en su momento lo son los judíos en la Alemania nazi. La posibilidad de disentir, a través del Twitter o de Internet o de la televisión, no se hace sin riesgos, cunde la censura. No cabe para nuestro Hitler criollo redivivo sino el dogma del hombre nuevo, hijo de la Revolución he imaginado por Ernesto "Ché" Guevara, pero recreado antes en su mente desquiciada por Adolf Hitler a costa de millones de vidas inocentes y el concurso de una legión de hombres y mujeres cegados por el fanatismo.

Los tribunales internacionales al término del horror siempre tienen una tarea que cumplir, pero como símbolo que no repara lo irreparable. Esa es la historia.

C. *La respuesta de la doctrina a la usurpación por la Asamblea de la soberanía*

La Constitución de 1999, a tenor de sus disposiciones como de las interpretaciones que de aquélla realizan la jurisdicción constitucional y sus propios redactores, cierra en Venezuela el capítulo de la democracia representativa, para afirmar una democracia de participación.

En otras palabras, se abandona la teoría clásica a cuyo tenor el representante, una vez elegido, asume el poder de querer y decidir por cuenta y en lugar del pueblo soberano, es decir, el pueblo se gobierna por medio de sus elegidos; a un punto tal –como lo aprecia la teoría del contrato social de Rousseau, que es crítica de la representación– que el pueblo soberano puede decir "quiero actualmente lo que quiere tal o cual hombre" y también "lo que este hombre quiera mañana, yo lo querré también"(R. Carré de Malberg, *Teoría general del Estado*, México, FCE, 1998).

El argumento que cuestiona a la democracia representativa y es consistente con la democracia participativa que predica repetidamente el constituyente venezolano, hace buena la idea según la cual la voluntad soberana del pueblo, al no poder enajenarse y siendo que el llamado representante electo es apenas un mandatario o comisario, mal puede encadenarse o hipotecarse hacia el futuro. En concreto, los diputados o legisladores están colocados, permanentemente, bajo la dependencia de sus comitentes, que son los ciudadanos, y subordinados a la voluntad popular, única que puede hacer acto de soberanía.

En consecuencia, dado el límite temporal a que se encuentra sujeta toda legislatura en una democracia, que es objeto por lo mismo de renovación periódica por exigencias de la misma democracia y de su principio de alternabilidad, la Asamblea Nacional carece de potestad para decidir más allá del mandato que la apodera y otorgar, como lo hace, una ley habilitante al Presidente de la República por un lapso de tiempo que desborda a la propia autoridad de los parlamentarios que la integran.

Cabe precisar que lo indicado en nada cuestiona la vigencia temporal de las leyes ordinarias y más allá del tiempo de duración de la legislatura que las adopta, visto que los elementos espaciales, temporales, materiales y personales de aquéllas, unas vez concretados y hechos públicos, se colocan con vida propia en la sociedad, como realidades externas al Estado y sus poderes, hasta tanto sean derogadas o modificadas por las legislaturas sucedáneas.

En el caso de las leyes habilitantes la realidad legislativa no cristaliza, queda en suspenso, hasta tanto el órgano habilitado –en nuestro caso el Presidente de la República– decide legislar por decreto; lo que puede hacer sólo hasta el momento mismo de la duración del mandato de los diputados quienes transfieren sus potestades al órgano habilitado, no más allá. Hacerlo equivale a tanto como a la posibilidad extrema de que los diputados de una legislatura determinada extiendan su mandato mediante acto propio, fuera del tiempo constitucional previsto y a contrapelo de la voluntad popular, condicionando la actuación de los diputados quienes les sucedan en sus mandatos.

Lo antes dicho mejor se entiende a la luz de una disposición cuyo espíritu contemplan las normas constitucionales de los artículos 205 y 210, y que mejor precisa una vieja disposición contenida en el artículo 84 de la Constitución de 1931, que previene acerca de la prohibición de encadenamiento –hacia el futuro– de la actividad legislativa: "Los proyectos que quedaren pendientes en cualquiera de las Cámaras, al fin de las sesiones, no podrán volver a discutirse sino mediante nueva presentación en las sesiones del año siguiente o de los posteriores, y entonces deberán sufrir las mismas discusiones que si fueran nuevos".

El mismo principio de la temporalidad del mandato legislativo, que impide la hipoteca de las legislaturas sucesivas –dada la misma temporalidad y la naturaleza del mandato que reciben los legisladores– lo pone de manifiesto, a manera de ejemplo, la Constitución de Colombia, que en su artículo 162 e incluso en su mayor amplitud, dispone que: "Los proyectos de ley que no hubieren completado su trámite en una legislatura,…, continuarán su trámite en la siguiente, en el estado en que se encuentren, [pero] ningún proyecto podrá ser considerado en más de dos legislaturas".

XVIII. DOS EDITORIALES

Algunos analistas políticos locales, deseosos de que la realidad no les resulte tan ominosa como se les presenta, arguyen aún que en Venezuela estamos en vías de…, o a punto de…, o en la antesala de la dictadura. Pero en su distancia no comprometida, que le permite una más precisa y panorámica observación, el diario La Nación de Buenos Aires habla del golpe de Estado consumado este último diciembre en Venezuela, ante la mirada indiferente de las Américas: "Chávez puso en marcha y ejecutó, con total descaro, una monumental estafa política. Burda como pocas en la historia de la región", afirma el rotativo en su editorial.

Cuenta lo que todos sabemos pero no logramos hilar por elemental. Recuerda la victoria de la oposición en las elecciones parlamentarias del 26 de septiembre y explica la amañada fórmula – impuesta desde Miraflores y hecha realidad por la Asamblea revolucionaria y su prolongación, el CNE– de computar los votos en los distintos distritos electorales diluyendo los urbanos y privilegiando los rurales, para que al fin funcionen las "matemáticas de la revolución": A menos votos más diputados.

La pérdida de la mayoría, léase de la popularidad sobre la que construye –el "supuestamente providencial" mandatario, según la opinión pública argentina– su régimen arbitrario, militar y populista lo obliga a desnudarse. Se muestra ahora tal y como es, como nunca deja de serlo, con el igual talante del golpista que es desde el 4 de febrero de 1992.

Por ello, explica La Nación, "se hizo delegar a sí mismo facultades legislativas por un período de 18 meses... asumió facultades totales... consumando la inocultable estafa política apuntada". ¡Y es que tras la excusa de las lluvias le pone coto y toma bajo su mando la totalidad del andamiaje institucional y normativo de Venezuela!

El corolario es de Perogrullo: "se ha transformado en omnipotente. Esto es, en dictador", precisa el diario sureño. Ha despojado a la próxima legislatura "de lo sustancial de sus facultades", a cuyo efecto el editorial fija las responsabilidades por la fractura terminante de la democracia venezolana: "Los sumisos legisladores actuales son cómplices necesarios... al haber legislado más allá del plazo de sus respectivos mandatos, burlando groseramente la voluntad popular".

Júrate Rosales, periodista quien es voz de la conciencia colectiva venezolana, sin pretenderlo, en su –columna *Fatum*– sobre el signo de fatalidad que acompaña al gobierno de Chávez y lo lleva hacia su propia destrucción, completa recién y sin proponérselo el párrafo del editorial comentado: "La atropellada carrera para imponer a Venezuela –por la vía legislativa– el paquete comunista [las leyes habilitante, de las comunas, de censura a la expresión e intervención de la autonomía universitaria], llenará con su descripción páginas de los manuales de historia por décadas y siglos".

Su sentencia es lacónica: "Esos diputados que sin procedimiento legal alguno aplauden y votan a favor del paquete comunista, tendrán sus nombres colocados en aquellas páginas de la Historia. Al igual que después del período nazi, cuando los hijos y nietos de los líderes hitlerianos buscaban cambiarse el apellido, los hijos y nietos de esos diputados cargarán por siempre con un peso que marcará sus vidas", finaliza Rosales.

La Nación, a su turno, denuncia algo que le preocupa y ya no nos escandaliza a los venezolanos, como lo es que el "golpe de Estado" dado por Chávez y sus diputados ocurre bajo la mirada inmóvil de la Organización de los Estados Americanos y sus gobiernos miembros, "como si tuvieran miedo".

Legitiman, en la práctica, "lo que es una ruptura democrática tan abierta y clara, como brutal, y abandonando al pueblo venezolano a su suerte".

Luego de ello, para quedar con su conciencia tranquila, José Miguel Insulza, Secretario General de la OEA, se contenta con decir, una vez consumados los hechos, pero nada más, que la habilitante es contraria a la Carta Democrática Interamericana.

Venezuela, en síntesis, vive otra dictadura, pero más perversa que todas las que preceden en sus doscientos años de vida republicana. ¡Y es que la actual pretende, desde 1999 y paulatinamente –dos pasos adelante, uno atrás– disolver lo que somos y hemos sido como Nación a fuerza de errores y logros muchos, durante el curso de esas dos centurias!

Engañados por un pecado original, la Constitución Bolivariana –innova-dora nominal sobre derechos humanos, pero como lo advierte desde 2002 la propia Comisión Interamericana de Derechos Humanos, carente "de mecanismos de pesos y contrapesos como forma de controlar el ejercicio del poder público y garantizar la vigencia de los derechos humanos"– facilita su desmantelamiento paulatino, hasta el punto en que la patria que nos acoge desde 1811 deja de ser tal para ser poseída y violentada por un espíritu ajeno, cristalización del mal absoluto.

El respiro que significa para la mayoría de los venezolanos, amantes de la libertad, el ingreso a la neonata Asamblea que se instala el enero de 2001 de un número importante de diputados que los representan y son opositores a la bancada dictatorial, en modo alguno sugiere que la democracia se reconstituye entre nosotros y queda atrás la preocupación de Insulza.

Juan Vicente Gómez y Marcos Pérez Jiménez tienen sus Congresos y no por ello dejan de ser dictadores. Sus parlamentarios carecen de libertad para parlamentar y para decidir sobre las leyes que se aprueban o no. Esta vez tenemos Asamblea, pero quien legisla es el Presidente y por el resto de su mandato.

La habilitación realizada por la Asamblea moribunda y en desafío de la voluntad popular expresada en las elecciones del pasado 26 de septiembre, de suyo marca el inicio de una dictadura inconstitucional. No se trata de la dictadura constitucional, de estirpe romana, en la que cabe la habilitación del gobernante para que gobierne mediante decretos por un tiempo determinado y para sortear las emergencias constitucionales.

Vivimos una dictadura, en fin. Los diputados de la democracia deben comportarse a la altura del desafío. La resistencia –ya que no cabe diálogo entre dictadores y demócratas– ha de ser la pauta, hasta que la libertad y la autonomía del parlamento vuelvan a florecer.

Como en otros tiempos y lugares, según el testimonio de la historia y por virtud de los ciclos de la vida humana, a la oscuridad de la noche o al tiempo invernal extremo le sobreviene siempre la luz de la libertad, si así se lo proponen los pueblos. Es el desafío pendiente, al concluir Venezuela su año 2010.

2011
TRAIDOR A LA PATRIA, HASTA EN LA AGONÍA

"Ahora, en este nuevo momento de dificultades, y sobre todo desde que el mismo Fidel CASTRO en persona, el mismo del Cuartel Moncada, el mismo del Granma, el mismito de la Sierra Maestra, el gigante de siempre, vino a anunciarme la dura noticia del hallazgo cancerígeno, comencé a pedirle a mi señor Jesús, al Dios de mis padres, diría Simón BOLÍVAR; al manto de la Virgen, diría mi madre Elena; a los espíritus de la sabana, diría Florentino CORONADO; para que me concedieran la posibilidad de hablarles, no desde otro sendero abismal, no desde una oscura caverna o una noche sin estrellas. Ahora quería hablarles desde este camino empinado por donde siento que voy saliendo ya de otro abismo. Ahora quería hablarles con el sol del amanecer que siento me ilumina."

Hugo Chávez Frías
La Habana, 30 de julio 2011

I. LA DICTADURA, CONFIRMADA POR LA JUSTICIA Y TOLERADA POR LA OEA

Al igual que le ocurre a Cipriano Castro, el presidente Chávez enferma y su imagen de hombre construido con barro de dioses cae estrepitosamente. El mito de su invencibilidad cede ante los ojos de quienes le siguen con devoción casi religiosa y ahora se pelean entre sí por la eventual sucesión.

El año 2011 y los días que le siguen –hasta el término de esta narrativa– en sus inicios son el reflejo o acaso representan los estertores de una tragedia humana y política consumada, que se aproxima hacia su final, ahora o más tarde, pero inevitablemente. ¡Y es que con Chávez se clausura una etapa dentro de la historia de Venezuela que arranca con el final de la República de partidos, en 1989!

Por lo demás, es acaso el último signo de un siglo XX prorrogado y en su deslave, pues arrastra los barriales de una obra de modernización acabada pero en fase declinante, y cubre con su deshacer el espacio de una generación: si acaso lo contamos desde el Bicentenario del nacimiento de Simón Bolívar que coincide con el juramento que hacen el mismo Chávez y sus camaradas de cuartel ante el Samán de Güere (1983). La historia patria, lo muestra la experiencia, otra vez vive su *anacyclosis,* nace y muere cada treinta años.

2011, sin embargo o acaso por razón de lo anterior, cursa y concluye con los arrebatos finales desbordados de quienes se saben políticamente muertos con el fin probable –acaso electoral o bien providencial– de nuestro último gendarme de uniforme; quien se prorroga, cabe repetirlo, hasta el siglo de la inteligencia artificial e intenta montar una revolución jurásica con ritmo digital.

La exégesis a profundidad resulta irrelevante desde el punto de vista constitucional. En el precedente, según lo visto, la mascarada democrática llega a su final y a finales del mismo. El golpe concertado entre el Presidente y la Asamblea para reforzar su poder ya casi absoluto, por sobre la Constitución y en defecto del nuevo parlamento electo, desnuda a la dictadura que hace del disimulo su regla de oro y permite calificarla hasta entonces como demoautocracia. Y basta, para reafirmar ello, el ucase que el Tribunal Supremo de Justicia le da al gendarme para que ejerza en plenitud sus poderes y de rienda suelta a sus devaneos dictatoriales, militares y comunistas.

Las palabras leídas y dichas en la inauguración del Año Judicial de 2011 por uno de los magistrados supremos, Fernando Vegas Torrealba, quien habla en nombre de sus pares y de la Sala Plena que lo designa para la ocasión, y quien antes rinde su adhesión al Comandante Presidente, no reclaman de comentarios. Bastan por sí solas.

"Así como en el pasado, bajo el imperio de las constituciones liberales que rigieron el llamado estado de derecho, la Corte de Casación, la Corte Federal y de Casación o la Corte Suprema de Justicia y demás tribunales, se consagraban a la defensa de las estructuras liberal-democráticas y combatían con sus sentencias a quienes pretendían subvertir ese orden en cualquiera de las competencias ya fuese penal, laboral o civil, de la misma manera este Tribunal Supremo de Justicia y el resto de los tribunales de la República, deben aplicar severamente las leyes para sancionar conductas o reconducir causas que vayan en desmedro de la construcción del Socialismo Bolivariano".

José Miguel Insulza, Secretario General de la OEA como cabe registrarlo ahora cohonesta de manera sostenida y desde cuando asume sus funciones el uso que hacen el dictador venezolano y los suyos de las formas del Derecho y de la misma democracia para acabar con la libertad de los venezolanos y sus garantías institucionales.

Su actitud resbaladiza, sus muchos silencios al respecto, los cubre arguyendo el principio de la No intervención. Y olvida, a conveniencia o por ignorancia, que tal principio encuentra su génesis en la Doctrina Monroe, justamente para la protección de los ideales republicanos y el modelo de gobierno que se dan nuestras naciones a partir de la Independencia. Sin su defensa a pie juntillas –que para eso es creada en 1948– la misma OEA pierde su vocación y sentido.

Al admitir *in extremis* que la castración de la naciente Asamblea Nacional por su predecesora, transformando en supremo legislador al inquilino de Miraflores, viola el espíritu de la Carta Democrática Interamericana, lo hace a título de mera opinión, y nada más. No tiene en cuenta que la Carta mencionada, cuyo texto es algo más que simple "espíritu" e interpreta de modo auténtico las obligaciones democráticas que pesan sobre los Estados según el estatuto de la organización hemisférica citada y la Convención Americana de Derechos Humanos, dice bien en su artículo 20 que cualquier Estado miembro o el Secretario General pueden solicitar –sin requerir la autorización del país afectado– la convocatoria del Consejo Permanente para que aprecie y decida acerca de "una alteración grave del ordenamiento constitucional" que afecte gravemente al orden democrático.

Pero los tiempos, desgraciadamente son otros. La OEA no acusa dudas ni zigzagueos antes, en su firme conducta de defensa a la democracia en 1979 y frente a la dictadura nicaragüense de Somoza. El Canciller de Venezuela, José Alberto Zambrano Velasco, esgrime categórico ante el pleno regional que ningún gobierno puede tremolar la idea de la soberanía para atrincherarse tras ella y violar los derechos de sus ciudadanos. Y el caso es que la democracia, como hoy lo reconoce expresamente la Carta Democrática mencionada, es un derecho humano y un deber de los gobiernos garantizarla.

Para la época, casualmente, Roy Chaderton Matos, actual embajador venezolano ante el foro hemisférico y quien esta vez cuestiona agriamente la postura meramente verbal de Insulza, ejerce como Director de Política Exterior.

Participa del gobierno de Luis Herrera Campíns y acompaña entusiasta la tesis de Zambrano, acogida unánimemente por la OEA. No tiene memoria, por decir lo menos.

Uno y otro caso, el de Insulza y el de Chaderton Matos, muestran, desde perspectivas distintas, el peso igual que la doble moral –el engaño instituido como política de Estado– ejerce dentro de los predios de la izquierda latinoamericana. La ética democrática, cabe decirlo, es distinta, exige que los fines legítimos se alcancen a través de medios legítimos y no de la mentira.

El respiro que significa para la mayoría de los venezolanos, amantes de la libertad, el ingreso a la Asamblea Nacional –desde inicios del año– de un número importante de diputados que los representan y son opositores a la bancada dictatorial, en modo alguno sugiere, cabe advertirlo, que la democracia se reconstituye siquiera parcialmente y queda atrás la preocupación simbólica de Insulza. Juan Vicente Gómez y Marcos Pérez Jiménez tienen sus Congresos y no por ello dejan de ser dictadores. Sus parlamentarios carecen de libertad para parlamentar y para decidir sobre que leyes aprueban o no. Esta vez tenemos Asamblea, pero quien legisla es el Presidente y, por lo demás, no cabe cohabitación alguna entre la dictadura y la democracia.

Vivimos una dictadura, en fin. Cede la Constitución y causa hilaridad citar sus artículos violados a lo largo de la década y algo más de su vigencia, que son todos. Los diputados de la democracia deben comportarse, en lo sucesivo, a la altura del desafío. La resistencia desde el parlamento ha de ser la pauta, hasta que la libertad y la autonomía del mismo parlamento vuelva a florecer.

II. COMANDANTE EN JEFE

En lo adelante, los subalternos mandan a sus superiores dentro de la FF.AA., y los retirados vuelven como activos. El 21 de marzo se publica en *Gaceta Oficial* el decreto que reforma a la Ley Orgánica de la Fuerza Armada Bolivariana. Lo dicta el "dictador" una vez más, amén de hacerlo con fundamento en la Habilitante que le expide la Asamblea incompetente antes citada arguyendo la emergencia de las lluvias. Se trata de una reforma constante de 48 artículos, en la que destaca la firma original de nuestro legislador supremo y hasta su sello, y la de nadie más salvo los nombres sin firma de sus ministros.

Además de la desestructuración que provoca dicha reforma sobre la Fuerza Armada, para darle pasó e importancia creciente a la milicia revolucionaria, un aspecto medular que viene de atrás, desde cuando el dictador abandona su condición de Teniente Coronel expulsado de las FF.AA. por golpista y adquiere luego, de mano propia, el rango militar de Comandante en Jefe, es puesto sobre el tapete. Se reitera, a contrapelo del ordenamiento constitucional, la realidad específica y distinta del Comandante en Jefe con relación al Presidente de la República; quien, conforme a la Constitución, es quien como tal sujeta a las Fuerzas Armadas y las somete a su dependencia como primera autoridad civil. Y no a la inversa.

El asunto no es cosmético. Basta la lectura del artículo 6 de la ley reformada, para entenderlo a cabalidad:

"El Presidente o Presidenta de la República **tiene el grado militar de Comandante en Jefe** y es la máxima autoridad jerárquica de la Fuerza Armada Nacional Bolivariana. Ejerce el mando supremo de ésta, de acuerdo con lo previsto en la Constitución de la República Bolivariana de Venezuela y demás leyes. **Dirige el desarrollo general de las operaciones, define y activa el área de conflicto, los teatros de operaciones y regiones estratégicas de defensa integral, así como los espacios para maniobras y demostraciones, designando sus respectivos Comandantes** y fijándoles la jurisdicción territorial correspondiente, según la naturaleza del caso. Tiene bajo su mando y dirección la Comandancia en Jefe, integrada por un Estado Mayor y las unidades que designe. Su organización y funcionamiento se rige por lo establecido en el reglamento respectivo. **Las insignias de grado y el estandarte del Comandante en Jefe serán establecidos en el Reglamento respectivo**" (Negritas nuestras).

En síntesis, ahora el Presidente tiene rango militar. No solo comanda a título personal, como Jefe del Estado, sino que hasta tiene Comandancia; dispone sobre todas las operaciones militares y dibuja libremente la geografía patria y la somete a la autoridad de sus uniformados; designa comandantes aquí y allá, sin importar jerarquías, pues al caso la misma ley –artículo 88– obliga a los demás oficiales de cualquier rango someterse a la autoridad de éstos; usa uniforme, tiene insignias y hasta se da una bandera. Nada menos.

La cuestión es que en toda democracia, cuando se precia de serlo, la autoridad civil somete a la militar. La democracia se hace de diálogo y este salta cuando se dialoga con las armas sobre la mesa. No por azar, la Carta Democrática Interamericana declara, en su artículo 4, como componente fundamental del ejercicio de la democracia, la subordinación de todas las instituciones del Estado a la autoridad civil legalmente constituida.

No cabe, pues, a pesar de los resabios históricos, escindir la autoridad civil de la militar o someter aquélla a ésta, tal y como ocurre cuando Juan Vicente Gómez ejerce como Comandante desde Maracay mientras Victorino Márquez Bustillos lo hace como Presidente desde Caracas. O según acontece en Chile, cuando Pinochet se separa de la Presidencia y la entrega a Patricio Aylwin, permaneciendo como jefe único del mundo militar hasta que la realidad se lo lleva en los cuernos.

Varias consecuencias de mala ley –no puede hablarse de buena ley cuando la dicta un dictador– apareja la reforma. Una, cristaliza la dictadura "militar". Dos, el dictador construye su día después, imaginándose como Comandante, de verse obligado a transferir la presidencia. Tres, ajusta la milicia para que lo defienda en la calle y, llegado el caso, asesine a civiles como en Libia. Y cuatro, impide que la verticalidad militar lo eyecte del poder, subvirtiendo las jerarquías. En fin, los subalternos mandan a sus superiores, y los retirados vuelven como activos, bajo el halago –artículo 104– de los rangos no alcanzados antes.

III. VENEZUELA, BAJO LA MIRADA INTERAMERICANA

La Comisión Interamericana de Derechos Humanos presenta hacia junio su informe anual a la Asamblea General de la OEA, en El Salvador. Venezuela es motivo de alarma para los observadores del Hemisferio. Y como afirman los representantes de nuestro dictador a la defensiva, cuentas pendientes las tienen todos los países; pero lo cierto es que no todos los países quedan bajo foco especial del sistema tutelar de los derechos de la persona humana en el Hemisferio.

Problemas de derechos humanos se acusan desde antes de llegar la dictadura, mas también eran específicos, superables dentro de un cuadro institucional proclive a la mejor garantía de aquéllos.

Durante los casi trece años que cumple la actual administración la situación en la materia adquiere perfiles gravosos, a un punto que puede decirse, sin exagerar, que existe una política de Estado, general y sistemática, dispuesta para la violación de derechos humanos. De allí que, junto a Colombia, Cuba y Honduras, ofrezcamos el cuadro más preocupante durante el año de evaluación.

La situación reviste características todavía más lamentables – Colombia por el drama guerrillero, Honduras por su sismo institucional, Cuba por ser un caso perdido– puesto que hace relación, en nuestro caso, con las estructuras de violencia y criminales que procura el modelo de socialismo marxista, su colusión con el narcoterrorismo, y el desmantelamiento de la democracia.

Y si bien cada violación tiene un autor o individuo responsable, la suma de las violaciones ocurridas interpela a Hugo Chávez Frías, por ir más allá de su función como cabeza del Poder Ejecutivo y asumir con carácter totalizante y totalitario el rol constitucional de Jefe del Estado. No por azar, pasados dos meses desde cuando asume la Presidencia, en 1999, le aclara a la antigua Corte Suprema de Justicia, previniéndola, sobre "la exclusividad presidencial [la suya] en la conducción del Estado".

El Informe de la CIDH, que en esencia actualiza su anterior informe especial de diciembre de 2009, titulado "Democracia y derechos humanos en Venezuela", vuelve como antes sobre lo fundamental, a saber, la falta de autonomía e independencia de la Justicia; en otras palabras, la violación de uno de los elementos esenciales de la democracia, en cuyo defecto la misma falta y no sólo es débil.

La interferencia gubernamental sobre la Justicia, la provisionalidad de los jueces y su remoción arbitraria, la ausencia de concursos y de una carrera en el Ministerio Público, sobre todo la criminalización de personas a quienes el Estado considera enemigos, marcan la pauta. El tema de la juez María de Lourdes Afiuni –presa por órdenes del presidente Chávez– es el emblema de lo anterior para la OEA, al que sigue el cerco judicial a los defensores de derechos humanos, víctimas incluso de asesinatos, en lo particular de líderes sindicales.

El ejercicio de los derechos políticos y sus limitaciones angustian, pues con ello se afecta a otro de los elementos esenciales de la democracia. Y al respecto, salta a la palestra la práctica de las inhabilitaciones.

Se suma, por su incidencia en el otro elemento primordial de la experiencia democrática como es la elección libre de los representantes, la hipoteca que sufre el Poder Electoral venezolano por causa propia y por obra también de la Asamblea Nacional. La eliminación de la representación proporcional de las minorías en la Ley de Procesos Electorales, la modificación a conveniencia de las circunscripciones, y la caja negra que significa el registro electoral, son manchas que caen sobre el Estado y lo descubren en su falta de garantías reales a los derechos, como lo explica el Informe Anual.

Los derechos humanos, su respeto y garantía surgen como el primer elemento característico de una democracia. Y si los hechos anteriores de suyo comprometen a dicho estándar, la CIDH pone de relieve dos cuestiones que antes que moderarse se ven profundizadas en los últimos años. Una, los homicidios, como principal causa de muerte de los jóvenes entre 15 y 19 años, que la dictadura atribuye a una realidad mundial que no nos es extraña; pero que el Sistema Interamericano advierte ser la consecuencia del clima de violencia que procura el mismo Estado. La prueba ominosa es la creación de las milicias bolivarianas. Se arma a la población civil y se la predispone para el conflicto. Otra es, la situación carcelaria nacional, que no reclama de explicaciones por su evidencia y crudeza.

El informe de la CIDH concluye destacando la falencia en Venezuela de ese otro elemento que sirve de columna vertebral a la democracia: la libertad de expresión. La persecución criminal de los periodistas y editores –los casos de Guillermo Zuloaga y Nelson J. Mezerhane Gosen están bajo el foco interamericano– ocupa numerosos y reveladores párrafos.

Las recomendaciones no se hacen esperar. Respeto a los derechos políticos de todos, no usar el poder punitivo para perseguir a los adversarios, separación de poderes, desarme y protección de la vida, cese de la violencia contra los medios, instituciones plurales y forjadoras del diálogo, derecho a la justicia y al debido proceso, limitación de las prisiones preventivas, mejora del sistema penitenciario, transparencia oficial, estimulo a la defensa de derechos humanos, en suma, democracia plena y a plenitud, es la consigna. Todo un programa de gobierno.

Pero si acaso existe alguna duda sobre los informes de la CIDH –pues el gobierno les tacha por parcializados– la realidad es terca. Sobreviene hacia junio la masacre de El Rodeo. Son 3.500 militares quienes toman, mediante las armas, la cárcel del mismo nombre. Casi un soldado por cada preso que buscan someter. Las bajas son una vergüenza, una bofetada a la civilidad. Las muertes de la reyerta entre los reclusos suman 26 más 82 heridos. Los caídos de la confrontación sucesiva con las fuerzas regulares son 3, más otros 20 lesionados, en su mayoría guardias nacionales. ¡Pero es que las muertes obra de la violencia penitenciaria crecen cada día, durante cada año! Es una tragedia que sólo disminuye cuando se la compara con los 20 mil homicidios que ocurren por las calles de Venezuela en doce meses.

El asunto trae a la memoria de los observadores regionales el caso de El Frontón, que años atrás origina la condena del Estado peruano por la Corte Interamericana de Derechos Humanos. El gobierno instalado en Lima le ordena a las Fuerzas Armadas poner orden en la cárcel situada en la isla del mismo nombre, y éstas, eficaces y sin miramientos –los condenados no tienen dignidad– resuelven el asunto a la brava. Minan las bases del edificio penitenciario y pasada la medianoche lo derrumban, con los presos adentro. Cede la indisciplina. Llega la paz, pero en los sepulcros.

En El Rodeo las cosas no alcanzan a tanto, mas se le parecen en su tratamiento. Los militares, bajo órdenes superiores, ponen orden al desorden e intentan mitigar los riesgos graves que el mismo Estado crea, por omisión, corrupción, e indolencia. De modo que las muertes producto de la anarquía carcelaria tienen un responsable, a saber las autoridades encargadas de atender el problema y no lo hacen, a pesar del reclamo que les formula desde 2008 y a propósito de la misma cárcel El Rodeo la Corte Interamericana de Derechos Humanos.

La cabeza de los responsables se encuentra en La Habana. Es un presidente enfermo, pero que no lo está para cuando el asunto toma cuerpo y se agrava, y no le dedica tiempo porque el tiempo de la revolución y a su culto personal es más importante. Y ante cada crisis, extrañamente, huye al extranjero.

La verdad es que a la altura de los acontecimientos sólo se aprecia que el régimen, altanero y contumaz frente al Sistema Interamericano, también deja de ser dictadura para situarse hoy como partero de la disolución, de la anarquía social. Ésta no se detiene y aumenta en su decurso fatal durante los días que corren. Y esa fatalidad tiene como primer rostro a El Rodeo, radiografía de lo que acontece en todos los ámbitos de la vida nacional y de lo que puede ocurrirnos –en una suerte de "libianización"- si el tren del despropósito no es frenado a tiempo.

Para la evaluación que cabe no huelga observar que tanto como Walid Makled –empresario de la revolución– no procura en soledad sus crímenes de narcotráfico ni despacha, libre de complicidades oficiales, alijos desde la rampa presidencial de Maiquetía, los reclusos de El Rodeo mal poseen un arsenal y drogas suficientes para animar sus revueltas sangrientas de cada semana sin el apoyo de sus vigilantes. Así de simple.

La grave degeneración del sector carcelario y nuestra condición de Estado bajo observación internacional por violaciones generalizadas y sistemáticas de derechos humanos puede ser explicada desde múltiples ángulos. Desde el abandono oficial, la falta de nuevas cárceles, la ausencia de jueces honestos y competentes, la indolencia del Ministerio Fiscal y de la Defensora del Pueblo, hasta la visión dominante de la represión y no de la re-educación en el modelo de nuestras prisiones. No obstante, hay un denominador común a lo anterior y es la propia revolución.

El presidente enfermo arma al pueblo para la defensa de su dictadura. Al igual que Lenin con la Revolución rusa, hace del lumpen social y delictivo la base de su milicia popular. Las cárceles son el primer aposento de la insurgencia desde 1999. Ahora desbordadas su progenitor no sabe cómo controlarlas. La solución final, por ende, es la confrontación, la invocación de la muerte y la masacre. La acción de la Guardia Nacional emula a la de la Checa, que con 1.000 hombres ataca a los anarquistas, hace prisioneros a 520 y a 25 los ejecuta en el lugar, hacia 1917.

El proceso nuestro, a fin de cuentas, se viste con el rojo de las víctimas de sus masacres: la del 27F, la del 4F, la del 27N, la de Miraflores el 11-A, la de Plaza Altamira, la del 27F de 2004, y la de El Rodeo. Patria, socialismo y muerte es la consigna. Entre tanto, afectado por una rodilla que limita sus actividades, hasta hoy, transcurridas dos semanas desde su intervención quirúrgica por un absceso pélvico, la presencia dominante del ahora dictador se diluye.

Deja este un vacío que incita. Ni siquiera las cadenas que le dan ánimo a distancia disimulan el efecto de su retiro. El ambiente nacional, contaminado y crispado por su dislocada personalidad queda limpio, al rompe.

¡Y es que el mismo dictador une y desune al país alrededor de sus desgracias, penetra hasta en los tuétanos de la intimidad en cada familia venezolana, perturbándola!

IV. ¿QUIÉN JUZGA A NUESTROS JUECES?

Llegado julio, sin embargo, ocurre la libertad de Alejandro Peña Esclusa y del comisario Lázaro Forero, presos políticos, lo que llena de contento a la sociedad democrática. Pero dejan un mal sabor las circunstancias que la hacen posible, pues al fin y al cabo están libres no por un acto de justicia más que merecida, sino como una gracia que les dispensa el dictador. "La ley soy yo, el Estado soy yo", es su expresión manida.

Hasta tanto la pelona no se le aproxima se muestra inmisericorde en el trato hacia sus adversarios. Y si son los suyos quienes lo abandonan peor les ocurre. Nada que ver con la magnanimidad que a él se le dispensa a raíz de sus golpes de Estado, en 1992.

Pero el dictador, al fin y al cabo es lo que es. Su historia no es un secreto a voces. No por azar, al verse intimado por la opinión pública, que le reclama preocuparse por la misma enfermedad que sufren algunos de sus opositores, modoso pide a los jueces otorgarles algún beneficio; sin que se interprete ello –aclara– como intromisión indebida en los predios judiciales.

"Las damas de la justicia", la Fiscal General de la República, Luisa Ortega Díaz, y su pareja en los despropósitos, Luisa Estela Morales, Presidenta del Tribunal Supremo de Justicia, obvian siquiera las formas que disimulen el cumplimiento de la orden política que reciben. Creen que la opinión no les escruta y acaso olvidan, creyendo que la alegría por la liberación de algunas víctimas no repara en procederes, el modo como atropellan al Estado de Derecho y sus instituciones.

Vayamos por partes.

El Juzgado de Sustanciación de la Sala Plena del Tribunal Supremo de Justicia, bajo la dirección de la magistrada Morales, ordena someter a un antejuicio de mérito al gobernador y precandidato Henrique Capriles Radonski. El asunto causa el efecto de opinión esperado, que el país entiende como un intento del Gobierno para frenar la aspiración presidencial del mandatario mirandino. Y, acto seguido, Aristóbulo Istúriz anuncia que ni el gobierno ni el PSUV tienen las manos metidas en el asunto; mas admite que quién ejerce la acción es militante chavista, por lo que lo expulsan de sus filas.

Lo cierto, en todo caso, es que un miembro del PSUV moviliza al Supremo Tribunal y éste –admitiendo que se presenta como tal, pero no lo prueba– reacciona favorablemente y sin más. Lo complace. De modo que, basta que Istúriz marque distancia de la iniciativa judicial para que la Morales, en breves horas, de vuelta a las páginas de su mandamiento y lo deje sin efecto. La decisión anterior, que considera procedente el antejuicio y reclama del Ministerio Público realizar las investigaciones penales pertinentes, queda para los anales.

Según la Sala Plena y su Juzgado de Sustanciación, a todas éstas, lo relevante al explicarse sobre lo inexplicable, según lo destaca la prensa, es que Gerson Rafael Pérez Suárez, el actor, no prueba ser miembro del PSUV. ¡Insólito!

Luego viene, así y para colmo del irrespeto a la imparcialidad de la Justicia, la reacción de la Fiscal General ante el anuncio presidencial de liberar a los presos políticos enfermos. No se le ocurre otra cosa que solicitar la reunión inmediata de una Comisión Interinstitucional que evalúe cuáles de éstos han de recibir beneficios para su tratamiento médico. ¡Es casi ocioso preguntar a cuenta de qué la señora Luisa Ortega Díaz se sobrepone a lo que es competencia y responsabilidad exclusiva de cada juez, como lo es acordar, conforme a la ley, las medidas de libertad que le solicitan, desde ha mucho, los mismos presos políticos! Presos, por cierto, que admite como políticos el paciente de La Habana, quien luego y al darse cuenta corrige para llamarlos como alguna vez los titula el inefable José Vicente Rangel, "políticos presos".

La Comisión Interamericana de Derechos Humanos dice bien y afirma, por lo mismo, que la falencia mayor que acusa Venezuela y la muestra de su fragilidad como pretendida democracia, es el uso de la Justicia por el Gobierno para la persecución de sus opositores. En síntesis, declara dicho organismo hemisférico lo que sabemos los venezolanos hasta la saciedad por experimentarlo en carne propia: la disidencia es un crimen.

V.   LA LEY DE COSTOS, PRECIOS Y SALARIOS

Hacia julio cede en Venezuela lo que queda de economía privada, a pesar de la tuición constitucional de la que goza. Las empresas y actividades comerciales particulares que restan son una ficción ¡Y es que el dictador quien ya gobierna desde La Habana y quizás, por enfermo y al intentar recuperarse allí, deja que los hermanos Castro le lleven la mano para la firma de sus decisiones.

Mediante Decreto Ley de 18 de julio pone en vigencia la llamada Ley de Costos, Precios y Salarios, que establece el "control social" –léase gubernamental– sobre todos los bienes y servicios que se presten en el territorio nacional. Una superintendencia nacional asume la tarea, que puede compartir con las organizaciones populares con las que pacte al efecto, según lo revela el artículo 32 del instrumento.

El control sobre la economía y también los servicios que reciben los venezolanos adquiere carácter general y no es regla de excepción. Los beneficios que reciba cualquier operador mercantil o de servicios ahora los determina el Estado.

El artículo 4 de la ley es decidor y no reclama exégesis, pues reza que "[l]os fines del presente Decreto con Rango, Valor y Fuerza de Ley serán materializados a través del Sistema Nacional Integrado de Costos y Precios.

Tales fines son los siguientes: 1. Establecer mecanismos de control previo a aquellas empresas cuyas ganancias son excesivas en proporción a las estructuras de costo de los bienes que producen o comercializan, o de los servicios que prestan. 2. Identificar los agentes económicos que, por la contraprestación de servicios, o ventas de productos, fijan precios excesivos. 3. La fijación de criterios justos de intercambio. 4. Propiciar la implementación de precios justos a través de mecanismos que permitan sincerar costos y gastos. (...).

De modo que, como lo estipula el artículo 10, todo operador económico y comercial que pretenda serlo o continuar siéndolo, debe inscribirse para los fines de ley en las dependencias del Vicepresidente de la República.

La opinión autorizada de los juristas Victorino Márquez Ferrer y Luis A. Herrera Orellana es precisa y concluyente: "Con la entrada en vigencia del DLCPJ, sin que ello se sustente en algún dato objetivo, se elimina el carácter relativamente *excepcional* que hasta los momentos había tenido la regulación de precios (artículo 5 de la Ley para la Defensa de las Personas en el Acceso a Bienes y Servicios, en lo que sigue, Ley del INDEPABIS) y se establece en forma inconstitucional el marco para el desarrollo de una política *general* de regulación de precios de bienes y servicios a través de los órganos del Sistema Nacional Integrado de Costos y Precios, donde la regla serán los precios, costos y ganancias establecidos a discreción por la planificación centralizada, sean los bienes y servicios o no de primera necesidad, y la excepción serán los costos, precios y ganancias determinados en forma libre por el sistema de precios, a los que se presumen en general excesivos y abusivos.

En el estudio que realizan, como miembros del Escritorio Bolinaga, Levy, Márquez y Caniva, afirman aquéllos, sin faltarles razón, que "los artículos 15 y 21, básicamente, 'derogan' inconstitucionalmente el sistema de economía social de mercado y el sistema de precios previstos en los artículos 112, 115, 117 y 299 de la vigente Constitución de 1999, y establecen en su lugar un sistema de colectivización de los medios de producción (para ello no es necesario que la titularidad de esos medios pase formalmente a ser estatal) y un sistema de planificación centralizada de la economía". Agregan, asimismo, que tales disposiciones establecen que la determinación y la modificación de los precios "pasa a ser competencia exclusiva de la SNCP y no ya resultado de la libre interacción conforme a reglas jurídicas de la oferta y la demanda, es decir, del respeto a los principios y el ejercicio de los derechos protegidos por los artículos constitucionales antes mencionados. De este modo, la única justicia a la que se puede humanamente aspirar en este ámbito, que es la que imparte el consumidor y usuario cuando premia la calidad y precios razonables que ofrecen algunos oferentes de bienes y servicios y cuando castiga, con el no consumo y uso, la mala calidad y/o altos precios de bienes y servicios de otros oferentes, será abolida y sustituida por una artificial, falsa, que encubre una decisión arbitraria: la del planificador que unilateral y desinformadamente decidirá qué se produce o presta, a qué costo y a qué precio".

Así las cosas, hacia octubre, la ex magistrada Presidente de la antigua Corte Suprema de Justicia, Cecilia Sosa Gómez, demanda la nulidad por inconstitucionalidad de la ley reseñada, pues viola los principios constitucionales previstos en el régimen socioeconómico de la República, en especial el de la institución del mercado, la libertad económica y la libre competencia. Su argumento es central: "dicho Decreto es inconstitucional debido a la imposición de un régimen económico que pretende controlar el mercado en su totalidad mediante la determinación burocrática estatal de los precios, costos y la limitación de la "justa" ganancia, afectándose el derecho de las personas al acceso de bienes y servicios de calidad que sólo se garantiza mediante el respeto a la institución del mercado que prevé el artículo 299 de la Constitución.

VI. LA LEY DE COMUNICACIÓN POPULAR

No bastando lo anterior, 26.821 venezolanos a quienes la idea del Estado de Derecho poco les importa –y no son la excepción, pues a lo largo del mismo siglo XX éste no encarna como hecho vital en el venezolano común a pesar de su avance en la experiencia de la democracia– llegado agosto presentan a la Asamblea Nacional un proyecto de ley de comunicación popular que encuentra su primera aprobación en el mes de noviembre. Se trata, no obstante, de una iniciativa redactada por un plumífero al servicio de la dictadura, quien luego recolecta las firmas de personas prevenidas o ahítas de alguna dádiva oficial.

Cabe decir que la presentación y el articulado del proyecto expresan un agravio inaudito a la dignidad de ese pueblo comunicador en cuyo nombre se esgrime la necesidad de la ley en cuestión. Es alienante, si cabe la expresión manida, propia de marxistas trasnochados. Los elementos formales del proyecto huelgan en su comentario. Pierden peso ante el planteamiento legislativo que es una suerte de mordaza comunicacional y se suma a los otros precedentes de la dictadura para meter en cintura la prensa libre: la celebérrima sentencia 1013 de la Sala Constitucional del TSJ y la Ley Resorte o Ley de Responsabilidad Social de Radio y Televisión.

No obstante lo anterior, cabe decir que toda ley que busque incidir sobre el ejercicio de los derechos humanos –como los derechos a la comunicación e información en tanto que manifestaciones de la libertad de pensamiento y expresión– ha de tener carácter orgánico y la iniciativa en cuestión no se muestra como tal. Las leyes relacionadas con los derechos fundamentales y su ejercicio, además, han de ser leyes de garantía.

Sólo pueden restringirse éstos de manera estrechamente limitada y con apego estricto a la justas exigencias del bien común en una democracia.

La ley de la comunicación popular es, en propiedad, una ley de medios populares financiados por el Estado; cuyos contenidos quedan sujetos, por obra de la misma ley, a censura. Manifiesta ella, pues, una teleología que corre por caminos contrarios a la esencia de la libertad. Lo que es peor, pretende fundarse en dos antecedentes que no guardan relación ni proporción alguna con la obsesión antiimperialista que le sirve de único motivo, a saber, *El Colombiano* y el *Correo del Orinoco*, obras de Francisco de Miranda y Simón Bolívar.

Un primer escollo para la ley propuesta y al que poco caso hacen los cultores de la dictadura es el relativo al Poder Popular, que no prevé nuestro texto constitucional, sujeto a violencia desde 1999. Y un falso supuesto sobre el que se construye es el que dice sobre "el pueblo comunicador, como protagonista del proceso revolucionario de cambios sociales y políticos que se desarrollan en el país, y como consecuencia de la hegemonía mediática impuesta por las diferentes formas de dominación imperialista con la complicidad de la oligarquía y la canalla mediática nacional".

Una cosa es, en efecto, la aspiración válida de las comunidades y miles de nichos que forman a la sociedad civil de disponer medios de comunicación alternativos que los expresen en su rica diversidad y diferencias, y otra distinta es pagar como precio su homogeneización con propósitos alienantes. El proyecto dispone, en efecto, que "la comunicación transformadora y liberadora e insurgente (opera) a través de la corresponsabilidad entre el Poder Popular y el Estado", de donde se prescribe el registro de los medios alternativos en la Vicepresidencia de la República, ente encargado de financiarlos.

El proyecto habla de libertad e independencia, y fija como base para el modelo de comunicación popular las ideas de la "comunicación comunitaria, alternativa, colectiva, universal que valoriza nuestra identidad cultural anti hegemónica, antiimperialista y oligárquica".

Y lo hace, con cinismo, a la luz de un régimen que medra bajo la dependencia política, ideológica y sanitaria de los comisarios cubanos y se sostiene con los dólares que recibe de la Casa Blanca.

Pero incluso así, al adjetivar la libertad de expresión, sujetándola a moldes preestablecidos de carácter político, prosterna la "difusión de ideas políticas, morales, sociales o religiosas" calificándola de propaganda. El proyecto de ley es una mordaza que pretende castrar la libertad de ideas y criterios al sujetarla bajo control y censura del Estado y las asambleas. Es otra bofetada a la democracia.

VII. LA SENTENCIA 333

La Corte Interamericana de DDHH, reunida en Bogotá el 1° de septiembre, publica su sentencia en el caso de la inhabilitación política de Leopoldo López. Hace historia con ello y a buen seguro se recordará su fallo como el 333, número que le identifica a la vez que indica el número de los otros dictados por la misma Corte desde su fundación, en 1996. Sus efectos son vinculantes en el caso de Leopoldo a quien la Justicia Interamericana, por defecto de la nuestra, habilita para el ejercicio de cargos de elección popular.

Pero se extienden en su validez a los otros Estados partes de la Convención Americana de DDHH, en los que ocurran supuestos parecidos al del ex Alcalde de Chacao.

Cabe recordar que la dictadura, de manos de los poderes a su servicio –la Contraloría y la Sala Constitucional del TSJ– le impide a éste ser candidato a la Alcaldía Mayor de Caracas por situado en las encuestas cerca del propio Chávez y ahora, paradójicamente, aquél avanza en el momento por el camino que le permite confrontar con el autor de la arbitrariedad que lo tiene por víctima. Son designios inescrutables de la Providencia.

La decisión irrita mucho a los funcionarios corresponsables, quienes optan por violar la Convención Americana y comprometer la responsabilidad internacional del Estado por hechos internacionalmente ilícitos, a fin de satisfacer la voluntad del Presidente.

El Canciller Nicolás Maduro dice ahora que estudia el asunto y sigue en pie la lucha del gobierno contra la corrupción. Cabe preguntarle, no obstante, por el destino de los dineros públicos venezolanos que viajan en maletas para intervenir en la política interna de otras naciones y por el juzgamiento de los altos jerarcas de la dictadura, señalados por la comunidad internacional y el propio Walid Makled, empresario de la revolución, como narcotraficantes.

La Contraloría arguye que la sentencia es ilícita y viola el "derecho público internacional". Por lo visto no lee la sentencia en cuestión e ignora que las normas internacionales sobre derechos humanos tienen fuerza constitucional en Venezuela; y omite señalar que el Estado venezolano participa activamente a lo largo de todo el proceso judicial interamericano ocurrido, en acatamiento a la autoridad de la propia Corte y de la Convención por la que ésta rige sus decisiones.

La afirmación anticipada de la señora quien preside el TSJ, Luisa Estela Morales, en cuanto a que no acepta fallos internacionales que desconozcan la fuerza soberana de los que ella dicta a su vez en Sala Constitucional, causa hilaridad. Su capacidad de raciocinio es proporcional a sus miedos ante el dictador y ante las cuentas que ha de rendir, una vez concluya la dictadura. Pone de lado con su argumento lo que es catecismo para estudiantes, a saber que los tratados internacionales de derechos humanos tienen fuerza vinculante, justamente, porque los Estados quienes los suscriben y aprueban lo hacen en ejercicio pleno de sus soberanías. En pocas palabras, la Corte Interamericana ni sus jueces representan un fuero creado por voluntad extraña a la de Venezuela.

La autoridad de la Corte nunca la pone en duda el dictador cuando todavía no se muestra como tal y lo enferma el poder. Saluda antes las sentencias en los casos de El Amparo y El Caracazo, y hasta colabora con su cumplimiento. Mas una vez como el Sistema intenta medirlo a él y a los suyos con la misma regla no le faltan escribientes que tomen nota de sus protestas y hagan propios los argumentos de Anastasio Somoza y Alberto Fujimori. Una vez más trastoca el orden democrático y asesta un golpe del Estado a la Constitución y sus artículos 23 y 31, que no puede cargárselos sin consecuencias gravosas, así no más, tarde o temprano.

VIII. EL OCULTAMIENTO DE LA VERDAD

Fundar el Estado en la verdad es la demanda que plantea a sus compatriotas Vaclav Havel, quien pasa de ser prisionero de la República Socialista Checoslovaca a Presidente de la República Federal Checa y fallece hacia finales del año. Él se pregunta si acaso ello es un sueño, para luego plantearse y plantearnos a los ciudadanos del mundo libre un asunto crucial, como lo es indagar sobre los límites de la tolerancia en una democracia que funcione con apego al Estado de Derecho. Cree bien que la misma tolerancia solo es posible cuando existe un deseo real por la verdad.

El asunto viene al caso, pues Venezuela también se entera de la ominosa condena judicial que sufre el ex gobernador del estado

Zulia y ex candidato presidencial Oswaldo Álvarez Paz, por opinar libre y verazmente. El 19 de septiembre el juez Alberto Rossi Palencia –desconociendo la doctrina universal sobre libertad de expresión– lo envía a prisión por "difusión de información falsa", pues no prueba lo que opina.

El magistrado de marras no intenta siquiera meter sus dedos en la podredumbre que se cuela por los intersticios del Estado venezolano. No hurga en las máximas de la experiencia acerca de las que apenas comenta con preocupación legítima Álvarez Paz. Y como personaje venido del Medioevo, prefiere ejercer su labor inquisitorial sin desafiar el interés superior de la revolución, su dogma de la mentira. ¡Pero se le comprende!

Se comprende al juez y su fallo por lo mismo que se comprende a la prensa que hoy se autocensura por miedo, por el temor de los periodistas a perder la vida o cuando menos la libertad, como la juez María de Lourdes Afiuni o los comisarios condenados a 30 años por iguales órdenes del dictador. Decir la verdad o aproximarse a ella en un Estado que rige su desempeño por la mentira y el ocultamiento como políticas de Estado, es un suicidio en primavera.

Álvarez Paz repite lo que vierten las fuentes internacionales de noticias y lo que corre de voz en voz entre nuestra gente. Y el Estado que ha de investigar lo que denuncia el dirigente político –el terrorismo y el narcotráfico que anidarían dentro de nuestras fronteras– no lo hace ni le interesa hacerlo, antes bien condena y lleva al ergástulo a quien como éste osa siquiera sugerir la probabilidad de lo denunciado. ¡El temblor de canillas es libre y más de uno –como el juez Rossi- prefiere mirar a los lados! Es un asunto de sobrevivencia.

Walid Makled, narcotraficante del chavismo, que no Oswaldo, es quien hace evidente al Cártel de los Soles. La taimada Fiscal General, Luisa Ortega Díaz, hace mutis por el foro. La DEA y el Departamento del Tesoro norteamericano, sucesivamente, mencionan 4 nombres de jerarcas de la revolución vinculados al narcotráfico y aquella se limita a decir que se trata de chismes infamantes, imperialistas. No investiga, pues el costo es demasiado. La misma prensa escrita archiva los papeles que tratan de tan sórdidos asuntos y no los publica, pues las amenazas de muerte en contra de los comunicadores se hacen rutina.

La revolución, todos lo sabemos y el mismo dictador no lo oculta, se inaugura privilegiando sus relaciones con las FARC, con la narcoguerrilla colombiana: ¡dime con quién andas y te diré quién eres!, es la expresión del marchante común. Y si de vínculos con el fundamentalismo islámico se trata, no es secreto a voces el maridaje que la primera mantiene con los países en los que anida el terrorismo. Desborda el ámbito de lo petrolero y se afinca en la amistad torva e ideológica. No por azar Muamar Al Gadafi elogia a nuestro dictador y hasta le obsequia un premio de derechos humanos. De la ETA nada cabe agregar o demostrar. Es la audiencia española –no Álvarez Paz– quien refiere e investiga los vínculos de ésta con los capitostes de la revolución bonita. En 1998, al apenas resultar electo el dictador, dicha organización terrorista le envía saludos y le augura todo el éxito posible.

Desde la llegada de Makled a territorio venezolano –extraditado por el presidente colombiano Santos para complacer a nuestro dictador– no se habla más de penetración del narcotráfico en nuestro andamiaje público. Su precio es el silencio y lo paga. Su nómina de asalariados queda en el olvido. Sus beneficiarios, eso sí, buscan asegurarse para el día después no sea que la enfermedad del dictador cambie el rumbo de las cosas. ¡No les agrada el 2012!

De modo que, descubrir la verdad de esa tragedia que se cierne sobre el país y que padecen durante medio siglo nuestros vecinos, le cuesta dos años de cárcel a Oswaldo. Es preferible callar o mentir, se lo sugiere con su fallo el juez Rossi. Pero olvida éste que la mentira tiene plazo y el engaño dura hasta que la verdad rasga y se impone por su propia fuerza. Y cobra con intereses a quien favorece su ocultamiento. La sangre corre por las calles de Caracas y toda nuestra geografía, en fin, sin que pueda ocultarse tras palabras que distraen y le dan cuerpo a un Estado de farsantes, coludido con el crimen trasnacional.

IX. LA ENTREGA DEL ESEQUIBO

El 2011 es el año en el que igualmente se consuma otra traición de lesa patria, pero agravada, a manos del ahora paciente presidencial, quien se pone de espaldas a los intereses soberanos de Venezuela.

El gobierno firma otros nueve (9) acuerdos de cooperación con Irán que cubren, entre otras, las áreas petrolera y tecnológica. Y el presidente Chávez, a contra vía de la Constitución de 1999, decide ejercer el gobierno desde La Habana –sin transferir constitucionalmente el mando a su Vicepresidente– y allí firma decretos como si estuviese presente en el Palacio de Miraflores.

Luego, al término del año se conoce, con base en el punto de cuenta que le presenta el Ministro de Petróleo y Presidente de PDVSA, Rafael Ramírez, que Venezuela tiene una deuda con el llamado Fondo Chino de 20.000 millones de dólares, más los 8.000 millones que recibe y adeuda desde antes. Para su pago se destina el 16% de la producción nacional de crudo durante 10 años, calculado el promedio del barril a $ 40 dólares americanos, lo cual daña patrimonialmente a la industria petrolera y a la República, pues el precio estimado del 2010 es de $ 91 dólares americanos; estimándose el perjuicio acumulado en $ 18.430 millones de dólares americanos.

No bastando lo anterior, el gobierno entrega el control sobre la producción electrónica de las cédulas de identidad venezolanas a Cuba, que conserva para lo sucesivo el dominio sobre el software que contiene la información –registrada en los chips de seguridad de cada documento– sobre cada habitante de nuestro territorio.

La bandera cubana es izada sin temores en los cuarteles, como ocurre en el Fuerte Paramacay, en Naguanagua, asiento de la 41 Brigada Blindada, y en el propio Palacio de Miraflores, confirmándose así las denuncias que al respecto vienen desde 2010 y dicen sobre la presencia creciente de oficiales del ejército cubano en calidad de comisarios de nuestra Fuerza Armada.

Y el gobierno nacional, en adición, entrega textos ideológicos marxistas y cultores de la personalidad del Presidente de la República para la educación básica.

Algunos actores y observadores, en el epílogo de esta trama desdorosa que resume la historia inconstitucional de la República Bolivariana, sabiendo el desenlace inminente optan por marcar distancia o encontrar refugio en una oposición democrática que hasta ayer menosprecian. A otros nada les importa, en tanto que quienes se sienten más comprometidos arrebatan. Y ocurre, dentro de tal clima, lo insólito y agravante, a saber la entrega y renuncia por el mismo presidente Chávez de una parte de nuestro territorio, que no es del Estado sino del pueblo desde antes de nuestra existencia republicana y que la Constitución de 1999, al igual que sus precedentes, declara intangible e indisponible en su artículos 10 y 13. Los hechos, traducidos en acciones y omisiones que le dan forma a una traición como política de Estado, son muchos e imperdonables. Vienen desde atrás hasta culminar con el hecho que adquiere carácter eficiente, en 2011.

Veamos los antecedentes y como discurren aquellos hasta el año citado.

En 1962, como lo narra con su experticia el ex embajador venezolano Sadio *Garavini di Turno* (*v.* "La controversia Venezuela-Guyana", s/e, 2012), dada la proximidad de la independencia de Guyana, Venezuela reactiva su reclamación sobre el territorio de la Guayana Esequiba constante de 156.890 km2 que se le despojan luego del laudo arbitral de 1899, y el 17 de febrero de 1966, junto a Gran Bretaña y a la Guayana Británica, que con la independencia adquiere el nombre de Guyana, firma el Acuerdo de Ginebra, cuyo artículo V obliga a las partes a negociar "una solución satisfactoria para el arreglo práctico de la controversia". El laudo queda enterrado y es logro del entonces Canciller Ignacio Iribarren Borges la reapertura de la cuestión.

El Acuerdo de Ginebra, en efecto, a tenor de la opinión histórica dominante, tanto en Venezuela como en la misma Guyana, "reabre el caso en cuestión y acaba con la invulnerabilidad jurídica del Laudo de París de 1899 y su presunción de cosa juzgada". En otras palabras, lo ponen de lado las partes quienes se comprometen a negociar una solución práctica y recíprocamente satisfactoria sobre el asunto que antes es objeto de decisión arbitral, pero írrita por mediar graves hechos de corrupción entre los árbitros, tal y como consta en el célebre Memorándum de Severo Malet-Prevost, abogado de Venezuela, que lo dicta en 1944 y es publicado –según su voluntad– a su muerte, en 1949 (*v.* Federico Martens, *Rusia e Inglaterra en Asia Central*, traducción y estudio preliminar de Héctor Gros Espiell, Ediciones de la Presidencia de la República, Caracas, 1981). No obstante ello, que impone a todas luces el encuentro de esa solución negociada y de equidad: satisfactoria para ambas partes y situada más allá del Derecho, en el marco de su política exterior Guyana sostiene que el Acuerdo se refiere o contrae a la discusión sobre la validez jurídica o no del mencionado laudo arbitral. Nada más.

En los años que duran las negociaciones, Guyana mantiene como elemento de negociación en su favor la ocupación y ejercicio de hecho de su autoridad sobre el territorio en reclamación, es decir, sobre el 70% de los 214.920 km2 que afirma son constitutivos de su Estado. Venezuela, a su vez y como reclamante, apoyándose en el citado artículo V del Convenio de Ginebra, desde 1966 se opone de manera formal, cada vez que se presentan situaciones que así lo exigen, a que Guyana otorgue unilateralmente concesiones y contratos en la zona en reclamación. Las protestas se realizan de manera sistemática, justamente, para evitar la ocurrencia del llamado *estoppel* o reconocimiento implícito de derechos a Guyana en la zona reclamada. Y esa es la carta fuerte que acompaña a Venezuela en sus negociaciones durante los años sucesivos.

Sin embargo, a pesar de que el 19 de marzo y 1 de abril de 2000, el Presidente de Venezuela, Hugo Chávez Frías, en consonancia con la premisa anterior protesta "el otorgamiento de una concesión a la empresa estadounidense Beal Aerospace Technologies, para construir una plataforma de lanzamiento de satélites en el Esequibo", el 20 de febrero de 2004 vuelve sobre sus pies luego de reunirse con el presidente guyanés Bharrat Jagdeo y afirma, obviando las normas constitucionales antes mencionadas y prohibitivas de la disponibilidad del territorio nacional, que "no dificultaremos proyecto alguno a efectuarse en la región [del Esequibo] cuyo propósito sea beneficiar a los habitantes de esa área". En lo particular, el Canciller Jesús Arnaldo Pérez, el 23 de febrero siguiente ajusta que "continuar con la situación que impera desde 1966 es convalidar con el término Tierra de Nadie, sobre la cual se ciernen graves amenazas..., cuyas actividades irían en contra de los intereses de los guyaneses y venezolanos. El presidente Chávez con su gesto busca un acercamiento entre ambos pueblos...", concluye.

Ignorante del proceso de formación y mutación de las obligaciones jurídicas internacionales, al declarar, el citado Canciller se contenta con el contenido del aparte 2 del artículo V del Acuerdo de Ginebra –que juzga intangible– a cuyo tenor "ningún acto o actividad que se lleve a cabo" en la zona en reclamación no constituye "fundamento para hacer valer, apoyar o negar una reclamación de soberanía territorial en los territorios de Venezuela y Guyana ni para crear derechos de soberanía en dichos territorios".

Luego, en febrero de 2007, falseando la historia con descaro y aviesamente, el presidente Chávez abona a favor de los sectores más extremistas de Guyana quienes se oponen históricamente al Acuerdo de Ginebra y afirma que la reactivación de dicho reclamo por el presidente Rómulo Betancourt se inscribe en la lógica de la guerra fría, en otras palabras, la incentiva Estados Unidos de América para derrocar al régimen marxista del Primer Ministro guyanés Cheddi Jagan, en 1962. Dado lo cual, el mismo 5 de febrero, el embajador de Guyana en Caracas, sin que tenga lugar reacción alguna por la Cancillería venezolana, pide a Chávez "abandonar el contencioso fronterizo", luego de que éste, la semana anterior acuerda el suministro a Guyana de 5.200 barriles diarios de petróleo. Reconoce que su gobierno le ha hecho una propuesta formal en tal sentido al presidente venezolano.

Todavía más, el 17 de septiembre de 2007, un Tribunal Arbitral establece la frontera marítima entre Guyana y Surinam, incidiendo sobre la fachada Atlántica de Venezuela que, sin bien no es parte de la controversia que conocen los árbitros, éstos rechazan el argumento surinamés que exige no seleccionar el punto Devonshire Castle Flats para la construcción de la equidistancia, por situado en la costa de la Zona en Reclamación, al oeste del Río Esequibo. Antes bien, asumen como relevante el pronunciamiento que hace CARICOM –del que es miembro Surinam– respaldando la soberanía guyanesa sobre el territorio que reclama Venezuela, sin que ésta exprese, cuando menos, su pública y formal protesta.

Ya antes, el 11 de abril de 2006, otro Tribunal Arbitral conoce de la controversia que le plantean Barbados y Trinidad; al efecto y como producto del arbitraje Venezuela ve reducida en 177 kilómetros la prolongación de la frontera marítima convenida antes con Trinidad y Tobago mediante tratado del 18 de abril de 1990, que nos asegura la salida al Atlántico. Los mapas en debate, por lo demás, a través de líneas de equidistancia o líneas medias clausuran la frontera atlántica de Venezuela en beneficio de Guyana, sin que tampoco se dé por enterada la Cancillería del chavismo.

Así las cosas, llegado el 6 de septiembre del 2011, la Canciller de Guyana, Carolyn Rodrigues Birkett, presenta una "nueva" solicitud para extender la plataforma continental de su país, incluyendo la correspondiente a la Guayana Esequiba, de 200 millas a 350 millas, de acuerdo a lo estipulado en el artículo 76, parágrafo 8 de la Convención de las Naciones Unidas sobre el Derecho del Mar.

Y en un comunicado oficial, informa que Guyana, entre 2008 y 2010, ha consultado con los países limítrofes, Barbados, Surinam y Trinidad Tobago sobre la mencionada solicitud, sin mencionar a Venezuela. Anteriormente, en 2008 –Barbados y Surinam– y en 2009 –Trinidad/Tobago y Guyana– formulan ante la ONU iguales peticiones.

El 26 de septiembre, dado lo anterior y bajo presión de una opinión pública indignada, el Canciller venezolano, Nicolás Maduro, oficialmente y de manera improvisada emite un comunicado en el que expresa "su preocupación al constatar que el gobierno de la República Cooperativa de Guyana no informó previamente" de la acción ante la Comisión de Límites de la Plataforma Continental de la ONU. Ante lo cual Guyana replica, para nuestra vergüenza, haber informado [no consultado como corresponde] desde mayo de 2009 al embajador venezolano en Georgetown.

Lo grave, en todo caso, es que Guyana, en el documento oficial que dirige a la mencionada Comisión de Límites afirma, para sostener su pretensión, que "no hay disputas en la región correspondientes a esta presentación, relativa a los límites exteriores de la plataforma continental"; con lo cual desconoce la existencia de nuestra reclamación sobre el Territorio Esequibo y, como parece, también del propio Acuerdo de Ginebra de 1966.

Ante los hechos y maniobrando –lo recuerda Garavini- para el "control de daños", el canciller Maduro provoca una reunión de urgencia con su homóloga guyanesa y de aquélla surge un Comunicado Conjunto que afirma la existencia de la controversia; pero lo hace en términos tales que validan la tesis jurídica guyanesa con desmedro de la venezolana, en los términos que siguen: "Reconociendo que **la controversia en relación con el Laudo Arbitral de 1899** en cuanto a la frontera entre Guyana y Venezuela sigue existiendo" (Negritas nuestras).

No siendo suficiente lo anterior, en la Exposición de Motivos del anteproyecto de Ley de Presupuesto para 2012 elaborado por el Ejecutivo Nacional, se indica como punto de referencia para negociar con Guyana la delimitación de áreas marinas y submarinas a Punta Playa; que es, justamente, el punto límite occidental de la zona en Reclamación que se extiende hasta la desembocadura del Río Esequibo y es el punto de demarcación con Guyana que fija el Laudo de 1899, considerado írrito por Venezuela.

Todo lo enunciado, visto de conjunto, supone y no solo presupone la existencia de una deliberada conducta del gobierno del presidente Chávez para favorecer los intereses de Guyana y hacer inviable la reclamación territorial e histórica que tiene planteada Venezuela. De manera palmaria y suma traiciona a la patria y a los venezolanos.

El año de nuestra crónica se aproxima así hacia su final pero de forma anecdótica, como es lo propio de una realidad política que como la venezolana y en su circunstancia medra y declina a empujones, sin aliento de esperanza cierta, alimentándose con las deudas del pasado y a despecho de una nueva generación que apunta al porvenir; pues los beneficios o activos que recibe o posee el Estado como si fuesen cosa suya, corren generosos a manos de gobiernos extranjeros quienes nos exprimen a cambio de sus complicidades con el presidente Chávez. Guyana, pues, no es la excepción.

El presidente Santos de Colombia afirma para corregirse que "nunca dije" que ya no hay presencia de las FARC en Venezuela, sino que "los campamentos que teníamos localizados ya no están en el sitio donde sabíamos que estaban". Y al término, Cristina Kirchner, mandataria argentina, asiste al develamiento de un cuadro del fallecido presidente Néstor Kirchner pintado por el Chávez variopinto, quien a la sazón bautiza con el nombre de éste la Sala de Reuniones de Consejo "Revolucionario" de Ministros en el Palacio de Miraflores. ¡Qué oprobio!

EPÍLOGO NECESARIO
La Muerte Moral de la República

"No me cansaré de recomendar este libro, Así habló ZARA-TUSTRA, independientemente de lo que se pueda creer sobre su autor, que fue muy satanizado, Federico NITZCHE. Se le acusó por ejemplo,..., de ser ideólogo del nazismo alemán...Yo aproveché estos meses, creo que me hacía falta el cáncer. Sí, le doy gracias a Dios que me mandó esa enfermedad que me obligó a frenar en seco. Así me dijo FIDEL el día que fui a verlo después que casi se murió, porque FIDEL casi se murió... Así que ahora casi digo lo mismo, entre otras cosas para mirar mejor, para pensar mejor...el papel que debo seguir jugando los próximos años"

Hugo CHÁVEZ FRÍAS
13 de enero 2012

2012, que no corre en su totalidad para cuando concluimos la escritura de esta memoria o historia inconstitucional de Venezuela, muestra al régimen en sus estertores.

I. EL MILITARISMO TOMA LA DELANTERA

Por lo pronto, agravado como se presenta en su salud Hugo Rafael Chávez Frías, optamos por releer a Carlos Fuentes en su breve, lúcida, pero muy pedagógica obra *La silla del Águila*, que desnuda al poder político en su procacidad sin límites. Es el recurso inevitable pues de nada ya nos sirven, por insuficientes, las lecturas de Niccoló Macchiavelli o Francesco Guicciardini, intelectuales de la escuela florentina quienes describen las redes retorcidas de la política durante el Renacimiento. Mal cabe comprender con ojos clásicos cuanto hoy ocurre en la maltratada Venezuela de levitas y universitarios que somos hacia 1810 y 1811, cuyos gendarmes militares muchos desde entonces la desdibujan e impiden nuestro ingreso en los siglos que se suceden: el siglo XX lo alcanzamos a la muerte de J.V. Gómez en 1935, a su muerte. Su reedición actual, Hugo Rafael Chávez Frías, entre tanto, se niega y nos niega el siglo XXI; eso sí, predica el socialismo marxista mientras saborea con gula los activos y pecados del capitalismo salvaje. Llanero, éste, no conoce de límites y aquél, por andino, sabe que la llanura muere al pie de las montañas.

El arrebato que significan a principios de enero las designaciones, en el centro del poder real, del Teniente Diosdado Cabello como cabeza del parlamento y del celebérrimo general Henry Rangel Silva como Ministro de la Defensa, sugiere que los tiempos por venir son gravosos, peligrosos pero decisivos, para bien o mal de la república. Que la prensa reseñe las entradas a la morgue de 104 cadáveres víctimas de la violencia criminal durante los dos o tres días anteriores, quizás resulte trivial a la postre.

No se trata de que la Asamblea Nacional –sede cierta de la soberanía popular en la democracia– tiene ahora una jefatura distinta, cuyo nombre por cierto mascullan en silencio los "reinekes" de la banca suiza. Tampoco que en el marco de las rotaciones propias al mundo castrense asuma como su segundo comandante –el primero sigue en el Palacio de Misia Jacinta, en apariencia– otro uniformado, cuyos soles los obtiene en el campo de la adulación y cuyo nombre registran las listas de personajes vinculados al narcotráfico que elabora el gobierno norteamericano. La cuestión es la lectura que sugiere esta movida de mata. Tiene un tenor variado o acaso un mismo tenor con distintas variaciones.

Se dice sobre el posicionamiento que alcanza el ala militarista del régimen frente a las apetencias del ala civil marxista y procubana. Tenemos presente –no logramos despejarla en nuestras reflexiones cotidianas– la advertencia que hace el propio Chávez al inaugurar en 2004 la sede del Comando Regional N° 5 de la Guardia Nacional. Le recuerda a sus compañeros de armas que después de varias décadas de perderlo readquieren los fueros que les roban los civiles, léase los políticos, durante la República de Punto Fijo.

En tal orden, algunos explican que ese es el contexto intelectual cierto dentro del que declara, tiempo atrás, el Ministro de la Defensa en estreno, al sostener que la FF.AA. no reconoce una victoria de la oposición en octubre de 2012.

Pero, si bien la suma de los nombramientos que ocurren es igual a militarismo neto, cuando menos muestra que el señalado dictador, por enfermo y en declinación, no las tiene todas consigo. Es algo. De allí que mande un mensaje a García. Le hace saber a sus adversarios que, en defecto de él o para su defensa final o la de su obra, si le llega la hora terminal el destino venezolano queda en manos de los militares. Y éstos –a buen seguro que aquél lo piensa recordando sus iguales palabras dichas en Fuerte Guaicaipuro en el mismo año 2004– deben decidir si usan las armas contra la "oligarquía" –la oposición democrática– o contra el pueblo, que es la revolución misma. No por azar, en la columna que escribe Fidel Castro desde La Habana, en pleno abril corriente para atajar la avalancha que se le viene encima a su paciente y bien amado discípulo, habla del río de sangre que puede anegarnos a los venezolanos.

La estrategia del miedo se hace presente por algo más que los fines electorales. En octubre, si las cosas no cambian, hay comicios presidenciales. Cabe, pues, la otra lectura que dice sobre el movimiento del centro de poder desde Miraflores hacia la claque de generales quienes, dada la circunstancia del ocupante de la Presidencia, lo fuerzan a dejar la casa en orden. En otras palabras, la ilusión óptica de la redención comunista cede en lo inmediato ante la verdad del poder real y crudo, el de las armas, los soles, y el negocio de las drogas.

Los "beneficios" e "intereses" acumulados por la cúpula castrense a lo largo de trece años –señalados y denunciados desde la opinión internacional con elementos a mano y por correr sus beneficiarios a contravía de la ética y las leyes de Humanidad– saben que sin poder político les espera la cárcel, a perpetuidad. ¡Ese es el dilema que tienen, y desde ahora, según los mentideros, buscan resolverlo a costa de lo que sea!

En síntesis, las cartas de la dictadura están sobre la mesa. Pero el escritor Fuentes, al escribir en diálogo apunta por lo pronto y con lucidez que "nadie tiene la cabeza más alta que el aire que respira". Empero, "para respirar a gusto, para disipar la bruma, para acabar con las conspiraciones, se necesita devolverle al país una ilusión".

En otras palabras, un símbolo. "Engañado, perdido, corrupto, nuestro país sólo se salva si encuentra el símbolo que le de nuevas esperanzas", ajusta.

Las elecciones primarias de la oposición, organizadas por la Mesa de la Unidad Democrática que coordina el político e intelectual social cristiano Ramón Guillermo Aveledo, realizadas en febrero, apuntan en el indicado sentido. Acuden, para desconcierto del régimen, tres millones de votantes. Chávez pierde la cordura, pide al Tribunal Supremo de Justicia intervenir y formar, bajo la mano experta del juez y antiguo rector electoral Francisco Carrasquero, otra lista infamante de "muertos civiles" con los votantes opositores; lo que impide la admirable firmeza de la coordinadora de la comisión electoral opositora, Teresa Albánez, quien cumple su promesa de incinerar las actas de votación y se gana una multa que le impone el Supremo Tribunal.

Mas lo cierto es que vence la justa, frente al gobernador zuliano Pablo Pérez, María Corina Machado, Diego Arria, Leopoldo López y Pablo Medina, el joven gobernador del Estado Miranda, Henrique Capriles Radonski, quien antes paga cárcel por órdenes del susodicho Chávez y hoy representa a la generación casada con la sociedad digital y de vértigo.

II. LA UNEFA, LOGIA DE FUNDAMENTALISTAS

En su trágico momento y ante lo ocurrido, el Comandante Presidente eleva su apuesta. Le propina otro golpe más a la Constitución. Incita a la Fuerza Armada al desconocimiento de sus deberes con vista a las elecciones presidenciales de octubre próximo. El halago e intento de corrupción espiritual a sus más jóvenes compañeros de armas y ahora votantes, prueba que al fin y al cabo sin ellos carece del sosiego que mal le aseguran los hermanos Castro en La Habana.

Su nueva apelación a la milicia, en términos próximos a los que se suceden durante los meses previos al 11 de abril de 2002, cuando aquél, el mismo Chávez, entra y sale del poder por decisión castrense sin que en nada lo ayude su alianza con el comunismo prehistórico, revela que su dicho "yo lo quiero, es mi voluntad, gobernar hasta el 2031", es un torpedo de utilería.

La respuesta obsecuente del generalato –pues los oficiales subalternos son diarias víctimas del espionaje cubano y padecen, justos por pecadores, el desprestigio que el llamado Cartel de los Soles le irroga al mundo militar– no se hace esperar.

El Rector de la Universidad Nacional Experimental de la Fuerza Armada (UNEFA), entrevistado por el ex Vicepresidente de la República, José Vicente Rangel, anuncia que en sus dependencias se forman los ciudadanos socialistas y de armas que demanda el país, dando cumplimiento, según aquél, a un mandato constitucional de suyo inexistente.

En todo caso, lo importante es que mientras en la UNEFA o en el criterio de quien la dirige se sostiene como primordial preparar a sus alumnos para una eventual confrontación contra el Imperio –reafirmando la manía persecutoria nacional que nos viene desde la caída de la Primera República en 1812– o discutir sobre los hechos de Yumare y no los del Porteñazo, más allá de nuestras fronteras ocurre la más maravillosa de la revoluciones "socialistas": los instrumentos de comunicación satelital y para la información global suman tantos cuántos somos los habitantes de la tierra. Pero la idea jurásica del caudillo, de estirpe neta bolivariana, trastorna aún las cabezas de nuestros oficiales: neo-castristas por razones utilitarias, entre éstos al rector de misma UNEFA, quienes sueñan encontrar alguna carta del Padre Libertador que lo emparente con Marx, Lenin o Mao para luego trasladar su cultura morganática y localista sobre las autopistas en las que ocurre el cruce mundial de culturas y civilizaciones.

El caso es que Bolívar, en su realidad pretérita, confundiendo lo circunstancial con lo permanente, piensa que "el pueblo está en el ejército...y todo lo demás es gente que vegeta, sin ningún derecho a ser otra cosa que ciudadanos pasivos". De allí que señale como fautores de una "patria boba" o "república aérea", justamente, a nuestros verdaderos padres fundadores, esos de los años 1810 y 1811 citados. Visionarios hacen suyos los paradigmas de la posmodernidad en cierne, a saber, la primacía de los derechos humanos, la diversidad de las ideas, los gobiernos de servicio, la desconcentración y división de los poderes, el desarme de la historia, y el final de las inquisiciones.

III. LA FORJA DEL ESTADO TOTAL

Entre tanto, así como en el 2011 el juez supremo Fernando Vegas Torrealba –estimado condiscípulo de quien esto escribe y por marxista convencido desde temprana edad– demanda de los jueces castigar a los disidentes de la revolución, ahora, en la apertura del Año Judicial 2012, su colega Arcadio Delgado aboga por el establecimiento de un Estado total, en otras palabras, por la judicialización de la ilegalidad totalitaria en Venezuela.

Vegas pide a sus colegas hacer propio un imaginario ideológico que no consta en la Constitución, y Delgado acude a Carl Schmitt, artesano jurídico de Hitler, para sostener que ningún individuo posee entidad o acaso puede pretender derechos fuera del Leviatán. En otras palabras, sólo cabe predicar la existencia del hombre dentro del Estado, quien al paso encarna en un líder, a saber y en nuestro caso, el Comandante Presidente, suerte de Führer tropical en pleno siglo XXI.

Se entiende así, no de otra manera, cuanto ocurre en la Justicia venezolana, usada para perseguir a los disidentes como lo destaca la Comisión Interamericana de Derechos Humanos. Se explica, dado lo anterior y sin remilgos, que el resto de los poderes atropelle sin misericordia e impunidad "total" a la Constitución o la interpreten a conveniencia o de acuerdo a las situaciones de ánimo variables que acuse la cabeza y síntesis del todo y de todos, el dictador hoy enfermo de cáncer; pues para eso están los jueces, para limpiar y purificar sus excrecencias y desvaríos revolucionarios.

En el caso del magistrado Vegas su discurso –sin compartirlo nosotros, obviamente– es coherente y elabora una tesis que opone con audacia a la milenaria cultura occidental y cristiana que nos acompaña. No le basta la experiencia fallida del socialismo real y tozudo reincide. Mas tratándose de la "pieza oratoria" del magistrado Delgado, cabe decir que es un inédito galimatías. Avanza hacia la idea del Estado total que arguye distinto del Estado totalitario, pero lo hace sobre la obra de Schmitt, jurista del nazismo y a la par junta las reflexiones de éste con las de Carré de Malberg, Hobbes, y el epígono de la filosofía jurídica contemporánea, Luigi Ferrajoli. Toda una indigestión.

El juez Delgado pasa por alto, con deliberada artimaña de marxista, que el propio Carré, famoso por su Teoría General del Estado, juzga de sacrílego al Estado total o totalitario que ahora nos ofrece a los venezolanos su Tribunal Supremo de Justicia: "Desde1871 hasta 1914 –escribe el jurista francés– el mundo tuvo que vivir bajo la creciente amenaza de la hegemonía alemana... Así que, en una Europa militarizada y siempre dispuesta a entrar en guerra, el concepto de Estado se había desarrollado principalmente en el sentido de las ideas de fuerza, de potestad y también, por lo tanto, de dominio sobre los miembros individuales de la colectividad nacional".

Ferrajoli, a su turno, protesta desde Italia "la progresiva degradación del valor de las reglas de juego institucional y del conjunto de límites y vínculos que las mismas imponen al ejercicio de los poderes públicos"; justamente para cuidar de los derechos y garantías de la persona humana, por considerarla anterior y superior al Estado.

En fin, el juez de marras cuestiona y prosterna, además, a la sociedad civil por discriminatoria de las "otras" sociedades que advierte en su sesuda reflexión, como la "militar" o las "clases populares". Y predica la desaparición de aquélla y la fusión del pueblo en el Estado, bajo la autoridad del presidente Chávez. Tanto que, en atropellado uso que hace de lo escrito por Hobbes vuelve al Medioevo y nos habla del hombre como lobo del hombre y de la solución totalitaria que dicho tiempo ofrece y en lo actual promete el socialismo del siglo XXI.

No repara este juez, intoxicado de lecturas no digeridas, que el propio autor de El Leviatán, así como tilda a los magistrados como "nexos artificiales" es quien discierne –incluso en el sugestivo título de su obra sobre la república eclesiástica y civil– acerca de lo civil como referente a la ciudad, a la ciudadanía, a lo temporal, a lo específico del hombre e inherente a los espacios de su libertad personal o familiar. Es lo distinto de lo atemporal o religioso.

Arcadio Delgado Rosales es miembro como Vegas del TSJ, representa a su pleno en la inauguración del Año Judicial citado e integra la Sala Constitucional, así se excuse afirmando –pecando de falaz– que habla como individuo en un acto solemne del Estado. La reivindicación de Schmitt como paradigma por nuestros jueces supremos y su adhesión a la dictadura fascista, en términos similares a como otrora lo hacen los referidos "jueces del horror" del nacional-socialismo, revela, sin más, el origen de nuestra actual tragedia política e institucional y la impunidad con la que se suceden las alteraciones graves del orden constitucional, sin que nadie se escandalice. El despropósito viene oculto tras las formas de la legalidad.

IV. LA HABANA, SEDE DEL GOBIERNO DE VENEZUELA

En los prolegómenos de. este año 2012, concluido abril, también ocurre la aprobación por la Asamblea Nacional de la "Ley Sapo" (Ley contra la delincuencia organizada y financiamiento del terrorismo), que sanciona Chávez en una de sus escalas en Venezuela. La misma hace de todos y cada uno de los venezolanos sospechosos –en grave atentado al principio constitucional de la presunción de inocencia– y les obliga a la delación. Considera "terroristas" a quienes discrepan del "socialismo" que sostienen y al que le sirven los Jueces Supremos o a quienes financien a los primeros, y hace sujetos de castigo por la ley tanto al disidente como a su familia. El régimen juzga a la sociedad conforme a los parámetros de su realidad descubierta y desdorosamente verificada en el año corriente, como Estado mafioso. Le abre las puertas a los represores oficiales.

Sobrevienen la ya referida incitación por el dictador a la milicia profesional para que desconozca a la soberanía popular si intenta expulsarlo del poder; la celebración como fecha patria de un golpe militar fallido y antidemocrático como el del 4F; y también el nombramiento como Procuradora General de Cilia Flores, a quien no se le conoce carrera docente universitaria o escritura de texto jurídico alguno y menos trayectoria judicial como se lo exigen los artículos 249 y 263 constitucionales, salvo el único acto de ejercicio como picapleitos que alega y es falacia: pedirle al fallecido Presidente Rafael Caldera sobreseer graciosamente al golpista luego electo como primer ciudadano de la república.

Pero estos hechos son a todas luces y en la hora irrelevantes, dentro del largo tiempo trascurrido desde 1999 al presente, moldeado a fuerza de golpes de Estado sistemáticos y menosprecio abierto por el orden constitucional, la democracia y los derechos y libertades de los individuos.

Dado su declive –la reincidencia de cáncer que lo aqueja– decide otra vez mudar la sede del poder público venezolano a La Habana. Y se hacen presentes, en la mente de quien esto escribe, las primeras lecciones que recibe como estudiante de abogacía –hace 46 años– y dos aforismos que repite pertinaz el maestro ilustre Rafael Pizani, antiguo rector de la UCV: El desconocimiento de la ley no excusa de su cumplimiento, y la ley es dura pero es la ley (*sed lex dura lex*).

La ausencia del dictador del territorio nacional en los términos en que ocurre y a pesar de las varias autorizaciones que le otorga al efecto y por razones de la misma enfermedad la Asamblea Nacional, mediante el voto unánime o dividido de sus miembros crea un vacío real de poder. La república vive, ahora sí, al garete, a la buena de Dios se disuelve y sus signos son patéticos. Al Alto Gobierno se lo tragan los desencuentros animados por la puja sucesoral y la preocupación entre sus miembros por sus destinos personales y hasta familiares.

Ese ¡Chávez vuelve cuando le dé la gana! –como lo afirma J.V. Rangel el pasado año– causa hilaridad. Esta vez Chávez vaga enfermo y delirante por las calles de La Habana, sujeto a las palabras de Consuelo y misericordia que le prodiga ese otro gran loco de nuestro siglo XX concluido, Fidel Castro.

Lo real es que la Constitución de 1999 dispone, claramente, por una parte, que "las faltas temporales del Presidente... serán suplidas por el Vicepresidente Ejecutivo" (artículo 234) y, por la otra, que "son atribuciones del Vicepresidente Ejecutivo: 8. Suplir las faltas temporales del Presidente..." (artículo 239). Se trata de una norma que opera de modo automático, es decir, *ope legis* o por fuerza de la misma ley, sin que medie acto alguno de carácter expreso de la Asamblea o del mismo primer mandatario salvo la realidad constatable de la ausencia presidencial temporal, a cuyo efecto vale como prueba el mismo permiso que la Asamblea le otorga al Presidente para que se ausente del territorio nacional por un lapso superior a cinco días continuos (artículo 235).

Algún leguleyo audaz –analista político del PSUV– y la misma Procuradora "inconstitucional" arguyen, sea que la misma Constitución no precisa qué se entiende por "falta temporal" lo que sí hace en cuanto a las "faltas absolutas" del Presidente, sea que éste tiene potestad para decidir a su arbitrio si encarga o no de la presidencia al Vicepresidente Ejecutivo. Obviamente y por lo visto pasan por alto la Exposición de Motivos de la Constitución vigente y su estudio comparado con la precedente, la Constitución de 1961 y su experiencia, que indican lo contrario.

La Exposición precisa, en interpretación del texto constitucional, que el Vicepresidente, quien reúne las mismas condiciones del Presidente, tiene funciones propias junto a las atribuciones que le puede delegar el Presidente. De allí que, aquél queda sujeto al control político de la Asamblea Nacional dentro del modelo semipresidencial que conforma la Constitución de 1999 y desconoce el actual inquilino de Miraflores.

Y al efecto, siendo función propia del Vicepresidente suplir las faltas temporales del Presidente, recuerda, además que la norma correspondiente "es nítida" –neta, clara, resplandeciente– y ella le otorga al primero la condición de "ser el suplente formal del Presidente".

Las previsiones de la Constitución de 1961 anterior, relativas a la materia siguen un orden temático similar, bien en cuanto a las faltas absolutas o temporales, bien en cuanto a la autorización parlamentaria del Presidente para abandonar el territorio nacional.

Y la operatividad de las faltas absolutas o temporales en modo alguno se ve menguada por la ausencia de enumeración de las hipótesis respectivas, tanto que pudo proveerse la falta absoluta del Presidente cuando asume Ramón J. Velásquez y una vez como es depuesto Carlos Andrés Pérez, a vez que las temporales, las veces –aquí sí por voluntad del Presidente, quien dicta el decreto correspondiente– en que asume de ordinario su ministro de relaciones interiores. Quien esto observa vive esa experiencia como Encargado de la Presidencia de la República durante la administración de Rafael Caldera.

Ningún mandatario nacional, para entonces, puede ausentarse del territorio venezolano sin proveer al respecto; pues a falta de su voluntad asume de pleno derecho –y a falta de un Vicepresidente no contemplado en dicha Constitución– el Presidente del Congreso de la República (artículo 188).

En suma, en los textos constitucionales de 1961 y 1999, la ausencia temporal del Jefe del Estado se suple de manera forzosa pues es inadmisible el vacío de poder comentado. Y si los llamados a llenar las faltas temporales del Presidente no lo hacen, cumpliendo con sus deberes constitucionales y violando con ello a la propia Constitución, responden individualmente (artículos 121 y 139, sucesivamente) y ante la justicia de los daños jurídicos o materiales que le causen a la República. Así de claro.

VI. CRISTO ¡DAME VIDA! O EL DERRUMBE MORAL DE LA REPÚBLICA

La historia, madre y maestra, prueba que al final de cada ciclo o generación, el porvenir lo asumen otros actores, renovados, diferentes de los que ocupan el pretérito por loable y rendidor que puede ser para quienes lo viven, o acaso desastroso para quienes lo sufren. Pero los cambios en la historia no son gratuitos. La muerte, cabe recordarlo, llega y se va con su carga de moribundos dando patadas y dejando en el camino su olor a azufre.

Sin circunloquios y obviando dramas puede decirse que la República Bolivariana llega a su fin trágicamente, poco a poco pero fatalmente para quienes la dirigen y quienes la padecemos.

El crimen y la corrupción ya ríen de pánico, y desde las alturas se ríen de los venezolanos en pleno curso del 2012. ¡Y pensar que el enfermo quien aún ocupa y de manera simbólica la Jefatura del Estado –pues regresa a su sede de La Habana por quinta vez en lo que va del año– se alza en armas, en 1992, arguyendo ante sus compañeros y subalternos la corrupción que mina a las FF.AA. y arropa, según él, al aparato gubernamental de entonces!

Desde 1999, cuando pacta un *modus vivendi* con el narcoterrorismo colombiano, de suyo empantana a la nación que lo elige gobernante y promete refundar políticamente. Los efectos de su empresa de destrucción hacen metástasis que disimula tras la andanada de improperios que dirige a diario contra quienes denuncia como enemigos de la patria y su revolución: presos, exilados, expropiados, capitalistas, editores y periodistas, empleados destituidos, traidores a la misma revolución. Logra que la mirada escrutadora de la opinión voltee hacia el ruido de sus petardos, sin escarbar a fondo. Y así corre la década y casi un lustro adicional. Mas recién, en práctica de sicariato que es corriente pero se agrava en la circunstancia, son asesinados quienes mucho saben y mucho pueden hablar sobre la podredumbre que se instala dentro del régimen; como el ex gobernador del Estado Apure, Jesús Aguilarte y el General de Brigada Wilmer Moreno, amigos estrechos del Comandante Presidente. El Coronel y Presidente de la Sala Penal del Tribunal Supremo de Justicia huye y se salva en la raya al reclamar la protección de la DEA.

La mentira, el engaño, la felonía como política de Estado, el ocultamiento de los crímenes desde el Estado, en buena hora y como lo muestra la experiencia tienen los pies cortos. No hace falta el tino de un opositor hábil o carismático, pues basta la fractura de la confianza entre quienes participan de estos menesteres y a la caída –en cámara lenta– de quien los dirige para que la vileza muestre su rostro a plena luz del día. Es suficiente el final anunciado del gendarme todopoderoso quien asalta a Venezuela y la hace el botín de su guerra imaginaria –como le ocurre a Hitler, a Mussolini, a Somoza, a Pinochet, y al mismo Perón– para que sus huestes se caigan a dentelladas. Como siempre y también ocurre entre gente honorable –propio de las miserias humanas– en el minuto postrero de todo autócrata y durante la distribución de sus haberes no caben miramientos ni lealtades.

Llegan así las declaraciones a la prensa, primero del ex-Fiscal General de la República y actual embajador en Roma, Julián Isaías Rodríguez Díaz, y luego las de la traicionada y citada cabeza de la justicia penal venezolana. Ambas causan asco, como lo espeta un hombre del pueblo, pero muestran en carne viva la trama explicada y en curso de evolución durante el año que corre. Una y otra desnudan el rostro mefistofélico del régimen militar y marxista que hace de Venezuela su presa predilecta en pleno siglo XXI.

Nada de lo que dicen estos altos jerarcas y protagonistas del régimen es inédito. De los crímenes oficiales que confiesan y de los que participan habla entre dientes el pueblo llano, desde hace rato. Pero escandalizan, pues revisten de certidumbre hechos que en el fondo los venezolanos de bien anhelamos como meras especulaciones. E irrita el argumento cínico que esgrimen, evocando a los criminales del nazismo, a saber la solidaridad u obediencia debida al Comandante barinés. De modo que, si acaso alguien muere en La Habana antes se consuma la muerte moral de la república.

Con razón y por obra de la sinrazón que envuelve a estos primeros meses del año 2012, Chávez, desde su tierra natal y en acto religioso que manipula con inaudita frialdad, huérfano de contrición en su circunstancia de probable candidato a la otra vida, simulando lagrimas en los ojos ruega a todo pulmón: ¡Cristo, dame vida! Piensa en Santa Bárbara ahora que truenan los cielos.

El ex-Fiscal, llegado el 16 de abril, dice saber desde un mes antes del 11 de abril de 2002 acerca de su trágico desenlace. Él y el enfermo ausente comparten y departen al respecto, acompañados de militares "fieles" a la revolución. Optan por no aminorar o hacer desaparecer a tiempo el riesgo conocido, con medidas jurídicas o de alta policía oportunas. Prefieren que la vorágine tome cuerpo y concluya con la Masacre de Miraflores. Nada les valen 20 muertos y un centenar de heridos de bala ante la urgencia de pavimentar el piso del narco-estado en formación y ahora en evidencia desdorosa. Se explican, pues, por concordantes, las declaraciones del propio Isaías y el juez Aponte Aponte. Muestran el porqué del perdón que reciben los pistoleros de Puente Llaguno; la injusta condena a 30 años de los Comisarios de la PM; y también el asesinato del fiscal Danilo Anderson, acusador e implacable perseguidor de los primeros, cuya autoría intelectual atribuye al ex Vicepresidente J. V. Rangel el también ex del Supremo Tribunal, Luis Velásquez Alvaray.

Aponte Aponte se dice víctima de la misma regla de "injusticia" con la que mide obediente a quienes estorban en el camino hacia la V República coludida con el crimen internacional. A quienes lo escuchamos nos cuesta digerir el torrente de fetidez que brota de sus labios y al confesarse sudoroso ante el país, diciéndonos que perdona narcotraficantes a pedido de Miraflores y destituye a jueces quienes no acatan sus órdenes o las de la presidenta del mismo TSJ, Luisa Estela Morales o las de su compañera, la Fiscal General, Luisa Ortega Díaz, para condenar a inocentes o perseguirlos con saña por disidentes del "proceso" al que sirven y del que son sus vulgares instrumentos.

Resulta increíble la parsimonia con la que Aponte revela que todos a uno –las titulares mencionadas de la Justicia– se reúnen semanalmente con el Vicepresidente de la República para ordenar las injusticias según las necesidades y dictados de la revolución. Nos despierta a los venezolanos del letargo que nos lleva a aceptar, como si nada, el asesinato de 19.000 compatriotas durante cada año; víctimas –no cabe duda– de la gran cárcel de El Rodeo en que deriva el territorio nacional, gobernado por "pranes" y cooperadores en el negocio más corruptor de voluntades que conozca la modernidad: el tráfico y comercio de las drogas.

La enseñanza no cabe esperarla. Mal se dan opciones democráticas allí donde las mayorías deben decidir, electoralmente, entre la ley y el crimen, entre la virtud o el negocio gubernamental de los estupefacientes. Es una aberración que no soporta la moral de la misma democracia. Ello es así a pesar de la subliminal invitación al dialogo que hace el propio mandatario enfermo, dando dos pasos atrás en su compromiso con los narcotraficantes de la milicia –Aponte Aponte le cambia la agenda– y creando al efecto el Consejo de Estado, previsto en la Constitución y congelado durante casi 14 años. Este, en la práctica, nace como un Consejo de Regencia que integran civiles de muy zorruna trayectoria y serviles al dictador, tras la excusa presidencial de que han de asesorarlo para el retiro de Venezuela de la Comisión Interamericana de Derechos Humanos.

Los peligros, por lo visto, acechan como nunca antes y basta la lectura de esta historia inconstitucional para comprenderlo a cabalidad; mas el juego, por asimétrico que resulte, se gana o se pierde participando y también resistiendo, como acontece con la llamada primavera de los árabes. El juicio sobre la historia queda a cargo de la historia, y los actores de aquélla quienes subsistimos tenemos el deber de favorecer –como buenos padres de familia– el parto de los herederos, sin exponernos a que el tren de la misma historia nos pase por encima. Esta es la otra enseñanza que trae esta hora nona para Venezuela.

No se olvide que los líderes liberales y conservadores del tiempo anterior a la dictadura de Juan Vicente Gómez intentan prorrogarse sobre éste y no lo logran, pues el tiempo posterior le pertenece a la generación estudiantil de 1928. Los militares de Academia –con Pérez Jiménez a la cabeza– de modo violento desplazan, en 1945, a los chopos de piedra: soldados quienes vienen desde nuestra Independencia y no aceptan el término de su hora; tanto como lo hacen los militares de universidad, formados en los años '70 del pasado siglo, quienes sustituyen a los hijos netos del cuartel y secuestran el espacio de los partidos civiles en el momento mismo en que les llega su inevitable crisis. Pero ello, cabe repetirlo, es parte de nuestra historia, que debe leerse y entenderse, sin olvidar que es historia.

VII. EL COMPROMISO CON LA VERDAD

En mi libro La democracia del siglo XXI y el final de los Estados (www.observatoriodemocratico.org) doy cuenta sobre el tiempo de ruptura que nos acompaña en el Occidente cristiano y a todos y todas las naciones, sin excepción.

Las entidades políticas –poderes públicos y partidos como vínculos de éstos con la sociedad civil– y la base territorial que les define a partir de la modernidad: los llamados Estados-Naciones, hijos de la Ilustración y las revoluciones de los siglos XVIII y XIX, ceden y son desplazados por imperativo de la Era de las comunicaciones globales.

Dos tendencias pugnan y ocupan la transición: el intento de los gendarmes de nuevo cuño –tanto militares como civiles– para afirmar el valor intangible de la patria de bandera y tras ésta sus proyectos personales y autoritarios, por una parte, y por la otra, dada la pulverización social de las naciones sin tesitura cultural ni tradiciones que tiene lugar, el igual intento del populismo mesiánico para secuestrar los nichos o cavernas o enclaves o retículas sociales que adquieren forma creciente e impermeable dentro de las fronteras de los viejos Estados; dado el declive de éstos y para explotar a aquéllos por sobre las necesidades primarias del hombre o la mujer contemporáneos que satisfacen.

No por azar el dirigente comunal o cabeza de una ONG de derechos humanos o ambientalista, de un movimiento campesino o indígena, o el líder de una secta neo-religiosa o barricada de descamisados, es ahora más importante que un burgomaestre o ministro de Estado. Y es esa anomia social de nuestra posmodernidad, disuelta de lazos políticos formales, la que le da el frente, a manera de ejemplo, a los genocidios libio y sirio acometidos por sus gobernantes o que auspicia el movimiento sin rostro de los indignados de Madrid.

Lo cierto es que más allá de sus arrestos primitivos, quienes fungen como actuales gobernantes de nuestros Estados son apenas ventrílocuos de aparatos muertos y en corrupción expansiva, como las oficinas de gobierno, los mismos parlamentos y los estrados de la justicia tradicional; y en la otra banda, el mundo socialmente invertebrado que avanza en paralelo, ausente de lo anterior y que apenas se conecta bajo la urgencia de lo circunstancial, como el derrocamiento de un dictador, la elección de un gobernante de turno, o el cobro de una dádiva gubernamental.

El pueblo disperso, negado a la patria artificial y afecto a las patrias de campanario según la bella imagen de Unamuno, es presa de cosmovisiones caseras; rechaza a quienes considera distintos y esgrime como identidad o muro para su defensa en un tiempo de desafíos inéditos y amenazas de todo orden, el derecho de cada individuo o grupo a ser diferente. Todos a uno de sus segmentos, eso sí, huérfanos de ciudadanía y ante la anunciada muerte de los Estados, sufren de la desesperanza. Viven presionados por los miedos, como igual ocurre durante el lejano Medioevo.

De modo que, mirando sobre las páginas de nuestra historia más remota y para imaginar el porvenir, no es ocioso considerar que en el momento en que se forja la civilización cristiana y se fijan las bases de la cultura Occidental; y cuando las localidades del mundo helénico y oriental desaparecen, exacerbando la lucha de clases y el atropello imperial romano, la gente común –esclavos y libertos– mira hacia las reglas del decálogo. En éste encuentran soluciones para su drama, para volver una mirada amable hacia la otredad, y para reconstituir los vínculos sociales perdidos.

La transmigración de pueblos, la mixtura entre judíos y gentiles quienes abandonan aldeas y materiales o tradiciones culturales primitivas, presionados por el volcán del tiempo nuevo que les acompaña y empuja al cosmopolitismo hace dos mil años, también les provoca pesimismo y apatía. No pocos buscan refugio hasta en las creencias demoníacas para comprender lo que no comprenden y les ocurre. El desarraigo que suscita la "desnacionalización" y el igual repudio a los opresores, les permite buscar una vida mejor bajo los valores del cristianismo en cierne. El voluntarismo y la racionalidad pura dan paso a la trascendencia y la moralidad dentro del marco "globalizador" de lo mediterráneo. Hoy no es distinto.

En un mundo como el nuestro, que abre sus espacios al cruce universal de religiones y culturas y deja atrás, como en el pasado remoto, materiales mitológicos y profanos, es cierto que "no deberíamos hacer demasiadas extrapolaciones porque la evolución histórica depara siempre muchas sorpresas", como lo previene Papa Ratzinger.

Mas cabe, eso sí y por lo pronto, "vivir para lo esencial" e imperecedero, a saber, volver al corazón del hombre, que es ser uno, único e irrepetible, necesitado de amar a los otros y del amor de los otros, pionero de la civilización en sus distintas manifestaciones.

En suma, sobre los restos de un tiempo agotado y de experiencias amargas –como la que vive Venezuela en la despedida del siglo XX y su prórroga sobre la primera década del siglo XXI– se trata de establecer nuevas sociedades y gobiernos al servicio de la verdad. Así lo demanda el recién fallecido ex presidente checo, Vaclav Havel, víctima junto a sus compatriotas de la opresión comunista que luego cede con el derrumbe de la Cortina de Hierro. Así lo predica el mencionado Benedicto XVI, en su célebre encíclica *Caritas in veritate*: "Defender la verdad, proponerla con humildad y convicción y testimoniarla en la vida son formas y exigencias insustituibles de la caridad", en otras palabras, del respeto y amor por nuestros semejantes.

Esta es, pues, la memoria o historia inconstitucional de Venezuela y su final inmediato a manos de la traición suma que se cuece desde 1999 hasta 2012 desbordando nuestras célebres "patadas históricas". Es la historia oficial de un soldado golpista de nuestro Ejército de Libertades quien se alza con las armas que le confía la república y al fracasar es elegido su Presidente. Pero prefiere hipotecarle el mandato que recibe al narcoterrorismo y transferirlo para su ejercicio a los hermanos Fidel y Raúl Castro, para vergüenza del Castro nuestro, Cipriano, El Cabito, quien inaugura como Presidente nuestro siglo XX y también enferma, pero cuya dignidad y la del pueblo venezolano le hacen protestar contra la planta insolente del extranjero.

Desde ahora y en este punto comienza a escribirse otra historia por las generaciones que nos siguen. A buen seguro, sin perder la mirada sobre el horizonte, tendrán presente el ejemplo de nuestros verdaderos padres fundadores, quienes imaginan la libertad vestidos de paisanos y se niegan a los laureles y caponas que solo se obtienen a precio de la violencia, con el armamentismo de la historia, esa que cabe desarmar una vez más en la Venezuela del siglo XXI.

ANEXOS

- Alteraciones graves al orden constitucional y la democracia en Venezuela. (Carta Democrática Interamericana)
  (Allan R. Brewer-Carías y Asdrubal Aguiar)

- Violencia de Estado contra la libertad de prensa y criminalización de la disidencia (1999-2012)

I. ELEMENTOS ESENCIALES DE LA DEMOCRACIA (ART. 3)

> "Son elementos esenciales de la democracia representativa, entre otros, el respeto a los derechos humanos y las libertades fundamentales; el acceso al poder y su ejercicio con sujeción al Estado de Derecho; la celebración de elecciones periódicas, libres, justas y basadas en el sufragio universal y secreto como expresión de la soberanía del pueblo; el régimen plural de partidos y organizaciones políticas; y la separación e independencia de los poderes públicos".

1. *Respeto a los derechos humanos y las libertades fundamentales*

   A. La eliminación del rango supra constitucional a los tratados internacionales sobre derechos humanos

1. Declaraciones de la Sala Constitucional y de la Sala Plena del TSJ contra la denuncia ante la CIDH respecto de la sentencia 1.013 de 2001 de la SC; y sentencias de la SC 1.942 de 2003, y 1.939 de 2008.

2. Anunciado retiro de Venezuela del Sistema Interamericano de Protección de Derechos Humanos, 2012.

   B. Ausencia de garantía del derecho a la vida y a la seguridad ciudadana

3. Ajusticiamientos policiales en los Estados, 2001-2002. Masacre de Miraflores, 2002. Muertos de Plaza Altamira, 2002. Heridos de la marcha de protesta por la firmas del referéndum, 2004. Ajusticiamientos de mineros en el Estado Bolívar, 2006.

C. Violación del derecho a la igualdad y a la no discriminación

4. La masiva discriminación política contra ciudadanos que ejercen el derecho constitucional de petición de referendos consultivo y revocatorio presidencial. Listas "Tascón", "Maisanta" y "Russian", 2003-2004.

5. Exclusión del beneficio de la amnistía sobre los hechos del 12 de abril de 2002 a acusados que supuestamente no están a derecho.

D. Violación del derecho a manifestar políticamente

6. Decreto de Zonas militares para excluir reuniones y manifestaciones públicas, 2002.

7. Ataque armado a manifestaciones. Casos *Marcha del 11 de abril y Plaza Altamira, 2002. Protesta por las firmas del referéndum, 2004.*

8. Represión militar y armada de las manifestaciones. Plan de represión contra opositores por protestas por el desconocimiento de firmas, 2004.

9. Represión policial y militar de la Marcha de los Trabajadores del Primero de Mayo, 2009.

E. Violación del derecho a ser electo

10. Masiva inhabilitación política de ciudadanos sin sentencia judicial, mediante decisiones administrativas de control fiscal por parte de la Contraloría. Elecciones regionales, 2007.

11. Desmontaje de las competencias del Alcalde Mayor de Caracas, Antonio Ledezma, para transferirlas a una funcionario de facto con el nombre de Jefe de Gobierno del Distrito Capital, 2009.

12. Eliminación de las 3.207 Juntas Parroquiales, mediante la reforma de la Ley Orgánica de Régimen Municipal, 2010.

F. Violación del secreto de la correspondencia y de la privacidad

13. Publicidad de grabaciones telefónicas ilegítimas en la AN y en el canal del Estado, 2000-2011.

14. Orden de la Superintendencia de Bancos a las instituciones financieras de informarle a la policía política DISIP sobre cuentas de los opositores, 2002.

G. Violación a la vigencia efectiva de los derechos

15. Ilegítima restricción para enfrentar paro petrolero mediante Decreto 2.172, sin cumplirse las condiciones constitucionales para los Estados de Excepción, 2002.

H. Violación de la expectativa de indemnización en los supuestos de intervención en el patrimonio privado

16. Caso de la Ley de Tierras, 2001.

17. Caso de la confiscación de las instalaciones de RCTV decretada por el TSJ, 2007.

18. Caso de las confiscaciones de industrias e instalaciones industriales, comercios, instituciones financieras, inmuebles y edificaciones, sin compensación, 2006-2011.

I. Violación del derecho a la tutela judicial efectiva

19. Impunidad judicial: Masacre de Miraflores y pistoleros de Puente Llaguno, 2002.

20. Desconocimiento por la autoridad militar (Guarnición de Caracas, General Jorge García Carneiro) de decisiones de la Corte Primera de lo Contencioso Administrativo, lo que validó públicamente el Presidente de la República, 2002.

21. La Sala Constitucional decide en causa propia: impugnación del Decreto de Régimen Transitorio, 2000.

22. Presidente de la Sala Constitucional del TSJ decide su propia recusación por adelantar opinión sobre sentencia que permitía al Presidente ser candidato después de ser revocado, 2004.

23. Nuevo juicio sobre lo ya juzgado con relación a los hechos militares del 11 de abril de 2002: Fiscal General de la República solicita nuevo enjuiciamiento contra oficiales sobreseídos, después de la designación inconstitucional de nuevos magistrados –afectos al Presidente de la República– en el TSJ.

24. El Coronel y Presidente de la Sala Penal del Tribunal Supremo de Justicia, magistrado Eladio Aponte Aponte, confiesa haber manipulado la justicia penal, acatado la intervención presidencial en los juicios por razones políticas, y condenado por iguales razones a inocentes, en complicidad con el Ministerio Público y la Presidenta del Tribunal Supremo de Justicia, 2012.

J.   Criminalización de la disidencia

25. Imputaciones penales contra opositores como instrumento de retaliación a la disidencia, acusándoseles de conspiración: Caracas, Mérida, Táchira, 2002.

26. Detención del General Francisco Usón por ofensa a la Fuerza Armada. (Caso llevado ante CIDH), 2004.

27. Detención, enjuiciamiento y condena, por razones políticas, de los jefes policiales Simonovis, Vivas, Forero, 2004-2009.

28. Persecución contra gobernadores de oposición (Mendoza, Lapi), 2005.

29. Caso *Anderson*. Desviación de la investigación penal para perseguir la disidencia. Rol colusivo y en violación de sus deberes constitucionales del Fiscal General de la República, Julián Isaías Rodríguez Díaz, 2005.

30. Reforma del Código Penal a objeto de extender los efectos de la ley mordaza a la prensa escrita; se agravan los delitos de ofensa y desacato –agravios a las autoridades por parte de

la prensa y la opinión pública– y se criminaliza la disidencia bajo protesta de la oposición y reacción por los diputados oficialistas, 2005.

31. A pedido del gobierno y sin mediación judicial, el Contralor General de la República "silencia" numerosos opositores aspirantes inhabilitándolos políticamente para la elección de gobernadores y alcaldes, 2008.

32. Persecución judicial del alcalde de Maracaibo y ex candidato presidencial, Manuel Rosales, y del ex ministro de la defensa, Raúl Isaías Baduel, 2009

33. El Presidente de la República le exige al Ministerio Público y al Tribunal Supremo de Justicia proceder en contra de quienes declaran –entre éstos los gobernadores de oposición– sobre la contaminación de las aguas en Venezuela. La Fiscal General de la República, Luisa Ortega Díaz, al efecto, solicita una medida cautelar judicial para exigir de los medios de comunicación social sólo informar al respecto sobre la base de informes técnicos, 2012.

K. Violación del derecho a la tutela judicial internacional de los derechos humanos

34. Incumplimiento por el Estado de las medidas cautelares de la CIDH, desde 2002. Presidente anuncia que no acataría medidas cautelares de protección en el caso de Globovisión, 2003.

35. Desacato (declaradas inejecutables) de las sentencias condenatorias de la Corte Interamericana de Derechos Humanos que hacen lugar a la responsabilidad internacional del Estado por violaciones de derechos humanos (Apitz y otros, 2008; Perozo y Ríos, Globovisión y RCTV, 2009; Reverón Trujillo, 2009; Barreto Leiva, 2009; Usón Ramírez, 2009; Chocrón Chocrón, 2011; López Mendoza, 2011; Familia Barrios, 2011).

L.   Promoción estatal de la intolerancia

36. Ataques del Presidente de la República a la Iglesia Católica, 1999-2011.

37. Expresiones del Canciller promoviendo la discriminación religiosa, denigrando de la catolicidad y descalificando la oposición (OEA, Chile), 2003.

38. Allanamiento de instalaciones Colegio hebraico Moral y Luces, 2007

39. Profanación Sinagoga, 2008-2009.

40. Ataque público del Canciller a los homosexuales, 2012.

41. Antisemitismo como política del oficialismo, 2010-2012.

2.   *Acceso al poder y su ejercicio con sujeción al Estado de derecho*

2.1   *Acceso al poder con sujeción al Estado de derecho*

A.   Acceso al Poder Público violando la Constitución

42. Nombramiento provisional de altos funcionarios no electos por la ANC sin cumplir los requisitos constitucionales, 1999.

43. Extensión del período presidencial inicial de cinco años de Hugo Chávez, mediante decisión de la SC del TSJ, 2000.

44. Nombramiento de los miembros del CNE por la Comisión Legislativa Nacional y Sentencia de la SC del TSJ que acepta que la CLN legisle, 2000.

45. Nombramiento de los altos funcionarios públicos no electos (TSJ, Poder Ciudadano) en aplicación de una ley especial sin cumplir condiciones electorales, 2000

46. Sentencia de la SC del TSJ decidiendo la no aplicabilidad de las condiciones constitucionales a los funcionarios que ya ejercían provisionalmente altos cargos públicos, 2000.

47. Nombramiento de los miembros del CNE por la SC del TSJ sin cumplir los requisitos constitucionales, 2002.

48. Nombramiento del Fiscal general suplente por la SC del TSJ en defecto de la AN, 2002.

B.   Acceso a cargos representativos sin elecciones

49. Eliminación de la democracia representativa en la conformación de los Consejos Comunales (la democracia directa a nivel local es permitida sólo en las Asambleas de Ciudadanos), 2007.

50. Dictado de la Ley de Régimen Especial del Distrito Capital y designación por el Presidente de la República de la Jefe de Gobierno del Distrito Capital, 2009.

51. Integrantes de las Juntas Parroquiales serán elegidos en segundo grado, 2010

2.2 *Ejercicio del poder constituyente con sujeción al Estado de Derecho*

A.   El irregular proceso constituyente de 1999

52. Golpe de Estado constituyente, la intervención y desmontaje de los poderes constituidos por la ANC en violación de la Constitución de 1961, 1999.

53. La violación de la Constitución de 1999 al dictar la ANC un régimen transitorio constitucional (Decreto de Régimen de Transición de los Poderes Públicos) sin aprobación popular, 1999.

54. Reconocimiento de poderes supraconstitucionales a la ANC por la SC del TSJ, 2000.

B. La continuación irregular de la transitoriedad constitucional sin límite

55. Permanente "transitoriedad constitucional" prolongada por la Sala Constitucional, y para desdibujar el Estado de Derecho, 1999-2012

C. La inconstitucional reforma constitucional en 2007

56. Intento de reformar la Constitución violentando los procedimientos constitucionales: reformas sustanciales por la vía de la "reforma constitucional", 2007.

57. Comisión presidencial de reforma constitucional integrada con las presidentas del TSJ y de la AN, 2007.

58. Renuncia de la SC del TSJ a controlar la constitucionalidad de los actos estatales del proceso de reforma constitucional, 2007.

59. Implementación inconstitucional de las reformas constitucionales rechazadas mediante decretos leyes (Fuerza Armada Bolivariana; milicia bolivariana; autoridades regionales superpuestas a Gobernadores y alcaldes, etc.), 2008.

D. La irregular reforma constitucional en 2009

60. Inconstitucional convocatoria a referendo sobre una reforma constitucional ya rechazada por el pueblo sobre la reelección presidencial (y otros funcionarios ejecutivos), 2009.

E. La inconstitucional creación del Estado del Poder Popular en 2010

61. La atribución al Consejo Federal de Gobierno, de potestades para centralizar el poder, 2009.

62. Establecimiento de la administración pública "revolucionaria" al margen de la Constitución y la ley: Ministros "del Poder Popular", Consejo de Ministros Revolucionario, y Vicepresidentes, distintos al Vicepresidente ejecutivo, 2009.

63. La forja del Estado del Poder Popular, 2011.

64. Nacimiento del Estado Comunal o de Comunas, 2011.

65. Creación del sistema económico comunal, 2011.

    F.   La inconstitucional creación del Distrito Federal con el nombre de Distrito Capital, como dependiente del Poder Ejecutivo Nacional

    2.3   *Ejercicio del poder legislativo con sujeción al Estado de derecho*

    A.   Funcionamiento irregular de la Asamblea Nacional

66. Reforma irregular del Reglamento Interior y de Debates de la AN para facilitar incorporación de diputados suplentes, 2003.

67. Sesiones irregulares de la AN fuera de su sede (en la calle: El Calvario) para impedir presencia de diputados opositores, 2003.

68. Reforma del reglamento Interior y de debates para anular con mayoría simple sus actos propios, 2004.

69. La sujeción de los parlamentarios al voto de partido (violación del principio de voto de conciencia), 2010.

70. Ausencia de rendición de cuentas de los representantes de la soberanía popular.

    B.   Sanción irregular de leyes

71. Sanción de leyes orgánicas sin la mayoría constitucional: sentencia de la SC del TSJ que permite sanción sin mayoría calificada, 2004.

72. Sanción de la Ley del TSJ por mayoría simple para facilitar el control (nombramiento y remoción) de magistrados, 2004.

73. El abuso de la delegación legislativa y la violación de la Constitución: leyes habilitantes de 2001 y 2007-2008-2010.

74. Violación de la reserva legal en la sanción de leyes limitativas de derechos humanos por vía de decretos leyes (no de leyes en el sentido de la Opinión Consultiva de la CIDH): Habilitantes.

75. SC del TSJ actúa como legislador positivo: reforma de la Ley de Impuesto sobre la renta, 2006.

76. Sanción de la Ley de Régimen Especial del Distrito Capital, modificando una ley de rango constitucional y cambiando la organización de Caracas prevista en la Constitución, 2009.

77. Sanción de la Reforma de la Ley Orgánica de Descentralización, Delimitación y Transferencia de Competencias del Poder Público, para revertir el proceso descentralización sobre puertos, aeropuertos y carreteras, 2009.

78. Reforma de la Ley de Consejos Comunales, para instalar un régimen de organización del poder público, bajo el modelo socialista que fue objeto de rechazo en la Reforma Constitucional, 2009.

79. Sanción de las leyes del llamado Poder Popular, 2010.

C. Abuso de la habilitación legislativa en 2010

80. Ley habilitante al Presidente de la República por 18 meses, comprometiendo la Asamblea Nacional precedente el tiempo de mandato legislativo de la nueva Asamblea Nacional electa, 2010.

2.4 *Ejercicio del Gobierno conforme al Estado de Derecho*

81. El abandono de la reclamación sobre la Guayana Esequiba, adhiriendo a las tesis de la República Cooperativa de Guyana y la consiguiente afectación de la soberanía territorial, 2011.

82. El traslado inconstitucional de la sede del Gobierno a La Habana, Cuba, y su ejercicio fuera del territorio nacional, 2011-2012.

2.5 *Ejercicio de la Administración de Justicia con sujeción al Estado de derecho*

83. Desacato por el Tribunal Supremo de Justicia de las decisiones de la Comisión Interamericana de Derechos Humanos y de las sentencias de la Corte Interamericana de Derechos Humanos (Apitz y otros, 2008; Perozo y Rios –Globovisión y RCTV, 2009; Reverón Trujillo, 2009; Barreto Leiva, 2009; Usón Ramírez, 2009; Chocrón Chocrón, 2011; López Mendoza, 2011; Familia Barrios, 2011).

3. *Celebración de elecciones periódicas, libres, justas y basadas en el sufragio universal y secreto, como expresión de la soberanía del pueblo*

A. Ilegitimidad del régimen electoral

84. Régimen electoral establecido sin autorización constitucional: Estatuto Electoral dictado por la ANC ejerciendo potestades legislativas, 2000.

85. Manipulación de las circunscripciones electorales (Salamandrismo) y sobre representación de las zonas rurales. Mayoría del voto electoral de la oposición no se refleja en la mayoría de la Asamblea, 2010.

B. Manipulación de los procesos electorales y ausencia de imparcialidad del Poder Electoral

86. Decisión CNE sobre migración de 1.100.000 electores a Centros de votación distintos de sus domicilios, 2004.

87. Destitución de 18.000 miembros de mesas electorales por haber participado en la firma del referendo revocatorio, 2004.

88. Decisión de la SC del TSJ sobre validación de "las Morochas", 2005.

89. Elecciones parlamentarias. Unión Europea declara su realización sin garantías constitucionales ni independencia del órgano electoral, 2005.

90. Negativa del CNE de anunciar e informar sobre la totalidad del resultado del referendo aprobatorio de la reforma constitucional que rechazó la misma, 2007.

4. *Régimen plural de partidos y organizaciones políticas*

A. Atentados contra el pluralismo político

91. La distorsión del pluralismo por el Partido Único Oficial, 2007.

92. Abandono de la prohibición de los funcionarios de estar al servicio de parcialidades políticas: Presidente y altos funcionarios como directivos del partido oficial único, 2007.

B. Violaciones constitucionales en el funcionamiento de los partidos

93. La ausencia de elecciones internas democráticas organizadas por el CNE, 1999-2009.

94. La ausencia de selección de candidatos en elecciones internas organizadas por el CNE.

95. La mutación constitucional ilegítima por la SC del TSJ, cambiando la prohibición de financiamiento electoral a los partidos, 2007.

5. *Separación e independencia de los poderes públicos*

A. La intervención del Poder Judicial y la inconstitucional limitación a su autonomía e independencia

96. La Intervención del Poder Judicial por la ANC, 1999.

97. Destitución de Magistrados de la Sala Constitucional (Arrieche, 2004 por su ponencia en el antejuicio a los militares del 11A, 2002) y de la Sala Electoral (por decisión sobre referendo revocatorio) por la AN (previa aprobación por el Consejo Moral Republicano 2004).

98. Amenazas de diputados de la AN de remoción de los magistrados del TSJ si designan los rectores del CNE, 2003.

99. Allanamiento de la Corte Primera de lo Contencioso Administrativo y destitución de sus magistrados por decidir caso *Barrio Adentro*. *Comisión Judicial cierra Corte Primera, 2003* (Caso decidido por la CIDH, 2008).

100. Reforma de la Ley del TSJ por la AN para establecer, violando la Constitución, la remoción de magistrados por mayoría simple (revocación del acto de nombramiento), 2004.

101. Destitución inmediata de los jueces que pusieron en libertad manifestantes detenidos, 2004.

102. Control previo por el Ejecutivo de las designaciones de los Magistrados del TSJ (Dip. Carreño: "ninguno va a actuar contra nosotros"), 2004.

103. Control previo de las sentencias del TSJ por el Presidente de la República: sentencia ISLR (sin "consultar" al líder de la revolución), 2007 y 2009.

104. Ley del Sistema de Justicia que sujeta su control al Ejecutivo y obliga a la militancia política de los jueces, 2009.

105. Control y sujeción del Poder Judicial al poder político: jueces provisorios y la ausencia de concursos públicos.

106. Supervivencia de la Comisión de reorganización del Poder Judicial (ausencia de la jurisdicción disciplinaria) hasta 2011.

107. Creación de la jurisdicción disciplinaria con jueces nombrados y sujetos a la Asamblea Nacional, 2011.

B.   La violación de la autonomía del Poder Electoral

108. Secuestro del Poder Electoral por la Sala Constitucional: paralización de sus actividades y nombramiento de sus Rectores, 2002-2003.

109. Secuestro de la Sala Electoral por la Sala Constitucional (referendo consultivo y evocatorio), 2003-2004.

C.   Injerencia ejecutiva en el Poder legislativo

110. Solicitud por el Presidente de la República de juicios disciplinarios contra diputados que obstaculicen sanción de Ley de Contenidos y Ley Antiterrorismo, 2003.

D.   La violación de la autonomía estadal y municipal

111. Intervención militar de la PM y desconocimiento de la sentencia del TSJ que ordena restituir la autoridad de la Alcaldía Mayor, 2002.

112. Sustracción de competencias estadales y municipales en materia de Policía con la Ley de Policía Nacional, 2008.

E.   Control absoluto del poder por el Ejecutivo y ausencia de separación de poderes

113. Declaraciones del Presidente de la Republica proclamando: "El Estado soy yo. La Ley soy yo", 2002 y 2008.

114. Declaraciones de la Presidenta del Tribunal Supremo de Justicia: "La división de poderes debilita al Estado", 2009.

115. Creación de la Comisión Central de Planificación, 2011

116. Declaraciones del ex Presidente de la Sala Penal del Tribunal Supremo de Justicia, Eladio Aponte Aponte, y del ex magistrado de la Sala Constitucional del Tribunal Supremo de Justicia, Luis Velásquez Alvaray en las que confiesan haber participado en las reuniones semanales convocadas por el Vicepresidente de la República para fijarle directrices a la Administración de Justicia, 2012.

II. COMPONENTES FUNDAMENTALES DE LA DEMO-CRACIA (ART. 4)

> "Son componentes fundamentales del ejercicio de la democracia la transparencia de las actividades gubernamentales, la probidad, la responsabilidad de los gobiernos en la gestión pública, el respeto por los derechos sociales y la libertad de expresión y de prensa. La subordinación constitucional de todas las instituciones del Estado a la autoridad civil legalmente constituida y el respeto al Estado de Derecho de todas las entidades y sectores de la sociedad son igualmente fundamentales para la democracia".

6. Transparencia de las actividades gubernamentales

117. Ausencia de información y consulta en el proceso de elaboración de decretos leyes, 2001, 2007, 2008, 2010.

118. Ausencia de información pública respecto de la situación y actividades financieras de PDVSA.

119. Manipulación de las estadísticas oficiales. Banco Central de Venezuela, Instituto Nacional de Estadísticas.

120. Desconocimiento por el Tribunal Supremo de Justicia del derecho de acceso a la información administrativa, 2012.

7. Probidad y la responsabilidad de los gobiernos en la gestión pública

121. La inexistencia del control fiscal sobre el gobierno, por omisión de la CGR y de la FGR (Caso *Antonini*).

122. Presupuesto público paralelo y sin control (FONDEN).

123. Caso de los Bonos Argentinos.

124. Manipulación estadística y ausencia de disciplina fiscal.

125. Ausencia de Memorias y Cuentas y del control legislativo.

8. *Respeto de los derechos sociales*

    A.   Derechos laborales

126. El irrespeto a la libertad sindical (intervención por la ANC), control administrativo y referendo sindical, 2000.

127. Destitución masiva de 19.000 trabajadores de PDVSA, 2003.

    B.   Derecho a la vivienda

128. La masiva expulsión de los trabajadores petroleros y familias de sus viviendas por la Guardia Nacional mediante uso de la violencia y bombas, 2003.

129. Confiscación de las constructoras de viviendas y sus obras, 2010-2011.

    C.   Derecho a la educación

130. Establecimiento inconstitucional de la educación socialista, 2009.

    D.   Rechazo a la justiciabilidad inmediata de derechos sociales

131. Derecho a la salud. Sentencia SC del TSJ, 2004.

132. Violación de la obligación estatal de proveer viviendas en proporción a los recursos públicos: entre 1999-2009 se construyen apenas 348.000 unidades de vivienda.

9. *Respeto de la libertad de expresión y de prensa*

    A.   Las limitaciones inconstitucionales a la libertad de expresión y restricciones al derecho a informar

133. Chávez impone la 'unidireccionalidad' informativa, encadenando semanalmente la red de radio y televisión con su programa "Aló Presidente", e inicia sus agresiones contra los editores y periodistas incitando a la violencia contra ellos, 1999.

134. Autorización en la Ley de Telecomunicaciones de la regulación de los contenidos de las informaciones por el Ejecutivo, 2000.

135. El Gobernador del Estado Apure dicta Decreto ordenando el arresto de todos quienes atenten contra el precepto de la información veraz, 2000.

136. Sentencia 1013: regulación de la libertad de prensa por vía jurisprudencial, 2001.

137. Chávez confirma, ante los militares en Guasdualito, su estrategia de pedir al pueblo que haga justicia por sus propias manos en contra de los medios, 2001.

138. La Corte Interamericana de DDHH otorga medidas provisionales a periodistas, considerándolas de "extrema gravedad y urgencia y para evitar daños irreparables a las personas". El Gobierno las desacata, 2002.

139. Chávez suspende las transmisiones de televisión al momento de iniciarse la llamada "Masacre de Miraflores", donde mueren el fotógrafo del diario 2001 Jorge Tortoza y otras 19 víctimas y ocurren más de 80 heridos de bala, 2002.

140. Apertura de Procedimientos sancionatorios por Ministerio Infraestructura contra TV privadas por trasmitir noticias contra el Presidente (leyes de desacato), 2003.

141. Sentencia 1942 rehabilitando leyes de desacato y desconociendo valor de las recomendaciones de la CIDH, 2003.

142. CONATEL incauta equipos de transmisiones de Globovisión, 2003.

143. El Ministro de Infraestructura ordena la apertura de procedimientos contra las televisoras privadas (Canales 2, 4 y 33), por transmitir noticias contra el Presidente y otras que se consideran falsas, engañosas o tendenciosas o que irrespetan a las instituciones y autoridades legítimas; entre otras por transmitir informaciones dadas por los actores de la crisis constitucional del 11A, 2003.

144. El CNE dicta "Normas sobre publicidad y propaganda" electorales, restrictivas de la presencia en los medios de la oposición, y previniendo a éstos con penas pecuniarias y la suspensión de sus publicidades. Entre tanto, nada dice acerca de las cadenas de radio y televisión del Presidente, 2003.

145. La Asamblea Nacional, con mayoría simple aprueba la Ley Mordaza, titulada Ley de Responsabilidad Social de Radio y Televisión, 2005.

146. Se le prohíbe al diario Tal Cual y demás periódicos y medios de comunicación, a instancias del Ministerio Público y con apoyo en la Sentencia 1942 del Tribunal Supremo de Justicia, mencionar a Giovanni Vásquez, testigo del Fiscal General, Julián Isaías Rodríguez, en el caso del asesinato del fiscal Danilo Anderson, 2006.

147. El gobierno, después de 53 años de transmisiones, ejecuta el cierre de Radio Caracas Televisión (RCTV), primer canal de tv privado de Venezuela, en medio de una protesta nacional por dicha medida sin precedentes, 2007.

148. La Corte Interamericana de Derechos Humanos declara internacionalmente responsable al Estado venezolano por hechos internacionalmente ilícitos en los casos de agresión y violencia contra los periodistas y directivos de Globovisión y Radio Caracas Televisión, 2009.

149. El ministro Diosdado Cabello, cabeza de CONATEL, anuncia el cierre de 34 emisoras de radio y tv en todo el país, que incluyen al Canal 7 de TV en Upata, propiedad de David Natera, presidente del Bloque de Prensa Venezolano, y el Canal 26 de Catia La Mar Televisión, así como a las dos emisoras del Circuito Belfort, 2009.

150. El gobierno ordena el cierre de las señales de la emisora Radio Caracas Televisión Internacional (RCTV/Internacional) y otras cinco estaciones televisivas de señal por cable pagada (Ritmo Son, Momentum, América TV, American Network y

TV Chile) a través de la empresa CABLETEL, por no trasmitir en cadena una concentración política del chavismo,
2010.

151. La Asamblea Nacional prohíbe a las televisoras y medios de
comunicación privados estar presentes en el hemiciclo del
parlamento, 2010.

152. Se mantienen siete procesos judiciales contra Globovisión,
instaurados por el gobierno, el último a pedido de CONA-
TEL por transmitir dicha emisora los sucesos violentos de la
cárcel El Rodeo e imponiéndole una multa equivalente a 2,6
millones de dólares, 2011.

153. El Presidente de la República le exige al Ministerio Público
y al Tribunal Supremo de Justicia proceder en contra de
quienes declaran –entre éstos los gobernadores de oposición– sobre la contaminación de las aguas en Venezuela. Y
la Fiscal General de la República, Luisa Ortega Díaz, en
consecuencia, solicita una medida cautelar judicial para exigir de los medios de comunicación social sólo informar al
respecto sobre la base de informes técnicos, 2012.

B.   Vías de hecho contra los medios y periodistas

154. **Observación**: Véase a continuación, siguiente anexo "Violencia de Estado contra la libertad de prensa y criminalización de la disidencia (1999-2012)

10.   *Subordinación constitucional de todas las instituciones
del Estado a la autoridad civil legalmente constituida*

155. Preminencia del militarismo en la Constitución, carrera armamentista, presencia dominante de oficiales de la FF.AA.
en los poderes públicos, 1999-2012.

156. Soporte gubernamental a la guerrilla colombiana e injerencia
militar en Bolivia, 1999 y 2006.

157. Nueva Ley Orgánica Fuerza Armada (Creación de la milicia popular que provoca integración cívico-militar y preeminencia militar. Patria, Revolución o Muerte. Militarización de la situación de Comandante en Jefe), 2005.

158. Adhesión del Alto mando Militar a los lineamientos políticos de la revolución (partido Militar), 2008.

159. Declaración de la Fuerza Armada como "chavista", 2012.

11. *Respeto al Estado de Derecho de todas las entidades y sectores de la sociedad*

160. Funcionamiento de organizaciones sociales al margen de la legalidad y con actividades atentatorias al Estado de derecho con total impunidad (Círculos Bolivarianos, Tupamaros, La Piedrita", "pranes" en las cárceles), 2000-2012.

III. CONDICIÓN NECESARIA DE LA EFECTIVIDAD DE-MOCRÁTICA (ARTS. 2 Y 6)

> *Artículo 2.* El ejercicio efectivo de la democracia representativa es la base del estado de derecho y los regímenes constitucionales de los Estados Miembros de la Organización de los Estados Americanos. La democracia representativa se refuerza y profundiza con la participación permanente, ética y responsable de la ciudadanía en un marco de legalidad conforme al respectivo orden constitucional. *Artículo 6.* La participación de la ciudadanía en las decisiones relativas a su propio desarrollo es un derecho y una responsabilidad. Es también una condición necesaria para el pleno y efectivo ejercicio de la democracia. Promover y fomentar diversas formas de participación fortalece la democracia".

12. *Respeto a la participación ciudadana*

A. Violación del derecho a la participación ciudadana

161. Violación a la participación ciudadana en el nombramiento de los altos funcionarios públicos no electos: por la ANC en 1999, y por la AN en 2001, 2002, 2004, 2007.

162. Sustitución de los Comités de Postulaciones con participación de la sociedad civil para la designación de altos funcionarios por Comisiones parlamentarias, 2000.

163. Integración del Comité de Postulaciones Judiciales por diputados. Control de los nombramientos de magistrados por el Presidente de la República, 2004.

164. Integración del Comité de Postulaciones del Poder Ciudadano por diputados. Control político del nombramiento de Fiscal general, 2007.

B.   La violación del derecho a la participación por la reducción de la sociedad civil

165. Sentencias de la SC del TSJ que niegan el derecho a la participación o representación de intereses difusos a las ONGs con intereses políticos económicos mundiales o transnacionales, 2000.

166. Suspensión por el CNE de la realización de elecciones en colegios profesionales, 2003.

167. Designación de autoridades del Colegio de Abogados por la SC del TSJ, 2008.

C.   La violación del derecho a la participación ciudadana a nivel local por su sujeción al poder central

168. El caso de los Consejos Comunales directamente dependientes del Ejecutivo Nacional, 2007.

169. Eliminación de las Juntas Parroquiales, 2010.

D.   La violación del derecho a la participación ciudadana en la consulta de leyes

170. Eliminación del derecho a la participación ciudadana en la aprobación de decretos leyes (art. 211): leyes habilitantes de 2001, 2007, 2008, 2010, 2011.

E. Secuestro del derecho a la participación ciudadana en materia de referendos

171. Desconocimiento de las firmas del referendo consultivo por el Presidente, 2003.

172. Sala Electoral accidental anula convocatoria a referendo consultivo, 2003.

173. Allanamiento por la Policía Judicial del CNE para hacerse de las firmas del referéndum consultivo, 2003.

174. Anulación por el CNE de las firmas del referendo revocatorio, 2003.

175. Asunción por el CNE del proceso de recolección de firmas ciudadanas para el referéndum revocatorio y dictado de normas restrictivas de la publicidad opositora (Proceso de validación de firmas), 2003.

176. Invitación del Presidente a la Fuerza Armada a desconocer cualquier referendo que lo pretenda sacar del poder, 2003.

177. La SC del TSJ sustrae (se avoca) de la SE el debate sobre las firmas del referendo revocatorio, y anula decisión de la SE que lo permitía, 2004.

178. La ilegítima transformación del referendo revocatorio en un inconstitucional "referendo ratificatorio", 2004.

VIOLENCIA DE ESTADO CONTRA LA LIBERTAD DE PRENSA Y CRIMINALIZACIÓN DE LA DISIDENCIA (1999-2012)

> "La falta de independencia y autonomía del poder judicial frente al poder político constituye uno de los puntos más débiles de la democracia venezolana, situación que conspira gravemente contra el libre ejercicio de los derechos humanos en Venezuela. A juicio de la Comisión, es esa falta de independencia la que ha permitido que en Venezuela se utilice el poder punitivo del Estado para criminalizar a los defensores de derechos humanos, judicializar la protesta social pacífica y perseguir penalmente a los disidentes políticos" (CIDH, Democracia y derechos humanos en Venezuela, Washington DC, 2009, párr. 1154)

1999

El Presidente denuncia que Andrés Mata, como editor, y la directiva de El Universal, "están contra la aprobación de la nueva Constitución, contra la revolución bolivariana y contra la mayoría del pueblo venezolano", por criticar la norma sobre la información veraz y su control por el Estado.

Inteligencia Militar allana Radio Guadalupana, del Arzobispado de Coro, para grabar su programación bajo denuncia de que estaría en contra del proceso constituyente.

Chávez impone la 'unidireccionalidad' informativa, encadenando semanalmente la red de radio y televisión con su programa "Aló Presidente", e inicia sus agresiones contra los editores y periodistas incitando a la violencia contra ellos; y pide al pueblo no comprar los periódicos de la "contra revolución" ni sintonizar sus emisoras. Hasta de 2010 se realizan 2.125 cadenas de radio y televisión, durante 1.464 horas.

La Asamblea Nacional Constituyente aprueba y somete a referéndum la Constitución de la República Bolivariana de Venezuela, dividiendo el núcleo pétreo de la libertad de expresión y prensa, afirmando que la primera no está sujeta a censura, pero la segunda, como libertad de información queda condicionada a su veracidad, oportunidad e imparcialidad, conforme a la ley (artículos 57 y 58); todo ello en contravención de la Convención Americana de Derechos Humanos y bajo protesta del Relator para la Libertad de Expresión de la OEA.

Ha lugar al diferimiento de la declaración de la prescripción penal, como lo estipula el vigente Código Orgánico Procesal Penal, en la acusación en contra de Ben Ami Fihmann, director de la revista *Exceso*, y de la periodista Faitha Nahmens, sobre quienes pesa un prolongado juicio por difamación desde julio de 1997.

El Lic. Jorge Castro, columnista de diferentes medios de comunicación, denuncia reiteradas amenazas y persecución en su contra por parte del Sr. Martín Pacheco, jefe de prensa de la Presidencia de la República.

Una entrevista publicada en *El Universal*, en la cual monseñor Roberto Luckert, Obispo de Coro, hace señalamientos críticos contra el Gobierno y el propio presidente Chávez, genera el ataque verbal directo del Jefe de Estado contra el propio obispo, la Iglesia como institución y el diario *El Universal*.

El Nuevo País, diario del periodista Rafael Poleo, es víctima de un atentado que daña parte de sus máquinas y le impide circular durante unos dos días.

2000

En compañía del Embajador de Cuba en Venezuela, el Presidente acusa a *El Universal* de publicar la foto de la concentración popular de Plaza Brión, Chacaíto, que denuncia la cubanización de Venezuela.

El Gobernador del Estado Apure dicta Decreto ordenando el arresto de todos quienes atenten contra el precepto de la información veraz.

La Ley Orgánica de Telecomunicaciones autoriza al Gobierno suspender los programas de radio y televisión, "cuando lo juzgue conveniente a los intereses de la Nación" y hasta tanto se dicten las normas sobre regulación de los contenidos de la información.

Hostigamiento al Bloque de Prensa Venezolano y editores, a propósito de un comunicado del Bloque "expresando su preocupación por la situación que en materia de libertad de expresión e información está viviendo Venezuela y, asimismo, la violencia desatada desde los más altos niveles del gobierno nacional, amenazas a los medios, editores y periodistas, calificativos injustificados y ofensivos, ataques personales públicos por parte del presidente Chávez".

Tobías Carrero Nácar y Multinacional de Seguros presenta querella contra el diario *La Razón* y su editor Pablo López Ulacio, por haber publicado informaciones que se relacionan con las presuntas ventajas que en contratos con el Estado venezolano estaría obteniendo Carrero Nácar a partir de su muy antigua relación de amistad con el presidente de la desaparecida Asamblea Constituyente y el propio jefe del Estado y su condición de importante financista electoral de su campaña. Juzgado por sus informaciones abandona el país López Ulacio con destino al exilio.

El columnista Elías Santana introduce un recurso de amparo ante el Tribunal Supremo de Justicia –que le es denegado– solicitando un derecho a réplica a Radio Nacional de Venezuela, emisora del Estado, ejerciendo su derecho a la información imparcial, afectado directamente por informaciones inexactas y agraviantes en su contra dadas por el propio presidente Chávez en el programa "Aló, Presidente".

El ministro del Interior coronel (R) Luis Alfonso Dávila, declara a la prensa estar en total desacuerdo con las informaciones de prensa, relativas a la creciente inseguridad que pesa sobre ciudadanos y sus bienes, así como del sinnúmero de crímenes perpetrados diariamente en ciudades del país. Señala que esas noticias alientan al delito y al delincuente, por lo que exige a los directores de medios minimizarlos.

2001

La Sala Constitucional del TSJ, con ponencia de Jesús Eduardo Cabrera, dicta la Sentencia 1013 restringiendo la libertad de expresión e información, y condicionando los contenidos a los cánones de la misma. La sentencia viola el principio de reserva legal y varios preceptos del Pacto de San José. Por lo demás, el propio Tribunal Supremo advierte que su sentencia no admite internamente reconsideración o apelación y "que las decisiones de este tribunal en sus diferentes salas, no están sometidas a ninguna revisión por parte de instancias internacionales".

El Sindicato Nacional de Trabajadores de la Prensa y la Federación Internacional de Periodistas en su informe de febrero, refieren las agresiones verbales de creciente intensidad por el Presidente de la República en contra de periodistas y editores desde el pasado año, que se vienen dando con mayor frecuencia e intensidad. "Podemos compartir con el presidente Chávez cualquier llamado a un trato ecuánime, objetivo, con apego a la verdad hacia su gestión de gobierno, pero rechazamos con profunda convicción institucional y democrática que desde la más alta magistratura nacional se veje a cualquier ciudadano", declaran.

El Presidente de la Asamblea Nacional anuncia una comisión que redactará el proyecto de ley de libertad de información y expresión, dado que los medios estarían actuando políticamente y sin imparcialidad.

Chávez declara, durante la entrega de los Premios de Periodismo, que ha sostenido desde los inicios de su Gobierno un "muy complejo sistema de relaciones con los medios de comunicación...como parte de un choque histórico de fuerzas".

Chávez anuncia la movilización del pueblo contra los medios de comunicación social, advirtiendo que "es un tema del pueblo y no solo suyo". Luego surge el tribunal popular de la Plaza Andrés Eloy Blanco, que juzga y condena a los periodistas de oposición, entre otros a José Domingo Blanco, Mingo.

CONATEL –Agencia de Telecomunicaciones del Estado– abre un expediente administrativo contra VALE TV, emisora de la Iglesia, en tanto que ordena a la DISIP –policía política– la persecución del Cardenal Arzobispo de Caracas.

El Presidente Chávez, dirigiéndose públicamente y en cadena de televisión a GLOBOVISION, amenaza a sus directivos en los siguientes términos: "Yo, esto, se lo lanzo como una advertencia muy seria, al señor Alberto Federico Ravell y al señor Nelson Mezerhane, que es banquero y tiene, bueno, un banco, y es también dueño de ese medio de comunicación [GLOBOVISION]. Les hago un llamado a que reflexionen". "Algunos dueños de los medios de comunicación, son enemigos de la Revolución. Y uno es el señor Nelson Mezerhane, que tiene un banco. Le respetamos. No le hemos irrespetado para nada sus derechos a tener un banco, ni se los vamos a irrespetar. Tiene todos los derechos garantizados el señor Mezerhane; y el otro señor que se llama Alberto Federico Ravell… Hay que identificar a los enemigos de la revolución. Sí. El pueblo tiene saber quiénes son, cuál es su rostro, cuál es su nombre".

CONATEL abre un procedimiento contra Globovisión, por emitir informaciones inexactas con el objetivo de crear caos y zozobra entre la población.

El Presidente, durante el 1er Encuentro Nacional de Voceros y Comunicadores Sociales de su partido, hace pública la decisión de "imponer censura a los medios amarillistas y medios nacionales que distorsionan la información veraz".

Bajo presión del Gobierno, mediando terrorismo judicial sobre sus propietarios, es destituido el Director del vespertino *El Mundo*, Teodoro Petkoff.

Desde la Plaza Caracas, Chávez pide a su Ministro de Secretaría entregar a la Asamblea un proyecto de Ley de Contenidos y organizar al pueblo en Círculos Bolivarianos para enfrentar a los medios.

Chávez juramenta los Círculos Bolivarianos y acusa de 'tarifados' a los periodistas.

Chávez confirma, ante los militares en Guasdualito, su estrategia de pedir al pueblo que haga justicia por sus propias manos en contra de los medios.

2002

La periodista Ibéyise Pacheco, directora del diario Así es la Noticia, asociado a *El Nacional*, es objeto una investigación penal por iniciativa del Comandante de la Guardia Nacional; dándose la circunstancia, muy grave, de que cinco días después, el 31 de enero, estalla una bomba en la puerta principal del rotativo y un día después de haber hecho público, junto a otras de sus colegas –Marta Colomina, Marianella Salazar y Patricia Poleo– un vídeo que registra un encuentro no oficial entre efectivos de la Fuerza Armada venezolana y miembros de las Fuerzas Armadas Revolucionarias de Colombia.

El presidente Chávez, en cadena nacional ofende públicamente al editor Miguel Henrique Otero e instiga a sus seguidores a que lo reprendan, luego de lo cual tiene lugar una violenta manifestación de los Círculos Bolivarianos en las puertas de El Nacional, que da motivo a medidas cautelares de protección por la Comisión Interamericana de Derechos Humanos. Más tarde son agredidos por manifestantes del Movimiento V República, partido de gobierno, un grupo de periodistas de Radio Caracas Televisión y de Globovisión.

La CIDH dicta medidas cautelares en favor del diario El Universal para proteger la vida e integridad personal de sus trabajadores, lo cual inhibe a las turbas gubernamentales para hacerse presentes de nuevo y días después en las puertas de este diario. Tres de sus periodistas: Roberto Giusti, Alicia La Rotta y Eugenio Martínez, son víctimas de agresiones días antes.

Chávez advierte a los periodistas, durante la promulgación de la Ley de Hidrocarburos, que deben respetar el código de ética, previniéndoles sobre la aplicación de una Ley de Contenidos.

El Presidente pide a sus parlamentarios, en Miraflores, luego de defender la protesta contra *El Nacional*, aprueben una Ley de Contenidos "porque ninguna de las libertades puede ser ilimitada...". El Presidente de la Asamblea, a su vez, pide a los medios "auto-instituir" un Código de Ética.

Diputados del Gobierno hacen públicas las conversaciones telefónicas, ilegalmente grabadas, entre el Presidente de la CTV, Carlos Ortega, y el ex presidente de la República Carlos Andrés Pérez; y más luego, entre la periodista Patricia Poleo y militares y entre ex Ministro Carmelo Lauría y el empresario Tobías Carrero.

Reporteros sin Fronteras da cuenta de agresiones a la integridad personal de 93 comunicadores sociales.

Chávez declara no estar dispuesto a cumplir las medidas cautelares de la Comisión Interamericana de DD HH. Más tarde califica a sus miembros de delincuentes.

Son dictados decretos presidenciales que establecen zonas de seguridad indiscriminada en áreas cercanas o aledañas a lo que se estime instalación o dependencia militar, ubicadas o no en ciudades, a objeto de impedir la libre circulación, el derecho a manifestar y el de informar de manifestantes opositores.

Chávez suspende las transmisiones de televisión al momento de iniciarse la llamada "Masacre de Miraflores", donde mueren el fotógrafo del diario 2001 Jorge Tortoza y otras 19 víctimas y ocurren más de 80 heridos de bala.

Lanzan bombas incendiarias contra la sede de PROMAR Televisión, en Barquisimeto, y la sede de Unión Radio, en Caracas.

Los Círculos Bolivarianos, dirigidos por el Secretario de Seguridad del Estado Lara, destruyen la sede del Tribunal que acuerda amparar al periodista José Ángel Ocanto, del diario El Impulso.

El Bloque de Prensa Venezolano denuncia ante la OEA el trámite de un Proyecto de Ley de Participación Ciudadana, que propone la creación de un Consejo Nacional de Vecinos para el control de los medios de comunicación, competente para sancionarlos por informaciones no veraces.

La Corte Interamericana de DDHH otorga medidas provisionales a periodistas, considerándolas de "extrema gravedad y urgencia y para evitar daños irreparables a las personas". El Gobierno una vez más las desacata.

El Canal del Estado, VTV, transmite las conversaciones telefónicas sostenidas entre el ex Ministro de la Defensa, Fernando Ochoa Antich y su hermano, el Concejal Enrique Ochoa Antich, grabadas ilegalmente por la policía política.

Círculos Bolivarianos, atendiendo al llamado del Ministro del Interior y de Justicia toman las puertas de las radios y televisoras privadas, causando destrozos en algunas de ellas. La experiencia se repite al siguiente día.

2003

El Ministro de Infraestructura ordena la apertura de procedimientos contra las televisoras privadas (Canales 2, 4 y 33), por transmitir noticias contra el Presidente y otras que se consideran falsas, engañosas o tendenciosas o que irrespetan a las instituciones y autoridades legítimas; entre otras por transmitir informaciones dadas por los actores de la crisis constitucional del 11 de abril de 2002.

El proyecto de Ley sobre Responsabilidad Social de Radio y Televisión (Ley de Contenidos) es presentado formalmente ante la Asamblea.

El Gobierno suspende la adquisición de divisas por motivos políticos y no económicos, afectando, entre otros, a los medios e impidiéndoles la compra de sus insumos. Y avanza en la persecución fiscal de la prensa.

Chávez anuncia desde Miraflores que la Ley de Contenidos "tiene que ir y tiene que aplicarse".

Los diputados oficialistas promueven la modificación del Reglamento Interior y de Debates de la Asamblea para lograr la aprobación de la Ley de Contenidos. La oposición denuncia la "dictadura parlamentaria".

El Presidente pide se realicen antejuicios contra los parlamentarios de la oposición, por obstaculizar la aprobación de la Ley de Contenidos.

Luego de la sesión extramuros de El Calvario, el Presidente de la Asamblea da por recibido y ordena tramitar el proyecto de Ley de Contenidos.

Desde Fuerte Guaicaipuro, unidad militar cercana a Caracas, el Presidente de la República, llevando una vez más el uniforme militar y en abierta incitación, se dirige a los soldados: "Hoy, como nunca antes en muchísimo tiempo, los soldados venezolanos estamos navegando en nuestra propia agua... Nunca más debemos permitir que nos saquen de nuestra propia agua, como nos sacaron en buena parte del siglo XX, al Ejército y luego al resto de los componentes de la Fuerza Armada... No sólo se trata de impedir que a través de cualquier movimiento desestabilizador, ahora vestido con careta democrática, esta oligarquía fascista vuelva a adueñarse del país (...) y ustedes tendrían entonces que escoger, con los fusiles en la mano, qué hacer, hacia dónde apuntar los fusiles, si al pecho de la oligarquía traidora o a los pechos del noble pueblo de Venezuela". Y agrega: "Hay gente aquí en Venezuela, de esta oligarquía, por ejemplo, y eso es parte de los planes que denuncio ante el país, ellos están hablando de un referéndum (...). Como saben que es sumamente difícil (...) han empezado a decir que es que Chávez no quiere referéndum. Y que la OEA debería entonces meter las manos aquí... Bueno, si a alguien se le ocurre invadir esta tierra aquí pelearemos con las uñas... Y si a alguien se le ocurre, no nos quedaría más nada que gritar: Patria o muerte".

El Presidente de la República, ante los medios y el país llama a los Obispos integrantes de la Conferencia Episcopal Venezolana "embusteros y sinvergüenzas", "voceros de la oposición", "golpistas" e "indignos de portar hábitos", amenazándolos con "la espada del rechazo de Dios, de Cristo, a través de las miradas acusadoras del pueblo".

La Sala Constitucional dicta la Sentencia 1942, respaldando las leyes de desacato, que castigan con prisión a quienes critiquen a funcionarios públicos, y valida la censura previa de la información. La sentencia advierte que, aparte de considerar competente sólo a la Sala Constitucional venezolana para determinar qué derechos humanos se han de reconocer y respetar en Venezuela y dentro de qué límites, previene acerca de lo siguiente: "Si un organismo internacional, aceptado legalmente por la República, amparara a alguien violando derechos humanos de grupos o personas dentro del país, tal decisión tendría que ser rechazada aunque emane de organismos internacionales protectores de derechos humanos". La Sala Plena del máximo Tribunal, en defensa solidaria del señalado *dictum* de su Sala Constitucional, declara seguidamente y en abierto desconocimiento de la fuerza de los tratados internacionales sobre derechos humanos que: "Carece de aplicación en el país cualquier decisión de órganos jurisdiccionales supranacionales, transnacionales o internacionales que viole la Constitución, o que no haya agotado el trámite del derecho interno, en Venezuela". "Que las recomendaciones de los organismos internacionales, en particular la Comisión Interamericana de Derechos Humanos, (…) no son de obligatorio cumplimiento (…)". "Que la libertad de expresión no es un derecho absoluto de los seres humanos (…)".

En aplicación de la Sentencia 1013, se presenta la primera demanda contra El Carabobeño, por informar sobre un vehículo robado poseído por un Fiscal del Ministerio Público.

CONATEL allana Globovisión, alegando uso indebido del espectro radioeléctrico y le decomisa sus equipos de microondas, impidiéndole sus transmisiones en vivo.

Chávez, durante la Cumbre sobre la Pobreza, la Equidad y la Inclusión Social en América Latina y en presencia del Secretario General de la OEA, manifestó que su Gobierno no acataría las medidas cautelares dictadas por la Comisión Interamericana de DD HH, destinadas a proteger a Globovisión.

El CNE dicta "Normas sobre publicidad y propaganda" electorales, restrictivas de la presencia en los medios de la oposición, y previniendo a éstos con penas pecuniarias y la suspensión de sus publicidades. Entre tanto, nada dice acerca de las cadenas de radio y televisión del Presidente.

La Relatoría para la Libertad de Expresión de la OEA, por encargo de la Comisión Interamericana de Derechos Humanos, en su informe de 2003 y con base en la denuncia que formulan el Bloque de Prensa Venezolano y otros de la Sentencia 1013 que dicta la Sala Constitucional del Tribunal Supremo de Justicia, fijando estándares para el ejercicio de la libertad de prensa, señala que los mismos son incompatibles con la interpretación jurisprudencial de los artículos 13 (libertad de pensamiento y expresión) y 14 (derecho de rectificación y respuesta) de la Convención Americana de Derechos Humanos.

2004

El Presidente de la televisión estatal, VTV, confiesa que el medio a su cargo está al servicio de la revolución y que su dirección la asume como político y no como periodista: "No me pidan equilibrio informativo cuando estamos en una batalla y en esta batalla no soy imparcial. ...yo estoy en VTV como político, no como periodista. ...Tú acusas al canal de que hacemos propaganda, bueno, sí hacemos propaganda. ...No podemos ser imparciales. Tú me pides que me comporte como un periodista. Te equivocas; soy presidente de una institución política".

Una multa por Bs. 582.000.000 de bolívares es impuesta al Canal 33, Globovision, por la agencia estatal de telecomunicaciones (CONATEL), alegando violaciones en el uso de sus frecuencias radioeléctricas.

El Presidente anuncia que tomará militarmente a Globovisión, produciéndose el allanamiento de sus antenas de transmisión al siguiente día por sujetos fuertemente armados y cubiertos con pasamontañas quienes irrumpen en el sitio y amenazan a sus empleados: "Estamos listos, las 24 horas del día. Ustedes pueden decir al mundo todo lo que quieran, pero no voy a permitir que desestabilicen al país porque yo soy Jefe del Estado....Ustedes van a ser tomados militarmente, por asalto, cueste lo cueste, porque aquí tienen que imponerse la Constitución y las leyes", son las palabras del mandatario.

La Guardia Nacional reprime de manera violenta a la población civil que protesta el intento de desconocimiento oficial de la voluntad popular expresada en las firmas que solicitan se realice un referéndum revocatorio del mandato presidencial y ha lugar a casi cuatro centenares de presos y a una decena de muertos, más otros desaparecidos. Son agredidos catorce (14) periodistas y se priva de libertad a otros tres (3). Es víctima de un disparo por arma de fuego el camarógrafo Carlos Colmenares, de RCTV, beneficiario de medidas cautelares de la Comisión Interamericana de DDHH. De acuerdo con cifras manejadas por la Federación Internacional de Periodistas, el Colegio Nacional de Periodistas y el Sindicato Nacional de Trabajadores de la Prensa, los periodistas agredidos son los siguientes: Carlos Montenegro (TELEVEN), Vladimir Gallardo (El Impulso), Berenice Gómez (Últimas Noticias), Felipe Izquierdo (Univisión), Johnny Figarella (GLOBOVISIÓN), Henry Delgado (El Nacional), Edgar López (El Nacional), Janeth Carrasquilla (GLOBOVISIÓN), Billy Castro (Diario Impacto), Bernabé Ruiz (El Tiempo), Willimar Rodríguez (El Impacto), Reyna Díaz (El Tiempo), María Gómez (Telecaribe), y Omar González (Telecaribe). Alirio Rodríguez y Dainu Acosta, profesores de periodismo en Maracaibo, y Roberto Rasquin son los detenidos.

La Fiscalía General Militar inicia investigación por rebelión y difamación de la Fuerza Armada Nacional contra los periodistas Patricia Poleo, Marianella Salazar, Marta Colomina, Ibéyise Pacheco y César Miguel Rondón. El Coronel (Ejército) Ángel Alberto Vellorí ejerce acción penal contra la periodista Ibéyise Pacheco, quien ya es condenada a nueve meses de prisión por ejercer su labor informativa. El diputado oficialista Juan Barreto hace otro tanto contra el periodista Miguel Ángel Rodríguez, de Radio Caracas Televisión; el presidente de la televisora estatal Wladimir Villegas contra el periodista Nelson Bocaranda; y el presidente de la TV estatal, Wladimir Villegas lo hace contra el periodista Nelson Bocaranda.

El Presidente anuncia su decisión de armar al pueblo para la defensa de la revolución.

La diputada oficialista Iris Varela propone quitar la nacionalidad a periodistas de origen extranjero enemigos del régimen. El canciller de la República, Jesús Arnaldo Pérez, acusa a los periodistas de sembrar odio y cizaña. En tanto que el presidente del Consejo Nacional Electoral, Francisco Carrasquero amenaza a los medios con cerrarlos si vulneran las reglas de la campaña electoral referendaria.

En los días previos al referéndum revocatorio del mandato presidencial pedido por la oposición, a pesar de la ausencia de un balance de poderes públicos y el establecimiento por el gobierno de la Lista Tascón –nomina oficial de los opositores– que son objeto de trato discriminatorio en los servicios del Estado, la comunidad internacional presiona a los medios privados independientes para que mantengan su "neutralidad" en los comicios planteados.

Concluido el referéndum el presidente anuncia La Nueva Etapa, El Nuevo Mapa Estratégico de la Revolución, que marca su tránsito hacia el socialismo marxista, dispone perseguir a la disidencia y crear una red de comunicaciones e información, nacional e internacional, bajo control oficial y paulatina eliminación de la prensa privada e independiente. Para inicios del 2012 "se destacan tres diarios financiados con fondos públicos, Vea, Correo del Orinoco y Ciudad CCS; seis canales de televisión nacional, VTV, Vive TV, Asamblea Nacional TV, TVES y Ávila TV y TELESUR; cuatro emisoras de radio del circuito YVKE Mundial; una red que se identifica como de "medios paraestatales", compuesta por alrededor de 400 emisoras de radio comunitarias, 36 televisoras comunitarias y cerca de 100 periódicos; la Agencia Bolivariana de Noticias; una red digital del Ministerio de Comunicación e Información, que incluye las páginas web de los distintos órganos del aparato estatal; Misión 2.0 con la cuenta @ChávezCandanga en twitter, para cuyo funcionamiento disponen de 200 funcionarios"

El rector electoral oficialista Jorge Rodríguez anuncia que enviará a la cárcel a quien hable de fraude electoral, dadas las declaraciones dadas por el reconocido jurista venezolano Tulio Álvarez, que afirman la existencia de un cúmulo de denuncias y probanzas que ponen en tela de juicio los resultados electorales del referéndum revocatorio presidencial del 15 de agosto, a su vez entregadas al Secretario General de la OEA.

Es hecho preso y sometido a la justicia militar el general retirado Francisco Usón quien apoya a la Coordinadora Democrática de oposición, acusado de vilipendiar a las Fuerzas Armadas, luego de opinar en el programa de televisión que dirige la periodista Marta Colomina, en TELEVEN, a raíz de la muerte por incendio de unos soldados encarcelados por razones disciplinarias dentro de dependencias militares en el Estado Zulia.

Bajo protesta del Bloque de Prensa Venezolano, el General de División Jorge Luis García Carneiro acusa a los medios de comunicación venezolanos de enemigos del gobierno y de sostener movimientos armados paramilitares.

Son agredidos por turbas de calle afectas al gobierno las instalaciones de los diarios El Nacional, Así es la Noticia, Radio Caracas Televisión, TV Guayana y sus periodistas, periodistas de Globovisión.

Francisco Kiko Bautista renuncia a la dirección del vespertino El Mundo bajo presiones gubernamentales contra sus propietarios.

El Presidente de la República, en cadena de radio y televisión pide le acerquen un basurero y lanza dentro del mismo un ejemplar del diario El Universal, señalando que al mismo y su editor Andrés Mata los manda "al basurero de la historia".

Es asesinado –silenciado– el fiscal del Ministerio Público, Danilo Anderson, quien investiga los hechos de 11 de abril de 2002 y se constituye también en acusador por delito de homicidio en contra de los pistoleros de Puente Llaguno, oficialistas –el concejal de Caracas Richard Peñalver, Rafael Cabrices, Henry Atencio y Nicolás Rivera– quienes disparan contra la manifestación pacífica que ocurre ese día y luego son declarados inocentes por el Tribunal 4$^{to.}$de Juicio del estado Aragua; decisión que apela Anderson.

2005

La Asamblea Nacional, con mayoría simple aprueba la Ley Mordaza, titulada Ley de Responsabilidad Social de Radio y Televisión, que estatiza el espectro radioeléctrico y su uso por los medios de comunicación social; con lo cual sus concesionarios –las empresas privadas organizadas para la gestión de dichos medios– y administradores quedan además sujetos a las disposiciones de la Ley contra la Corrupción (2003) a la manera de los funcionarios, a quienes se les confía el "patrimonio público" y su disposición.

Ha lugar a la reforma del Código Penal a objeto de extender los efectos de la ley mordaza a la prensa escrita; se agravan los delitos de ofensa y desacato –agravios a las autoridades por parte de la prensa y la opinión pública– y se criminaliza la disidencia bajo protesta de la oposición y reacción por los diputados oficialistas: "No van a poder frenar las reformas que nos dé la gana hacer de las leyes de este país, para eso tenemos mayoría".

Se le abre proceso penal al diario El Universal, por publicar editorial que cuestiona a la Administración de Justicia.

Uno de los miembros del Tribunal Supremo de Justicia, Carlos Oberto Vélez, al inaugurarse el año judicial y hablar ante el país en nombre de sus colegas, afirma que "tan sancionable es la conducta del agente de orden público que abusa de su arma de reglamento y con ella quita la vida injustificadamente a un ciudadano, como el periodista que a través del micrófono o con la máquina impresora agrede, ofende, difama o agravia a un ciudadano que cumple una función dentro del Estado".

TV Guayana es allanada militarmente para secuestrarle grabación que realizan sus periodistas, en línea con las agresiones al Correo del Caroní, perteneciente al mismo grupo editorial, que preside el editor David Natera.

Es igualmente allanada por elementos militares la sede del diario Últimas Noticias, para confiscarle las fotos que dan cuenta de agresiones de los cuerpos de seguridad del Presidente contra mujeres situadas en las puertas del Panteón Nacional.

Los periodistas que cubren la fuente judicial denuncian que se les obstaculiza el ejercicio de su trabajo en las instalaciones del Palacio de Justicia. Cuando acuden a cubrir la audiencia preliminar del juicio que se le sigue al dirigente de la CTV, Carlos Ortega, los comunicadores sociales se encuentran con cadenas que les impiden el acceso al Tribunal 49 de Control del Área Metropolitana de Caracas".

El Tribunal 14 Penal de Control condena al periodista Iván Martínez, por difamación e injuria".

Deja de circular desde junio el diario El Globo, propiedad de Nelson J. Mezerhane Gosen, cercado por demandas judiciales laborales inducidas desde el gobierno y por su línea editorial crítica.

La popular emisora YVKE Mundial - antes de propiedad privada - es transferida al Ministerio de Comunicación e Información, por disposición de FOGADE, Fondo de Garantías Bancarias del Estado.

Es allanado el domicilio de la periodista Patricia Poleo, a fin de que entregue documentos sobre su opinión en cuanto a que el fiscal Danilo Anderson es asesinado por acción de bandas de extorsión judicial a las que pertenece.

Son detenidas las periodistas Tamoa Calzadilla e Ibéyise Pacheco, quien denuncia la falsificación de exámenes universitarios por un Coronel al servicio de la revolución.

Se le imponen multas a los canales de televisión privados, acusados de instigar con sus noticias el paro nacional que ocurre entre diciembre de 2002 y enero de 2003. El SENIAT impone al canal de noticias Globovision una multa de 5.073.589.365 bolívares, cifra correspondiente a los reparos tributarios por la donación de espacios televisivos durante el paro mencionado a instituciones de la oposición.

Dentro del marco de una conspiración de Estado –luego descubierta por la periodista María Angélica Correa de Globovision– dirigida hacia el control de dicha emisora, se señala a Nelson J. Mezerhane Gosen como autor intelectual del homicidio del fiscal Danilo Anderson ocurrido el pasado año junto al asesinato por la policía de dos abogados vinculados al caso. Se le mantiene privado ilegítimamente de libertad en la sede de la policía política venezolana –SEBIN– durante 45 días, y allí se le presiona para que venda las acciones del mencionado medio de comunicación a emisarios del Gobierno.

El Presidente de la Asamblea Nacional incoa demanda contra el jurista y columnista Tulio Álvarez, por denunciar en el periódico Así es la Noticia, un desfalco en la Caja de Ahorros del parlamento.

La periodista Marianella Salazar es procesada judicialmente por la supuesta comisión del delito de calumnia en detrimento del vicepresidente José Vicente Rangel y el gobernador de Miranda, Diosdado Cabello.

2006

Se le prohíbe al diario Tal Cual y demás periódicos y medios de comunicación, a instancias del Ministerio Público y con apoyo en la Sentencia 1942 del Tribunal Supremo de Justicia, mencionar a Giovanni Vásquez, testigo del Fiscal General, Julián Isaías Rodríguez, en el caso del asesinato del fiscal Danilo Anderson; una vez como los periodistas de Globovisión hacen público que se trata de un testigo forjado, delincuente colombiano, contratado por el gobierno según lo afirma el mismo testigo.

Son asesinados el periodista Jesús Flores Rojas, del diario La Región, de El Tigre, y el editor Filippo Sindoni, del diario El Aragueño, de Maracay.

El gobierno amenaza aplicar la Ley Resorte a los medios radioeléctricos que le den cobertura a las protestas y manifestaciones contra la inseguridad, a raíz del asesinato de los hermanos Faddoul, señalándolos de terrorismo psicológico.

Mireya Zuria, directora del diario El Siglo, es condenada a 18 meses de cárcel por no revelar la fuente de información de una noticia que se juzga de agravio contra un jefe policial.

La Asamblea Legislativa del Estado Bolívar, de línea revolucionaria, ordena el desalojo y la demolición de la sede donde funciona el diario opositor Correo del Caroní; lo cual protestan la SIP y el Bloque de Prensa Venezolano.

El periodista Julio Balza, de El Nuevo País, es condenado a 2 años y 11 meses de prisión por agraviar al ministro de Vivienda y Hábitat.

El Presidente de la República agrede de palabra a la periodista Luisana Ríos, de RCTV, quien lo interroga durante una rueda de prensa en Nueva York.

El editor y accionista de Globovisión, Nelson J. Mezerhane Gosen, presenta ante el Tribunal Supremo de Justicia las pruebas del fraude procesal realizado por el Fiscal General de la República, para señalarlo a él y la periodista Patricia Poleo como responsables intelectuales del homicidio del fiscal Danilo Anderson.

El presidente y editor del diario El Impulso, Juan Manuel Carmona, es notificado de un proceso penal en su contra por publicar, en la sección cartas al Director, la que recibe de una lectora quien se queja de mala atención por un servicio público.

El Presidente de la República amenaza con no renovar la concesión a las televisoras, por haber difundido un video donde su ministro de energía y presidente de Petróleos de Venezuela, Rafael Ramírez, hace proselitismo político en las instalaciones de la empresa petrolera estatal.

El Presidente de la República, en acto que realiza ante las Fuerzas Armadas el Día de los Inocentes, acusa de golpista a Marcel Granier, presidente de 1BC, propietaria de Radio Caracas Televisión, y anuncia haber ordenado su cierre, la no renovación de su concesión.

Le es otorgado el galardón Rey de España a la periodista María Angélica Correa, quien a través de Globovisión pone al descubierto la trama criminal que monta el Fiscal General de la República, Julián Isaías Rodríguez Díaz, para implicar, mediante un testigo falso comprado, al editor Nelson J. Mezerhane Gosen y la periodista Patria Poleo, como autores intelectuales del homicidio del fiscal Danilo Anderson. Patricia Poleo anuncia que no se presentará a los tribunales venezolanos luego de que el Fiscal General hace público que mantiene la orden de detención en su contra.

La Guardia Nacional le impide a Globovision el uso de sus microondas, es amenazado de muerte ese día el periodista de dicho canal Freddy Machado, y días más tarde el propio Presidente de la República amenaza con cerrar a los medios de comunicación que divulguen mensajes desestabilizadores el día 4 de diciembre, previsto para las elecciones.

2007

El gobierno, después de 53 años de transmisiones, ejecuta el cierre de Radio Caracas Televisión (RCTV), primer canal de tv privado de Venezuela, en medio de una protesta nacional por dicha medida sin precedentes. El Senado de Brasil protesta la medida y el presidente Chávez les responde que más fácil es que el Imperio portugués vuelta a instalarse en sus tierras que él haga devolución a la "oligarquía" de dicho canal.

El Presidente de la República ataca y ofende al Secretario General de la OEA, José Miguel Insulza, por considerar éste que es un atentado a la libertad de prensa y la democracia el cierre de la emisora de televisión RCTV.

El Presidente de la República anuncia que "va a aplicar personalmente el mínimo" a GLOBOVISIÓN, luego de lo cual son citados por el Ministerio Público su director, Alberto F. Ravell y el conductor del programa Aló Ciudadano, Leopoldo Castillo, dado que el Ministro de Información los acusa de "incitar al asesinato del Presidente".

El gobierno declara objetivos militares a periodistas y medios de comunicación social independientes, y al efecto son intervenidas las emisoras de radio Rumbera Network 101.7 FM y Llanera 91.3 FM en el Estado Guárico, y Radio Stereo 103.3 FM en Caracas.

Son víctimas de agresiones e intimidaciones judiciales los periodistas Marianella Salazar, Napoleón Bravo, Freddy Machado, José Ángel Ocanto, Marianela Agreda, Patricia Poleo quien viaja al exilio, Miguel Ángel Rodríguez, Gustavo Azocar, Padre José Palmar, Leocenis García, José Rafael Ramírez, Wilmer Oquendo, Iris García, Roger Santodomingo, Yurimar Añez, Luis Felipe Colina, Anuska Buenaluque, Gil Montaño, Walter Córdova, Gina Reyes Dameis, Dimas Medina, Miguel Salazar, y Gerardo Álvarez Narváez, asesinado por desconocidos.

La Comisión Interamericana de Derechos Humanos advierte sobre el progresivo deterioro del Estado de Derecho en Venezuela.

El gobierno impone multa de 200 millones de bolívares al editor Teodoro Petkoff y al editorialista Laureano Márquez, del Diario Tal Cual, e igualmente sanciona a Radio Caracas Televisión con el pago de 1.500 millones de bolívares.

El gobierno estatiza la más grande empresa de telecomunicaciones, que maneja voz, imagen, audio, telefonía móvil y fija e Internet en Venezuela. Y ordena una inversión de 800 millones de dólares para, con apoyo cubano, incrementar el número de emisoras de televisión en manos oficiales –que pasan de una a seis durante el período: VTV, VIVE TV, ASAMBLEA NACIONAL, AVILA TV, TELESUR, TVES– y fortalecer la hegemonía comunicacional del Estado.

Es ordenada la persecución policial y judicial de los periodistas Leocenis García y el Padre José Palmar por denunciar, desde las páginas de La Razón y Reporte de la Economía, respectivamente, hechos graves de corrupción en la industria petrolera.

Son presionadas las cadenas hoteleras para que no alojen la asamblea de medio año de la Sociedad Interamericana de Prensa, prevista a realizarse en Venezuela.

2008

La Comisión Interamericana de Derechos Humanos expresa su "preocupación por el ambiente hostil para el disenso político, la criminalización de la protesta social, el hostigamiento contra organizaciones no gubernamentales y contra defensores de los derechos humanos, la existencia de obstáculos directos e indirectos a la libertad de expresión, las graves condiciones en que se encuentran las personas privadas de libertad, los cuestionamientos relacionados al funcionamiento de la administración de justicia y el incremento de los índices de inseguridad ciudadana" en Venezuela.

Es allanada la residencia de la periodista Marietta Santana, de RCTV Internacional.

Las periodistas Ana Karina Villalba y Gabriela Perozo de Globovision, denuncian ante la CIDH ser víctimas de agresiones por agentes y simpatizantes del gobierno.

La Asamblea Nacional señala a distintos editores y propietarios de medios de comunicación independientes, entre éstos Miguel E. Otero, Marcel Granier, Alberto F. Ravell y Nelson J. Mezerhane Gosen, a quien se identifica como banquero y dueño de Globovision, de ser autores de un plan de magnicidio contra el presidente Chávez. Se alega que usan un avión F16 y al efecto es elaborado un informe que aprueban los parlamentarios afectos al Gobierno, demandándose del Ministerio Público los persiga penalmente, y de CONATEL –agencia estatal de telecomunicaciones– que sancione administrativamente a los medios involucrados y al mencionado canal de televisión.

Es detenido el periodista Leocenis García y es sometido a torturas psicológicas con riesgo de su vida, según la denuncia del abogado Herman Escarrá Malavé.

El SENIAT, agencia de impuestos, sanciona al diario El Nacional, el Diario Católico del Estado Táchira, y los canales de tv Globovision y LA TELE.

El abogado del testigo Giovanni Vásquez, usado por el Ministerio Público para perseguir a la periodista Patricia Poleo y detener al accionista de Globovision, Nelson J. Mezerhane Gosen, como responsables intelectuales del asesinato del fiscal Danilo Anderson, confiesa públicamente que la guía para su declaración le fue suministrada personalmente por el Fiscal General de la República, Julián Isaías Rodríguez Díaz.

Es asesinado el Vicepresidente del diario Reporte de la Economía, a quien confunden con su hermano, director de dicho medio.

Es asesinato el conocido periodista de RCTV Internacional, Javier García.

El gobernador del Estado Miranda, teniente Diosdado Cabello, afecto al chavismo, amenaza a Globovisión y a su director Alberto F. Ravell, luego de lo cual lanzan bombas incendiarias contra dicho medio.

Es invadida con apoyo de la Guardia Nacional la emisora Radio Stereo 103.3 FM, ubicada en El Ávila, manteniendo sus invasores el control sobre las señales de la emisora.

Próximas las elecciones de gobernadores y alcaldes, previas para diciembre, a pedido del gobierno y sin mediación judicial, el contralor de la República "silencia" numerosos opositores aspirantes inhabilitándolos políticamente. En lo particular son inhabilitados Leopoldo López, candidato a Alcalde Mayor de Caracas, y Enrique Mendoza, gobernador de Miranda y cabeza de la Coordinadora Democrática opositora.

El Presidente aprueba en Consejo de Ministros y el TSJ aprueba constitucionalidad de nueva Ley de Telecomunicaciones, Informática y Servicios Postales –que luego es retirada– a objeto de que el Estado ejerza el control absoluto sobre las comunicaciones vía Internet.

2009

Es asesinado el periodista de Noti Tarde Orel Zambrano.

La llamada Comandante revolucionaria Lina Ron, dirigente del oficialismo, intenta tomar por asalto con grupo comando y bombas lacrimógenas las instalaciones de Globovisión, en La Florida, Caracas

Allana la policía judicial –CICPC– la casa de Guillermo Zuloaga, presidente de Globovisión, sin que los medios de comunicación puedan transmitir los acontecimientos al momento dado el encadenamiento impuesto por el Presidente de la República; ello con el objeto de imputarlo penalmente por acaparador y especulador de bienes de primera necesidad, al tener en la misma 26 vehículos nuevos propiedad de su empresa distribuidora Toyota.

El CICPC, policía judicial, le exige al corresponsal de RCTV Internacional hacerle entrega del video donde registra a pistoleros quienes atacan manifestación estudiantil en el Táchira, donde fallece Jesús Ramírez Bello.

Son intervenidas y embargadas por el Gobierno y su agencia CONATEL 34 emisoras de radio privadas e independientes.

La Corte Interamericana de Derechos Humanos declara internacionalmente responsable al Estado venezolano por hechos internacionalmente ilícitos en los casos de agresión y violencia contra los periodistas y directivos de Globovisión y Radio Caracas Televisión.

Es prohibida la difusión de la campaña en defensa de la propiedad privada desplegada por radio y tv por parte de CEDICE, Centro de Divulgación del Conocimiento Económico.

Se ratifica medida privativa de libertad contra el periodista Leocenis García, detenido desde 2008.

El ministro Diosdado Cabello, cabeza de CONATEL, anuncia el cierre de 34 emisoras de radio y tv en todo el país, que incluyen al Canal 7 de TV en Upata, propiedad de David Natera, presidente del Bloque de Prensa Venezolano, y el Canal 26 de Catia La Mar Televisión, así como a las dos emisoras del Circuito Belfort.

Globovisión paga la multa de 3.423.158,96 bolívares que es impuesta en su contra por CONATEL, y acto seguido le son robados los equipos de trabajo a la periodista de dicho canal, Delvalle Canelón.

El Gobierno y los medios de comunicación del Estado despliegan campaña de opinión pública –que dirige el periodista y ex Vicepresidente de la República, José Vicente Rangel– a fin de provocar el retiro masivo de ahorros del Banco Federal. El propio Gobierno cierra sus cuentas para causarle iliquidez a la institución y obligar a su propietario, Nelson J. Mezerhane Gosen, para que Globovisión –del que es igual accionista– ceda en sus críticas contra el Gobierno y venda su capital accionario a amigos de la revolución.

La Corte Interamericana de Derechos Humanos condena a Venezuela por hecho internacionalmente ilícito al privar de libertad personal al general Francisco Usón y por atentando a su libertad de expresión.

CONATEL obliga a las emisoras de televisión internacional por cable que posean menos del 70% de programación realizada en el extranjero, a trasmitir las cadenas presidenciales y mensajes gubernamentales, con lo cual se obliga a ello a Radio Caracas Televisión Internacional.

El presidente Chávez, en cadena nacional de radio y televisión, desde el Consejo de Ministros en el Palacio de Miraflores, ordena que se persiga penalmente a Nelson J. Mezerhane Gosen por denunciar, a través de la prensa, la conspiración mediática emprendida en contra del banco de su propiedad: "Por cierto que me llamo la atención esto, ésta declaración de un banquero llamado Nelson Mezerhane, esto llama la atención, porque él es un banquero... Hernández Behrens [Superintendente de Bancos] ábrame una investigación sobre esta declaración y coordine con la Fiscal General de la República... Yo voy a llamar a la Fiscal más tarde, para pedirle que ella abra un proceso de investigación en torno a estas declaraciones, yo las considero sumamente graves, irresponsables, y sobre todo que vienen de boca del presidente de un banco", son sus palabras precisas.

La CIDH reitera las conclusiones de informes anteriores, en cuanto a que en Venezuela no se propicia un clima de tolerancia en el cual se favorezca la activa participación e intercambio de ideas de los diversos sectores de la sociedad. En particular, observa con preocupación que en los últimos años se hayan adoptado importantes reformas al marco jurídico existente que tienden a cerrar y no a promover el debate público. Agrega asimismo, en su informe Democracia y derechos humanos en Venezuela, que los numerosos actos de violencia e intimidación provenientes de grupos de choque contra periodistas y medios de comunicación, sumados a las declaraciones descalificatorias de altos funcionarios públicos, y la apertura sistemática de procesos administrativos fundados en normas legales vagas que permiten un alto nivel de discrecionalidad al momento de ser aplicadas y que amparan la imposición de sanciones desproporcionadas, configuran un escenario restrictivo que también inhibe el libre ejercicio de la libertad de expresión como condición de una democracia fundada en el pluralismo y la deliberación pública.

2010

El gobierno ordena el cierre de las señales de la emisora Radio Caracas Televisión Internacional (RCTV/Internacional) y otras cinco estaciones televisivas de señal por cable pagada (Ritmo Son, Momentum, América TV, American Network y TV Chile) a través de la empresa CABLETEL, por no trasmitir en cadena una concentración política del chavismo. La Comisión Interamericana de Derechos Humanos protesta la medida.

Son cerradas por el gobierno las emisoras Tropical 88.5 FM del Estado Miranda y Rivas 95.03 FM de Barinas.

Es asesinado el editor del diario 2001, Israel Márquez.

CONATEL obliga a la emisora Victoria 103 FM a que reduzca su potencia y disminuya su espectro radioeléctrico en 90%.

El periodista Gustavo Azocar, quien tiene 160 días detenidos, es auxiliado por el Colegio Nacional de Periodistas, quien demanda se le juzgue en libertad.

El acelerado proceso de estatización de las empresas –industrias y comercios– privados, reduce hasta límites insostenibles la publicidad en los medios de comunicación social independientes.

Se abren procesos judiciales penales contra el Diario El Nacional y Tal Cual, por publicar una fotografía que muestra la violencia criminal desbordada, en lo particular las agresiones de la Guardia Nacional contra estudiantes, y otras de las que son testigos las morgues forenses.

Es condenado a prisión de 4 años el periodista Francisco Pérez del diario El Carabobeño

Guillermo Zuloaga y Nelson J. Mezerhane Gosen, presidente y accionista de Globovisión, perseguidos penalmente por el gobierno se ven obligados al exilio.

El Presidente de la República le pide a la Fiscalía General, al Tribunal Supremo y a su Vicepresidente, instrumentar acciones, "hacer algo" contra Globovisión, exigiéndoles enjuiciar a Guillermo Zuloaga por propiciar su magnicidio y por traición a la patria.

El Presidente anuncia haber logrado su control sobre el 20% de las acciones de Globovisión, una vez como interviene el Banco Federal y los bienes de su propietario, Nelson J. Mezerhane Gosen.

La Asamblea Nacional prohíbe a las televisoras y medios de comunicación privados estar presentes en el hemiciclo del parlamento.

El SENIAT –agencia gubernamental de impuestos– cierra temporalmente el diario La Verdad de Maracaibo y los canales de televisión Global TV y Zuliana de Televisión, imponiéndoles multas onerosas.

2011

Se ejerce acción penal contra el semanario Sexto Poder por publicar fotos del Contralor de la República, Clodosvaldo Russian, enfermo en una clínica.

Son allanadas las instalaciones del semanario Sexto Poder y detenidos los periodistas Dinorah Girón y Leocenis García, editor del mismo, siendo juzgado el último por violencia de género al publicar caricaturas sobre las titulares de los poderes públicos, y prohibiéndose su circulación.

Es asesinado el periodista Wilfred Ojeda, del diario El Clarín de La Victoria.

Se mantienen siete procesos judiciales contra GLOBOVISIÓN, instaurados por el gobierno, el último a pedido de CONATEL por transmitir dicha emisora los sucesos violentos de la cárcel El Rodeo e imponiéndole una multa equivalente a 2,6 millones de dólares.

Es secuestrado el periodista Carlos Sánchez, de Fe y Alegría, emisora de Maracaibo, exigiéndole sus raptores cambiar la línea editorial del medio en el que trabaja.

Las autoridades ocupan las instalaciones del taller donde se imprime el diario El Nuevo País, de Rafael Poleo, exilado.

Grupo armado asalta las instalaciones de Anzoátegui TV, roban sus equipos técnicos y la sacan del aire.

Se establece la práctica del "hackeo" por piratas de la informática afectos al gobierno, quienes intervienen correos y cuentas electrónicas de periodistas independientes, considerados adversarios del gobierno.

Mediante decreto presidencial se dicta la llamada Ley de Costos y Precios Justos, que determina la intervención obligatoria del Estado, a través de la Vicepresidencia de la República, en la fijación de todos los precios de las transacciones comerciales, productivas o de servicios que realice cualquier persona; lo que de suyo permite la intervención gubernamental en las actividades económicas de los medios de comunicación social, favoreciendo o impidiendo la viabilidad de éstos según que mantengan o no una línea crítica al sector púbico.

El Sindicato Nacional de Trabajadores de la Prensa denuncia ante la Comisión Interamericana de Derechos Humanos los casos de 159 víctimas de violación del derecho a la libertad de expresión, materializa en amenazas judiciales y hostigamientos gubernamentales de periodistas, así como la imposición de medidas de censura contra medios de comunicación social.

Es expropiada por el gobierno Tele Yaracuy, emisora de televisión con sede en San Felipe.

Se dicta medida de prohibición de salida del país contra el editor Leocenis García, de Sexto Poder, en tanto que César Camejo, miembro de su Consejo Editorial, viaja al exilio.

El Alcalde del Municipio Libertador, Jorge Rodríguez, ordena la ocupación forzosa de los galpones donde se encuentran las maquinarias y archivos históricos del diario El Globo, propiedad de Nelson J. Mezerhane Gosen.

2012

La Sociedad Interamericana de Prensa (SIP) condena enérgicamente la ratificación que el Tribunal Supremo de Justicia de Venezuela formula sobre una sanción económica impuesta contra el canal de noticias Globovision, calificando el rechazo al amparo solicitado como "una represalia y censura a la libertad de información".

El Tribunal rechaza el recurso presentado por Globovisión contra la multa equivalente a 2,6 millones de dólares que le impone CONATEL, ente regulador de las telecomunicaciones, por supuestas violaciones a las leyes cometidas durante la cobertura de un amotinamiento en un penal, en junio del pasado año.

La SIP muestra su preocupación y expresa mantenerse en alerta ante las amenazas en su contra que denuncia y hace públicas el periodista del diario El Universal de Caracas, Nelson Bocaranda Sardi. En su columna habitual "Runrunes", el periodista –quien viene informando sobre la enfermedad del Presidente de la República y su tratamiento en La Habana– señala un plan del gobierno para desacreditarlo a través de los medios públicos y dice disponer de información sobre ese plan, que "incluiría un secuestro y la posterior aparición 'drogado' en un hotel, tras tomarme fotos para un montaje vulgar con el que pretenden dañar mi credibilidad".

El mayor retirado de la FFAA, Milton Revilla Soto, es condenado a 6 años y 4 meses de prisión por declarar a medios de comunicación calificados de opositores y haber sido citado por la Audiencia Nacional española para que testifique sobre la relación del grupo terrorista ETA con las FARC y el gobierno venezolano, dado lo cual se le acusa de traición a la patria, espionaje, y atentado contra la seguridad de la institución castrense.

El Presidente de la República le exige al Ministerio Público y al Tribunal Supremo de Justicia proceder en contra de quienes declaran –entre éstos los gobernadores de oposición– sobre la contaminación de las aguas en Venezuela. Y la Fiscal General de la República, Luisa Ortega Díaz, en consecuencia, solicita una medida cautelar judicial para exigir de los medios de comunicación social sólo informar al respecto sobre la base de informes técnicos.

El General Ángel Omar Vivas Perdomo, es condenado judicialmente a prisión por falta de "decoro militar", al protestar siendo militar activo contra la infiltración y presencia activa de cubanos en las dependencias de la Fuerza Armada.

ÍNDICE ONOMÁSTICO

Cabrera Romero, Jesús Eduardo. 114, 116,124,125
Cabrices, Rafael. 549
Caldera, Rafael. 81,144,145,270,401, 500,503,549
Calderón, Maryori. 420
Calderón, Sergio Omar. 246,282
Calzadilla, Tamoa. 551
Camacho Kairuz, Luis Alberto. 172
Canton, Santiago. 44,186
Capriles Radonski, Henrique. 235,473, 496
Carmona Borjas, Juan Cristóbal. 45
Carmona Estanga, Pedro. 154,168,174, 176
Carmona, Juan Manuel. 552
Carrasquero, Francisco. 229,231,236, 423,547
Carrasquilla, Janeth. 546
Carré de Malberg, R. 498
Carreño, Pedro. 145,525
Carrero Nácar, Tobías. 537
Carrero, Bernabé. 173
Carrizalez, Ramón. 360
Carter, Jimmy. 178,186,191,194,224, 234,236,237,239,240,241,242,243, 244
Casal, Jesús María. 354,355
Castellanos, Estrella. 194
Castillo de López, Haydee. 238
Castillo Lara, Rosalio. 280
Castillo, Leopoldo. 285,554
Castro, Billy. 546
Castro, Fidel. 81,121,130,137,143,169, 217,263,268,315,327,368,401,494, 501
Castro, Jorge. 536
Castro, Raúl. 418,510
Ceresole, Norberto. 69,81,146,330
Cisneros, Gustavo. 234,235
Clinton, Hilary. 360
Colomina, Marta. 285,546,547,548
Colosio, Luis Donaldo. 356
Combellas, Ricardo. 110

Contreras Pérez, José Hernando. 346
Cordero Lara, Roger. 268
Córdova, Walter. 554
Correa, María Angélica. 551,553
Correa, Rafael. 425,434
Crespo, Henri. 285

— CH —

Chacón Escamillo, Arné. 332
Chacón, Jesse. 332
Chacón, Navarro. 176
Chaderton Matos, Roy. 178,216,463, 464
Chávez Frías, Hugo Rafael. 18,19,21, 23,24,25,26,27,28,29,30,31,32,35, 38,43,47,49,56,57,61,65,68,69,75, 76,81,82,83,84,85,86,87,93,94,98, 99,101,104,105,109,116,117,122, 134,135,136,137,138,139,140,141, 142,143,144,145,146,153,154,159, 160,162,163,164,165,166,167,168, 169,170,171,172,173,174,175,176, 177,178,179,180,182,183,184,185, 186,187,188,189,190,191,192,194, 195,196,197,198,199,201,202,203, 204,205,209,214,217,218,219,224, 229,231,232,234,235,236,240,241, 242,244,245,246,247,248,249,250, 256,257,262,263,267,268,270,271, 274,279,280,281,282,287,289,291, 292,293,294,297,298,299,300,301, 302,307,308,309,310,312,313,314, 315,316,317,318,322,323,324,327, 329,330,331,333,334,335,336,341, 345,348,352,353,356,359,360,361, 362,363,364,365,373,376,382,383, 392,401,406,414,416,419,420,422, 423,424,425,426,428,429,432,433, 434,446,449,450,451,452,455,456, 457,461,467,468,479,483,484,485, 486,488,489,493,494,495,496,499, 500,501,501,505,518,528,529,535, 536,537,538,539,540,541,543,545
Chocron Chocron, Mercedes. 517,523

Granados, Jaime. 428
Granda, Rodrigo. 256,263,427
Granier, Marcel. 288,303,356,428,
322,379
Guevara, Ernesto Che. 322,379
Guevara, Juan Bautista. 346
Guicciardini, Francesco. 493
Guzmán Blanco, Antonio. 23

— H —

Havel, Vaclav. 480,510
Hernández, José Ignacio. 45
Hernández Behrens, Edgar. 559
Herrera Orellana, Luisa. 475
Heidegger, Martin. 452
Hindenburg, Paul Von. 451
Hitler, Adolf. 19,313,403,450,451,
452,453,498,504
Hobbes, Thomas. 498,499

— I —

Insulza, José Miguel. 281,292,347,402,
433,434,435,457,458,462,463,464
Iribarren Borges, Ignacio. 484
Istúriz, Aristóbulo. 34,55,129,389,473,
484
Izquierdo, Felipe. 546

— J —

Jagdeo, Bharrat. 485
Jagan, Chedi. 486
Jaramillo, Fernando. 236

— K —

Kassine Yassine, Husseim. 264

Keller, Alfredo. 163
Kelsen, Hans. 15,18
Kirchner, Néstor. 489

— L —

La Rotta, Alicia. 540
Lapi, Eduardo. 516
Lara, William. 141
Lauría, Carmelo. 541
Ledezma, Antonio. 339,352,360,389,
391,395,514
Lenin, Vladimir. 471,497
López Ulacio, Pablo. 537
López Castillo, Antonio. 238,282
López Hidalgo, Melvin. 167
López Mendoza. 517
López, Edgar. 546
López, Leopoldo. 339,389,478,496,
556
Lucas Rincón, Ivan. 167,173
Lucena, Tibisay. 17,240,364,365
Luckert, Roberto. 57,536
Lusinchi, Jaime. 295
Luttwak, Edward. 15

— M —

Macchiavelli, Niccoló. 493
Machado, Freddy. 553,554
Machado, María Corina. 197,496
Macías Arismendi, Ana Belinda. 264
Maduro, Nicolás. 215,288,479,488
Makled, Walid. 470,479,481,482
Malaparte, Curzio. 15
Malet Presvost, Severo. 485
Mao Tse Tung. 497
Marín, Olga. 264
Márquez Bustillos, Victorino. 313,466
Márquez, Israel. 560
Márquez, Laureano. 283,554

573

ÍNDICE GENERAL

2001
TERROFAGIA DE ESTADO

2002
LA MASACRE DE MIRAFLORES Y
EL SAINETE DE LOS MICRÓFONOS

2003
GENOCIDIO PETROLERO Y
DISCRIMINACIÓN POLÍTICA

2004
GOLPE DENTRO DEL TRIBUNAL SUPREMO
PLEBISCITO Y MORDAZA

2005
MILICIAS POPULARES Y
CRIMINALIZACIÓN DE LA DISIDENCIA

2008
EL GACETAZO

2009
PRESIDENCIA A PERPETUIDAD

2010
DICTADURA COMUNISTA
EN PLENO SIGLO XXI

Verba volant, scripta manent